# 法律职业伦理导论

文学国 著

上海大学出版社
·上海·

图书在版编目(CIP)数据

法律职业伦理导论 / 文学国著. —上海：上海大学出版社，2021.12
ISBN 978-7-5671-4391-3

Ⅰ.①法… Ⅱ.①文… Ⅲ.①法伦理学-高等学校-教材 Ⅳ.①D90-053

中国版本图书馆CIP数据核字(2021)第237853号

责任编辑 刘　强
封面设计 柯国富
技术编辑 金　鑫　钱宇坤

## 法律职业伦理导论

文学国　著

上海大学出版社出版发行
(上海市上大路99号　邮政编码200444)
(http://www.shupress.cn　发行热线021-66135112)
出版人　戴骏豪

\*

南京展望文化发展有限公司排版
江苏德埔印务有限公司印刷　各地新华书店经销
开本 787mm×1092mm　1/16　印张 19　字数 394千字
2021年12月第1版　2021年12月第1次印刷
ISBN 978-7-5671-4391-3/D·244　定价 65.00元

版权所有　侵权必究
如发现本书有印装质量问题请与印刷厂质量科联系
联系电话：0511-86842230

# 目录 Contents

## 第一编 总 论

第一章 法律职业伦理概论 ································· 3
　第一节 道德与伦理 ····································· 3
　第二节 职业与职业伦理 ································· 5
第二章 法律职业与法律职业伦理 ························· 14
　第一节 法律职业 ······································ 14
　第二节 法律职业伦理 ·································· 17
第三章 法律职业共同体 ································· 22
　第一节 共同体 ········································ 22
　第二节 法律职业共同体 ································ 25

## 第二编 法官职业伦理

第四章 法官职业的历史和现状 ··························· 33
　第一节 初民社会的神明裁判 ···························· 33
　第二节 中国的法官职业 ································ 34
　第三节 国外的法官职业 ································ 35
第五章 法官的职业定位与职业属性 ······················· 42
　第一节 法官的职业定位 ································ 42
　第二节 法官的职业属性 ································ 43
第六章 法官职业伦理 ··································· 45
　第一节 法官职业伦理概述 ······························ 45
　第二节 法官的义务 ···································· 49
　第三节 法官职业道德准则 ······························ 53
　第四节 法官行为规范 ·································· 57
　第五节 法院内部工作人员关系规范 ······················ 61
　第六节 国外法官职业伦理 ······························ 62

### 第七章　法官职业责任与惩戒制度 66
第一节　法官职业责任 66
第二节　法官惩戒制度 70
第三节　国外法官惩戒制度 74

## 第三编　检察官职业伦理

### 第八章　检察官职业的历史和现状 79
第一节　中国的检察官职业 79
第二节　中国检察官的职业定位与职业属性 82
第三节　国外的检察官职业 86

### 第九章　检察官职业伦理 91
第一节　检察官职业伦理概述 91
第二节　检察官的义务 94
第三节　检察官职业道德基本准则 98
第四节　检察官职业行为基本规范 100
第五节　检察院内部工作人员关系规范 103
第六节　国外检察官职业伦理 105

### 第十章　检察官职业责任与惩戒制度 110
第一节　检察官职业责任 110
第二节　检察官惩戒制度 113
第三节　国外检察官惩戒制度 121

## 第四编　律师职业伦理

### 第十一章　律师职业的历史和现状 127
第一节　中国的律师职业 127
第二节　中国律师的职业化进程 132
第三节　国外的律师职业 136
第四节　律师的职业定位与职业属性 144
第五节　律师职业分类 149

### 第十二章　律师职业伦理 154
第一节　律师职业伦理概述 154
第二节　律师职业伦理的基本要求 155

### 第十三章　律师业务推广规范 161
第一节　律师业务推广概述 161
第二节　律师业务推广的基本要求 163

| 第十四章 | 律师与委托人关系规范 | 167 |
|---|---|---|
| | 第一节　律师与委托人关系概述 | 167 |
| | 第二节　律师事务所与委托人关系的建立 | 168 |
| | 第三节　委托代理关系的存续 | 170 |
| | 第四节　律师保管财物的规范 | 171 |
| | 第五节　委托关系的变更、解除与终止 | 172 |
| 第十五章 | 律师收费规范 | 175 |
| | 第一节　律师收费概述 | 175 |
| | 第二节　律师收费的主要方式 | 177 |
| | 第三节　律师服务费之外的其他费用 | 178 |
| | 第四节　律师收费的规制 | 179 |
| 第十六章 | 律师保密义务规范 | 183 |
| | 第一节　律师保密义务概述 | 183 |
| | 第二节　律师保密义务的主体 | 184 |
| | 第三节　律师保密义务的对象和范围 | 185 |
| | 第四节　律师保密义务的期间和例外 | 187 |
| 第十七章 | 律师利益冲突规范 | 189 |
| | 第一节　律师利益冲突概述 | 189 |
| | 第二节　利益冲突的类型 | 191 |
| | 第三节　利益冲突的处理方式 | 194 |
| 第十八章 | 律师之间的关系规范 | 196 |
| | 第一节　律师之间关系概述 | 196 |
| | 第二节　律师之间的关系规范 | 197 |
| 第十九章 | 律师与律师事务所的关系规范 | 200 |
| | 第一节　律师与律师事务所关系概述 | 200 |
| | 第二节　律师与律师事务所的关系 | 202 |
| | 第三节　律师与律师事务所之间的责任关系 | 203 |
| 第二十章 | 律师与律师协会的关系规范 | 205 |
| | 第一节　律师协会概述 | 205 |
| | 第二节　律师与律师协会之间的关系规范 | 207 |
| 第二十一章 | 律师与司法行政部门的关系规范 | 211 |
| | 第一节　律师与司法行政部门关系概述 | 211 |
| | 第二节　司法行政部门对律师的管理 | 212 |
| | 第三节　司法行政部门对律师事务所的管理 | 213 |
| | 第四节　行政处罚 | 214 |

第二十二章　法律职业之间的关系规范 ………………………………………… 216
　　第一节　法律职业关系概述 ………………………………………………… 216
　　第二节　律师与法官关系规范 ……………………………………………… 217
　　第三节　律师与检察官关系规范 …………………………………………… 225

第二十三章　法律援助 …………………………………………………………… 229
　　第一节　法律援助概述 ……………………………………………………… 229
　　第二节　律师法律援助义务 ………………………………………………… 235

## 第五编　公证员职业伦理

第二十四章　公证概述 …………………………………………………………… 241
　　第一节　公证的概念与特征 ………………………………………………… 241
　　第二节　公证员概述 ………………………………………………………… 244
　　第三节　公证员的任职资格 ………………………………………………… 245

第二十五章　公证员职业伦理 …………………………………………………… 250
　　第一节　公证员职业伦理概述 ……………………………………………… 250
　　第二节　公证员职业伦理的具体内容 ……………………………………… 251
　　第三节　公证员职业关系规范 ……………………………………………… 253
　　第四节　国外公证员职业伦理 ……………………………………………… 258

第二十六章　公证员职业责任与惩戒制度 ……………………………………… 263
　　第一节　公证员职业责任 …………………………………………………… 263
　　第二节　公证员惩戒制度 …………………………………………………… 264

## 第六编　仲裁员职业伦理

第二十七章　仲裁概述 …………………………………………………………… 271
　　第一节　仲裁的概念与特征 ………………………………………………… 271
　　第二节　仲裁分类 …………………………………………………………… 274
　　第三节　仲裁与其他解决方式的比较 ……………………………………… 276
　　第四节　仲裁员概述 ………………………………………………………… 278

第二十八章　仲裁员职业伦理 …………………………………………………… 280
　　第一节　仲裁员职业伦理概述 ……………………………………………… 280
　　第二节　中国仲裁员职业伦理 ……………………………………………… 281
　　第三节　国外仲裁员职业伦理 ……………………………………………… 286

第二十九章　仲裁员职业责任与惩戒制度 ……………………………………… 292
　　第一节　仲裁员职业责任 …………………………………………………… 292
　　第二节　仲裁员惩戒制度 …………………………………………………… 293

PART ONE 第一编  总  论

  党的领导是中国特色社会主义最本质的特征,是社会主义法治最根本的保证。坚持中国特色社会主义法治道路,最根本的是坚持中国共产党的领导。

  ——习近平2014年10月23日在党的十八届四中全会第二次全体会议上的讲话

# 第一章　法律职业伦理概论

## 第一节　道德与伦理

### 一、道德与伦理在汉语语境里的意义

道德与伦理都是中国古代伦理学里的核心概念。

道德最初由"道"与"德"构成。根据《说文解字》的解释，"道者，路也"，"德者，得也"。孔子在《论语·学而》中说："其为人也孝弟，而好犯上者，鲜矣；不好犯上，而好作乱者，未之有也。君子务本，本立而道生。"钱穆先生对该句中的"本"与"道"作了这样的注解："本者，仁也。道者，即人道，其本在心。"可见，"道"是人关于世界的看法，应属于世界观的范畴。道与德连用成一词，最早出现在《礼记》之中，《礼记·典礼》说："道德仁义，非礼不成。"荀子在《劝学》中说："故学至乎礼而止矣，夫是之谓道德之极。"朱熹在《四书集注·学而篇》中说："德者，得也，行到而有得于心者也。"道家始祖老子所著《老子》以"道"解释宇宙万物的演变，认为"道生一，一生二，二生三，三生万物"，"道"乃"夫莫之命（命令）而常自然"，人与道的关系是"人法地，地法天，天法道，道法自然"。在道家看来，"道"为客观自然规律，同时又具有"独立不改，周行而不殆"的永恒意义。道与德的关系，《老子》中说："道生之，德畜之，物形之，势成之。是以万物莫不尊道而贵德。道之尊，德之贵，夫莫之命而常自然。"因此，道家眼中的道与德的含义，"道"指自然运行与人世共通的真理，"德"指人世的德性、品行、王道。道家之"德"的本意为自身发展变化要遵循道的规律。后来道教创始人张陵将《老子》更名为《道德经》，估计是取自《老子》里"道"与"德"之原义，名之为"道德"，与《礼记》之"道德"在意义上是不同的。当然，道德在中国传统文化中的意义，自然取儒家道德之义，而非道家道德之义。《现代汉语词典》解释"道德"之义为："社会意识形态之一，是人们共同生活及其行为的准则和规范。道德通过人们的自律或通过一定的舆论对社会生活起约束作用。"[①]

伦理也是由"伦"与"理"结合而成的词语。伦理一词最早见于《礼记》。《礼记·乐

---

[①] 中国社会科学院语言研究所词典编辑室编：《现代汉语词典》（第7版），商务印书馆2016年版，第269页。

记》:"凡音者,生于人心者也;乐者,通伦理者也。"郑玄注:"伦,犹类也。理,分也。"许慎《说文解字》解释为:"伦,辈也;理,治玉也。""伦"在中国古代常与人组合成"人伦"一词,来划分人的辈分、等级、次序。如《孟子·滕文公上》:"教以人伦,父子有亲,君臣有义,夫妇有别,长幼有序,朋友有信。"因此,君臣、父子、兄弟、夫妻、朋友为五人伦,"天地君亲师"为五天伦。在当代中国,伦理一词常用于学科名称,如"伦理学",而道德一词的使用范围更为广泛,书面语和口头词都是常用词。《现代汉语词典》对伦理的解释是:"人与人相处的各种道德准则。"①伦理与道德两词有时也一起合用——"伦理道德"。因此,从现代汉语的意义上已经很难区分两词的意义。"伦理学"作为学科名称来自日语,日本学者在翻译英文 ethics 时,在日文中找不到对应的词,于是找到了汉语的"伦理"一词,译作"伦理学"。我国近代学者严复、蔡元培在翻译 ethics 时沿用了日本人的译法,于是伦理学作为一门道德学科在我国流传开来②。

## 二、道德与伦理在西方语境里的意义

"道德"(morality)一词源于拉丁语的"moralitas",原意为"习惯、性格和行为举止"。道德是指区分人们的意图、决定和行为是合适的还是不合适的标准。道德可以是一套标准或原则,人们的道德观念从某种特定的哲学、宗教或文化的行为准则中衍生出来,也可以是一个人认为应该普遍适用的标准。在西方,道德也可能是"善良"或"公正"的同义词。道德哲学包括元伦理学和规范伦理学,前者研究道德本体论和道德认识论等抽象问题,后者研究道义论伦理学和结果论等更具体的道德决策体系。规范伦理哲学中有一个被视为金科玉律的例子,它是这样这一句话:"一个人应该像他希望别人对待他自己那样对待别人。"③不道德是对道德的积极反对(即对善良或公正的东西的反对),而非道德则在各种各样的定义中均体现为对所有道德标准或原则都不了解、漠不关心或不相信。

伦理(ethics)(也称为伦理学、道德哲学)是研究道德问题的哲学分支。"伦理学"或者"伦理"通常与"道德"互换使用,有时它被更狭义地用来指某一特定传统、群体或个人的道德原则。同样的,某些类型的伦理理论,特别是义务论伦理,有时会区分伦理和道德。

在伦理学学科范围之内,伦理与道德常常被学者们作详细的区别。但在伦理学之外,伦理与道德之间很难作区别,正如《现代汉语词典》对这两个概念的释义一样,实际在日常生活中,人们经常互用这两个词。按照人们的习惯,法律伦理(legal ethics)作为一门法学学科或者课程的名称,中文有时翻译为法律职业伦理,有时也译为法律职业道

---

① 中国社会科学院语言研究所词典编辑室编:《现代汉语词典》(第 7 版),商务印书馆 2016 年版,第 857 页。
② 参见沈忠俊等编著:《司法道德新论》,法律出版社 1999 年版,第 1 页。
③ Antony Flew, ed. (1979). "golden rule." A Dictionary of Philosophy. London: Pan Books in association with The MacMillan Press. p.134.

德。法律与道德这两个概念合在一起时，一般称为法律和道德(law and morality)，两者的关系是法理学研究的重要问题之一。另一种用法是法律道德主义(legal moralism)，它是一种法学理论和法哲学理论，认为法律可以用来禁止或要求基于社会的集体判断是否道德的行为。它与法律自由主义的主张相左，法律自由主义理论认为，只有在促进自由的范围内，法律才能被使用。1957年，英国议会发表了《沃尔芬登报告》(Wolfenden Report)，该报告建议，基于法律的功能"不是……在我们看来……干涉公民的私人生活，或试图强制实施任何特定的行为模式"[①]。这一报告的发表，引发了道德主义与自由主义之间的争论。

显然，在东西方的不同语境中，道德与伦理的含义有共同的一面，也有差异的一面。作为法律职业伦理这一学科的特定含义来看，其研究的目的是探讨如何让法律职业者遵守法律职业内在的道德规范，从而保证这一职业在社会众多职业中的独特性与社会声望，使法律职业者在共同的道德规范下实施或践行法律规则，推进正义事业向前发展，维护公民和法人的正当权利，维护良好的社会秩序，实现良法善治的法治目标。

## 第二节　职业与职业伦理

### 一、职业的起源与概念

职业产生之后才有职业的概念，职业和职业分工一般是社会分工的产物与形式[②]。职业在不同的语境下有不同的含义。英语 profession 这个词是"liberal profession"（自由职业）一词的结尾，而"liberal profession"是法语"profession libérale"（自由职业）一词的英语化。这个词最初是在19世纪被英语使用者借用，20世纪后期被国际使用者重新借用，这个词所包含的社会中上层阶级的社会阶层意义在被重新翻译后似乎消失了：根据欧盟的专业资格认可指令，自由职业者是指"那些通过培训而获得了专业资格的人，为客户和公众的利益而为他们提供专业知识与技能服务"。根据这一定义，意味着职业既不是一种商业交易，也不是一种产业。

有学者认为，英语职业概念(profession)，意味着"声明或者宣誓的行为与事实"，"职业的从业者们声称对某些事务具有较他人更多的知识，尤其是对其客户的事务具有较客户本人更多的知识"[③]。在德语中，职业一词强调基于宗教的伦理观念以及对特定工作领域的占有；法语中，职业与行业的意义基本相同，在法国社会学家涂尔干的论述

---

① Committee on Homosexual Offences and Prostitution, 1957. Report of the Committee on Homosexual Offences and Prostitution. London: Her Majesty's Stationery Office.
② 曹三明：《法官职业伦理概论》，中国社会出版社2011年版，第5页。
③ 刘思达：《职业自主性与国家干预》，《社会学研究》2006年第1期。

里,职业团体不是仅包括英语语境下的职业范围,而是包括所有的行业在内,人们通过职业而形成的社会团结。

职业概念有广义与狭义之分,汉语里的职业一词一般指的是广义概念,是指"个人在社会中所从事的作为主要生活来源的工作"[①]。汉语"职业"一词也是外来语,译自英文 profession/occupation。职业是建立在专门的教育培训基础上的,其目的是为他人提供公正客观的咨询和服务,以获得直接而明确的报酬,而完全不考虑其他商业利益。这是狭义的职业概念,本书在狭义的意义上使用这一概念。

在西方,中世纪和现代早期,人们只认可三种职业:神学、医学和法律。人类历史上最早建立的大学是意大利的博洛尼亚大学(University of Bologna),该校建立于1088年,创建之初以法律和医学两个专业著称。在欧洲,法学教育进入大学已有900多年的历史。

职业教育的出现,使人们从原有的谋生者身份通过职业技能的获得与职业伦理的建构晋升为具有社会荣誉感与社会声望的职业人士。随着职业分工的发展与职业标准的建立,一份工作(occupation)最后被认定为一种职业(profession),主要应满足以下六个要素:一是全职;二是建立了职业培训学校;三是大学设立了相关的职业培训学院;四是成立了地方职业协会组织;五是成立了全国职业伦理协会;六是国家法律同意颁发职业执照。

根据西方传统,谋生的工作与要具备专业知识与技能的职业有明确区分,职业人士又称为专业人士,是指那些从自己的特定知识或经验中获得收入的人,而不是没有受过正规教育的工人、业余爱好者。这一区分的意义至今在体育等领域十分明确,我们常说专业选手与业余爱好者就是这种区分在社会中的表现。当一个人通过学习与培训成为某个领域的专业人士,他就要受到这个领域的职业伦理的约束,这是职业与谋生工作的重要区别。

国外学者关于职业概念的论述,具有代表性的观点有两个:一是美国著名法学家迪恩领罗斯科·宠德的观点,他认为职业"这一术语指的是一个群体……它以为公众服务的精神追求以智识的策略为公众呼吁,它也并不完全是一种公益服务,因为它还以此作为谋生的手段。而以为公众服务的精神追求智识的策略是主要的目的"[②]。二是美国法官路易斯·D.布兰代斯的观点,他用三个标准来界定职业:其一,相称的知识者有预先必要的训练、涉及不同于纯粹技术的知识和一定程度的学问;其二,职业者主要为他人而不是为个人而从事这一活动;其三,金钱报酬的数额不是职业者成功的既定标准[③]。在此基础上,有学者总结了职业的五个特点:一是职业人员的技能以系统的理论知识为

---

[①] 中国社会科学院语言研究所词典编辑室编:《现代汉语词典》(第7版),商务印书馆2016年版,第1683页。
[②] 转引自卢学英:《法律职业共同体引论》,法律出版社2010年版,第7页。
[③] [美]F.雷蒙德·马克斯、柯克·莱斯温、巴巴拉·A.弗金斯基:《律师、公众和职业责任》,舒国滢等译,中国政法大学出版社1989年版,第23—24页。

基础,而不是仅仅根据特殊技能的训练;二是职业人员对他们的工作有相当大的自主性;三是职业人员形成联合体,它调整职业内部事务,对外则代表职业人员的利益;四是加入一个职业要受到已有成员的认真审查,需要参加职业考试,获得许可,得到头衔,这个过程受到有关职业组织的调整;五是职业拥有道德法典,要求其成员遵守,违反者要受到相应的惩戒①。

一些国家对职业的定义中明确包含了职业所内含的职业伦理约束,如澳大利亚职业协会将职业定义为:"职业是个人通过高水平的学习与培训获得相应的专业知识与专业技能之后,加入具有自我约束的行业自律组织,为他人的利益提供专业的知识与技能服务,在提供服务过程中要遵守行业伦理规范。"职业的定义中含有一种内在的道德规范,规范着每一种职业的活动。这种职业规范准则要求个人的行为和实践超越个人的道德义务。在向公众提供服务和与专业同事打交道方面,对从业者来说是一种高标准的道德行为。此外,这些职业伦理规则由专业人员执行,并得到社会的认可和接受②。因此,学者也指出了职业本身所要求的专业人员的职业道德约束:"专业人士是某个职业的成员。专业人士受道德规范的约束,并在其专业领域内承诺他们具有职业能力、诚实守信、遵守道德规范,并以利他主义精神促进社会公共利益。专业人士对他们所服务的人和社会负责。"③

## 二、职业的特征

### (一) 专业性

职业的专业性要求是进入职业的前提条件。一个人如果通过学习与培训获得了某个专业领域的知识与技能,他才可能进入某个专业领域从事该领域的职业行为。现代社会虽然分工越来越细,但在细分的职业领域里,真正要通过正规的学习与培训才能从事这个职业,并要求遵守职业伦理规范的职业种类也并不是很多。广义上的职业分类,根据《中华人民共和国职业分类大典》,我国职业归为 8 个大类,66 个中类,413 个小类,1838 个细类(职业)。加拿大的《职业岗位分类词典》对职业进行了分类,它把分属于国民经济中主要行业的职业划分为 23 个主类,主类下分 81 个子类,489 个细类,7200 多个职业。这其中的许多职业,虽然要求从事人员具有相应的职业知识与技能,但大多数职业可以通过"干中学"获得职业经验而具备从事能力,无须通过事先的学习与培养并参加国家认可的资格考试、获得资格证书。

### (二) 社会性

职业的产生本质上是人类社会劳动分工的结果,职业的社会性表现在:一是职业是

---

① 参见朱景文:《现代西方法社会学》,法律出版社 1994 年版,第 103 页。
② https://www.professions.org.au/what-is-a-professional/.
③ J. Evetts. Sociological Analysis of Professionalism: Past, Present and Future. Comparative Sociology 10, 2011. *International Sociology* Vol.18 No.2.

由社会分工产生的;二是职业中产生的关系本质上是人与人之间的社会关系,如从职人员与客户之间的关系,从业人员内部的关系,从业人员与政府主管部门之间的关系等;三是职业人员来源的社会广泛性,只要通过了资格考试或者认证,就可以获得从业资格;四是从职业行为后果的社会影响来看,职业人员的工作成果具有广泛的社会属性。

(三) 规范性

职业的规范性应该包含两层含义:一是指职业内部操作的规范性;二是指职业道德的规范性。不同的职业在其劳动过程中都有一定的操作规范性,这是保证职业活动的专业性要求。当不同职业在对外展现其服务时,还存在一个伦理范畴的规范性,即职业道德。这两种规范性构成了职业规范的内涵与外延。

(四) 功利性

无论是广义的职业概念还是狭义的职业概念,任何一份职业都构成从业人员的主要生活来源,是一种生存的手段。因此,经济性目的是职业的一个重要特征。人们从事一份职业,既要满足自身的生存与发展需求,又要满足他人与社会的需求,在实现自身利益需求的同时实现社会公共利益与他人利益。因此,人们从事职业活动时,只有把职业的个人功利性与社会功利性相结合,职业活动及其职业生涯才具有生命力和社会意义。

(五) 自主性

职业自主性概念由美国社会学家艾略特·弗莱德森(Eliot Freidson)提出。职业的自主性概念包括以下内容:一是任何一种职业必须建立在职业知识的基础之上,不具备相应的专业知识就无法从事该职业;二是职业资格需要获得相应的职业机构的许可,职业团体对从业者的资格具有决定权;三是职业与市场及传统的科层制相区分,职业无法像市场或者科层制下的工作那样可以标准化、理性化或者商业化。职业者的自主性与专业化的个性服务成为职业自主性的重要特征。

## 三、职业化理论

职业概念使人们认识到职业在现代社会分工与社会团结中的重要性,但还没有解决现代社会中职业组织是如何构建的、职业知识与职业技能如何培养、职业组织如何控制职业从业者等问题,为此社会学家们创立了职业化概念与职业化理论。职业化是职业理论研究的范式,在英美社会学界,关于职业化的理论主要有四大学派:功能学派、结构学派、垄断学派和文化学派[①]。

(一) 功能学派

功能学派产生并活跃于 20 世纪早期与中期。功能学派主要以英国社会学家卡尔-桑德斯(Carr-Saunders)、威尔逊(P. A. Wilson),美国社会学家帕森斯(Talcott Parsons)、古

---

① 参见刘思达:《职业自主性与国家干预》,《社会学研究》2006 年第 1 期。

德(William Goode)等人为代表。这几位学者在西方是比较早地开展职业社会学研究的。他们通过对英国职业状况的研究,认为职业在现代社会中已经逐渐取代了国家与资本主义经济而成为社会结构的最重要组成部分,其重要的意义在于"以知识服务于权力"。美国社会学家帕森斯认为,作为社会系统重要组成部分的职业系统分为学术性职业系统与应用性职业系统两个部分,学术性职业将现代社会的知识制度化,法律与医学则是将这些知识应用于实践的两个主要职业,其他职业对知识的应用均可以从这两个职业中找到根源。古德认为,可以将职业视为一种其成员被共同的价值、语言和认同感所约束的共同体,而这样一个共同体必须与广泛的社会产生联系,社会通过给予职业共同体直接的社会控制权力而实现对这一共同体的间接控制。"通过对职业与其所处的外部社会关系的强调,功能学派的论述为理解职业在现代社会中的意义以及职业化的社会功能等问题提供了有益的思路。"[1]

(二) 结构学派

结构学派产生于20世纪50—60年代。代表人物有韦伦斯基(Harold L. Wilensky)、卡普洛(Throdore Caplow)、米勒森(Geoffrey Millerson)等。职业化是这一学派的核心概念。韦伦斯基认为,职业化依据一个稳定的次序进行:培训体系、职业团体、规章制度、道德准则等各种结构性制度的建立。米勒斯认为,职业化过程取决于以下几个因素:一是获得相对确定的知识与实践的能力以及行业活动的具体性;二是获得知识与实践的机会;三是行业的从业者自我意识的发展;四是行业外部的对该行业作为一种职业的认同。职业化是通过职业资格组织(Qualifying Association)来进行的。该组织通过对职业地位的追求和稳固、对从业者活动的协调与约束、对新技术应用的促进等方式确保职业拥有共同的执业标准、集体性的声音以及符合职业理想的社会评价。结构学派认为,这种结构性的制度安排是职业化的关键。

(三) 垄断学派

垄断学派兴起于20世纪70年代。垄断学派的代表人物有拉尔森(Magali S. Larson)、博尔兰特(Jeffrey L. Berlant)等。该学派的理论建立在韦伯的社会封闭理论与马克思的价值理论基础之上。拉尔森认为,职业化的关键是职业教育对"生产者的生产过程"进行控制,并通过对服务市场的收入机会以及职业位阶中的地位与工作特权的垄断来巩固职业的社会结构与社会地位。标准化与垄断化的职业教育培养并维系着从业者的价值取向,而职业技能则被视为具有交换价值的商品,其价值通过职业教育的年限来进行衡量与比较。在职业化的过程中,各种各样的思想意识将用来支持职业的垄断地位。博尔兰特认为,职业的垄断化取决于以下五个条件:一是以垄断的方式实施会员制的能力;二是以限制性方式控制会员规模的能力;三是排除竞争团体的能力;四是法律环境的友善性;五是与有权力的其他团体的共同利益。垄断学派的理论研究得到

---

[1] 刘思达:《职业自主性与国家干预》,《社会学研究》2006年第1期。

了比较广泛的应用。

(四) 文化学派

文化学派的代表人物为布莱茨泰恩(Burton J. Bledstein)。他通过对美国19世纪职业历史的研究，认为职业主义是一种体现了民主的极端理念的文化。职业化意味着一个在每个社会领域里追求解放自然力量的个人以及他在一个开放社会里对其专业技能的自我控制与实施。职业化事实上是非理性社会里客户对职业的从业者专业知识的信任、尊重与依赖，因此，职业主义的文化事实上促进了公众消极和顺从性的态度。20世纪后发生的变化是，职业不再是个人单打独斗了，而是以职业团体的形式出现，个人只是其中的一员。同时，国家开始干预职业，职业的自主性受到一定的影响。职业主义有了新的文化内涵。

美国芝加哥大学社会学系教授阿伯特(Andrew Abbott)于1988年出版了《职业系统：论专业技能的劳动分工》[①]，对之前的职业化理论进行批判，认为这些理论都是基于一系列的错误假设而产生的，他认为职业化概念是一个误导的概念，它只涵盖了职业生活的形式而非内容，这些理论只关心职业协会、职业执照的颁发和职业伦理的规范，而不问谁在做事、对谁而做、为何而做。同时，这些理论只看到了职业发展中的相似之处，而没有看到职业之间的竞争。阿伯特认为，历史与现实的事实是，各种职业构成了一个相互依赖的系统，在这个系统中，每个职业都是在各种管辖权的控制下开展活动的。他从职业管辖权的发展与管辖权争夺的历史角度，将职业作为一个系统进行了研究，他将传统理论中职业化的发展次序概括为对职业管辖权的控制次序，研究了职业管辖权制度的具体运作，如谁控制了什么、何时控制的、怎样控制的，当管辖权出现空位时，职业就获得了发展机会。该书出版之后，职业理论的研究暂告一段落，再无实质性的突破，职业理论的实证研究被法律社会学、医疗社会学、科学社会学等替代。

## 三、职业伦理

(一) 职业伦理的概念

职业伦理，是指规范人们的职业行为的指导方针和行为规则。职业伦理为我们解决与职业相关的道德问题提供了手段。职业伦理不能仅仅是遵纪守法，而是还要不断意识到客户或患者(医生职业伦理)的权利和需求，需要从业者在伦理、规则、惯例和社会交往的困难的交叉关系中进行批判性思考。

(二) 职业伦理的理论背景

诸多抽象的职业伦理都来源于具体的职业规范。不同的职业具有不同的职业伦理规范，法律职业与医生职业在职业规范方面就存在很大的差别。如医疗机构最基本的目标是改善患者的病情，使患者得到及时而有效的治愈和治疗。在有的时候，唯一可能

---

① [美]安德鲁·阿伯特：《职业系统：论专业技能的劳动分工》，李荣山译，商务印书馆2016年版。

的方法是维持病人目前的状况,或在没有可行的治疗方案时减轻痛苦。法律职业一般是为客户提供专业的法律服务,帮助客户解决个人生活或者日常经营过程中遇到的各种法律纠纷,保护或者实现客户的合法权益。下面介绍几种与职业伦理有关的伦理学说与理论。

1. 功利主义理论

功利主义(utilitarianism)也译为效益主义、效用主义,是道德哲学(伦理学)中的一个理论。功利主义提倡追求"最大多数人的最大幸福"(maximum happiness)。功利主义的主要哲学家有英国的约翰·史都华·密尔(John Stuart Mill)(又译为穆勒)、杰瑞米·边沁(Jeremy Bentham)等。功利主义正式成为哲学理论是在18世纪末与19世纪初期,其基本原则可以概括为:人的一种行为如有助于增进幸福,则为正确的;若导致产生和幸福相反的东西,则为错误的。幸福不仅涉及行为的当事人,也涉及受该行为影响的每一个人。功利主义理论认为人应该做出能"达到最大善"的行为,所谓最大善的计算则必须依靠此行为所涉及的每个个体之苦乐感觉的总和,其中每个个体都被视为具相同分量,且快乐与痛苦是能够换算的,痛苦仅是"负的快乐"。功利主义不考虑一个人行为的动机与手段,仅考虑一个行为的结果对最大快乐值的影响。能增加最大快乐值的即是善,反之即为恶。边沁和密尔都认为:人类的行为完全以快乐和痛苦为动机。密尔认为:人类行为的唯一目的是求得幸福,所以对幸福的促进就成为判断人的一切行为的标准。

密尔和边沁的功利主义被称为古典功利主义,功利主义在随后的发展中分化出几个流派:一是行动功利主义(action utilitarianism)(也译为情境功利主义),行动功利主义强调的是"在此时此刻这个情境下,该怎么做才能促进全体的快乐值"。该主张不问若将此道德规则推广到每个人身上会对全体快乐值造成什么影响。行动功利主义最经典的例子,就是对说谎的不同评价。说谎一般来说是不道德的行为,但在某些情境下,行动功利主义者会认为说谎是符合道德的,如对老人与家人的善意的谎言、为保守国家机密而说谎等。后来人们用以下的话来界定行动功利主义:"某个行为仅在全体快乐值不低于其他等同行为所产生的全体快乐值时为善。"二是普遍功利主义(general utilitarianism),这一派的观点认为:"若每个人都按照我现在遵守的道德律作出行为,这个世界会变成什么样子?"最明确的例子是"穷人可不可以夺取富人的财富?"按照上述的行动功利主义,这似乎是可以接受的,因为这可以促进行为人的最大快乐值,但社会中的每个人都这样做,后果显而易见。三是规则功利主义(rule utilitarianism),认为如果每个人都永远遵守同一道德规范,就能产生最大快乐值。如人们在日常生活中遵守交通规则,那么就能维持正常的交通秩序,保证交通的安全与顺畅,人们因而可以获得最大快乐值。

传统的功利主义思想是有缺陷的,因为它可能以牺牲一个群体的利益为代价来促进另一个群体的利益。功利主义由于片面追求个人利益,容易导致利己主义。

2. 义务伦理学理论

这种伦理观点是基于责任的概念。一个人如果遵守道德义务,就是在做正确的事。所有的道德准则和卫生保健标准的具体法律基本上都是道义性的。它们描述了在某个特定领域或职业中最重要的职责是什么。尽忠当然是一切道德的基本支柱之一。然而,它也可能是道德盲目性的来源,因为职责有时也可能是有害的。责任观在职业道德中是非常重要的,但必须以批判的思维来看待。我们必须问,履行一种义务的真正后果是什么,以及在什么情况下这种义务是有害的,从而迫使我们重新考虑。

3. 效果论

效果论有时译为"结果论",与"动机论"相对应,道德评价以效果为导向,评价人的行为的善恶,不必要考察人的动机,只需看其效果即可。效果论在中国古代伦理思想中有较大的影响,代表人物有东汉思想家王充,他主张"功用",南宋思想家叶适主张"既无功利,而道义乃无用之虚语尔",清代思想家戴震也主张道德是"人伦日用"之说。在西方,功利主义理论是效果论的理论基础,认为所有的道德评价通常归结为一个问题:一个行动、决定或原则的实际后果是什么? 从这个角度来看,可以说,任何导致不合理的伤害,严重或不必要的风险或犯罪的行为,在道德上都是错误的。责任观和效用主义的善良评价最终都需要与结果主义思维相联系。这一领域最著名的原则就是希波克拉底的不伤害原则。

(三) 职业伦理的特征

1. 规范性

规范性是指伦理推理总是会导致一种主张,即一个专业人士在某种情况下应该如何行动。在更广泛的范围内,我们可能会问,应如何设计工作场所的规则或惯例,以支持合乎道德的行为。因此,积极的伦理思想总是进步的:它寻求通过制定更好的政策和采取先发制人的措施来改善现状和预防问题。规范伦理的一个重要方面是为政策或行动辩护。一般来说,道德上的正当性通常是建立在防止伤害或保护个人权利的基础上的。例如,对医院行为准则的改变应始终以这两项原则中的任何一项为理由。如果改变的目标是其他一些好处,如促进合作或使资源合理化,那么它既不应与这些原则的实现相冲突,也不应损害这些原则的实现。

2. 人际交往性

道德评估的对象是人际活动:一个人的行为如何影响他人? 只影响行动者自身的行为在伦理上是不相关的。相反,我们可以问,例如,自残是否审慎(这意味着理性和深思熟虑)。非审慎的行为不是不道德的:不明智、愚蠢或鲁莽的行为在道德上没有错。因此,自我伤害或其他非谨慎行为不能作为干预的理由,除非存在其他紧迫的道德责任(如父母或照顾者的责任)。在自我伤害的情况下,为干预辩护的问题被称为为家长作风辩护的问题。

3. 合理性

伦理主张应始终在逻辑上保持一致,与有关情况的事实相一致,并有充分的证据支持。共同的信念或内心的感觉并不足以证实一个道德主张,虽然情绪总是应该被严肃对待,因为它们可以作为一个向导,找到潜在的道德价值观和标准。理想情况下,伦理思想是批判性的,并不断评估共同的信念和行动的理由。

4. 普遍性和基于环境的特殊性

伦理规则和原则应尽可能具有普遍性。不同的民族,不同的宗教,不同的性别,没有不同的伦理。因此,在设计伦理主张时,不应依赖于有争议的宗教或意识形态信仰,因为并非所有人都认同这些信仰。普遍规律与因地制宜之间的关系是一个复杂的问题。基本上,对环境的敏感性意味着,我们不应该过于严厉地谴责不道德的行为,例如,代理人是未成年人、智障人士或在紧急情况下(例如,自卫或医生在双输的情况下作出决定)。同样,一个人如果同意参加一场拳击比赛,即使我们通常认为打一个人是不道德的行为,也不能因为被打了而责怪他的对手。在做伦理决定时,总是有必要考虑其所处的环境,这就是为什么在日常实践中思考道德问题很重要。

**思考题**

1. 简述道德与伦理的区别。
2. 简述职业概念与职业的起源。
3. 简述职业的特征。
4. 西方职业化理论有哪些流派?
5. 简述职业伦理的理论基础。
6. 简述职业伦理的特征。

# 第二章 法律职业与法律职业伦理

## 第一节 法律职业

### 一、法律职业的产生

法律职业是人类历史上最为古老的职业之一。法律职业人员要学习、发展和应用法律。通常,选择法律职业的人首先要获得法律学位或其他形式的法律教育。基于法律职业在不同法系乃至不同国家存在的差异性,很难用一个大家都认同的概念来概括这个行业的结构。在大陆法系与英美法系,法律职业概念的含义有较大的不同,如在大陆法系的法国,法律职业的范围包括法官、检察官、律师、公证人、法律顾问、法学教师等[①]。英语 lawyer 一词,在大陆法系里找不到一个对应的词。在英美法国家,律师是法律职业的核心,因为法官与检察官一般都来自律师。律师是英美法系里法律职业的主要代表。而大陆法系里的法官与检察官不一定都来自律师,司法官不包括律师。从世界范围来看,法律职业群体一般包括法官、检察官、律师、仲裁员、公证员、法律顾问、行政司法人员等,以及从事法学教育的法学家。

从历史上看,法官是第一个法律专门化的职业。在大陆法系国家,法官通常是一个终身制的职业,而在普通法法律体系中,法官则是从执业律师中遴选或者聘任。

律师是指以私人执业律师或律师事务所成员,他们可以为客户提供咨询和代理服务。在大多数国家,大学法学专业的毕业生需要接受某种学徒式训练,成为律师专业组织的成员,并获得执业执照后才能独立执业。律师助理(paralegal)或法律助理(legal assistant),是指由律师、律师事务所、公司、政府机构或其他实体雇用或聘用的、受过教育、受过培训或有工作经验,并执行由律师负责的具体委托的实质性法律工作的人。

从事法学研究、法学教学与法律人才培养的专业人员称为法学家,他们一般都在大学里工作。法学家在不同的法系国家发挥的作用是不同的:在大陆法系国家,法学家的作用很大,他们为国家起草法典,协助立法机关制定法律;在普通法国家,法律的制定和

---

① 何勤华:《法国法律发达史》,法律出版社 2001 年版,第 67 页。

解释历来是法官的职责范围。

## 二、法律职业的历史

最早被称为"律师"的人可能是古希腊雅典的演说家。在雅典演说家辈出，主要是因为雅典的公民大会通过某项方案必须经过辩论的程序。演说家们当初只能为自己辩护而不为他人辩护，后来，那些不善言辞的人就向能言善辩的朋友求助，请其帮助自己辩护。按照当时的规定，即使代朋友辩护，也不能收取朋友的好处。所以，按照现代职业的观点来看，那时的演说家还不是现代意义上的律师。罗马皇帝克劳迪亚斯废除了演说家收费的禁令，将辩护合法化为一种职业，并允许罗马的辩护律师成为第一批可以公开执业的律师，但他也规定了 10 000 塞斯特塞的收费上限。同希腊时代的演说家一样，早期的罗马律师接受的也是修辞学训练，而不是法律，那时的法官也没有受过法律训练。罗马也曾经培养了一批精通法律的专家，被称为"法学专家"(iuris ti)。这些法学专家是罗马的一批有钱人，他们把学习法律作为一种智力爱好。

在罗马共和国与罗马帝国早期，法学专家和辩护人是不受管制的，因为前者是业余的，而后者在技术上是非法的。任何公民都可以称自己为律师或法律专家，尽管人们是否相信他取决于他的个人声誉。拜占庭帝国建立之初，法律行业已经非常完善，监管严格，等级森严。职业的集中化和官僚化一开始似乎是渐进的，在哈德良皇帝统治期间加快了这一演变过程。与此同时，法学家在帝国时期走向衰落。

在西罗马帝国覆灭和黑暗时代开始之后，西欧的法律职业崩溃了。到了 1140 年，在西欧，没有人能被恰当地描述为职业律师或职业主义者，就像现代意义上的"职业"一词一样。从 1150 年开始，虽然人数不多，但越来越多的人成为教会法律方面的专家，如担任罗马天主教会牧师。从 1190 年到 1230 年间，情况发生了关键的转变，一些人开始把从事法律工作作为终身职业。

教会和国家重新努力规范法律职业，标志着法律职业的回归。1231 年，两个法国委员会规定，律师在他们所在地区的主教法庭上执业之前，必须宣誓承认自己的身份。1237 年，伦敦的教皇公使馆也颁布了类似的誓言。在同一时期，西西里王国的皇帝腓特烈二世在他的民事法庭上也进行了类似的宣誓。到 1250 年，一种新的法律职业的核心明显地形成了。职业化的新趋势在 1275 年的里昂第二次会议上达到了顶峰，会议上提出了一项有争议的建议，即所有的教会法庭都应该要求入会宣誓。虽然没有被理事会采纳，但它在欧洲许多这样的法院中具有高度的影响力。英国民事法庭也加入了职业化的趋势，英国于 1275 年颁布了一项法令，规定对犯有欺骗罪的专业律师进行惩罚。1280 年，伦敦市市长法院颁布了有关录取程序的规定，包括誓言的实施。

1700 年，律师成为北美地区强大的地方和殖民地领袖。在殖民地时代，作为被所有殖民地采用的英国普通法的专家，律师的权力越来越大。美国律师在后来的独立战争与美国国家制度的建构中发挥了巨大的作用。在现代社会，律师成为国家法治建设的重要力量,也是市场经济良性运转与法治社会建设不可或缺的社会公平正义的维护者。

### 三、法律职业的特征

关于法律职业的特征,国内学者有许多研究成果①,笔者综合专家们的观点,总结以下特征:

(一) 专业性

古今中外,凡是从事法律职业者,莫不是精通法律的专业人员。法律职业人员无论是提供法律服务还是提供法律咨询,前提是要知道与了解法律知识,并且懂得法律辩论的技巧。无论是学徒式的师傅带徒弟的职业培训还是学院式的标准化人才培养模式,但凡要从事法律职业者都必须要学得法律知识与法律技能。经过专业教育之后,再经过职业资格考试,然后经过一段时间的实践训练,从业者才能独立执业。法律职业内部还存在科层制,从业者要一步一步地从低层朝着高层往上攀登,越往高层,意味着社会地位与收入越高,但要求的法律知识与技能也越高。许多国家,法官是其法律职业的高端,但要想成为法官,必须经过相当长时间的律师执业经历,成为优秀的律师之后才有可能被选拔成为法官,而法官的顶级就是成为国家最高法院的法官,这样就可以登上法律职业的顶峰,但只有极少数法律职业界的精英能够实现这样的梦想。

(二) 公共性

美国著名法学家庞德认为:"法律职业的首要目标就是公共服务。"法律是国家稳定与秩序之制度基础。法律职业是国家司法体系的重要支柱。法律职业自产生之日起,从业者就有安邦定国之志,追求社会的公平正义,以执法律之职业实现自己的人生理想。各国之法律职业伦理规范,均倡导法律从业者摒弃个人之私益,以社会大众与社会公共利益为依归,伸张正义,维护公正,限制强权,保护弱小。在人类法治史上彪炳千秋的历史人物,无不是胸怀天下、克己利他、诚实守信、匡扶正义之豪杰。正是无数法律人的不懈努力与孜孜以求,人类社会才能达到今天的民主、法治、科学、繁荣的局面。职业都有其求生存利益之一面,但法律职业除了谋生之外,法律人自愿选择从事法律职业之前,大多具有公共服务的精神,公共性是法律职业与其他职业的一个重要区别。

(三) 独立性

法律职业的独立性首先表现为与其他职业有清晰的边界,法律职业的专业性与特权构成了自己的一套独立的运作体系;其次,法律职业人员执业时不受其他机构的干涉。国际律师协会《1990年法律职业独立性标准》的前言中指出:"法律职业的独立性构成了一个对人权的促进与保护的基础性保障,对于获得有效和充分的法律服务而言是必需的。"2011年5月28日国际律师协会通过的《法律职业行为国际原则》,指出"律

---

① 参见许身健:《法律职业伦理》,中国政法大学出版社2019年版,第23页。

师应当保持独立,并应获得独立能带来的保护,给予客户无偏见的建议和代理。律师在建议客户时应做出独立、无偏见的职业判断,包括客户案件胜诉可能性"。我国的《法官法》《检察官法》《律师法》《公证员法》《仲裁法》等与法律职业相关的法律,均对法律职业的独立性进行了规定。

(四) 规范性

作为人类社会最古老的职业之一,法律职业在悠久的发展历程中,形成了具有特色的传统与职业规范。这些职业规范既保留了民族与历史的特色,又遵循了国际民商事纠纷争议解决的共同性规则,兼具了民族性与国际性,既有个性又有共性。法律职业的规范性表现在一些国际性组织制定的法律职业规范中,同时,一些国家在制定自己的法律职业行为规范时,参照了国际上或者一些国家共同认可的行为规则。这些规范的共性,反映了法律所蕴含的价值的普适性。司法制度的国家个性与民族特色,使得各个国家的法律职业伦理具有自身的特色。但无论如何,法律职业的规范性是共通的,只是规范存在一些差异而已。

## 第二节　法律职业伦理

### 一、法律职业伦理的概念

法律职业伦理,是指法律职业人员在执业过程中应遵守的行为准则。它们是法律职业本身发展的产物。

根据英国学者理查德·奥代尔(Richard O'Dair)的观点,可以从下面三个维度来定义法律职业伦理:(1)宏观维度,从整个社会的层面来看,法律职业在为社会提供法律服务时的结构、角色和责任;(2)微观维度,律师在提供法律服务时的个人角色所暗含的伦理责任;(3)从宽泛的社会内容来看,律师执业时所涉及的哲学、经济学和社会学内容[①]。

作者为了说明这样定义法律职业伦理的复杂性,认为(1)和(3)是作者赋予法律职业伦理的新意,而(2)则是人们通常对法律职业伦理的理解,作为律师个体所做出的伦理行为的选择是非常重要的,与理解他的执业实践的内容相关。为了说明这三层含义,作者举了一个案例来进行说明。

在一起强奸案的庭审中,辩护律师为了被告的利益在盘问原告时请原告在法庭上告知其过去的性经历具有道德上的正当性。让我们假定辩护律师也相信以下判断:一是这样的证据将被审判法官采纳;二是可能导致不公正地宣告被告无罪;三是与此案无

---

[①] [英] Richard O'Dair:《法律伦理教程》(导读本),朱力宇、袁钢编注,中国人民大学出版社2007年版,第9页。

关;四是将给原告带来很大的压力。这一难题显而易见是法律职业伦理的第(2)层次的问题,但是这个问题只能在对抗制的审判体制下才能理解律师的这种行为,这就涉及第(1)层次的问题了。同时,一些辩护律师仅仅能够根据改变性关系的假设来理解现在这个难题给他们造成的紧迫感(如果他们不这样做,会引起人们的愤怒),这涉及第(3)层次的问题,这些内容要到的重要性在于,内容的变化能够改变律师在第(2)层次上面临的伦理问题的性质。法律职业伦理涉及的这些内容有助于我们理解律师面临的执业伦理问题。

在美国,每个州或地区都有自己的职业行为准则,规定了职业道德准则。这些可能被各自的州立法机关和/或司法系统采用。美国律师协会(American Bar Association)颁布了《职业行为示范规则》(*The Model Rules of Professional Conduct*),它虽然在形式上只是一个私人机构的建议,但它在许多司法管辖区都具有影响力。《职业行为示范规则》涉及国家道德规范中的许多问题,包括客户与律师的关系、律师在诉讼中作为辩护人的职责、如何与客户以外的人打交道,以及律师事务所和协会、公共服务、广告等涉及的维护职业操守的问题。尊重当事人的信任、对法庭的坦率、对他人陈述的真实性和职业独立性是法律伦理的一些基本特征。美国许多州采用职业责任考试(MPRE)的办法来衡量考生对与律师职业行为相关的既定标准的知识的掌握和理解程度。美国有48个州,以及哥伦比亚特区、关岛、北马里亚纳群岛、美属维尔京群岛和帕劳共和国,职业责任考试是律师资格考试的先决条件或共同条件。在美国56个司法管辖区中,只有马里兰州、波多黎各和威斯康星州不采用职业责任考试;然而,这些司法管辖区仍然在各自的律师考试中纳入当地的道德规范。美国学者梅纳德·皮尔西格(Maynard Pirsig),于1949年出版了第一本关于法律职业伦理的教材《法律职业伦理案例与材料》。他还为1974年出版的《大英百科全书》撰写了"法律伦理的定义"词条。

美国的每个州都有一个律师监管机构(通常被称为州律师协会)来监督律师的行为。当律师被允许在一个州执业时,这些律师必须服从这项权力。律师职业责任的规范通常由州的最高法院承担(如州最高法院)。州律师协会通常与法院协商,制定一套适用于所有律师的道德义务的规则。截至2013年,美国已有48个州采用了美国律师协会的规则。加州是唯一一个没有采纳该规则的州。不遵守当地道德规范的律师可能会受到从私下(非公开)训斥到开除的纪律处分。

## 二、法律职业伦理与其他伦理的比较

### (一) 法律职业伦理与社会主义核心价值观

社会主义核心价值观反映社会主义核心价值体系的丰富内涵和实践要求,是社会主义核心价值体系的高度凝练和集中表达。2013年12月23日,中共中央办公厅印发了《关于培育和践行社会主义核心价值观的意见》,提出社会主义核心价值观的内容:

"富强、民主、文明、和谐、自由、平等、公正、法治、爱国、敬业、诚信、友善。"其中,富强、民主、文明、和谐是国家层面的价值目标,自由、平等、公正、法治是社会层面的价值取向,爱国、敬业、诚信、友善是公民个人层面的价值准则。该意见还要求加强社会诚信和司法公信建设,完善个人信用记录,健全覆盖全社会的征信系统,加大对失信行为的约束和惩戒力度,在全社会广泛形成守信光荣、失信可耻的氛围。

法律职业伦理规范与社会主义核心价值观有密切的关系。一是社会主义核心价值观的一些内容与法律职业有直接的关系,如民主、自由、平等、公正、法治、敬业、爱国、诚信、友善等,法律职业伦理规范的一些具体规则实际上就是这些核心价值观的具体化。二是我国目前的法治建设目标是推行法治国家、法治政府、法治社会一体建设,社会主义核心价值观从国家层面、社会层面和个人层面进行要求,正好契合了我国的依法治国与以德治国相结合的治国理念。三是在法治国家建设中,如何处理法律与道德的关系是一个重要问题,法律是准绳,任何时候都必须遵循;道德是基石,任何时候都不可忽视。在新的历史条件下,我们要落实依法治国基本方略、依法执政基本方式,建设好法治中国,必须坚持依法治国和以德治国相结合,使法治和德治在国家治理中相互补充、相互促进、相得益彰,推进国家治理体系和治理能力现代化。四是在我国现行的法律职业伦理规范中,法律规范与行业规范并存,存在法律惩罚与道德惩罚两种惩罚机制,法律职业从业者违法了法律规定,则应受到法律的惩罚,包括刑事处罚、行政处罚与承担民事责任;违反了伦理规范,则应该受到来自行业协会的惩罚,如训诫、警告、通报批评、公开谴责、中止或者取消会员资格等。这一惩罚规则体系,涵盖了法律职业从业者的个人信用与社会信用体系,体现了社会主义核心观对失信行为进行约束与惩戒的要求。

(二) 法律职业伦理与公民道德

公民道德规范是一个国家所有公民必须遵守和履行的道德规范的总和。党中央和国务院十分重视我国的公民道德规范建设,2001年9月20日,中共中央印发了《公民道德建设实施纲要》,提出了"爱国守法、明礼诚信、团结友善、勤俭自强、敬业奉献"的公民基本道德规范。2019年10月27日,中共中央、国务院印发了《新时代公民道德建设实施纲要》,提出要把社会公德、职业道德、家庭美德、个人品德建设作为着力点,推动践行以文明礼貌、助人为乐、爱护公物、保护环境、遵纪守法为主要内容的社会公德,鼓励人们在社会上做一个好公民;推动践行以爱岗敬业、诚实守信、办事公道、热情服务、奉献社会为主要内容的职业道德,鼓励人们在工作中做一个好建设者;推动践行以尊老爱幼、男女平等、夫妻和睦、勤俭持家、邻里互助为主要内容的家庭美德,鼓励人们在家庭里做一个好成员;推动践行以爱国奉献、明礼遵规、勤劳善良、宽厚正直、自强自律为主要内容的个人品德,鼓励人们在日常生活中养成好品行。

法律职业人员作为公民,第一,要遵守公民道德基本规范。在《新时代公民道德建设实施纲要》里,将社会公德、职业道德、家庭美德、个人品德一体建设,实际上是将每个人的品德建设贯穿了其社会关系的所有方面,其中的职业道德主要涉及每个人所从事职业的伦理规范。从内容来看,公民道德规范涵盖了法律职业伦理规范,法律职业伦理规范是公民道德规范之一,遵守了公民道德规范是遵守法律职业伦理规范的前提。第二,法律职业伦理规范是一种专业化的职业伦理规范,其规范的深度与规范的具体规则,比公民道德规范要更加深入与细致。第三,法律职业人员遵守了法律职业伦理规范,并不意味着其一定是一个遵守了公民道德规范的好公民,职业之外的个人家庭美德一般没有纳入职业道德规范之内。第四,法律职业伦理与公民道德规范中的社会公德、个人品德密切相关,如果其在社会公德与个人品德方面出了问题,一般情况下,也意味着他违反了法律人的职业伦理规范。

(三)法律职业伦理与公务员伦理

在我国的法律职业共同体中,法官、检察官、公职律师、行政执法人员等属于国家公务员,他们要同时遵守公务员职业伦理与法律职业伦理。我国香港地区也曾制定了《政治委任制度官员守则》来约束公务员的行为。这些制度无一例外地对公务员及其家庭适用了更高的道德标准,并依法来约束他们的"特权行为"。国外也很重视公务员职业伦理,如日本制定了《国家公务员伦理法》,英国制定了《公务员守则》。美国卡特政府时期,随着"水门事件"细节的曝光,社会公众对美国公务员职业道德给予了极大关注。水门事件之后,政府颁布了《政府伦理法案》,明确了公务员的职业伦理规范。这部法案也被誉为美国"官员头顶上的达摩克利斯之剑"。美国又相继在 1990 年、1992 年、1993 年颁布《政府官员及其雇员的行政伦理行为准则》《美国行政官员伦理指导准则》《美国行政部门雇员道德行为准则》。法国、澳大利亚、加拿大等国家均颁布了公务员伦理行为道德准则。

我国的《公务员法》,规定了公务员的权利与义务、录用、职务职级任免、职务职级升降、考核、奖励、监督与惩罚、交流与回避、辞职与辞退、申诉与控告、法律责任等。2002 年 2 月 21 日,人事部颁发《国家公务员行为规范》,这是我国第一个关于公务员行为的规范性文件。公务员的行为规范包括:政治坚定;忠于国家;勤政为民;依法行政;务实创新;清正廉洁;团结协作;品行端正。我国一些地方政府也颁布了公务员的职业道德规范,如《广州市公务员职业道德手册》全书共七万字,分 15 个篇章,配 13 位楷模人物介绍和 65 条名人名言经典。该手册以忠诚、为民、依法、公正、守信、尽责、务实、服从、保密、协作、节俭、遵纪、廉洁、勤学、达礼为主要内容。

## 三、职业伦理与行为规范的关系

如果按照英国学者理查德·奥代尔对法律职业伦理三个层次的界定,那么法律职业行为规范只是法律职业伦理构成的一部分。他认为,律师的工作受"律师业法"的规制,律师业法包括两个方面的内容:一是实体规范;二是程序规则。事务律师受其与客户之间签订的合同约束。律师业法也包括由英国出庭律师公会(the Bar)与律师协会(the Law Society)制定的职业行为规范的规制。那么法律职业伦理与法律职业行为规范之间的关系是什么样的？人们通常认为，律师面对的所有道德危机均可以通过参考行为规范中的相关内容加以解决，但事实并非这样。律师行为规范不可能覆盖律师的全部社会生活，行为规范可以尽可能覆盖律师生活的各个方面，但仍然解决不了行为规范与个人道德信仰的冲突。因此，道德准则应当成为研究法律职业伦理的起点①。

 **思考题**

1. 简述法律职业的概念与特征。
2. 简述法律职业伦理的概念。
3. 简述法律职业伦理与社会主义核心价值观、公民道德、公务员伦理之间的关系。

---

① ［英］Richard O'Dair：《法律伦理教程》，朱力宇、袁钢编注，中国人民大学出版社2007年版，第19—21页。

# 第三章 法律职业共同体

## 第一节 共同体

### 一、共同体的概念

共同体（community）是在多学科中广泛应用的一个概念，在引入中国之时，被社会学家译成中文"社区"。《现代汉语词典》对共同体的解释为"人们在共同条件下结成的集体"①。社会学意义上的共同体概念最早由德国社会学家费迪南·滕尼斯提出，他在1887年发表的《共同体与社会——纯粹社会学的基本概念》中指出，共同体是表示基于自然意志的有机组织形式。滕尼斯将人的意志分为本质意志与选择意志。人的本质意志是建立在自然的基础上的，是人类所具有的原始的东西，在自然意志支配之下，人们之间的关系是天然的，不考虑利益，目的与手段是统一的。选择意志是思维本身的产物，是建立在目的与利益的基础之上的，是基于自由与理智的思考。在此基础上，人类社会的生活呈现两种形态：一是共同体；二是社会。共同体基于血缘、感情与伦理关系而形成，包括亲属（血缘共同体）、邻里（地缘共同体）、友谊（精神共同体）等，是人们建立在纯粹的自然关系基础上的，彼此之间没有利益关系，体现的是一种自然的、有机的联系。社会是建立在人类的选择意志基础上的组织，人与人之间因利益关系组织在一起，形成群体。社会体现的是一种有意识的、基于利益关系的联系，如城市、行业、国家等。共同体较社会古老②。

法国社会学家涂尔干③在其名著《社会分工论》中，根据个人与社会的关系不同，将人类社会分为机械团结的社会与有机团结的社会④。机械团结，指由于社会构成要素之间按彼此相似或相同的性质形成的团结，个体对群体有强烈的认同感和归属感，但是这种联系类似于无机物的类聚一样，是一种机械似的联系。人类处于原始、隔绝生存状态

---

① 中国社会科学院语言研究所词典编辑室编：《现代汉语词典》（第7版），商务印书馆2016年版，第458页。
② ［德］斐迪南·滕尼斯：《共同体与社会》，林荣远译，商务印书馆1999年版，第146—174页。
③ 法国社会学家 Émile Durkheim，国内有两种常用的译法，一译为埃米尔·迪尔凯姆，一译为埃米尔·涂尔干。
④ 机械团结与有机团结又译为机械连带与有机连带。

下的社会群体基本上是这种样式。有机团结,指社会出现分工后每个人都按照社会的分工执行某种特定的或专门化的职能,社会中的每个人无须什么事情都要亲力亲为,每个人的生存依赖于他人,我为人人,人人为我,这种建立在社会分工基础上的人与人之间的关系,构成了社会有机体。有机团结的社会必须依靠相互依赖的集体意识,有机团结具有社会的复杂劳动分工时的特性。人类从机械团结过渡到有机团结,人类的文明开始出现并进化。

人类社会由机械团结演变为有机团结是巨大的进步,它使得人类避免为了争夺有限资源而自我毁灭。涂尔干认为,在社会资源既定的情况下,人口增长之后,人们分得的资源就变少,人为了生存就发生了争夺资源的竞争。人类为了共存,就得避免大家去竞争同一种资源,需要各自寻找赖以生存的资源,社会分工就产生了。涂尔干认为,只有在各个社会成员之间已经构成联系的前提下,分工制度才得以产生。涂尔干相信社会是先有统合,再有分工;先有一致性,再有差异性。有了社会生活,分工才会产生。也就是分工是从集体生活中产生的。在他看来,促使社会分工的原因(社会容量和社会密度的增大),同样是文明产生的原因。他认为,分工是生存竞争的结构,但也是比较温和的竞争方式。由于分工而使人们可以不必消减竞争对手,而可以共存、合作。而且,随着分工的发展,许许多多的人得到养活自己的工具,而免于像在同质社会中那样面临死亡的命运。在许多较落后的人群中,患病的人就注定要死,因为他已经没有任何益处。有时候,法律就在预期甚至在执行自然淘汰,而将衰弱、生病的新生儿下令处死。连亚里士多德也认为这样做是很自然的。在进步的社会里情形就不同了。在现在的复杂社会组织结构中,一个再卑微的人也可以找到能发挥所长的地方。如果一个人心智健全而只是身体较弱,他可以从事研究,可以发挥其思辨之长。如果他的心智有缺陷,那么社会可以给他安排一个次级的蜂房,一处容身之地,让他免于丧亡。同样,在原始部落中,战败的一方被处死,而在军事功能与工业功能已经分化的社会里,他们却可以充任奴隶,与战胜者一起生活。

德国社会学家马克斯·韦伯在其名著《经济与社会》中也对共同体做了深入的研究,他认为:"大多数的社会关系都部分地具有共同体化的性质,部分地具有社会化的性质。任何一种哪怕是目的合乎理性地或冷静地建立的和有的放矢的社会关系,都能超出一些随意选择的目的。反之亦然,一种其通常的意向是共同体化的社会关系,也可能为所有的或者若干参加者完全地或部分地以目的合乎理性为取向。"[1]在韦伯看来,共同体是与社会相对应的,具有先发性的社会关系状态,共同体建立在对共同属性的认同和情感倾向为基础所形成的成员间相互联系的群体[2]。周游世界各地的吉普赛人,他们有相同的行为举止,但他们是各自独立的,彼此之间没有认同对方的行为举止取向并形成一种社会关系。而全世界的犹太人联盟可以称为犹太人共同体,因为他们之间有共同

---

[1] [德]马克斯·韦伯:《经济与社会》(上卷),林荣远译,商务印书馆1997年版,第71页。
[2] 参见卢学英:《法律职业共同体引论》,法律出版社2010年版,第2—3页。

的价值观与属性,且相互之间形成了一个紧密的犹太团体。韦伯指出,团体成员"在他们之间才产生一种社会关系——不仅他们对待周围环境的任何举止——而只有在环境表明一种感觉到的共同的属性,才产生'共同体'"①。

工业社会到来之后,传统共同体如家族共同体、村落共同体日益衰落,基于业缘和趣缘的职业共同体与趣味同盟开始形成并逐渐占据主导地位,这是经过人们选择的而不是必然的结果,是人与人之间源于一种分工或兴趣爱好而建立的松散的结合,维系共同体的是对互助双方团结感的确认,对精神和道德之间同质性的确认。随着社会分工的精细化,人们交往工具的技术化,人们之间的联结也早已突破了传统社会的地域、家族、业缘关系,人们之间的社会关系甚至突破了社区、组织、行业、地域乃至国家,互联网时代,世界成为一个共同体,人类命运共同体的概念正是反映了现时代的特征②,因此,共同体与社会的二元对立也得到了消解。

## 二、职业共同体

现代职业共同体理论由德国社会学家涂尔干提出。他认为:职业共同体是现代工业社会被"认为是必不可少的,并不在于它促进了经济的发展,而在于它对道德所产生的切实的影响。在职业群体里,我们尤其能够看到一种道德力量,它遏制了个人利己主义的膨胀,培植了劳动者对团结互助的极大热情,防止了工业和商业关系中强权法则的肆意横行。"③涂尔干认为职业共同体具有以下功能:

(一) 经济整合功能

职业共同体常以法人团体的形式存在。家族被法人团体替代之后,相同职业的从业者通过一系列的行业规范组织起来,根据各个地区和地方的需要在一种共同体内进行统一的经济活动,每个人都履行着一种天职,共同形成了职业伦理。

(二) 政治整合功能

职业法人团体最早存在于社会体系之外,随着经济的不断发展,导致人们的政治生活"将成为一种由国家法人团体所构成的庞大体系","法人团体将来会变成一种基础,一种政治组织的本质基础"④。

(三) 社会团结功能

法人团体作为一系列次级群体的存在,能够"强劲地把个人吸收进群体活动里,并以此把个人纳入到社会生活的主流之中"⑤。

(四) 道德整合功能

法人团体通过制定和实施规范,形成一种道德准则,引导其成员过一种群体生活,

---

① [德]马克斯·韦伯:《经济与社会》(上卷),林荣远译,商务印书馆1997年版,第72页。
② 2012年党的十八大明确提出"要倡导人类命运共同体意识,在追求本国利益时兼顾他国合理关切"。
③ [法]埃米尔·涂尔干:《社会分工论》,渠敬东译,生活·读书·新知三联书店2000年版,第38页。
④ [法]埃米尔·涂尔干:《社会分工论》,渠敬东译,生活·读书·新知三联书店2000年版,第39页。
⑤ [法]埃米尔·涂尔干:《社会分工论》,渠敬东译,生活·读书·新知三联书店2000年版,第41页。

而这种群体"不只是规定其成员生活的一种道德权威,它更是生活本身的渊源。任何集体都散发着温暖,它催动着每一个人,为每一个人提供了生机勃勃的生活,它使每一个人充满同情,使每个人的私心杂念渐渐化解"①。

## 第二节 法律职业共同体

### 一、法律职业共同体的概念

法律职业共同体的概念借鉴于美国科学史和科学哲学家托马斯·S.库恩关于"科学共同体"的定义,德国社会学家马克斯·韦伯认为法律职业是一个"职业共同体"②。法律职业共同体是基于法律职业而形成的以法律知识与法律技能为公众提供法律服务,实施与执行法律,实现社会公正的职业群体。

在西方,法律职业共同体起始于法律职业的正式形成。文艺复兴时期的欧洲,法律职业应社会的需求而产生,先是在11世纪的意大利,继后是在法国、英国与西班牙③。11世纪教皇格列高利七世宗教革命后,脱离僧侣共同体的法律职业成员开始形成一个独立的职业群体。美国著名法学家伯尔曼在其《法律与革命》一书中认为:"随着教皇革命而来的是产生了一种新的教会法体系和各种新的世俗法体系,附带产生的有:一个职业的法律家和法官阶层,分等级的法院制度,法学院,法学专著,以及把法律作为一种自治的、完整的和发展的原则和程序体系的概念……维护独立的僧侣共同体,并给僧侣的阶级意识加上新的法律的一面……"④

### 二、法律职业共同体的构成要素

法律职业共同体的构成要素,大致可以从以下几个方面把握。

(一)法律专业知识

从事法律职业,首先要进行法律知识的学习与培训。现代大学的兴起为人们系统化地学习专业知识提供了方便,法律职业的培养模式也发生了改革,传统学徒式的培养模式逐渐被大学法学院的规模化、系统化培养模式替代。知识共同体是职业共同体的基础。法学院的系统课程学习与专业训练造就了法律职业人才的共同知识背景。我们现在所说的"法言法语",都是通过教科书的语言体系训练了法律人的语言、逻辑与思维。法律人在从事法律职业时,知识与信息的交流畅通无阻,在事实的认定与法律的适

---

① [法]埃米尔·涂尔干:《社会分工论》,渠敬东译,生活·读书·新知三联书店2000年版,第38页。
② 王公义:《论法律职业共同体》,《中国司法》2016年第1期。
③ 参见李学尧:《法律职业主义》,中国政法大学出版社2007年版,第25—26页。
④ [美]伯尔曼:《法律与革命》,贺卫方、夏勇、高鸿钧、张志铭译,中国大百科全书出版社1993年版,第140—141页。

用上即使不能达到一致,但基于共同的法律知识背景,在不同的见解中仍然能够理解对方的主张。

(二)法律价值理念

法律职业共同体要信仰法律,即要认同法律体现的理性追求与价值目标。法律是通过人类的实践理性历史地形成的行为规则,遵守了这些规则,人类社会就能按照理性的轨道前行,人们的行为才能产生预期的结果。因此,法律的价值所追求的平等、自由、人权等理念,实际上是人类社会积累的历史经验,人类遵从了法律设定的行为规则,社会秩序就能得到良好的维持,人们就能通过自身的努力实现人生价值,社会资源得到公平合理的分配,社会实现效率与公平的合理均衡,人们各得其所,幸福地度过一生。个人价值彰显,社会和谐发展,人类文明昌盛,人间万世太平。

(三)法律职业伦理规范

法律职业共同体分别由法官、检察官、律师、公证员、仲裁员等构成,岗位与职责不一样,社会地位与社会身份各异,但他们必须遵守共同的职业伦理规范。虽然每种法律职业的职业伦理规则存在一些差异,但基本的伦理规则是相同的,如遵守法律,忠于法律,尊重事实,谨言慎行,办事公正,平等待人,互相尊重等。

(四)法律职业任职条件

在我国,担任法官、检察官、律师、公证员必须通过国家统一的法律职业资格考试,这是我国设立的这四种法律职业的进入门槛。只有获得了从业资格后,再需要经过其他的资格考试与培训,才能担任相应的职位。如法官、检察官还要通过国家公务员资格考试,担任公证员与律师还需要经过专业实习与专业培训才能获得执业资格。

(五)法律职业奖惩制度

我国针对法官、检察官、律师、公证员都设立了奖惩制度。对于执业公正、坚持法治原则、为公正执法做出突出贡献的法律职业从业人员予以奖励,对于违反职业伦理与职业道德规则的法律职业从业人员,应该对其进行惩罚。对于违法犯罪行为,照样要受到法律的制裁。这些奖惩规则,不论从业者在体制内还是体制外,与从业者的社会身份无关,只要违反了法律法规与职业伦理规则,都要受到相应的处罚。

## 三、法律职业共同体的成员构成

法律职业共同体的构成,不同的法系、国家、地区有不同的成员。在英美法系国家,无论是法官还是检察官均由律师担任,或者说法官与检察官均从律师中产生,因此律师就是法律职业的主体。一个人具有了律师身份或者从事了律师职业之后,就具有了担任法官与检察官的机会。因此大多数情况下,英美法系的法律职业共同体基本上由律师构成,之所以还称为职业共同体,只是律师之间的分工不同而产生了不同职业的律师共同构成了法律职业共同体。在一些大陆法系国家,法官与检察官也是从律师中产生,但也有一些大陆法系国家,法官与检察官并非都是从律师中产生,而是人们在初次选择职业时就产生了法律职业的分化,法官与检察官的任职资格并不要求具有律师执业经历。因此,在涉及法律职业共同体的构成时,包括哪类法律职业人员,是需要讨论的一个问题。

一种观点认为,法律职业共同体包括法官、检察官、律师、法律学者。我国台湾学界与法律实务界持这种观点。

一种观点认为,法律职业共同体包括法官、检察官、律师、公证员、与刑事诉讼有关的警官(刑警、狱警)、立法者、法律学者(法律研究者、法律教育者)、司法辅助人员八类,这些人员可以视为法律职业共同体的成员。这是广义的法律职业共同成员。狭义的成员包括法官、检察官、律师、公证员。无论是广义还是狭义的成员范围,法官与检察官是主体,主体参与进来了,才能建成法律职业共同体[①]。

一种观点认为,法律职业共同体成员包括法官、检察官、律师、公证员、仲裁员、行政执法人员[②]。

界定法律职业共同体的成员范围,首先要确定法律职业共同成员的条件。成为法律职业共同体成员要符合以下条件:一是具备相应从业资格,在我国,即指要通过法律职业资格考试才能从事相关法律职业的从业者,而无须通过法律职业资格考试也可从事法律工作的从业者,不宜纳入法律职业共同体;二是参与相关职业组织,在我国,即指从事法律工作且为法官协会、检察官协会、律师协会、公证员协会、仲裁委员会等组织的成员,而其他从事法律工作但一般没有相应的组织机构形成一个行业的共同体的从业者,也不宜纳入法律职业共同体;三是受相关的职业伦理规范的约束。根据这三个条件,我国的法律职业共同体应包括法官、检察官、律师、公证员、仲裁员。仲裁员的任职资格虽然不要求通过法律职业资格考试,但仲裁中的大部分成员由律师构成,其他成员为不同专业领域的专业人员,如大学法学教师,法学研究机构的研究人员,退休的法官、检察官等,主要也是法律专业人员。立法者在我国属于公务员,立法者在不同层级的立法机关承担不同的工作职责,而且并非都直接参与立法,不宜将立法机关的工作人员纳入法律职业共同体。大学法学教师与法学研究机构的专业法学研究人员,其身份要么是教师,要么是研究人员,职业身份不明显,而且是受到教师职业伦理规范与科研人员职业伦理规范的约束,与法律职业共同体的属性有一定的差距,也不宜将他们纳入法律职业共同体。行政执法人员是公务员,受公务员职业伦理规范的约束,任职资格、奖惩标准、职务晋升等遵从公务员的相关规定。其他执法人员也是受相应职业规则的约束,与法律职业共同体适用的规则相差较大。

需要指出的是,我国党和政府的规范性文件以及党和国家领导人的讲话中,很少用"法律职业共同体"这个概念,通用的规范性概念是"法治工作队伍"[③],法治工作队伍又

---

[①] 王公义:《论法律职业共同体》,《中国司法》2016年第1期。
[②] 参见许身健:《法律职业伦理》,中国政法大学出版社2019年版,第28—29页。
[③] 参见《中共中央关于全面推进依法治国若干重大问题的决定》;习近平:《坚定不移走中国特色社会主义法治道路 为全面建设社会主义现代化国家提供有力法治保障》,《求是》2021年第5期。

分为法治专门队伍和法律服务队伍。法治专门队伍包括立法队伍、行政执法队伍、司法队伍，法官、检察官属于法治专门队伍；法律服务队伍包括律师、公证员、基层法律服务工作者、人民调解员。

### 四、法律职业伦理教育

法律职业伦理教育是我国法治人才培养教育的重要组成部分，根据《中共中央关于全面推进依法治国若干重大问题的决定》的要求，我国的法学教育要坚持用马克思主义法学思想和中国特色社会主义法治理论指导，要加强法学基础理论研究，形成完善的中国特色社会主义法学理论体系、学科体系、课程体系，组织编写和全面采用国家统一的法律类专业核心教材，纳入司法考试必考范围。法科教育也要坚持立德树人、德育为先导向，习近平法治思想进教材、进课堂、进头脑，培养造就熟悉和坚持中国特色社会主义法治体系的法治人才及后备力量。同时，要大力培养通晓国际法律规则、善于处理涉外法律事务的涉外法治人才队伍。

现代法治国家都十分重视法律职业伦理教育，一些国家将通过法律职业伦理考试作为法律职业资格考试的前置条件，只有通过了法律职业伦理考试才有资格参加法律职业资格考试。因此，法律职业伦理教育内含于法学教育之中。

法律职业伦理教育在我国有一个缓慢的发展过程。相当长的时间里，除了部分政法类院校开设了与法律职业伦理相关的课程外，一般高校的法学院大多没有专门讲授法律职业伦理课程的教师，即使开设了相关的课程，也是由其他讲授部门法课程的教师代理。绝大多数院校没有开设类似"法律伦理学""司法职业伦理"或"司法职业道德"等课程。即使开设了相关课程的院校，也多以"律师事务""律师学""司法实务"等课程名称命名，内容单一，并未涉及法律职业伦理的所有范围与内容。由于教育行政部门没有将法律职业伦理课列为必修课程，是否开设法律职业伦理课程，取决于相关院校领导对该门课程的重视程度以及是否有相关的师资。"即使开设了选修课程的法学院校，选课学生也寥寥无几。"①

针对这种情况，有学者呼吁："法律院校对法科生的培养目标是使其成为德才兼备的法治人才，这里的'才'是指职业技能，'德'是指良好的职业伦理。法律职业伦理课程对法科生职业伦理养成的作用显然是至关重要的，因此，强化法律职业伦理课程建设势在必行。"②实际上，对法科生进行法律职业教育也是法律职业的现实需要。这些年来，法官、检察官违法犯罪案件不断呈现，有的涉及国家大法官，地方法院院长、检察院检察长，一些律师充当当事人与违法法官的掮客，破坏了国家法治秩序，污染了社会法治环境。这些司法人员与律师的违法犯罪行为，自然应当受到法律的制裁。法律人一直被视为社会的精英、国家的栋梁，理应成为遵纪守法的模范，社会行为规范与道德的标杆，

---

① 李昌盛：《司法职业伦理教育的限度》，《人民法院报》2014年11月21日。
② 许身健：《认真对待法律职业伦理教育》，《中国社会科学报》2018年2月28日。

但其中的一些败类玷污了整个职业群体的职业操作与社会声望。开展法律职业伦理教育刻不容缓。

全国法律硕士教育指导委员会于2017年通过了新的《法律硕士专业学位研究生指导性培养方案》,要求法律硕士研究生"掌握中国特色社会主义理论体系,遵守宪法和法律,德法兼修,具有良好的政治素质和道德品质,遵循法律职业伦理和法律职业道德规范"。新的培养方案将"法律职业伦理"列为必修课。2018年,教育部发布《法学本科专业教学质量国家标准》,指出"法学类专业是具有共同理论基础或研究领域相对一致的专业集合。法学类专业教育具有很强的应用性和实践性,在国家民主法治建设中发挥着重要的基础性作用。法学类专业教育是素质教育和专业教育基础上的职业教育"。该质量标准要求法学专业核心课程采取"10+X"分类设置模式。"10"指法学专业学生必须完成的10门专业必修课,"法律职业伦理"列入其中。根据新调整的法学本科生与法律硕士研究生的课程体系,"法律职业伦理"均为必修课。自此,法律职业伦理成为全国法律院校必须开设的本科生与法律硕士研究生的必修课。

法律职业伦理课的内容,要根据法律本科生与法律硕士研究生的培养目标与培养要求设计,既要阐述法律职业伦理的基本理论、基本原则、基本内容,也要结合具体的案例研讨现实中发生的法律职业人员的违法犯罪与违反职业纪律的事件,总结经验,吸取教训,让学生通过课堂教学,深刻理解法律职业伦理的理论观点与学说流派,中西方法律职业伦理的差异性与相同点,通过案例的分析与讨论,了解相关法律法规与职业伦理规范的内涵,明确法律职业的底线与红线,建立职业行为的规则意识,培养职业道德素养,为未来的从业奠定扎实的专业知识基础,并在职业伦理的规则意识与职业道德素养方面做好充分的准备。

**思考题**

1. 什么是共同体?
2. 简述职业共同体的概念与特征。
3. 简述法律职业共同体的概念与构成要素。
4. 简述我国法律职业伦理教育的概况。

# PART TWO　第二编　法官职业伦理

法官除了法律就没有别的上司。

——［德］卡尔·马克思《第六届莱茵省议会的辩论》

# 第四章　法官职业的历史和现状

## 第一节　初民社会的神明裁判

### 一、神明裁判的产生

初民社会，万物有灵的观念深入人心。那时，人类还没有产生成文法，习惯还在形成中。但人与人之间的纠纷却不断地发生着，如何解决人与人之间的纠纷，或者个人的行为对集体利益的侵害？解决人类社会的纠纷，必须有一个大家公认的公正裁判者。当人类面临这些问题时，发现人类自身的有限智慧无法解决，任何个人的判断无法获得他人的普遍信任。这时，"神明裁判"就产生了。一般认为，神明裁判产生于巫术。神明裁判是人类基于这样的信念：当人类自身不能解决人类社会的矛盾与纠纷时，可以借助超过人类智慧的神灵的能力对人类社会的纠纷进行公正的裁决，维护人类社会的秩序。人的理性有限，神的智慧无穷，如果人类社会都认可神可以弥补人类理性缺陷，并获得了大家的认可，那么神灵裁判就获得了合理性。

### 二、中国古代的神明裁判

在中国古代，最有名的神明裁判有皋陶治狱与神兽断案。皋陶是中国上古神话传说中的人物，被史学界和司法界公认为中国司法鼻祖，与尧、舜、禹并称为古代中国的四大圣人。传说在尧帝统治时期，皋陶曾经被舜任命为掌管刑法的"士"，以正直闻名天下。传说中的皋陶还是位立法者，他制定了中国历史上第一部《狱典》，他将这部《狱典》刻在树皮上，呈给舜帝看，舜帝就让他实施。作为裁判官，传说皋陶断案时，通过一种叫獬豸的独角兽来决狱。獬豸也是传说中的一种动物，类似羊，但只有一只角，所以有时又称之为"独角兽"。传说中的獬豸有灵性，能够分辨曲直、确认罪犯。当皋陶裁判遇有疑问时，他将獬豸放出来到法庭上，獬豸就会用其独角顶触真正的罪犯。我国西南一些少数民族中至今还保留着一些原始社会遗留下来的"踩铁铧""踏铁斧"等神明裁判的形式。

### 三、国外的神明裁判

国外也有类似的情况。古代印度的《摩奴法典》《若那罗陀法典》《述祀氏法典》《毗湿奴法典》《布里哈斯帕提法典》中有"铁火神判""捞沸神判""闷水神判""秤称神判""食毒神判""触审神判"等。《汉谟拉比法典》中的第2条、第131条、第132条等记录了"水审""对神发誓"等神明裁判的形式。

神明裁判的仪式感与程式化为以后的司法程序与审判形式产生了较大的影响。

## 第二节 中国的法官职业

### 一、中国古代的法官职业

中国古代社会长期实行皇权统治,皇帝集立法、行政、司法权于一身,自然是国家的最高法官。"公堂一言断胜负,朱笔一落命攸关"。皇帝掌握着罪犯的死刑复核权。从历史记载来看,中国至少从汉朝开始,死刑判决都要经过皇帝的批准才可执行,即所谓"报囚"。虽然中国古代没有出现像西方那样独立的法官群体,也没有产生独立的法官职业,但担任司法审判的法官还是存在的,也有大量的司法辅助人员协助政府官员处理司法实务工作。如西周时期,在中央一级担任国家最高司法机关的长官称为"大司寇":"掌建三邦之三典,以佐王刑邦国,诘四方。"其次为"小司寇":"掌外朝以外政五刑,听万民之狱讼。"最后为"士师":"士师之职,掌国之五禁之法,以左右刑罚。"自秦之后,中央集权的统治模式定型,法官也分为中央法官与地方法官,各自名称不一样。历经朝代变化,每朝每代法官职位都有不同的称呼[①]。

中国古代的法官职业有以下特点:一是行政司法不分。地方行政官员承担司法审判职能。我们现在耳熟能详的古代清官,如包拯、海瑞、狄仁杰等,既是清廉的行政官员,又是公正的法官。二是建立了完备的审判制度。审判事务纷繁复杂,为了保证案件的公正审判,中国古代将司法审判事务分阶段进行,各担其责。审理案件的官吏不享有案件的最终决定权,在案件的不同审理阶段由不同的司法人员负责,但法官与其他司法人员对案件承担连带责任。死刑的最终裁决权在皇帝。三是特别注重法官的清正廉洁与公正审判。法官要以德为先,在中国被称为法官始祖的皋陶就是一位品德高尚的"士",成为后世法官尊敬的典范。只有法官的清廉与公正,才能确保司法的公正,才能树立法律在百姓心中的权威。

### 二、中国近现代的法官职业

近代中国人在变法图强时期,开始放眼学习西方法律。随着国门的开放,西方的法

---

[①] 参见许身健:《法律职业伦理》,中国政法大学出版社2019年版,第324—325页。

律文明传入中国。1902年,清政府派沈家本参照西方国家法律修订大清律例。1904年5月15日,清政府的修订法律馆开馆。修订法律馆的职能主要是翻译和研究东西各国法律,并整理中国法律旧籍。数年间,经该馆译介到中国的东西诸国法律和法律学论著,广度与深度,数量与质量,前所未有。清末人士提出清朝应该学习西方司法与行政分离的模式,倡导司法独立。1910年,清政府颁布《法院编制法》,明确规定担任法官必须参加专门的考试,并规定了具体的考试办法。

1912年,孙中山总统颁布《中华民国临时约法》,第六章为法院,对法院、法官及独立性做了如下规定:(1)法院的法官由临时大总统及司法总长分别任命。法院的编制及法官的资格由法律规定。(2)法院实行公开审判,但有妨害安宁秩序的案件不公开审判。(3)法官独立审判不受上级官厅的干涉。(4)法官在任职期间不得减少俸禄或转任他职。法官非依法律受刑罚宣告或应免职之惩戒处分,不得解职。法官的惩戒条规由法律规定。1915年,北洋政府颁布《司法官考试令》,对司法官的考试要求与条件作出了具体规定。1932年10月,南京国民政府颁布了《法院组织法》,对法官、检察官的资格作出了相应的规定。

### 三、中国当代的法官职业

1949年之前,共产党在革命根据地建立了自己的司法体系。新中国成立后,废除了国民党在大陆时期的所有法律,开始建立社会主义司法体系。1953年进行了司法改革,1954年颁布了《宪法》和《人民法院组织法》,逐步建立中国的法官制度。但是"文革"十年,中国的司法制度受到破坏。1979年重新制定了《人民法院组织法》,并于1995年制定了《法官法》,全面构建了新时期中国的法官制度。法官的职业化建设也取得了较大的成就。根据《法官法》的规定,"法官是依法行使国家审判权的审判人员,包括最高人民法院、地方各级人民法院和军事法院等专门人民法院的院长、副院长、审判委员会委员、庭长、副庭长和审判员"。作为专门规范法官职业的法律,《法官法》规定了法官的职责、义务和权利,法官的任职条件和遴选程序,法官的任免,法官的管理,法官的考核、奖励和惩戒,法官的职业保障等。为了保证法官职责的健康发展,规范法官的职业行为,党中央、最高人民法院还陆续发制了一系列的规范性文件,这些规范性文件对我国法官职业的发展具有重要的指导意义。

## 第三节 国外的法官职业

### 一、古代罗马时期的大法官

公元前5世纪时,习惯是罗马人遵从的法律,习惯法的解释权掌握在贵族法官手里。为了调整贵族与平民之间的利益冲突,公元前454年,罗马元老院被迫承认人民大会制定法典的决议,设置法典编纂委员十人,并派人赴希腊考察法制,至公元前451年制定法律十表,第二年又补充两表。这就是著名的《十二表法》。因各表系由青铜铸成,故习惯上称作《十二铜表法》。《十二铜表法》是古代罗马法的开端,但这部法律只调整罗马公民内部的法律关系。212年,罗马皇帝卡拉卡拉授予罗马境内所有自由民以罗马公民身份,公民法与万民法的区别随之消失。古代罗马的大法官制度经历了初创、兴盛、衰退三个时期。初创时期:罗马进入共和国时代后,替代"王"权执掌罗马政权的是每年经元老院批准的两名执政官,他们是共和国最高官吏。共和国于公元前367年增设了大法官职位(又称裁判官),任命了一名大法官,负责处理罗马的法律纠纷。大法官通过告示的方式,将任职期间的施政方针、办案准则或思想等公之于众。大法官告示成为罗马的法律渊源。兴盛时期:罗马商业日益发达,与外界的交往也日益频繁,罗马增设了外务大法官,处理罗马市民和外国人之间的以及外国人相互间的法律关系。公元前126年,罗马发布了《艾布体亚法》,它授予大法官自行决定诉讼程式之权,使大法官在某种程度上取得了法律创制权,进一步扩大了大法官的权力。衰退时期:罗马进入帝国时期后,罗马皇帝发现大法官告示的权力与皇权存在抵触,皇帝希望限制大法官的权力。129年,哈德里安皇帝命法学家将历年来的常年告示全部加以整理、修改,校订汇纂成集,经元老院决议通过公布,称哈德里安或犹里安告示。以后汇纂成集的告示就成为指导司法实践的判例通行全国,后来的大法官只能采用固定的方式,不能随意修改、添加。

　　罗马大法官是从执政官的职权中分离出来的,地位仅次于执政官,享有在其职责范围内法律方面的最高权威。他与执政官在内的其他长官有资格坐镶有象牙的折凳,故又称为"牙座官",退职后可任元老院中第一等级的元老,是享有特权的阶层。

　　古罗马时期的大法官与现代意义的法官在职能上有所不同,古罗马大法官可以受理案件,但不亲自裁判,裁判职能由审判员履行。从程序上看,审判员似乎真实地行使了审判权,大法官则只有程序上的权力,但实际上大法官却有权左右案件的审理。如:大法官可依"公平""公正"原则行使诉权;受理案件后,大法官可以确定诉讼当事人在法律上或事实上的争论焦点,并指示审判员对个别案件应适用的法律。

## 二、英国的法官职业[①]

　　英国于605年设立大法官职位。这一职位最初是王室的书记员,后来一度演变成集立法、行政、司法于一身的地位仅次于国王的职务。英国的这一大法官职位实际上是一个政治职位。英国的专职法官职业是随着专职法院的建立而发展起来的,而专职法院是亨利二世司法改革的成果,但亨利统治时期的法官还没有完全职业化,法官们通常

---

[①] 参照程汉大、李培锋:《英国司法制度史》,清华大学出版社2007年版,第127—138页。

身兼数职。理查德一世(1189—1199年)时期,政法官胡伯特·沃尔特于1194年组建了一个专职法院,普通诉讼法院由此产生。在这一时期,任职于巡回法院和普通诉讼法院的有历史记载的法官人数共有一百多人。这一时期的英国法官初步具有了职业化的特点,如法官基本上受过良好的法学教育,具有专业的法律知识,主要的工作精力都在法院的审判方面。13世纪初,英国又建立了第二个中央专职法院,即王座法院,成为与普通法院并存的中央常设法院。王座法院的法官既有来自前朝如亨利二世、理查德一世的法官,也有约翰国王即位后任命的法官。法官的职业化与专职化程度得到提高,但还没有建立法官的薪酬制度,法官的收入基本上依靠国王的恩赐。亨利三世于1232—1234年对英国政府机构进行改革,重建王座法院之后,赋予了王座法院纠正普通诉讼法院与巡回法院错案的权力,巡回审判实现了制度化,推动了法官的职业化进程。这一时期发生了一个重要的变化。从亨利三世时期的政法官胡伯特·德·伯格开始,政法官退出法官队伍,法院判决书中不再出现政法官的名字,在这位政法官的任期内,司法审判工作都由法官处理,他的继任者延续了这一做法,历史学家认为这表明"法律已明显地和政治相分离"。这一时期,法官有了稳定的薪酬。英国法学家密尔松认为:"当我们谈到专业法官的进修,我们所讲的是一个法律已经变得与一般政府职能有明显区别的时代。在某种意义上说,法律已经成为一种一个人可以将自己的一生献给它的事业。"[①]到了13世纪晚期,英国开始形成了一个法官专业群体。14世纪后,律师阶层开始出现。随着法律专业人员需求的增长,法学教育制度也应运而生。英国政府规定,法官必须从受过专业训练并有十年从业经验的高级律师中选任,法官的专业素质得到大大提高,法官职业化队伍趋于成熟。

英国的法官一经任命,在任职期间,非经弹劾一般不能被免职、撤职或责令提前退休。法官只有在犯有叛国罪、贿赂罪或其他严重罪行时,才会面临弹劾。除大法官外,所有的法官都有法定退休年龄。最高法院法官则为终身制,地方法官七十五岁以后才可以退休。英国高级法院的法官非因不良行为或者犯有(包括可能犯有)某些严重的罪行,不得随意去其职位。

法官在其任期内离职大致通过四种方式:一是解雇。除了大法官以外,高等法院法官及更高级别法官的解职受1700年的《王位继承法》调整,该法规定,这些高级法官只能由英王在议会两院请求下才能解除其职务。此外,还可以通过行使不再任命任期制法官的权力,达到解雇的效果。二是辞职。通常,对于有严重"行为不检点"行为的法官不是通过解雇来处理的,而是通过大法官建议该法官应当辞职的方式解决的。三是退休。现今,大法官已将退休的年龄降到了七十岁。英国高级法官的任职年龄一般较大,五十岁左右担任高级法官算是年轻的,因此不能太早退休,否则高级司法队伍就没有稳定性了。四是因难堪此任而调离法官职位。对于那些因长期身体虚弱,不能正常地履

---

[①] [英]密尔松:《普通法的历史基础》,李显冬等译,中国大百科全书出版社1999年版,第22页。

行职务的法官,以及主动因身体原因辞职的法官,大法官有权解除其法官职务。但这种解除职务的方法与前述辞职有所不同。前者是因有过错而被勒令辞职,后者主要是因为身体原因而离职,并没有职务上的过错。

根据英国1971年的法院法,巡回法官、地区法官以及领薪治安法官可以因"无能及行为不检点"由大法官解职。事实上,自该法通过以来,这种情况仅仅出现过一次:1983年,巡回法官布鲁斯·坎培尔因被认定犯有利用他的游艇走私大量的威士忌、香烟和烟草罪而被免除职务。1994年,大法官明确指出,"行为不检点"可以包括犯有酒后驾车以及任何涉及暴力、不诚实、道德污点的行为。除此之外,"行为不检点"可能还包括造成犯罪的行为,特别是从宗教及种族角度看构成宗教或者种族歧视的行为,以及可能构成性侵犯的行为。

大法官可以根据不同的法令,以不称职或者行为不端等为由,免除巡回法官及治安法官的职务。

### 三、美国的法官职业

美国政治权力实行三权分立,在联邦法官的任免问题上这种分权式政治制度表现得很明显。美国联邦法官均采用任命制。根据《美国联邦宪法》第2条第2款规定:"总统应提出人选,并于取得参议院的意见和同意后,任命大使、公使及领事、最高法院的法官,以及一切其他在本宪法中未经明定但以后将依法律的规定而设置之合众国官员。"美国联邦法院的法官由总统提名,经过参议院司法委员会的审议和认可,再由总统正式任命。总统任命法官是行政权主导,但罢免联邦法官的权力掌握在立法机关,即在国会。国会有权弹劾联邦法官。法官若有违法嫌疑,可以提出辞职,但如果他不提出辞职,国会可以依法弹劾他。联邦法官实行终身制,总统任期一般为四年或者八年,任命联邦法官尤其是最高法院的法官对美国总统来说是一项重要使命,也是一项重要权力。通常情况下美国最高法院的法官提名与任命都会涉及美国政治的两党之争。美国总统都会提名那些在意识形态上偏向总统所在政党或者接近自己党派的候选人。总统的这一做法必然招致反对党的反对。联邦最高法院共有9名大法官。

美国联邦法院法官数量不多,但一个法官团队人数也不少。最高法院法官的团队一般由6人构成:1名法官,4名法官助理,1名法官秘书或者行政助手;联邦巡回上诉法院法官的团队由5人构成,联邦地区法院法官的团队由4人构成。

美国联邦宪法只是确定了联邦法官实行终身制,而占美国法官绝对多数的州法官却并非都实行终身制。州最高法院法官的任期在3—15年之间,平均任期为8年。州上诉法院法官的任期在3—12年之间,平均任期为7年。州一般管辖权审判法院法官任期在4—15年之间,平均任期为7年。美国有三个州实行法官终身任职,仅占总数的6%。

美国州法官的产生有两种方式:选举制与任命制。选举制又可细分为两种:党派选举和非党派选举。"党派选举"是法官候选人以各自的政党身份参与选举,哪个政党的民众支持率高,哪个政党的法官候选人当选;"非党派选举"则是民众直接投票支持法官候选人(而不是候选人所代表的政党),得票数高的候选人当选。任命制的法官是由政府、立法机关或者地方最高法官任命。美国 51 个州(含哥伦比亚特区)中的审判法院法官有 22 个采用任命制,有 11 个州采用党派选举制,有 18 个州采用非党派选举制。

## 四、德国的法官职业

根据《德国法官法》第 1 条规定,司法权由职业法官与荣誉法官行使。德国法官分两类:一是职业法官;二是荣誉法官。荣誉法官是参与审理特别案件的法官。根据《法官法》第 5 条规定,大学法学毕业后参加见习服务并毕业的人员,取得法官资格,大学法学教育以第一次司法考试毕业,见习服务以第二次国家司法考试结业;第一次司法考试由专业科目大学考试和必修科目国家考试组成。大学教育和见习服务培训在内容安排上相互协调一致。大学教育的最低学制是四年,见习服务的时间为两年,见习服务培训分别在以下法定机构进行:普通法院的民事庭;检察院或者法院的刑事庭;行政机关;律师;一个或者多个能够提供专业培训的自选机构。法官一般只能以终身法官、任期法官、试用法官或者代理法官的形式任命。具备以下条件的人员才有可能被任命为法官:德国公民,保证随时为《德国基本法》所规定的自由民主的基本秩序而努力;具备法官资格;具备必要的社会能力。

## 五、法国的法官职业

在法国,法官与检察官统称为司法官。法官分为职业法官与非职业法官,职业法官由国家最高司法官委员会负责任命,由总统根据宪法第 8 条签署命令。职业法官是国家公职人员,由国家支付报酬。职业法官的准入途径,一种途径是通过国家司法官学校的入学考试,国家司法官学校是国家培养职业法官的唯一机构。法国于 1958 年建立国家司法官学校,专门为国家培养司法官。目前,法国 90% 的司法官出自这所学校,其他司法官则是通过社会途径招考。另外的途径主要有以下三种:一是司法机构的合并,其中符合条件的司法人员可以成为法官;二是通过特别考试后可以担任法官;三是短期职业实践之后,一些具有法学知识背景的人员可以担任短期的临时法官。

法国司法官中的非职业法官,大多来自行业专家或者由司法机关直接任命。如商业法庭中的非职业法官,从企业家与商人中选任,非职业的劳动法官一般从雇主和雇员中分别选任。在一些由职业法官与非职业法官组成的法庭里,职业法官担任庭长,非职业法官担任助理法官。

## 六、日本的法官职业

日本《宪法》规定:"所有的法官,遵从良心,独立地行使职权,并只受本宪法及法律的约束。"按照这一规定,每位法官都享有独立审判的权力。

日本法官有一套严格的培养体系。日本法官任职之前必须要接受大学法学专业的教育。大学法学本科毕业之后,还要到法科大学院继续学习两年法律,如果大学本科学的是非法学专业,则要在法科大学院学习三年。只有获得法学硕士学位的研究生才有资格参加全国司法考试。日本的全国司法考试每年分两次进行。第一次考试的内容是法律基本知识,第二次考试内容是法律理论问题。通过了第一次考试之后,才有资格参加第二次考试。通过司法考试之后,算是获得了未来从事司法职业资格的基本前提和必备条件。通过司法考试者,要到司法研修所进行为期一年的司法研修,司法研修所设在最高法院,研修期间的费用由国库开支,日本于2017年对研修生的生活费实行了改革,由"贷款制"改为"给付与贷款并存制"。研修内容分为两个阶段:实务研修与集中研修。实务研修主要在民事审判、刑事审判、检察和律师四个领域进行,每个领域进行为期两个月的研修。研修期间,司法研修生被分配至全国五十个左右、分属于不同法曹领域的研修场所,如法院、检察院、律师事务所等职业场所,分别就事实和法律构成、证据收集和判断、法庭活动的展开、专业文书写作等方面进行训练。实务研修结束之后,研修生还可以进行两个月的选择性研修,由研修生选择自己偏好的专业领域进行深入的研修。司法研修结束后,要对司法修习生进行一次结业考试,考试合格者可以选择从事法官、检察官或者律师职业。

日本法官提名咨询委员会负责审核法官的任职申请。法官提名咨询委员会分别设在最高法院和八个高等法院,其成员由法官、检察官、律师、法学专家等组成,委员会组成人员以法学专家为主。考核选择担任法官的司法修习生的主要内容是审核申请书、基本简历、学习经历、司法研修学习成绩、实习情况鉴定,重点是修习生在校学习成绩和司法研修情况。委员会将审议意见书提交给由十五名全体大法官组成的最高法院大法官会议,大法官会议最终决定法官人选,并向内阁提名。经内阁任命后,法官才算上任。获内阁任命的法官首先应当在地方法院(即基层法院)工作十年左右,如果表现特别优秀,可以遴选成为高等法院的法官。日本法官的任期为十年。任期届满后,如果想继续担任法官,需要重新向法官提名咨询委员会提交任职申请。法官提名委员会对再任法官的考评与前述对初任法官的考评程序与要求几乎一样,通过考评之后,法官才有再任的机会。日本法官可以任职到六十五岁退休(最高法院和简易法院的法官可以工作到七十岁)。

在日本,检察官、律师和法学专家学者也可以申请担任法官。其基本条件和程序大致是:从事检察官或者律师工作十年以上的,可以申请担任法官;三年以上不满十年的,可以申请担任判事补。担任法学教授或三年以上副教授,且出版法学专著的,可以申请担任法官。这些申请者经过面试合格后才能进入考核名单,由法官提名咨询委员会对其进行全面考查。考查程序与普通法官的考查程序基本相同,考查的内容主要突出在两个方面:一是作为法律家的能力和见识,包括事实的认定和判断能力、法律解释和适用能力、审理案件的知识和技能、对人性的洞察和辨别能力、对社会现象的观察和分析能力等;二是申请者的职业操守和道德品行,包括公平正义观念、宽容度、忍耐力、慎重性、灵活性等。经过考查,法官提名咨询委员会将合格者名单提交最高法院大法官会议审议决定,大法官会议向内阁提请任命。从检察官、律师、法学教授或者副教授中选任的法官,一般先要到地方法院工作,然后像其他法官一样逐级向上遴选①。

思考题

1. 什么是神明裁判?
2. 简述我国法官职业的发展历程。
3. 简述英国、美国、德国、法国、日本的法官职业。

---

① 参见董华:《日本法官制度》,《人民法院报》2002年3月19日;娜鹤雅:《日本司法官选任制度的适时改革》,《中国社会科学报》2017年6月13日;郝振江:《日本司法研修制度的现状》,《人民法院报》2017年7月14日。

# 第五章　法官的职业定位与职业属性

## 第一节　法官的职业定位

### 一、法官职业定位的法律依据

我国法官的职业定位应当根据《法官法》的相关规定进行界定。从现行《法官法》总则部分的内容来看，基本上可以理解法官的职业定位。

《法官法》总则部分有七条，第一条是立法目的，该法是"为了全面推进高素质法官队伍建设，加强对法官的管理和监督，维护法官合法权益，保障人民法院依法独立行使审判权，保障法官依法履行职责，保障司法公正"。四个"保障"彰显了法官的职能与职业属性。第二条定义法官的概念及包括的范围：法官是依法行使国家审判权的审判人员。第三条规定"法官必须忠实执行宪法和法律，维护社会公平正义，全心全意为人民服务"。这是法官职业伦理的总原则。第四条规定，法官应当公正对待当事人和其他诉讼参与人，对一切个人和组织在适用法律上一律平等。法官要公正裁判，首先要平等对待诉讼当事人与其他诉讼参与人，其次要保持中立地位，坚持独立性原则。第五条规定了法官职业伦理的基本要求：法官应当勤勉尽责，清正廉明，恪守职业道德。《中华人民共和国法官职业道德基本准则》是以此为基础进行的具体细化。第六条规定，法官审判案件，应当以事实为根据，以法律为准绳，秉持客观公正的立场。第七条规定，法官依法履行职责，受法律保护，不受行政机关、社会团体和个人的干涉。

### 二、法官职业定位的具体内容

有学者认为，我国法官的角色定位有以下几个方面：(1)法官是是非纷争的裁决者。法官是社会纠纷的终局裁判者，其他社会职业人员不具备这样的权力。(2)法官是法律运行的实践者。法官使纸面上的法律变成人们行为中遵守的法律，变成活的法律，没有了法官对法律的实践，法律就是一纸空文。(3)法官是公平正义的维护者。法官裁判案件的过程是一个公平、公正、公开的过程。法官作为中立者，在裁判过程中要严格按照"以事实为依据，以法律为准绳"的基本原则来审判，确保法律的正确适用。(4)法官是法治文化的传播者。法治文化是一个国家或民族对于法律生活所持有的以价值为核心的思维方式和运行方式。法官所作的判决形成了一种价值判断,这种价值判断融入社会价值体系,并作为社会制度的基本思想发挥着构建制度大厦的作用。法官的价值判断过程直接影响着法治文化的建设[①]。

## 第二节 法官的职业属性

### 一、法官行使的是审判权

国家权力大致可以分为立法权、行政权与司法权。我国《宪法》第一百二十三条、第一百二十六条分别规定人民法院是国家审判机关、依照法律规定独立行使审判权。审判权又称裁判权,审判权是司法权的表现形式,有时两个概念在同一意义上使用。有学者认为,审判权有以下特征:独立性、中立性、抗辩性、亲历性、公开性、程序公正性、法律真实性、权力分治性、被动性(消极性)、及时性、职业性(技术性)、终局性(权威性)、适应性等。

### 二、法官职业的政治属性

我国人民法院是中国共产党领导下的司法机关,党的领导是中国特色社会主义最本质的特征,是社会主义法治最根本的保证。法官是国家公务员,《公务员法》第十四条规定,公务员要"忠于宪法,模范遵守、自觉维护宪法与法律,自觉接受中国共产党领导","忠于人民,全心全意为人民服务,接受人民监督"。《中共中央关于全面推进依法治国若干重大问题的决定》指出:"全面推进依法治国,必须大力提高法治工作队伍思想政治素质、业务工作能力、职业道德水准,着力建设一支忠于党、忠于国家、忠于人民、忠于法律的社会主义法治工作队伍。"我国法官职业的政治属性,是中国特色社会主义的政治制度决定的,具有鲜明的中国特色。但法官职业的政治属性这一特色也并非中国独有,无论是在大陆法系还是英美法系,法官职业的政治倾向性是很明确的。

### 三、法官职业的独立性

法官职业具有政治倾向性,并不意味着法官裁决案件时要一味顺从政治,完全受政党意识形态的摆布与影响。为了保证裁决的公正性,法官裁决案件时必须保持中立地位,这是由法官职业的独立性决定的。我国《法官法》第四条的规定,就是要保证法官裁决案件时保持独立性,公正裁决,平等对待当事人。联合国及其他国家也有类似的规

---

[①] 王群:《论法官的职责及其角色定位》,中国法院网,https://www.chinacourt.org/article/detail/2013/07/id/1038642.shtml。

定。如联合国《班加罗尔司法行为原则》提出了法官履职的六大原则,其中有两条是这样规定的:一是公正是司法机关正确履行司法职能的基本原则,公正不仅适用于判决本身,也适用于审判过程;二是确保法律面前人人平等是履行司法职责的基本原则。《美国联邦法官行为守则》中守则三规定,法官应当公平、中立无偏、勤勉地履行职责。我国最高人民法院的有关文件,对法官履职的独立性也作出了相应的规定,如《最高人民法院关于在审判执行工作中切实规范自由裁量权行使保障法律统一适用的指导意见》对法官如何行使自由裁量权作出了一系列的规则,既保证法官公正独立地行使自由裁量权,也对法官行使自由裁量权进行了规制。

### 四、法官职业的专业性

我国《法官法》第十二条规定了法官的任职资格,其中第(五)款的专业学习经历要求为:具备普通高等学校法学类本科学历并获得学士及以上学位;或者普通高等学校非法学类本科及以上学历并获得法律硕士、法学硕士及以上学位;或者普通高等学校非法学类本科及以上学历,获得其他相应学位,并具有法律专业知识;第(六)款规定了担任法官所要求的最低工作经历,即从事法律工作满五年。高学历获得者要求的工作经历稍低一些,其中获得法律硕士、法学硕士学位,或者获得法学博士学位的,从事法律工作的年限可以分别放宽至四年、三年;所有初任法官应当通过国家统一法律职业资格考试取得法律职业资格。初任法官采用考试、考核办法,按照德才兼备的标准,从具备法官条件的人员中择优提出人选。为了保证法官遴选的公正性与专业性要求,我国在省、自治区、直辖市设立法官遴选委员会,负责初任法官人选专业能力的审核。

**思考题**

1. 简述我国法官的职业定位。
2. 简述我国法官的职业属性。

# 第六章 法官职业伦理

## 第一节 法官职业伦理概述

### 一、法官职业伦理的概念

法官职业伦理是法官应当遵守的法律义务、职业道德准则与职业行为规范的总和。法官职业伦理的概念有狭义与广义之分：狭义的法官职业伦理只包括法官职业道德准则，广义的法官职业伦理则包括法定义务、职业道德准则和职业行为规范。一般情况下，法官职业伦理只针对在任法官，但离任法官或者退休法官也要遵循相应的义务、职业道德准则与职业行为规范。所以，从时间跨度来看，法官职业伦理可以涵盖法官担任法官职务后的余生。法官职业伦理在不同的法系与不同的国家有大致相同的规则，也有因历史、文化、国情不同而有不同的规则。因此，法官职业伦理既有共性，也有个性。总的说来，各国均有自己的法官职业伦理。

从这一概念可知，法官职业伦理的内涵包括三个方面的内容：(1) 法定义务，法定义务由《法官法》及相关法律规定，这些法律针对法官履行职务时应当承担的法律义务。(2) 职业道德准则，如我国最高人民法院制定的《法官职业道德基本准则》。(3) 法官行为规范，如我国最高人民法院制度的《法官行为规范》。在我国，除了上述规定之外，《公务员法》《刑事诉讼法》《民事诉讼法》《行政诉讼法》《人民法院组织法》等法律法规，党中央、国务院以及相关部门制定的与法官履行职责相关的义务与行为规则等，其中都含有法官职业伦理的规则与内容。因此，在我国，法官职业伦理的内涵范围很宽，内容丰富，涉及面也很广。

美国著名法学家德沃金有一句名言："法院是法律帝国的首都，法官是法律帝国的王侯。"基于法院在国家司法体系中的重要性，法官享有崇高的社会地位与社会声誉。法官不仅担负准确适用法律，匡扶社会正义，实现社会公平的职责，法官的形象与行为也会影响社会公众对国家司法机构的信心，甚至直接影响社会公众对法律的信仰。因此，重视法官职业伦理建设，规范法官的执业行为与社会生活，是依法治国，建设社会主义法治国家的一项重要任务。

## 二、法官职业伦理的特征

法官职业伦理规范法官这一特定的职业群体。因此,从职业伦理的特征来考察,法官职业伦理具有以下特征:

(一)主体特定

法官是法官职业伦理的主体。根据我国《法官法》与《人民法院组织法》的规定,人民法院的工作人员分为三类:法官、审判辅助人员、司法行政人员。而法官是依法行使国家审判权的审判人员,包括最高人民法院、地方各级人民法院和军事法院等专门人民法院的院长、副院长、审判委员会委员、庭长、副庭长和审判员。根据这一规定,人民法院的院领导、法庭领导与审判员都属于法官,其他工作人员不能称为法官,自然不受法律职业伦理的约束,但受其他规则的约束。法官这一岗位的法定化,是我国司法制度改革的成果,将原来的法官范围大大缩小,有利于实现法官职业化,明确法官的责任,优化法官队伍的素质。人民法院内部的其他工作人员以及参与法庭审理案件的工作人员如陪审员,是否要遵守法官职业伦理,需要根据不同情况加以确定。人民陪审员参与人民法院的审判活动,是司法民主的体现,陪审员在参与法庭审判活动时,与法官享有同等的权利,履行同等的义务,如《民事诉讼法》第三十九条第三款规定,陪审员在执行陪审职务时,与审判员有同等的权利义务。《人民陪审员法》第二条规定了其法定义务,人民陪审员应当忠实履行审判职责,保守审判秘密,注重司法礼仪,维护司法形象。因此,人民陪审员参与法院审判活动时,要遵守法官职业伦理。《法官职业道德基本准则》第二十七条规定,人民陪审员依法履行审判职责期间,应当遵守本准则。人民法院其他工作人员需要参照《法官职业道德基本准则》执行。笔者认为,专门针对法官的法定义务与法官行为规范,可以不适用于人民陪审员与人民法院的非法官工作人员。

(二)对象特定

法官职业伦理主要针对法官的职业活动,因此我国目前的法官职业伦理也主要是针对法官的执业活动与执业行为。但考虑到人的社会活动与社会行为,有时很难分开职业行为与非职业行为,不能说法官在上班时履行着职业行为,下班的所有行为与活动都与职业无关了。因此,现行的法官职业伦理规则涵盖了法官离职后的行为与法官的业余生活、社会交往、法官退休后的行为等。如《法官法》对离职法官担任诉讼代理人、辩护人进行了限制,《法官职业道德基本准则》要求法官退休后应当遵守国家相关规定,不利用自己的原有身份和便利条件过问、干预执法办案,避免因个人不当言行对法官职业形象造成不良影响。

(三)内容特定

本书所述法官职业伦理的内容,法官的法定义务、法官的职业道德准则和法官行为规范,都具有确定的文本内容。比较各国的法官职业伦理的内容,各具特色,长短不一,但基本的法治精神与道德内涵都差不多。我国是成文法国家,相应的法官职业伦理内容较为丰富也十分详细，几乎包括了法官执业的各个环节，行为规则也十分具体。这为我国法官的执业行为与社会活动提供了详细而准确的遵循。除了相关法律规定的法官法定义务外，我国的《法官职业道德基本准则》有 30 条，《法官行为规范》有 96 条，内容十分详尽。

## 三、法官职业化进程与法官职业伦理规范的完善

法官职业化是法官职业伦理建构的前提，只有建成一支职业化的法官队伍，构建稳定的法官职业化内容，法官职业伦理规则才有可能完善并得到切实的实施。

在法官职业化之前，我国的法官队伍只是被视为政法干部队伍中的一个组成部分。1995 年 2 月 28 日，第八届全国人民代表大会常务委员会第十二次会议通过了《法官法》，为我国的法官职业化奠定了法律基础。1999 年 4 月 15 日，中共中央发布《关于进一步加强政法干部队伍建设的决定》，对政法部门进人提出了具体要求："要严格把好政法干部队伍的入口关。要坚持凡进必考（考试、考核）的原则。……在同等条件下要优先考录政法院校毕业生。从其他部门和军队专业补充的人员，必须经过培训，经考试考核合格后才能进入政法部门工作。"对政法干部的职业道德教育也提出了要求："要以职业道德教育为重点，切实加强政法干部队伍的精神文明建设。"1999 年 10 月 20 日，最高人民法院发布第一个《人民法院五年改革纲要》，目标是"建立一支政治强、业务精、作风好的法官队伍"。2001 年，最高人民法院发布了《法官职业道德基本准则》。同年，立法机关对《法官法》进行了修改，对初任法官和人民法院领导提出了资格要求，第十二条规定："初任法官采用严格考核的办法，按照德才兼备的标准，从通过国家统一司法考试取得资格，并且具备法官条件的人员中择优提出人选。人民法院的院长、副院长应当从法官或者其他具备法官条件的人员中择优提出人选。"《法官法》的这次修改，是我国法官职业化进程中的里程碑事件。2002 年 7 月 18 日，最高人民法院发布《关于加强法官队伍职业化建设的若干意见》，提出法官职业化的目标是："大力提高法官的思想政治、业务素质，努力造就一支政治坚定、业务精通、纪律严明、作风优良、品格高尚的职业法官队伍，为全面实现'公正与效率'世纪工作主题促进改革开放和社会主义现代化建设，提供强有力的组织保证和人才支持。"该意见对"法官职业化"进行了界定，即法官以行使国家审判权为专门职业，并具备独特的职业意识、职业技能、职业道德和职业地位。为满足法官职业化的要求，要根据审判工作规律和法官职业特点，采取一系列措施，培养法官的职业素养，提高法官队伍整体素质。该意见制定的法官职业化措施有以下几条：（1）严格法官的职业准入。按照《法官法》规定的条件选任法官，进一步规范法官选任程序，统一法官选任标准，从学历、任职资格等方面提高法官职业准入"门槛"。一方面确保准入的人员从一开始就具有良好条件、较高素质；另一方面确保不合格人员进不了法院，当不了法官。（2）强化法官的职业意识，包括以下方面：增强法官的政治意识、大局意识；增强审判独立意识和中立意识；增强平等意识；增强司法公正意识；增强司法

效率意识;增强自尊意识;增强司法文明意识。(3)培养法官的职业道德。(4)提高法官的职业技能。(5)树立法官的职业形象。(6)加强法官的职业保障。要从制度上确保法官依法履行职权,维护司法公正:保障法官的职业权力;保障法官的职业地位。(7)完善法官的职业监督。最高人民法院的这个意见,将法官职业道德建设纳入法官职业化建设之中,并作为其中的重要内容。2005年,为了推进法官职业化建设,最高人民法院发布第二个五年改革纲要时,提出"改革和完善司法人事管理制度,加强法官职业保障,推进法官职业化建设进程",并提出了七项具体改革措施。2009年,最高人民法院发布第三个五年改革纲要,提出"加强司法职业保障制度建设"。2013年,最高人民法院发布第四个五年改革纲要,提出"要坚持以法官为中心、以服务审判工作为重心,建立分类科学、结构合理、分工明确、保障有力的法院人员管理制度"。具体有以下五项措施:(1)配合省以下法院人事统管改革,推动在省一级设立法官遴选委员会,从专业角度提出法官人选,由组织人事、纪检监察部门在政治素养、廉洁自律等方面考察把关,人大依照法律程序任免。(2)推进法院人员分类管理制度改革,将法院人员分为法官、审判辅助人员和司法行政人员,实行分类管理。与之配套的,则是拓宽审判辅助人员的来源渠道,建立审判辅助人员的正常增补机制,减少法官事务性工作负担。(3)建立法官员额制,对法官在编制限额内实行员额管理,确保法官主要集中在审判一线,高素质人才能够充实到审判一线。(4)完善法官等级定期晋升机制,确保一线办案法官即使不担任领导职务,也可以正常晋升至较高的法官等级。(5)完善法官选任制度,针对不同层级的法院,设置不同的法官任职条件。初任法官首先到基层人民法院任职,上级法院法官原则上从下一级法院遴选产生。2019年,最高人民法院发布第五个五年改革纲要,提出"全面推进人民法院队伍革命化、正规化、专业化、职业化建设,遵循干部成长规律,完善法官培养、选任和培训机制,强化干警政治训练、知识更新、能力培训、实践锻炼,努力提升队伍政治素质、职业素养、司法能力和专业水平,确保各类人员职能分工明晰、职业保障到位,构建中国特色社会主义法院人员分类管理和职业保障制度体系"。具体措施有:完善法官选任机制,完善法官单独职务序列配套举措,健全完善法官惩戒制度等。

在法官职业化建设过程中,一直伴随的就是最高人民法院同时加强了法官职业伦理规则的制定与完善。2004年,最高人民法院发布《关于规范法官和律师相互关系维护司法公正的若干规定》;2005年,最高人民法院制定《法官行为规范》(2010年进行了修订);2009年,最高人民法院颁布《关于"五个严禁"的规定》;2009年,最高人民法院颁布《人民法院工作人员处分条例》;2010年,对《法官职业道德基本准则》进行了修订;2011年,最高人民法院制定《关于对配偶子女从事律师职业的法院领导干部和审判执行岗位法官实行任职回避的规定(试行)》;2012年,最高人民法院制定《关于中华人民共和国法官宣誓规定(试行)》;2015年,最高人民法院颁布《人民法院落实〈司法机关内部人员过问案件的记录和责任追究规定〉的实施办法》《人民法院落实〈领导干部干预司法活动、插手具体案件处理的记录、通报和责任追究规定〉的实施办法》《关于完善人民法院司法责任制的若干意见》。我国法官职业伦理规则体系日益完善。

## 第二节 法官的义务

法官的法定义务基于法律的直接规定。我国法官的法定义务主要体现在《法官法》的相关规定之中。

### 一、一般性法定义务

一般性法定义务,是指法官应当承担的普遍性的法定义务,一般性法定义务对所有的法官均有约束力。

《法官法》第十条规定了法官的义务。根据该条规定,法官应当履行下列义务:

(一)严格遵守宪法和法律

这一要求与《法官法》第二条的规定相同。

(二)秉公办案,不得徇私枉法

法官办案要以事实为依据,以法律为准绳。这里的"事实"是客观存在的、经过法庭调查属实、有证据证明的裁判事实,不是靠主观想象、推测的所谓"事实",也不是仅凭当事人口述或者提供的证据的事实。如我国《刑事诉讼法》中明确规定了仅有被告人口供,没有其他证据的,不能认定被告人有罪,这是关于以事实为依据,不轻信口供的一个重要的规定。我国是成文法国家,法律是法官裁判案件的依据。以法律为准绳,是指法官必须根据法律的规定来裁判案件,法律怎么规定的就怎么裁判案件。法律的规定是定案的依据。这里的法律,既包括实体法的规定,也包括程序法的规定。法官在案件的裁判活动中,始终要处于中立者的位置,对当事人要不偏不倚,这就是所说的"秉公办案"。如果法官不站在中立的立场,不出于公心,偏向当事人一方,为谋取私利而歪曲法律,就会"徇私枉法"。在刑事诉讼中,如果法官徇私枉法,就会对明知是无罪的人而使他受追诉,对明知是有罪的人而故意包庇不使他受追诉,或者在刑事审判活动中故意违背事实和法律做出枉法裁判的行为。徇私枉法的法官会受到法律的惩罚,严重者会受到刑法的惩罚。

(三)依法保障当事人和其他诉讼参与人的诉讼权利

这里的"诉讼参与人"是广义的,既包括刑事诉讼法中规定的"诉讼参与人",即主要是指当事人、法定代理人、诉讼代理人、辩护人、证人、鉴定人和翻译人员,也包括民事诉讼法、行政诉讼法中规定的"诉讼参加人",即主要指当事人、诉讼代理人。依照法律的规定,在不同的诉讼、不同的诉讼阶段,诉讼参与人享有相应的诉讼权利,诉讼参与人的诉讼权利贯穿整个诉讼过程的始终,如被告人的辩护权、律师的调查取证权、证人的出庭作证权、当事人的上诉权、反诉权等。依法保障诉讼参与人的诉讼权利,是审判活动正常进行和保障公正审判的前提,是法官在审判案件过程中必须遵循的。

(四)维护国家利益、社会公共利益,维护个人和组织的合法权益

法官行使国家的审判权,是代表国家对案件进行审判,因此必须维护国家利益和社会公共利益。同时,法官还代表国家维护自然人、法人和其他组织的正当的合法权益。这里的自然人包括我国公民,也包括外国公民;法人包括机关法人、社会团体法人、企业法人、事业单位法人等;其他组织包括没有取得法人资格的联营、企业或者事业单位的分支机构等。

(五)保守国家秘密和审判工作秘密,对履行职责中知悉的商业秘密和个人隐私予以保密

法官在审判工作中经常会遇到涉及国家秘密的案件。严格保守国家秘密是一名法官必须具备的素质。对于涉及国家秘密的案件,应当严格按照法律规定的程序办理。根据法律规定,涉及国家秘密的案件一律不公开审理。根据《最高人民法院关于保守审判工作秘密的规定》,审判工作秘密的范围包括"合议庭、审判委员会对具体案件处理的讨论情况,上下级法院之间对案件处理的各种不同意见以及有关单位领导、党委的意见"属于审判工作秘密,按照此规定的要求,这些审判工作秘密"一律不得向工作上无关人员和单位透露,尤其不得向缠诉不休的当事人泄露"。最高人民法院发布的《关于"五个严禁"的规定》和《关于违反"五个严禁"规定的处理办法》,"五个严禁"的第五条即为"严禁泄露审判秘密"。对于法官在审理案件时知悉的当事人的商业秘密和个人隐私,也应当严格按照审判纪律,不得随意散播。

(六)依法接受法律监督和人民群众监督

这里"依法接受法律监督和人民群众监督"包含以下内容:第一,依照法律规定,人民法院对同级人民代表大会及其常委会负责,受其监督并向其报告工作,人民法院的审判活动要受同级人民代表大会及其常委会的监督,在人民代表大会及其常委会对人民法院进行的法律监督和工作监督中也会涉及某些法官。第二,人民法院的审判活动要受人民检察院的监督。人民检察院是法律监督机关,对于法官在审判活动中有违背法律的地方,人民检察院有权提出纠正意见,进行法律监督。第三,法官的审判活动还要受其他国家机关、社会团体和组织的监督,对于人民法院在审判活动中有违背法律的地方,其他国家机关、社会团体和组织有权提出意见。第四,法官的审判活动还受广大人民群众的监督。人民法院的审判权归根结底是人民赋予的,因此其公正审判代表了广大人民群众的利益,同时也应当接受人民群众的广泛监督。应当注意的是,上述监督不是代替法官办案,发现法官有违反法律的地方,应当按照法律规定的程序提出监督意见。

(七)通过依法办理案件以案释法,增强全民法治观念,推进法治社会建设

中共中央《关于全面推进依法治国若干重大问题的决定》提出:"实行国家机关'谁执法谁普法'的普法责任制,建立法官、检察官、行政执法人员、律师等以案释法制度,加

强普法讲师团、普法志愿者队伍建设。"2017年5月,中共中央办公厅、国务院办公厅印发《关于实行国家机关"谁执法谁普法"普法责任制的意见》,要求建立法官以案释法制度。法官在司法办案过程中要落实好以案释法制度,利用办案各个环节宣讲法律,及时解疑释惑。判决书、裁定书、决定书等法律文书应当围绕争议焦点充分说理,深入解读法律。要通过公开开庭、巡回法庭、庭审现场直播、生效法律文书统一上网和公开查询等生动直观的形式,开展以案释法。

(八) 法律规定的其他义务

这些法律包括《公务员法》、诉讼法等法律规定的法官应承担的义务。

## 二、特定性法定义务

(一) 不得兼任特定职务

法官的兼职,法律也作出了相应的规定。《法官法》第二十二条规定:"法官不得兼任人民代表大会常务委员会的组成人员,不得兼任行政机关、监察机关、检察机关的职务,不得兼任企业或者其他营利性组织、事业单位的职务,不得兼任律师、仲裁员和公证员。"《律师法》第十三条第一款也规定:"国家机关的现职工作人员不得兼任执业律师。"

(二) 任职回避

法官任职的回避制度内容丰富:

1. 法院系统内部的任职回避制度

如《法官法》第二十三条规定:"法官之间有夫妻关系、直系血亲关系、三代以内旁系血亲以及近姻亲关系的,不得同时担任下列职务:(一)同一人民法院的院长、副院长、审判委员会委员、庭长、副庭长;(二)同一人民法院的院长、副院长和审判员;(三)同一审判庭的庭长、副庭长、审判员;(四)上下相邻两级人民法院的院长、副院长。"这里的直系血亲关系,包括父母子女关系、祖父母孙子女关系、外祖父母外孙子女关系等。此外,根据《婚姻法》第二十六条的有关规定,养父母和养子女间的权利和义务,适用法律对父母子女关系的有关规定。三代以内旁系血亲关系,包括伯叔姑舅姨、兄弟姐妹、堂兄弟姐妹、表兄弟姐妹、侄子女、甥子女。近姻亲关系,包括配偶的父母、配偶的兄弟姐妹及其配偶、子女的配偶及子女配偶的父母、三代以内旁系血亲的配偶。

2. 法官亲属从事法律职业时法官的任职回避

《法官法》第二十四条规定:"法官的配偶、父母、子女有下列情形之一的,法官应当实行任职回避:(一)担任该法官所任职人民法院辖区内律师事务所的合伙人或者设立人的;(二)在该法官所任职人民法院辖区内以律师身份担任诉讼代理人、辩护人,或者为诉讼案件当事人提供其他有偿法律服务的。"

3. 法官离任后的任职回避

《法官法》第三十六条规定:"法官从人民法院离任后两年内,不得以律师身份担任诉讼代理人或者辩护人。法官从人民法院离任后，不得担任原任职法院办理案件的诉讼代理人或者辩护人，但是作为当事人的监护人或者近亲属代理诉讼或者进行辩护的除外。法官被开除后，不得担任诉讼代理人或者辩护人，但是作为当事人的监护人或者近亲属代理诉讼或者进行辩护的除外。"关于《法官法》所述"原任职法院"问题，实践中有两种理解：一种观点认为应将"原任职法院"理解为离任法官"最后任职的法院"；另一种观点认为将"原任职法院"理解为离任法官"所有曾经任过职的法院"。2007年3月2日，某市高级人民法院就此问题向最高人民法院提出《关于〈中华人民共和国法官法〉第17条"原任职法院"等问题如何理解的请示》，最高人民法院于2007年4月2日答复认为，《法官法》第十七条第二款规定的"原任职法院"，应理解为法院离任人员所有曾经任职过的法院[①]。关于法官从人民法院离任后两年内，不得以律师身份担任诉讼代理人或者辩护人的规定。本款的规定是同《律师法》的规定相一致的。《律师法》第三十六条规定："曾担任法官、检察官的律师，从人民法院、人民检察院离任后两年内，不得担任诉讼代理人或者辩护人。"这里所规定的"离任"，具体包括退休、辞职、辞退和调离等离开人民法院，不再担任法官的情况。需要注意的是，《律师法》第七条第三款规定，被开除公职的，不予颁发律师执业证书。因此，被人民法院开除的法官不是在两年内不得以律师身份担任诉讼代理人或者辩护人，而是永远不得担任律师。这里所规定的"诉讼代理人"，包括以律师身份在刑事诉讼中担任公诉案件被害人及其法定代理人或者近亲属、自诉案件自诉人及其法定代理人、附带民事诉讼的当事人及其法定代理人的诉讼代理人，在民事诉讼中担任原告、被告、第三人等当事人及其法定代理人的诉讼代理人以及在行政诉讼中担任原告、被告、第三人等当事人及其法定代理人的诉讼代理人。"辩护人"，是指以律师身份在刑事诉讼中担任犯罪嫌疑人、被告人的辩护人。法官离任后不得担任诉讼代理人和辩护人的规定只限于"以律师身份"。《法官法》的这一条规定，与现行其他法律相协调。《刑事诉讼法》第三十三条和第四十七条规定，可以被委托担任诉讼代理人、辩护人的人除律师外，还包括人民团体或者犯罪嫌疑人、被告人所在单位推荐的人和犯罪嫌疑人、被告人的监护人、亲友。《民事诉讼法》第五十八条第二款规定，当事人的近亲属可以被委托担任诉讼代理人。《行政诉讼法》第三十一条第二款、第三款规定当事人的近亲属或者工作人员，当事人所在社区、单位以及有关社会团体推荐的公民可以担任诉讼代理人。因此，法官在离任后两年内，如果符合《刑事诉讼法》《民事诉讼法》《行政诉讼法》关于辩护人、诉讼代理人在律师以外的人员范围的规定，同时所受理案件不属于其原任职法院办理的案件，而以律师身份以外的其他身份担任辩护人、诉讼代理人，是可以的。

---

[①] 2001年《法官法》第十七条规定，法官从人民法院离任后二年内，不得以律师身份担任诉讼代理人或者辩护人。法官从人民法院离任后，不得担任原任职法院办理案件的诉讼代理人或者辩护人。法官的配偶、子女不得担任该法官所任职法院办理案件的诉讼代理人或者辩护人（http://www.npc.gov.cn/npc/c1793/200705/7d37a42074374dbd822855eabf6ba1b4.shtml）。

## 第三节　法官职业道德准则

最高人民法院《法官职业道德基本准则》(2001年10月18日发布,2010年12月6日修订),要求法官应当自觉遵守法官职业道德,在本职工作和业外活动中严格要求自己,维护人民法院形象和司法公信力。显然,法官遵守职业道德的意义十分重要,直接影响到人民法院的形象和法院的司法公信力。《法官职业道德基本准则》提出法官职业道德的核心有三个方面:公正、廉洁、为民。基本要求是忠诚司法事业、保证司法公正、确保司法廉洁、坚持司法为民、维护司法形象。

### 一、法官职业道德的核心要求

《法官职业道德基本准则》规定的法官职业道德的核心要求有三条:公正、廉洁、为民。

#### (一) 公正

公正最早作为伦理学的概念,意为公平正直、没有偏私。古代希腊哲学家柏拉图说:"一切背离了公正的知识都应叫作狡诈,而不应称为智慧。"亚里士多德说:"公正是赏罚公明者的美德。"公正所言的没有偏私,是指依据一定的标准而言没有偏私,因而公正是一种价值判断,内含有一定的价值标准,在通常情况下,这一标准便是当时的法律。公正在英文中为justice,英语中的jus本身就有法的意思,公正以jus为词根演变而来,也说明了这一点,任何一个社会都有自己的公正标准。所以,公正并不必然意味着"同样的""平等的"。关于公正的重要性,西方法学家、哲学家们有深刻的论述,英国思想家培根说:"一次不公正的审判,其恶果甚至超过十次犯罪。因为犯罪虽是无视法律——好比污染了水流,而不公正的审判则毁坏法律——好比污染了水源。"美国总统林肯说:"力量来自公正。"亨·乔治说:"高于道德的东西必须基于公正,包含公正,并通过公正的途径去获取。"孟德斯鸠说:"对他人的公正就是对自己的施舍。"拿破仑说:"在政府事务中,公正不仅是一种美德,而且是一种力量。"

公正在我国的司法语境里,经常用公平正义或者公平、正义来表述,也可以说是公平正义的缩语。公正是我国司法追求的目标,也是法官必须遵循的职业伦理准则。习近平总书记指出:"促进社会公平正义是政法工作的核心价值追求。从一定意义上说,公平正义是政法工作的生命线,司法机关是维护社会公平正义的最后一道防线。政法战线要肩扛公正天平、手持正义之剑,以实际行动维护社会公平正义,让人民群众切实感受到公平正义就在身边。要重点解决好损害群众权益的突出问题,决不允许对群众的报警求助置之不理,决不允许让普通群众打不起官司,决不允许滥用权力侵犯群众合法权益,决不允许执法犯法造成冤假错案。"①"司法是社会公平正义的最后一道防线,司法人员必须信仰法律、坚守法治、端稳天平、握牢法槌、铁面无私、秉公司法。"②法官坚守公正准则,必须既要通过法定的审判程序实现程序公正,也要追求司法审判结果的实质公正。

(二)廉洁

廉洁一直是我国古代仁人志士追求的人生境界。东汉著名学者王逸在《楚辞章句》中注释说:"不受曰廉,不污曰洁",也就是说,不接受他人馈赠的钱财礼物,不让自己清白的人品受到玷污,就是廉洁。

中国古代清官重视廉洁奉公的做人原则与道德操守,被康熙誉为"天下第一清官"的张伯行在其所著《禁止馈送檄》中道:"一丝一粒,我之名节;一厘一毫,民之脂膏。宽一分,民受赐不止一分;取一文,我为人不值一文。谁云交际之常,廉耻实伤;倘非不义之财,此物何来?"明代官员年富《官箴》刻石言:"吏不畏吾严而畏吾廉,民不服吾能而服吾公;廉则吏不敢慢,公则民不敢欺;公生明,廉生威。"这些虽是中国古代官员所言,但对于今天的司法人员依然适用。

习近平总书记将司法廉洁与司法公正紧密联系在一起,因为这直接关系到执法与司法的公信力,他指出:"'公生明,廉生威。'执法司法是否具有公信力,主要看两点,一是公正不公正,二是廉洁不廉洁。这两点说起来简单,要做到就不容易了。要扭住职业良知、坚守法治、制度约束、公开运行等环节,坚持不懈,持之以恒地抓。"③为进一步规范人民法院工作人员的行为,促进人民法院工作人员公正廉洁执法,最高人民法院2012年发布了《关于人民法院落实廉政准则防止利益冲突的若干规定》,要求人民法院工作人员不得接受可能影响公正执行公务的礼金、礼品、宴请以及旅游、健身、娱乐等活动安排。

(三)为民

我国的法院称为"人民法院",法官称为"人民法官",司法体系的为民意蕴十分明显。长期以来,司法为民的理念深入法官的职业伦理规则与日常职业行为之中。在革命战争年代,"马锡五审判方式"正是这一司法理念的司法裁判模式,赢得了广大人民群众的欢迎,也切实满足了人民群众对司法的迫切需要。我国法官是公务员,全心全意为人民服务是国家公务员的服务宗旨,《公务员法》第二条要求公务员是人民的公仆,《法官法》第三条也要求法官忠实执行宪法和法律,维护社会公平正义,全心全意为人民服务。

司法为民体现了中国特色主义法治思想的精髓,也是习近平法治思想的核心内容。主要包括以下要求:(1)保障人民群众参与司法。这方面制定了《陪审员法》,建立健全

---

① 习近平:《把促进社会公平正义作为核心价值追求》,《人民日报》2014年1月9日。
② 习近平:《加快建设社会主义法治国家》,《求是》2015年第1期。
③ 2014年1月7日,习近平在中央政法工作会议上的讲话。

了人民陪审员制度,扩大了司法民主,扩大了人民陪审员的审案范围。拓宽了人民群众有序参与司法的渠道,党的十八届四中全会通过的《中共中央关于全面推进依法治国若干重大问题的决定》指出:"在司法调解、司法听证、涉诉信访等司法活动中保障人民群众参与。"(2)实现诉讼过程便民化。习近平总书记指出:"法律不应该是冷冰冰的,司法工作也是做群众工作。"[①]在司法便民方面,我国司法机构近几年来采取了一系列措施,如建立多元化的纠纷解决机制,快速有效化解矛盾;充分发挥简易程序的效率优点,提高诉讼效率;设立立案大厅,采用电话、网络等立案方式预约立案,方便当事人诉讼;建立和完善司法救助、法律援助制度等。在2020年防疫期间,人民法院出台了许多便民措施,方便群众进行诉讼活动,"指尖"立案、"云端"办案、"智慧"执行成为人民法院工作新常态,真正做到全天候全流程全方位提供司法服务。

## 二、法官职业道德的基本要求

(一)忠诚司法事业

牢固树立社会主义法治理念,忠于党、忠于国家、忠于人民、忠于法律,做中国特色社会主义事业建设者和捍卫者。

坚持和维护中国特色社会主义司法制度,认真贯彻落实依法治国基本方略,尊崇和信仰法律,模范遵守法律,严格执行法律,自觉维护法律的权威和尊严。

热爱司法事业,珍惜法官荣誉,坚持职业操守,恪守法官良知,牢固树立司法核心价值观,以维护社会公平正义为己任,认真履行法官职责。

维护国家利益,遵守政治纪律,保守国家秘密和审判工作秘密,不从事或参与有损国家利益和司法权威的活动,不发表有损国家利益和司法权威的言论。

(二)保证司法公正

坚持和维护人民法院依法独立行使审判权的原则,客观公正审理案件,在审判活动中独立思考、自主判断,敢于坚持原则,不受任何行政机关、社会团体和个人的干涉,不受权势、人情等因素的影响。

坚持以事实为根据,以法律为准绳,努力查明案件事实,准确把握法律精神,正确适用法律,合理行使裁量权,避免主观臆断、超越职权、滥用职权,确保案件裁判结果公平公正。

牢固树立程序意识,坚持实体公正与程序公正并重,严格按照法定程序执法办案,充分保障当事人和其他诉讼参与人的诉讼权利,避免执法办案中的随意行为。

严格遵守法定办案时限,提高审判执行效率,及时化解纠纷,注重节约司法资源,杜绝玩忽职守、拖延办案等行为。

认真贯彻司法公开原则,尊重人民群众的知情权,自觉接受法律监督和社会监督,

---

[①] 2013年2月23日,习近平在十八届中央政治局第四次集体学习时的讲话。

同时避免司法审判受到外界的不当影响。

自觉遵守司法回避制度,审理案件保持中立公正的立场,平等对待当事人和其他诉讼参与人,不偏袒或歧视任何一方当事人,不私自单独会见当事人及其代理人、辩护人。

尊重其他法官对审判职权的依法行使,除履行工作职责或者通过正当程序外,不过问、不干预、不评论其他法官正在审理的案件。

(三)确保司法廉洁

树立正确的权力观、地位观、利益观,坚持自重、自省、自警、自励,坚守廉洁底线,依法正确行使审判权、执行权,杜绝以权谋私、贪赃枉法行为。

严格遵守廉洁司法规定,不接受案件当事人及相关人员的请客送礼,不利用职务便利或者法官身份谋取不正当利益,不违反规定与当事人或者其他诉讼参与人进行不正当交往,不在执法办案中徇私舞弊。

不从事或者参与营利性的经营活动,不在企业及其他营利性组织中兼任法律顾问等职务,不就未决案件或者再审案件给当事人及其他诉讼参与人提供咨询意见。

妥善处理个人和家庭事务,不利用法官身份寻求特殊利益。按规定如实报告个人有关事项,教育督促家庭成员不利用法官的职权、地位谋取不正当利益。

(四)坚持司法为民

牢固树立以人为本、司法为民的理念,强化群众观念,重视群众诉求,关注群众感受,自觉维护人民群众的合法权益。

注重发挥司法的能动作用,积极寻求有利于案结事了的纠纷解决办法,努力实现法律效果与社会效果的统一。

认真执行司法便民规定,努力为当事人和其他诉讼参与人提供必要的诉讼便利,尽可能降低其诉讼成本。

尊重当事人和其他诉讼参与人的人格尊严,避免盛气凌人、"冷硬横推"等不良作风;尊重律师,依法保障律师参与诉讼活动的权利。

(五)维护司法形象

坚持学习,精研业务,忠于职守,秉公办案,惩恶扬善,弘扬正义,保持昂扬的精神状态和良好的职业操守。

坚持文明司法,遵守司法礼仪,在履行职责过程中行为规范、着装得体、语言文明、态度平和,保持良好的职业修养和司法作风。

加强自身修养,培育高尚道德操守和健康生活情趣,杜绝与法官职业形象不相称、与法官职业道德相违背的不良嗜好和行为,遵守社会公德和家庭美德,维护良好的个人声誉。

法官退休后应当遵守国家相关规定,不利用自己的原有身份和便利条件过问、干预执法办案,避免因个人不当言行对法官职业形象造成不良影响。

## 第四节　法官行为规范

法官行为规范与法官职业道德准则有密切的联系，又有较大的区别。应该说，法官职业道德准则更多是从职业道德的要求出发对法官提出的道德要求，需要法官从内心确信的角度遵守这些职业道德准则，如有违反，更多的是受到道德谴责，降低法官的社会评价与社会声誉，如果严重违反职业道德准则，则会受到相应的处分。法官行为规范，主要是规范法官的执业行为，涉及法官的日常工作与日常生活的具体方面，是法官的行为规则，法官若有违反，不仅会直接影响司法公正，损害当事人的合法权益，破坏社会公平正义的法治秩序，也会影响到法院司法审理程序与日常运行秩序。最高人民法院2005年11月4日发布了《法官行为规范（试行）》，并于2010年12月6日进行了修订。法官行为规范分为两个部分：第一部分是一般规范，与法官职业道德准则内容与内涵大致相同；第二部分是具体规范，涉及法官执业的各个方面，内容十分详细。

### 一、一般规范

（一）忠诚坚定

坚持党的事业至上、人民利益至上、宪法法律至上，在思想上和行动上与党中央保持一致，不得有违背党和国家基本政策以及社会主义司法制度的言行。

（二）公正司法

坚持以事实为根据、以法律为准绳，平等对待各方当事人，确保实体公正、程序公正和形象公正，努力实现办案法律效果和社会效果的有机统一，不得滥用职权、枉法裁判。

（三）高效办案

树立效率意识，科学合理安排工作，在法定期限内及时履行职责，努力提高办案效率，不得无故拖延、贻误工作、浪费司法资源。

案件不能在审限内结案；需要延长审限的，按照规定履行审批手续；应当在审限届满或者转换程序前的合理时间内，及时将不能审结的原因告知当事人及其他诉讼参加人。

（四）清正廉洁

遵守各项廉政规定，不得利用法官职务和身份谋取不正当利益，不得为当事人介绍代理人、辩护人以及中介机构，不得为律师、其他人员介绍案源或者给予其他不当协助。

（五）一心为民

落实司法为民的各项规定和要求，做到听民声、察民情、知民意，坚持能动司法，树立服务意识，做好诉讼指导、风险提示、法律释明等便民服务，避免"冷硬横推"等不良作风。

### (六) 严守纪律

遵守各项纪律规定,不得泄露在审判工作中获取的国家秘密、商业秘密、个人隐私等,不得过问、干预和影响他人正在审理的案件,不得随意发表有损生效裁判严肃性和权威性的言论。

### (七) 敬业奉献

热爱人民司法事业,增强职业使命感和荣誉感,加强业务学习,提高司法能力,恪尽职守,任劳任怨,无私奉献,不得麻痹懈怠、玩忽职守。

### (八) 加强修养

坚持学习,不断提高自身素质;遵守司法礼仪,执行着装规定,言语文明,举止得体,不得浓妆艳抹,不得佩戴与法官身份不相称的饰物,不得参加有损司法职业形象的活动。

## 二、具体规范

法官行为中的具体规则,由于涉及法官办案的各个环节与各个方面,其中有些规定与法官的职业伦理关系不是很密切,这里只阐述与法官职业伦理相关的内容,其他在此不再赘述。

### (一) 庭审礼仪规范

法庭审理具有很强的仪式感,法庭的设计庄重肃穆,规整严格,法官的着装统一,服装颜色与设计蕴含强烈的司法理念。在西方,法官被视为"触摸上帝袍服的人",法官执掌裁判大权,可以接近神灵。西方中世纪早期,掌握裁判权的大多是神职人员,法官所在裁判庭的宗教氛围与神职人员的僧袍外化出一种神秘色彩,客观上增强了裁决的可信度与权威性。随着欧洲王权兴起,宗教裁决让位于世俗法官,但国王为了显示法官地位的重要性,恩赐法官着特殊的服装,以示法官与其他职业的区别,法官职业的社会尊贵与显赫。法官行为规范规定的庭审礼仪具体内容有:

1. 法官出庭礼仪规范

法官出庭时应注意的事项:(1) 准时出庭,不迟到,不早退,不缺席;(2) 在进入法庭前必须更换好法官服或者法袍,并保持整洁和庄重,严禁着便装出庭;合议庭成员出庭的着装应当保持统一;(3) 设立法官通道的,应当走法官通道;(4) 一般在当事人、代理人、辩护人、公诉人等入庭后进入法庭,但前述人员迟到、拒不到庭的除外;(5) 不得与诉讼各方随意打招呼,不得与一方有特别亲密的言行;(6) 严禁酒后出庭。根据《人民法院法官袍穿着规定》,法官在下列场合应当穿着法官袍:审判法庭开庭审判案件;出席法官任命或者授予法官等级仪式。最高人民法院制定的《人民法院审判制服着装管理办法》对法官审判时的着装作出了详细的规定。

2. 法官庭审言行规范

在我国的法庭审理中,法官居主要地位,法庭审理过程在法官的掌控之中,因此法官在庭审中的言行十分重要,左右着法庭的审理活动。法官在庭审中的言行规范主要表面在以下方面:(1)坐姿端正,杜绝各种不雅动作;(2)集中精力,专注庭审,不做与庭审活动无关的事;(3)不得在审判席上吸烟、闲聊或者打瞌睡,不得接打电话,不得随意离开审判席;(4)平等对待与庭审活动有关的人员,不与诉讼中的任何一方有亲近的表示;(5)礼貌示意当事人及其他诉讼参加人发言;(6)不得用带有倾向性的语言进行提问,不得与当事人及其他诉讼参加人争吵;(7)严格按照规定使用法槌,敲击法槌的轻重应当以旁听区能够听见为宜。

法官审理案件时,会使用法槌,最高人民法院《人民法院法槌使用规定》规定了在法庭审理中谁有权使用法槌,规定明确,适用普通程序审理案件时,由审判长使用法槌;适用简易程序审理案件时,由独任审判员使用法槌。法官使用法槌时分为两种情况:一种情况是应当使用法槌。下列情况下应当使用法槌:宣布开庭、继续开庭;宣布休庭、闭庭;宣布判决、裁定。另一种情况是可以使用法槌。下列情况下可以使用法槌:诉讼参与人、旁听人员违反《中华人民共和国人民法院法庭规则》,妨害审判活动,扰乱法庭秩序的;诉讼参与人的陈述与本案无关或者重复陈述的;审判长或者独任审判员认为有必要使用法槌的其他情形。审判长、独任审判员使用法槌的程序如下:(1)宣布开庭、继续开庭时,先敲击法槌,后宣布开庭、继续开庭;(2)宣布休庭、闭庭时,先宣布休庭、闭庭,后敲击法槌;(3)宣布判决、裁定时,先宣布判决、裁定,后敲击法槌;(4)其他情形使用法槌时,应当先敲击法槌,后对庭审进程作出指令。审判长、独任审判员在使用法槌时,一般敲击一次。

法官在庭审时,也要注意不要说一些法官忌语,如:"别说了,你是法官还是我是法官?你懂法还是我懂法?""你说了算还是我说了算?""不同意调解对你可没好处。""你这个案子肯定要输(赢)的。""你这个律师是怎么当的?""法院不是为你一个人开的。""烦人。""我就这样了,你去告好了,想找谁找谁,想去哪里告去哪告。"等等。

### 3. 法官宣判规范

审判公开是我国近几年来最高人民法院推行的司法公开的重要内容,即使有些案件因有不公开审理的法定理由而不公开审理,但判决结果宣判一律公开。法官宣判时的注意事项有:(1)宣告判决,一律公开进行;(2)宣判时,合议庭成员或者独任法官应当起立,宣读裁判文书声音要洪亮、清晰、准确无误。

### (二)法官业外活动规范

法官作为社会人,除了法官身份外还兼有各种社会身份,但因法官职业的特殊性,法官的业外活动也要受到相应规范。法官业外活动的基本要求有:(1)遵守社会公德,遵纪守法;(2)加强修养,严格自律;(3)约束业外言行,杜绝与法官形象不相称的、可能影响公正履行职责的不良嗜好和行为,自觉维护法官形象。

法官作为专业人员,经常会受到学术机构、机关、企事业单位的邀请参加各类学术活动。法官受邀请参加座谈、研讨活动时应遵守的规范有:(1)应当谢绝与案件有利害关系的机关、企事业单位、律师事务所、中介机构等的活动邀请;(2)对与案件无利害关系的党、政、军机关、学术团体、群众组织的邀请,经向单位请示获准后方可参加。

法官受邀请参加各类社团组织或者联谊活动时要遵守下列规范:(1)确需参加在各级民政部门登记注册的社团组织的,及时报告并由所在法院按照法官管理权限审批;(2)不参加营利性社团组织;(3)不接受有违清正廉洁要求的吃请、礼品和礼金。

在我国推进法官职业化过程中,一大批具有高学历的法学博士、硕士进入法院担任法官。他们具有很强的学术研究能力与专业兴趣,让他们保持专业研究的爱好与兴趣,利用业余时间进行学术研究或者文艺创作,既是法律允许的行为,他们也可以接受高等学校法学院系的邀请担任兼职教授,为我国法治人才的培养贡献他们的专业知识与专业技能,有利于推动我国的法学研究、普法教育与法治人才的培养。我国最高人民法院法官,撰写了大量的法律释义、专题研究、案例分析的学术著作,推动了我国法学研究的繁荣。法官从事写作、授课等活动应遵守的规范有:(1)在不影响审判工作的前提下,可以利用业余时间从事写作、授课等活动;(2)在写作、授课过程中,应当避免对具体案件和有关当事人进行评论,不披露或者使用在工作中获得的国家秘密、商业秘密、个人隐私及其他非公开信息;(3)对于参加司法职务外活动获得的合法报酬,应当依法纳税。

(三)法官与媒体交往规范

一些重大案件会引起社会公众与媒体的关注,受案法院的法官自然也会成为社会关注的对象。法院、法官保持与媒体与社会的良性互动,也是法官的职业伦理要求。但慎言是法官的一种美德,也是一项法官职业伦理规则要求。法官在接受新闻媒体与法院工作有关的采访时要遵守以下规范:(1)接受新闻媒体采访必须经组织安排或者批准;(2)在接受采访时,不发表有损司法公正的言论,不对正在审理中的案件和有关当事人进行评论,不披露在工作中获得的国家秘密、商业秘密、个人隐私及其他非公开信息。

(四)法官处理利益相关事项时的行为规范

法官本人或者亲友与他人发生矛盾时,法官应注重自身的身份,处理这些矛盾时要遵守以下行为规范:(1)保持冷静、克制,通过正当、合法途径解决;(2)不得利用法官身份寻求特殊照顾,不得妨碍有关部门对问题的解决。

法官本人及家庭成员遇到纠纷需通过诉讼方式解决,法官也要遵守以下规范:(1)对本人的案件或者以直系亲属代理人身份参加的案件,应当依照有关法律规定,平等地参与诉讼;(2)在诉讼过程中不以法官身份获取特殊照顾,不利用职权收集所需证据;(3)对非直系亲属的其他家庭成员的诉讼案件,一般应当让其自行委托诉讼代理人,法官本人不宜作为诉讼代理人参与诉讼。

(五)法官社交规范

法官进行社会交往时,也要注意法官形象。在一个熟人社会里,法官的身份不需要其着装显示。法官出入社交场所应遵守的行为规范:(1)参加社交活动要自觉维护法官形象;(2)严禁乘警车、穿制服出入营业性娱乐场所。根据《人民法院法官袍穿着规定》,法官在下列场合可以穿着法官袍:出席重大外事活动;出席重大法律纪念、庆典活动。

**(六)法官不得参加封建迷信活动**

法官的家人或者朋友约请参与封建迷信活动时应遵守以下规范:(1)不得参加邪教组织或者参与封建迷信活动;(2)向家人和朋友宣传科学,引导他们相信科学、反对封建迷信;(3)对利用封建迷信活动违法犯罪的,应当立即向有关组织和公安部门反映。

**(七)法官因私出国(境)行为规范**

法官因私出国(境)探亲、旅游时应遵守以下规范:(1)如实向组织申报所去的国家、地区及返回的时间,经组织同意后方可出行;(2)准时返回工作岗位;(3)遵守当地法律,尊重当地民风民俗和宗教习惯;(4)注意个人形象,维护国家尊严。

## 第五节 法院内部工作人员关系规范

最高人民法院《关于人民法院落实司法机关内部人员过问案件的记录和责任追究规定的实施办法》(法发〔2015〕11号),对法院内部人员过问案件需要进行记录,违反相关规定需要追究责任。

### 一、法院内部人员过问案件要如实进行记录

从现行规定来看,人民法院工作人员遇有案件当事人及其关系人请托过问案件、说情打招呼或者打探案情的,应当予以拒绝。中国是个人情社会,社会曾经流行过这样一句话:案子一进门,双方都托人。法院要公正裁判案件,必须要防止人情关系渗透进法院,影响法官的独立裁判。

人民法院有内部的案件审理流程,相关工作人员会接触到案件的审理情况。人民法院工作人员因履行法定职责需要过问案件或者批转、转递涉案材料的,应当依照法定程序或相关工作程序进行,并且做到全程留痕,永久保存。人民法院工作人员非因履行法定职责或者非经法定程序或相关工作程序,不得向办案单位和办案人员过问正在办理的案件,不得向办案单位和办案人员批转、转递涉案材料。

人民法院领导干部和上级人民法院工作人员因履行法定职责,需要对正在办理的案件提出监督、指导意见的,应当依照法定程序或相关工作程序以书面形式提出,口头提出的,应当由办案人员如实记录在案。人民法院办案人员应当将人民法院领导干部和上级人民法院工作人员因履行法定职责提出监督、指导意见的批示、函文、记录等资料存入案卷备查。

其他司法机关工作人员因履行法定职责,需要了解人民法院正在办理的案件有关情况的,人民法院办案人员应当要求对方出具法律文书或者公函等证明文件,将接洽情况记录在

案,并存入案卷备查。对方未出具法律文书或者公函等证明文件的,可以拒绝提供情况。

人民法院应当在案件信息管理系统中设立司法机关内部人员过问案件信息专库,明确录入、存储、报送、查看和处理相关信息的责任权限和工作流程。人民法院监察部门负责专库的维护和管理工作。

人民法院办案人员在办案工作中遇有司法机关内部人员在法定程序或相关工作程序之外过问案件情况的,应当及时将过问人的姓名、单位、职务以及过问案件的情况全面、如实地录入司法机关内部人员过问案件信息专库,并留存相关资料,做到有据可查。

## 二、法院内部人员过问案件记录问题的处置

人民法院监察部门应当每季度对司法机关内部人员过问案件信息专库中录入的内容进行汇总分析。若发现司法机关内部人员违反规定过问案件的问题线索,应当按照以下方式进行处置:(1)涉及本院监察部门管辖对象的问题线索,由本院监察部门直接调查处理;(2)涉及上级人民法院监察部门管辖对象的问题线索,直接呈报有管辖权的上级人民法院监察部门调查处理;(3)涉及下级人民法院监察部门管辖对象的问题线索,可以逐级移交有管辖权的人民法院监察部门调查处理,也可以直接进行调查处理;(4)涉及其他司法机关人员的问题线索,直接移送涉及人员所在司法机关纪检监察部门调查处理。人民法院纪检监察部门接到其他人民法院或者其他司法机关纪检监察部门移送的问题线索后,应当及时调查处理,并将调查处理结果通报移送问题线索的纪检监察部门。

# 第六节　国外法官职业伦理

## 一、英国法官职业伦理

英国于2003年由法官协会(the Judge' Council)制定了《司法行为指南》(*Guide to Judicial Conduct*),2018年3月发布了修改版。指南的目的是为法官、验尸官和地方法官的行为提供参考。它所依据的原则是,决定某一特定活动或行为过程是否适当的责任取决于每一位法官。因此本指南不是守则,除了另外说明,它也不包括规则。指南包含了一系列有助于法官作出自己行为决定的核心原则。指南的最近的一次修订是2020年3月。

该指南适用的对象包括两类法官:一类是现任法官,适用于法院和法庭的所有法官,不论其是否受薪法官或收费法官,亦不论其是否得到了法律的认可。这包括在苏格兰和北爱尔兰地区的地方法官和保留法庭的司法运作。它也适用于验尸官。另一类是退休法官和治安法官。退休法官仍可被公众视为司法机构的代表。退休法官应谨慎行

事,因此应鼓励他们参考这一指导方针,以避免任何可能损害司法机构声誉的活动。退休治安法官接受委任时要签署声明及承诺接受指南规范。

指南确定了法官应遵守的三项原则:

(一) 司法独立

司法独立是民主社会政府制度的基石,也是法治下公民自由和权利的保障。司法必须独立于作为个人和整体的立法和行政部门。法官应铭记,司法独立的原则远远超出传统的权力分立,要求法官独立于社会上的所有权力来源或影响,包括媒体和商业利益,并应被视为独立。法官必须不受舆论影响,无论舆论的影响是有利还是不利的。当然,这并不意味着对司法判决可能产生的深刻影响无动于衷,这种影响不仅对法庭上的人的生活,有时也对公众极为关注的问题产生深远影响。

(二) 公正

法官宣誓的誓词为:"我会按照这个国家的法律和惯例对待所有的人,没有恐惧或偏爱,喜爱或厌恶。"

在宣誓时,法官承认他或她主要是对法律负责。验尸官和一些收费法官不接受司法审判宣誓,但他们也主要对他们所执行的法律负责。法官应努力确保他们在法庭内外的行为保持和增强公众、法律界和诉讼当事人对他们个人和司法机关公正的信心。在合理的情况下,法官应避免可能发生的法外活动让他们因为对偏见的合理理解而不得不陷入可能产生的利益冲突。

(三) 正直

人们期望法官将司法职责置于个人利益之上。在实践中,这意味着法官应表现出以下的正直品质:理智的诚实;尊重法律和遵守法律;审慎地管理财务事务;勤勉和谨慎地履行司法职责。

## 二、美国法官职业伦理

《美国法官行为守则》最初由司法会议于1973年4月5日通过,最初该守则被称为"美国法官司法行为守则"。此后经过多次修改,最近的一次修改是2019年3月。该守则适用于美国巡回法院法官、地区法院法官、国际贸易法院法官、联邦赔偿法院法官、破产法院法官、地方法官。税务法院、退伍军人索赔上诉法院和武装部队上诉法院都通过了该法典。

守则内容共五条:(1) 法官应维护司法机构的廉洁和独立;(2) 法官应当避免出现不当行为,在一切活动中应避免不当行为;(3) 法官应公平、公正、勤勉地履行职责;(4) 法官可以从事与司法职务义务相一致的职务外活动;(5) 法官不应参与政治活动。

守则条文虽然简单,但每条之后还有详细的细则及评论。细则内容则是对守则条款的更为详细的解释。如对第二条守则的细则有以下内容:(1) 尊重法律。法官应尊重和遵守法律,并应在任何时候以提高公众对司法机构廉洁和公正的信心的方式行事。

(2) 外部的影响。法官不应让家庭、社会、政治、经济或其他关系影响司法行为或判决。法官既不应利用司法职务的威望来促进法官或他人的私人利益,也不应传达或允许他人传达影响法官特殊地位的印象。法官不应作为诉讼当事人的人品见证人。(3) 不得成为歧视组织的成员。法官不应加入任何基于种族、性别、宗教或民族出身进行令人反感的歧视活动的组织。

### 三、德国法官职业伦理

德国没有专门的法官职业伦理规则,相关规定体现在《德国基本法》《德国法官法》《德国联邦纪律法》等法律之中。《德国基本法》第97条规定,法官是独立的,只依据法律行事。《德国法官法》规定了法官的义务,法官应当全身心投入工作,在履行职责的时候保持清正廉洁,毫无自私自利之心。在履行职务期间和个人私生活中,法官的行为应无愧于其职务所需要的尊重和信任等。法官在履行职务期间和个人私生活中,参与政治活动时,其表现不应当破坏人们对法官的信任。尤其是在司法程序中,法官的行为不应造成当事人因此怀疑判决的合法性从而不服判决结果的情况。当对合法性产生怀疑时,争讼的任何一方都有权拒绝服从该法官。在法庭外,法官有权发表自己的政治观点,也可以加入某一政治党派或者工会组织,但其表现应当适度。在德国,最重要的职业伦理要求均出自法官纪律委员会判决的案例。

### 四、法国法官职业伦理

与德国一样,法国之前没有专门的法官职业伦理规则,相关的规则散见于一些法律文件中。2006年6月6日,议会设立的调查委员会提交了一份报告,提议编撰司法官职业伦理。2007年,国民议会在审议"司法官招聘、培训及责任相关的组织法"修正案时,授权司法高等委员会起草并公布司法官的行为指南。汇编的主要内容如下:(1) 司法独立。司法官作为司法行使者,要保障司法独立,防止司法权受到来自立法权、行政权的侵害。(2) 追求公正。法律职业的根本价值取向是公正,整个法律职业共同体都应该把追求公正和实现公正作为使命。(3) 廉洁。廉洁是法官最低的道德操守,是法官职业化的伦理根基。(4) 遵守合法性原则。司法官必须对实证法的规范、相关的判决及司法解释有准确的掌握,还要在遇到疑难问题时灵活运用法律解释技术。(5) 尊重他人。尊重当事人、受害人、司法辅助人员等。(6) 保密和审慎。司法官应该保守职业秘密,不参与政治活动,对有争议的公共议题尽量不发表个人意见。

为了保障司法独立,法官的职业道德规则要求法官保持中立和公正。德国《司法组织法》要求法官的尽职义务和谨慎发表个人意见的义务。职业秘密的宣誓义务,法官宣誓的誓词:忠诚履职,保守秘密。举止庄重,努力成为合格的司法官。法官要遵守不得兼职的义务,不得同时进行与司法职业有关的活动如担任律师,不得同时担任其他司法职务如公证人、执达官,不得同时担任法国议会、欧洲议会、经济和社会理事会的职务,在一定条件下,法官可以通过选举到其他辖区法院履行职务,可以被任命为仲裁人。法官不能成为其审理案件的不动产的买方,不能采纳与其有亲属关系的当事人或者律师的证据。

### 五、日本法官职业伦理

根据日本《法院法》第52条规定,法官在任职期间不得从事下列活动:(1)成为国会或地方公共团体议会的议员,或者积极从事政治活动;(2)除经最高法院的许可外,从事有报酬的其他职务;(3)从事经商等以获得金钱利益为目的的业务。

日本律师协会发布的《座谈会:关于司法伦理的报告书》中规定了法官的五种义务:(1)在审判活动中保持法的忠实性、独立性、公平中立性及保持对上述各点的自觉;(2)避免并阻止损害对审判或法官的一般信赖的行动或态度;(3)保持一定的品格体面的义务;(4)吸收不断变化并不断进步的有关法律、社会、政治、经济、文化等方面的知识,并使其在审判中有所体现的义务;(5)作为其职责,置于首位的是关注审判活动,同时应致力于审判的迅速化和效率化,并且不放松对上述各项进行创意性思考的义务。

**思考题**

1. 简述法官职业伦理的概念与特征。
2. 简述我国法官职业化进程与法官职业伦理规范完善之间的关系。
3. 简述我国法官的义务。
4. 简述我国法官职业道德的核心要求。
5. 简述我国法官职业道德的基本要求。
6. 简述我国法官行为规范的一般要求。
7. 简述我国法官的庭审礼仪规范。
8. 简述我国法官的业外活动规范。
9. 简述我国法官的社交规范。
10. 简述我国法院内部人员关系规范。
11. 简述英国、美国、德国、法国、日本的法官职业伦理。

# 第七章 法官职业责任与惩戒制度

## 第一节 法官职业责任

### 一、法官职业责任的概念

法官职业责任是指法官在履职过程中因违反法律法规与职业伦理规则的禁止性规定而应当承担的不利后果。法官的职业责任分为法律责任与纪律责任。

如前所述,法官在司法体系中担负重要的职责,享有崇高的社会地位,也享有巨大的权力,法官所享有的司法权力本质上是一种公权力,法官不能公器私用,通过公权力谋取个人私利,也不能滥用职权为他人谋取不当利益。法官一旦滥用权力,或者在履职过程中因法官个人原因造成当事人的合法权益受到损害,或社会公共利益受到损害,法官要承担相应的法律责任。现代各国,法官的职业有充分的法律保障,同时各国也制定了法官滥用职权所应承担的法律责任。

### 二、法官职业责任的基本原则

(一) 坚持党的领导,坚持走中国特色社会主义法治道路

党的领导是中国特色社会主义最本质的特征,是社会主义法治最根本的保证。坚持中国特色社会主义法治道路,最根本的是坚持中国共产党的领导。依法治国是我们党提出来的,把依法治国上升为党领导人民治理国家的基本方略也是我们党提出来的,而且党一直带领人民在实践中推进依法治国。全面推进依法治国,要有利于加强和改善党的领导,有利于巩固党的执政地位、完成党的执政使命,决不是要削弱党的领导。

(二) 依照宪法和法律独立行使审判权

人民法院独立行使审判权是由宪法与相关法律如《人民法院组织法》等规定的,不受行政机关、社会团体和个人的干涉。相应的,《法官法》第七条规定,法官依法履行职责,受法律保护,不受行政机关、社会团体和个人的干涉。

(三) 遵循司法权运行规律,体现审判权的判断权和裁决权属性,突出法官办案主体地位

司法权是指特定的国家机关通过开展依其法定职权和一定程序,由审判的形式将

相关法律适用于具体案件的专门化活动而享有的权力。狭义的司法权仅指法院及其法官行使的审判权。

(四) 以审判权为核心,以审判监督权和审判管理权为保障

审判监督权和审判管理权以审判权为基础,没有审判权也就没有审判监督权与审判管理权。以审判权为核心,是司法权独立运行的内在要求。党的十八届四中全会通过的《中共中央关于全面推进依法治国若干重大问题的决定》明确提出,要"推进以审判为中心的诉讼制度改革,确保侦查、起诉的案件事实证据经得起法律的检验。全面贯彻证据裁判规则,严格依法收集、固定、保存、审查、运用证据,完善证人、鉴定人出庭制度,保证庭审在查明事实、认定证据、保护诉权、公正裁判中发挥决定性作用"。习近平总书记在其说明中解释指出:"推进以审判为中心的诉讼制度改革,目的是促使办案人员树立办案必须经得法律检验的理念,确保侦查、审查起诉的案件事实证据经得起法律检验,保证庭审在查明事实、认定证据、保护诉权、公正裁判中发挥决定性作用。这项改革有利于促使办案人员增强责任意识,通过法庭审判的程序公正实现案件裁判的实体公正,有效防范冤假错案的发生。"人民法院通过不断的体制改革,审判权与行政管理权基本上实现了分离,这样有利于区别审判责任与行政管理责任。法院内部的审判监督权也是由独立的机构承担。

(五) 权责明晰、权责统一、监督有序、制约有效

职权是职业责任建立的前提与基础,法官职业责任也是建立在法官的职权基础之上的。在法院现行的审判制度设计里,法官会在不同的案件审理中承担不同的角色,亦即在不同的案件审理、审判活动的不同环节上,法官享有的权力与承担的责任也是不同的。如独任制审理与合议制审理的法官承担的司法责任是不同的,担任法院审判委员会委员与具体的承办法官在不同的案件审理中承担的司法责任也不同。实现权责明晰与权责统一的司法责任,可以很好地根据案件审理的具体情况来划分法官的司法责任。最高人民法院制定的《人民法院司法责任制的若干意见》,根据审判权力的运行机制,对审判活动与审判程序中的审判权力与相应的责任作了清楚的划分,为法官的职业责任的认定提供了依据。

(六) 主观过错与客观行为相结合,责任与保障相结合

法官承担职业责任要建立在主观过错的基础上,同时法官也实施了相关的行为。过错包括故意与过失。客观行为指法官在执业过程中做出了相关的行为。责任与保障相结合,法官的职业保障是我国法官制度的重要内容,《法官法》第七章规定法官的职业保障,内容包括非因法定事由不得调法官离开审判岗位,禁止干涉法官履职,法官的职业尊严和人身安全受到保护,法官及其近亲属的人身安全也受到保护,保障法官的工资福利及退休后的生活保障等,这些都是法官认真履职的前提与基础。

我国现行的法官职业责任有两个重要的特色:一是办案质量终身负责制;二是错案责任追究制。终身负责制,法官应当对其履行审判职责的行为承担责任,在职责范围内对办案质量终身负责。虽然现行法律法规及最高人民法院的相关规章中没有对什么是

错案作出相应的规定,只是对有些情况发生的案件再审后被改判的情况作了错案的排除规定,但考虑到错案客观存在,追究错案审理法官的责任也在情理之中。

法官在审判工作中故意违反法律法规的,或者因重大过失导致裁判错误并造成严重后果的,依法应当承担违法审判责任。

法官有违反职业道德准则和纪律规定,接受案件当事人及相关人员的请客送礼、与律师进行不正当交往等违纪违法行为的,依照法律及有关纪律规定另行处理。

### 三、法官职业责任的种类

(一) 刑事责任

《法官法》没有设立专门的法律责任章节,在我国法官属于公务员,法官违法行为适用《公务员法》相关的法律责任,《公务员法》第一百零六条所列行为造成严重后果达到刑事处罚标准的,要承担刑事责任。第一百零八条所列"滥用职权、玩忽职守、徇私舞弊,构成犯罪的,依法追究刑事责任;尚不构成犯罪的,给予处分或者由监察机关依法给予政务处分。"此条规定了刑事责任与行政责任。《法官法》虽然没有单列法官的法律责任,但该法第四十六条规定,法官有下列行为之一的,应当给予处分;构成犯罪的,依法追究刑事责任:(1) 贪污受贿、徇私舞弊、枉法裁判的;(2) 隐瞒、伪造、变造、故意损毁证据、案件材料的;(3) 泄露国家秘密、审判工作秘密、商业秘密或者个人隐私的;(4) 故意违反法律法规办理案件的;(5) 因重大过失导致裁判结果错误并造成严重后果的;(6) 拖延办案,贻误工作的;(7) 利用职权为自己或者他人谋取私利的;(8) 接受当事人及其代理人利益输送,或者违反有关规定会见当事人及其代理人的;(9) 违反有关规定从事或者参与营利性活动,在企业或者其他营利性组织中兼任职务的;(10) 有其他违纪违法行为的。

法官职务犯罪可能涉及的罪名有:受贿罪,行贿罪,贪污罪,滥用职权罪,玩忽职守罪,故意泄露国家秘密罪,过失泄露国家秘密罪,枉法追诉、裁判罪,民事、行政枉法裁判罪,执行判决、裁定滥用职权罪,私放在押人员罪,失职致使在押人员脱逃罪,徇私舞弊减刑、假释、暂予监外执行罪,徇私舞弊不移交刑事案件罪,等等。

(二) 行政责任

《法官法》第四十六条所述的法官行为如果达不到刑事立案的标准,那么一般都应当承担行政责任,按照《公务员法》第六十二条的规定,公务员的行政责任,即行政处分分为:警告、记过、记大过、降级、撤职、开除。

### 四、法官承担职业责任的具体情形

法官承担职业责任,分为以下具体情形:

(一) 独任制审理的案件

独任制审理的案件,由独任法官对案件的事实认定和法律适用承担全部责任。

（二）合议制审理的案件

合议庭审理的案件，合议庭成员对案件的事实认定和法律适用共同承担责任。

进行违法审判责任追究时，根据合议庭成员是否存在违法审判行为、情节、合议庭成员发表意见的情况和过错程度合理确定各自责任。

（三）审判委员会审理的案件

审判委员会讨论案件时，合议庭对其汇报的事实负责，审判委员会委员对其本人发表的意见及最终表决负责。

案件经审判委员会讨论的，构成违法审判责任追究情形时，根据审判委员会委员是否故意曲解法律发表意见的情况，合理确定委员责任。审判委员会改变合议庭意见导致裁判错误的，由持多数意见的委员共同承担责任，合议庭不承担责任。审判委员会维持合议庭意见导致裁判错误的，由合议庭和持多数意见的委员共同承担责任。

合议庭汇报案件时，故意隐瞒主要证据或者重要情节，或者故意提供虚假情况，导致审判委员会作出错误决定的，由合议庭成员承担责任，审判委员会委员根据具体情况承担部分责任或者不承担责任。

审判委员会讨论案件违反民主集中制原则，导致审判委员会决定错误的，主持人应当承担主要责任。

（四）法官的审核把关责任

审判辅助人员根据职责权限和分工承担与其职责相对应的责任。法官负有审核把关职责的，法官也应当承担相应责任。

（五）法官免责情形

法官受领导干部干预导致裁判错误的，且法官不记录或者不如实记录，应当排除干预而没有排除的，承担违法审判责任。

## 五、法官职业责任的追究程序

（一）启动

需要追究违法审判责任的，一般由院长、审判监督部门或者审判管理部门提出初步意见，由院长委托审判监督部门审查或者提请审判委员会进行讨论，经审查初步认定有关人员具有本意见所列违法审判责任追究情形的，人民法院监察部门应当启动违法审判责任追究程序。

各级人民法院应当依法自觉接受人大、政协、媒体和社会监督，依法受理对法官违法审判行为的举报、投诉，并认真进行调查核实。

（二）调查

人民法院监察部门应当对法官是否存在违法审判行为进行调查，并采取必要、合理的保护措施。在调查过程中，当事法官享有知情、辩解和举证的权利，监察部门应当对当事法官的意见、辩解和举证如实记录，并在调查报告中对是否采纳作出说明。

### (三) 建议

人民法院监察部门经调查后,认为应当追究法官违法审判责任的,应当报请院长决定,并报送省(区、市)法官惩戒委员会审议。

高级人民法院监察部门应当派员向法官惩戒委员会通报当事法官的违法审判事实及拟处理建议、依据,并就其违法审判行为和主观过错进行举证。当事法官有权进行陈述、举证、辩解、申请复议和申诉。

法官惩戒委员会根据查明的事实和法律规定作出无责、免责或者给予惩戒处分的建议。

### (四) 决定

对应当追究违法审判责任的相关责任人,根据其应负责任依照《法官法》等有关规定处理:(1)应当给予停职、延期晋升、退出法官员额或者免职、责令辞职、辞退等处理的,由组织人事部门按照干部管理权限和程序依法办理;(2)应当给予纪律处分的,由纪检监察部门依照有关规定和程序依法办理;(3)涉嫌犯罪的,由纪检监察部门将违法线索移送有关司法机关依法处理。

免除法官职务,必须按法定程序由人民代表大会罢免或者提请人大常委会作出决定。

## 第二节 法官惩戒制度

### 一、法官惩戒的概念

法官惩戒是指法官在审判工作中违反法律法规,实施了违反审判职责的行为,经过专业人员认定之后应当依照相关规定予以制裁的一项制度。法官惩戒为2017年修订《法官法》时新设立的制度。设立法官惩戒制度,具有两方面的作用:一方面,"给法官以行为的尺度,促使法官自我约束规范其行为,恪守职业道德,努力实现社会公正";另一方面,"给被惩戒的法官一个维护合法权益的渠道和途径,避免对法官任意惩戒、过度追责,使法官动辄得咎"[①]。这一制度设立的本义,具有两重功能:一是对法官的违法违规行为进行惩戒;二是对法官的独立执法、严格执法、公正执法行为予以保护。

法官惩戒与承担法官职业责任有所区别,法官职业责任是一个更为宽泛的概念,凡是违反了法官职业责任的行为都应当受到相应的惩罚,法官违反职业责任应当受到的处分行为,基本体现在《人民法院工作人员处分条例》中所列各种行为。法官惩戒制度

---

[①] 王爱立主编:《中华人民共和国法官法释义》,法律出版社2019年版,第273页。

适用的具体行为较为狭窄。根据《法官法》第四十八条之规定，法官惩戒委员会负责从专业角度审查认定法官是否存在本法第四十六条第四项、第五项规定的违反审判职责的行为，提出构成故意违反职责、存在重大过失、存在一般过失或者没有违反职责等审查意见。从此条规定来看，法官惩戒委员会负责认定法官故意违反法律法规办理案件的行为和因重大过失导致裁判结果错误并造成严重后果的行为。最高人民法院与最高人民检察院颁布的《关于建立法官、检察官惩戒制度的意见（试行）》中法官惩戒的行为认定适用《关于完善人民法院司法责任制的若干意见》的有关规定，应该理解为针对《法官法》所作的规定。

## 二、法官应受惩戒的情形

《法官法》第四十六条规定："法官有下列行为之一的，应当给予处分；构成犯罪的，依法追究刑事责任：（一）贪污受贿、徇私舞弊、枉法裁判的；（二）隐瞒、伪造、变造、故意损毁证据、案件材料的；（三）泄露国家秘密、审判工作秘密、商业秘密或者个人隐私的；（四）故意违反法律法规办理案件的；（五）因重大过失导致裁判结果错误并造成严重后果的；（六）拖延办案，贻误工作的；（七）利用职权为自己或者他人谋取私利的；（八）接受当事人及其代理人利益输送，或者违反有关规定会见当事人及其代理人的；（九）违反有关规定从事或者参与营利性活动，在企业或者其他营利性组织中兼任职务的；（十）有其他违纪违法行为的。法官的处分按照有关规定办理。"

上述第（四）（五）项违反审判职责的行为，涉及具体的法官审判业务，需要进行专业认定，因此《法官法》第四十八条规定，最高人民法院和省、自治区、直辖市人民法院设立法官惩戒委员会，负责从专业角度审查认定法官是否存在违反上述两项规定的情形，由惩戒委员会作出审查意见。惩戒委员会的审查意见分为"故意违反职责""存在重大过失""存在一般过失""没有违反职责"四种情形，法官所在的人民法院根据法官惩戒委员会提出的审查意见，依照有关规定作出是否予以惩戒的决定，并给予相应处理。

除了《法官法》的规定之外，最高人民法院还陆续出台了《人民法院工作人员处分条例》（2009年），总则部分规定了法官处分的目的、依据、原则和适用范围，处分的种类和适用，处分的解除、变更和撤销；分则部分规定了具体的应当受到处分的各种行为，这些行为可以分为：违反政治纪律的行为，违反办案纪律的行为，违反廉政纪律的行为，违反组织人事纪律的行为，违反财经纪律的行为，失职行为，违反管理秩序和社会道德的行为等七种行为。这些行为中除了与《法官法》第四十八条的规定相关之外，其他行为不应成为法官惩戒委员会受理的对象。

## 三、法官惩戒委员会

为了保证法官惩戒委员会处理违规法官的公正性，按照《法官法》的规定，法官惩戒委员会由法官代表、其他从事法律职业的人员和有关方面代表组成,其中法官代表不少于半数。

法官因违反相关法律规定面临惩戒时,当事法官在所在法院法官惩戒委员会审议其惩戒事项时,有权申请有关人员回避,有权进行陈述、举证、辩解。人民法院法官惩戒委员会作出的审查意见应当送达当事法官。如果当事法官对审查意见有异议,可以向惩戒委员会提出,惩戒委员会应当对异议及其理由进行审查,作出决定。

《法官法》第五十一条要求人民法院制定法官惩戒委员会审议惩戒事项的具体程序,应由最高人民法院有关部门确定。

2003年6月10日,最高人民法院审判委员会第1276次会议通过了最高人民法院关于严格执行《法官法》有关惩戒制度的若干规定。2016年,最高人民法院与最高人民检察院发布了《关于建立法官、检察官惩戒制度的意见(试行)》,是目前我国针对法官的惩戒制度实施规则。

1. 法官惩戒委员会的设立

在省(自治区、直辖市)一级设立法官惩戒委员会。

2. 法官惩戒委员会的成员

法官惩戒委员会由政治素质高、专业能力强、职业操守好的人员组成,包括来自人大代表、政协委员、法学专家、律师的代表以及法官代表。法官代表应不低于全体委员的50%,从辖区内不同层级人民法院中选任。

法官惩戒委员会主任由惩戒委员会全体委员从实践经验丰富、德高望重的资深法律界人士中推选,经省(自治区、直辖市)党委对人选把关后产生。

法官惩戒工作办公室设在高级人民法院。

## 四、法官惩戒委员会的工作职责

法官惩戒委员会履行以下工作职责:(1)制定和修订惩戒委员会章程;(2)根据人民法院、人民检察院调查的情况,依照程序审查认定法官、检察官是否违反审判、检察职责,提出构成故意违反职责、存在重大过失、存在一般过失或者没有违反职责的意见;(3)受理法官、检察官对审查意见的异议申请,作出决定;(4)审议决定法官、检察官惩戒工作的其他相关事项。

法官惩戒委员会不直接受理对法官、检察官的举报、投诉。如收到举报、投诉材料,应当根据受理权限,转交有关部门按规定处理。

## 五、法官惩戒委员会的处理程序

(一)发现事实

人民法院在司法管理、诉讼监督和司法监督工作中,发现法官有涉嫌违反审判职责的行为,需要认定是否构成故意或者重大过失的,应当在查明事实的基础上,提请惩戒委员会审议。

除按规定应报请法官惩戒委员会审议情形外,法官的其他违法违纪行为由有关部门调查核实,依照法律及有关纪律规定处理。

(二) 进行审查

法官惩戒委员会审议惩戒事项时,有关人民法院应当向惩戒委员会提供当事法官涉嫌违反审判职责的事实和证据,并就其违法审判行为和主观过错进行举证。当事法官有权进行陈述、举证、辩解。

法官惩戒委员会经过审议,应当根据查明的事实、情节和相关规定,经全体委员三分之二以上的多数通过,对当事法官构成故意违反职责、存在重大过失、存在一般过失或者没有违反职责提出审查意见。

法官惩戒委员会的审查意见应当送达当事法官和有关人民法院。

(三) 受理异议

当事法官或者有关人民法院对审查意见有异议的,可以向法官惩戒委员会提出。

法官惩戒委员会应当对异议及其理由进行审查,作出决定,并回复当事法官或者有关人民法院。

(四) 作出决定

法官违反审判职责的行为属实,法官惩戒委员会认为构成故意或者因重大过失导致案件错误并造成严重后果的,人民法院应当依照有关规定作出惩戒决定,并给予相应处理。(1) 应当给予停职、延期晋升、免职、责令辞职、辞退等处理的,按照干部管理权限和程序依法办理;(2) 应当给予纪律处分的,依照有关规定和程序办理。法官违反审判职责的行为涉嫌犯罪的,应当将违法线索移送有关司法机关处理。

免除法官职务,应当按法定程序提请人民代表大会常务委员会作出决定。

## 六、复议和申诉

当事法官对惩戒决定不服的,可以向作出决定的人民法院申请复议,并有权向上一级人民法院申诉。

《人民法院监察工作条例》(2008 年制定,2013 年修订)要求各级人民法院成立内部监察机构,条例第十四条规定,人民法院监察部门的主要职责:(1) 检查人民法院及其法官和其他工作人员遵守和执行国家法律、法规的情况;(2) 制定和完善人民法院廉政制度,检查人民法院及其法官和其他工作人员执行廉政制度的情况;(3) 受理对人民法院及其法官和其他工作人员违纪违法行为的控告、检举;(4) 调查处理人民法院及其法官和其他工作人员违反审判纪律、执行纪律及其他纪律的行为;(5) 受理法官和其他工作人员不服纪律处分的复议和申诉;(6) 组织协调、检查指导纠正审判工作、执行工作和法院其他工作中损害群众利益的不正之风;(7) 组织协调、检查指导预防腐败工作,开展对法官和其他工作人员司法廉洁和遵纪守法的教育。

## 第三节 国外法官惩戒制度

西方学者有言:"对法官最大的惩罚莫过于来自同行鄙夷的眼神。"西方发达国家均设有法官惩戒机构,其设置模式可以分为三种类型:第一类是在法院内部设立惩戒机构。例如,日本最高法院负责审理对最高法院和高等法院法官的惩戒案件,高等法院负责审理对地方法院和简易法院法官的惩戒案件。在美国,一些州的最高法院审理法官惩戒案件。在德国,最高法院和州的高等上诉法院均设有"纪律惩戒法庭",专门处理包括法官惩戒在内的纪律案件。第二类是司法系统内成立专职惩戒机构,行使法官惩戒权。例如,美国联邦各巡回区上诉法院设立司法委员会,由地区法院法官和上诉法院法官组成。上诉法院首席法官为主席。该司法委员会职责之一就是审理本巡回区内联邦法官的惩戒案件。第三类是国家设立专门司法委员会,负责法官惩戒事务。如法国的国家最高司法委员会处理全国的法官、检察官惩戒案件。

### 一、英国法官惩戒制度

英国 2005 年《宪政改革法》第三章对法官惩戒制度作出了规定。该章规定了法官惩戒权的主体、权限、审查机构、申请审查的程序、审查程序、在苏格兰和北爱尔兰地区的特殊适用规则等内容。司法行为调查办公室为专门负责调查法官行为的机构,协助大法官和英格兰和威尔士首席法官迅速、公平、统一地行使其法律纪律惩戒职能。该办公室可以接受针对法官行为的投诉、问询,可以向与调查工作相关的人员提出意见,还可以向负责调查司法行为的法官或者纪律调查小组提出工作建议。司法行为调查办公室只负责调查司法官员的个人行为,无权处理对司法裁判和案件管理的相关申诉。

### 二、美国法官惩戒制度

美国《司法惩戒示范规则》特别规定:在处理对法官行为不端的投诉过程中,应确保法官获得公平对待的权利;司法委员会认为没有正当理由相信法官实施了不端行为时,法官应当获得"投诉保密"的权利;处理投诉应当及时、准确。美国惩戒联邦法官由国会的司法委员会管辖,其方式包括:警告、公开警告、短期停职直至撤销法官资格。但是剥夺法官资格,必须经过宪法规定的弹劾程序。

在美国建国以来 200 多年的历史上,有 13 位联邦法官因为收受贿赂或其他严重的司法不当行为而被弹劾、定罪并撤销职务。一般情况下,联邦法官只有做出了"叛国、受贿、严重的犯罪或错误行为"才会被弹劾而撤职。

## 三、德国法官惩戒制度

德国对法官惩戒的制度规定,主要体现在《法官法》。在德国法官是公务员,《法官法》没有规定的有关事项,可以依据《公务员法》和《惩戒法》的规定执行。德国规定了复杂的纪律处分程序,最终由联邦纪律检察官向联邦纪律法院提起指控。在德国,对法官的惩戒主要可以分为监督、纪律制裁、经济赔偿等方式。其《法官法》规定,法院院长可以对有轻微过失的法官进行口头批评。如果口头批评不见效,则可以提出口头警告。如果法官行为后果严重,院长还可以根据不同情形分别给予书面批评、罚款、降低工资、降级留用、罢免等处分。当然,院长的惩戒权要受到法官服务委员会的批准等各种制约。

## 四、法国法官惩戒制度

法国关于法官的责任追究制度,体现在《民法典》《刑事诉讼法典》等法律和行政命令等规范性文件之中。《民法典》第473条规定,国家对收养孤儿法律关系中任何因职务行为造成的损害负责;《刑事诉讼法典》第149条规定,对不起诉、无罪释放案件的预先羁押进行赔偿,2000年6月15日法律实施后,此项赔偿包括了物质和精神赔偿。

法国最高司法官委员会的惩戒部门设在最高法院,由首席法官领导。司法部长对法官的纪律惩戒提出动议,纪律处罚由法官惩戒部门作出决定,处罚的种类包括:训诫记入档案、调职、撤销部分权力、降级、降职、撤职、开除。

最高司法委员会规定法官违反法定义务的过错种类有:(1)言论自由与保持谨慎的义务。(2)私生活越位。司法官必须保持私生活的合理界限,应当保持与职业相应的行为。(3)获取金钱。司法官必须自尊、自律,忠实履行责任与义务,不得在执行法律赋予的职责时获取金钱利益。(4)保持司法性义务。任何人对任何判决不得擅自作出评价,只能依照法律规定通过诉讼途径表达评价。(5)司法不公。司法官应当听取双方当事人的意见。(6)权力滥用。法官享有审判和作出判决的独立性权力,但其适用法律必须合法、无瑕疵,否则也将如同其他违纪行为一样,移交控诉部门处理。(7)人际关系困难。法官应当与其他同事保持开放、尊重、团结的关系。

## 五、日本法官惩戒制度

日本对违反职责的法官的指控由受投诉法官所在的法院以书面形式提起。起诉书的副本须送达被诉法官。日本对于一般违反职务上的义务,或消极地不履行义务,或有损其法官品位的行为给予告诫或处以一万日元罚款。更为严重的,则依照弹劾程序处理。

法官的配偶、子女不得担任该法官所任职法院办理案件的诉讼代理人或者辩护人。这样规定主要是考虑到即使法官不得审理其配偶、子女担任诉讼代理人或者辩护人的案件,但避免因为法官的人情因素与关系因素干扰其他法官审理案件,作出此规定也十分有必要。

 **思考题**

1. 简述我国法官职业责任的基本原则。
2. 简述我国法官职业责任的种类。
3. 简述我国法官职业责任的追究程序。
4. 我国法官在什么情况下会受到惩戒?
5. 简述我国法官惩戒委员会的处理程序。
6. 简述英国、美国、德国、法国、日本的法官惩戒制度。

# PART THREE 第三编　检察官职业伦理

一身正气,两袖清风,刚正不阿,秉公执法。

——杨易辰检察长 1987 年 3 月 12 日在全国检察长会议上的讲话

# 第八章 检察官职业的历史和现状

## 第一节 中国的检察官职业

### 一、中国古代的御史制度

中国古代没有现代意义上的检察制度,但中国古代的御史制度与现代意义上的检察制度具有一定的重合性,可以进行类似的比较。因为御史制度的设立也是为了制衡行政权与司法权,具有监督权的性质,其领导体制与现行的检察制度一样实行上下级的垂直领导①。

中国御史制度发端于先秦时期。根据《通典·职官典》的记载,御史"盖掌赞书而授法令",御史是掌握书写记事和传达法令的官员。后来兼掌一些礼仪方面的监察,战国后期开始具有执法权,实质掌管监察的职责,如《史记·滑稽列传》中说:"执法在傍,御史在后。"

秦统一六国后实行中央集权统治,皇帝之下设三公——丞相、太尉、御史大夫。御史大夫的职责之一是监察违法官吏。汉承秦制,中央仍设御史大夫,相当于副丞相,但职权重心已逐渐向监察方面转移。《汉书·朱博传》载:御史大夫"典正法典、总领百官,上下相监临。"东汉设立了监察机构御史台,原来的御史中丞因御史台设置地位不断提高,与地位显要的尚书台、谒者台并称三台。魏晋南北朝,御史台的隶属关系发生了变化。御史台名义上不再隶属于少府,而由皇帝直接领导,御史台的地位和威信有了极大的提高,御史台成为独立的监管机构,中央监察权逐步集中于御史台。

隋唐五代,我国的御史制度走向成熟,主要表现在御史台机构更为完备,御史大夫下设三院——台院、殿院、察院,形成三院制。御史台的权限也更加广泛,监管权由二元归于一元,御史独立行使监察权。宋元时期御史制度得到强化,御史的地位更加独立,御史台三院制向一院制过渡,形成了台谏合一的制度。

明清时期,御史制度走向完备,明洪武十二年(1379)改御史台为都察院,监察组织体系日益健全,监察法规陆续出台,如清朝的《钦定台规》。

---

① 参见何勤华主编:《检察制度史》,中国检察出版社2009年版,第283页。

## 二、中国近代的监察制度

清朝末年变法求强,通过日本法学家的介绍引进了大陆法系国家的检察制度。沈家本向朝廷上书《审判权限厘定办法折》,要求借鉴西方国家设立四级三审制度,设立中央和地方各级审判厅,在各级审判厅里设置相应级别的检察厅,检察厅是监察机构,同时作为向审判机构提起公诉的专职机构。采取检审合署模式。1906年《大理院审判编制法》,规定各级审判厅内附设"检事局"作为检察机关,对应四级审判机构,检察机关也分为四级。"检事局"借鉴日本的做法,在后来正式颁布的诉讼法和法院编制法中将其改为"检察厅"。1907年制定《高等以下各级审判厅试办章程》全面确立了检察制度,并对检察官的职权进行规定。1910年清廷颁布《法院编制法》,全面继受西方司法制度,该法第十一章"检察厅"规定,总检察厅设厅丞一人,两名以上检察官,独立行使检察权。在刑事诉讼中,"遵照刑事诉讼律及其他律令所定,实行搜查处分,提起公诉,实行公诉,并监察判断之执行";在民事诉讼中,"遵照民事诉讼律及其他法令所定,为诉讼当事人或公益代表人,实行特定事宜。"该章详细规定了检察厅的编制、检察官发挥作用的资格和限制、检察官职权、检察机构规范化等问题。

## 三、南京临时政府与北洋政府时期的检察制度

1912年1月1日,孙中山在南京就任临时大总统。1912年3月11日,南京临时政府颁布《中华民国临时约法》,规定了司法制度,在中央设立中央裁判所,地方至少设立高等审判检察厅和地方审判检察厅,有条件的地方设立初级审判检察厅。南京临时政府存续时间较短,没有来得及制定完备的法律体系,基本上沿用了清朝末年制定的《刑事诉讼法》《民事诉讼法》和《法院编制法》。

北洋政府时期,袁世凯当政时,仍然沿用清末的法律制度,但对相关的一些制度作了一些修订,1916年2月2日对《法院编制法》进行修订后,删除了关于初级审判厅、初级检察厅的规定,将总检察厅厅丞改称为总检察长,地方各检察厅的典簿、主簿、录事等改为书记官长和书记官。这一时期的检察体制几经变化,如1915年3月,北洋军阀在陆军中设置陆军军事法院,颁布了《陆军审判条例》,1918年颁布了《海军审判条例》,设立军事检察机构。北洋政府时期的检察官拥有刑事侦查、提起公诉、指挥司法警察、审判监督及对判决执行的监督等职权。

1915年10月,北洋政府颁布《京师地方检察厅暂行处务规则》和《京师高等检察厅暂行处务规则》,建立了较为完备的检察官管理制度。

## 四、南京国民政府时期的检察制度

根据1932年颁布的《中华民国法院组织法》,司法机关实行三级三审制度,地方法院及分院各设立检察官若干人,其中一人为首席检察官,当检察官仅为一人时不设首席

检察官,高等法院及其分院各设检察官若干人,其中一人为首席检察官,最高法院设检察署,设检察长一人,检察官若干人。

从机构设置上看,南京国民政府时期的司法体制,采审检合一制,检察机构设置在法院内,但检察机构独立运行,检察机构的职权为实施侦查、提起公诉、实行公诉、协助自诉、担当自诉及指挥刑事判决的执行,以及其他法令所定职务的执行。

除了以上普通检察机构之外,国民政府还设立了特别检察机关,特别检察机关包括特别刑事法庭及检察官、军事审判机关及检察官、代核及兼理军法司法机关等。

## 五、新中国的检察制度

1949年10月1日,中央人民政府委员会第一次会议召开,根据《中央人民政府组织法》的规定,罗荣桓被选举并任命为新中国的第一任最高人民检察署检察长。10月22日,最高人民检察署举行第一次检察委员会会议,宣布最高人民检察署成立。12月20日,中央人民政府主席毛泽东批准颁布了由最高人民检察署第二次检察委员会会议通过的《中央人民政府最高人民检察署试行组织条例(草案)》,是新中国颁布的第一部检察制度法规。该条例规定了我国检察机关的职权、检察领导体制、检察机关内部管理制度。截至1950年底,最高人民检察署在全国五大行政区设置了分署,全国50个省级行政区中有47个建立了检察机关。1951年9月3日,中央人民政府委员会第十二次会议审议通过了《最高人民检察署暂行组织条例》和《地方各级人民检察署组织通则》,建立了较为完备的检察体制。至1953年底,新中国的检察体制基本建立,全国五大行政区均设立了最高人民检察署分署,30个省级人民检察署全部建立,专区和省辖区人民检察署196个,县(市、区)人民检察署643个,全国共有检察干部5 000多人[①]。

1954年9月20日第一届全国人民代表大会第一次会议通过了新中国的第一部《宪法》,其中第二章第二节对检察机关的设置、领导体制、职权范围以及活动原则等作了规定,将人民检察署改为人民检察院。同月21日,通过了《人民检察院组织法》,正式确立了我国检察制的领导体制,即垂直领导体制。取消了检察机关的行政诉讼职权,增加了检察刑事案件中侦查行为是否合法进行监督以及对刑事判决的执行进行监督的权力。新的检察制度建立起来之后,至1955年底,全国各级检察机关基本建立起来,1956年上半年,各级铁路、军事等专门人民检察院也陆续建立。1967—1977年,我国检察制度处于中断期。1968年12月,根据毛主席批示的《关于撤销高检院、内务部、内务办三个单位,公安部、高法院留下少数人的请示报告》,最高人民检察院、地方各级人民检察院及军事检察院先后被撤销。

"文革"结束后,人民检察院恢复重建。1978年6月1日,最高人民检察院正式办公,各级检察机关逐步恢复。1978年《宪法》和《人民检察院组织法》对原来的检察制度进行了改革,主要内容包括:确立人民检察院是我国的法律监督机关,取消了检察机关

---

① 参见王桂五主编:《中华人民共和国检察制度研究》,法律出版社1991年版,第61页。

的一般监督职能;确立了检察权独立行使原则;将上下级检察机关之间的监督关系变更为领导关系,重新确立了我国检察机关的双重领导体制;检察长主持检察委员会的工作;检察机关的运行机制也进行了一些改革。随着《刑事诉讼法》《民事诉讼法》《行政诉讼法》的颁布与完善,我国的检察体制不断完善。

1995年我国立法机关颁布《检察官法》,是我国检察官职业化的里程碑事件,从此开启了我国检察官的职业化进程。

《检察官法》规定了检察官的任职条件,包括积极条件与消极条件,积极条件为该法第十二条规定的条件,包括:(1)具有中华人民共和国国籍;(2)拥护中华人民共和国宪法,拥护中国共产党领导和社会主义制度;(3)具有良好的政治、业务素质和道德品行;(4)具有正常履行职责的身体条件;(5)具备普通高等学校法学类本科学历并获得学士以上学位,或者普通高等学校非法学类本科及以上学历并获得法律硕士、法学硕士及以上学位,或者普通高等学校非法学类本科及以上学历,获得其他相应学位,并具有法律专业知识;(6)从事法律工作满五年,其中获得法律硕士、法学硕士学位,或者获得法学博士学位的,从事法律工作的年限可以分别放宽至四年、三年;(7)初任检察官应当通过国家统一法律职业资格考试取得法律职业资格。适用以上第五项规定的学历条件确有困难的地方,经最高人民检察院审核确定,在一定期限内可以将担任检察官的学历条件放宽为高等学校本科毕业。消极条件是指该法第十三条规定的条件,下列人员不得担任检察官:(1)因犯罪受过刑事处罚的;(2)被开除公职的;(3)被吊销律师、公证员执业证书或者被仲裁委员会除名的;(4)有法律规定的其他情形的。

初任检察官采用考试、考核的办法,按照德才兼备的标准,从具备检察官条件的人员中择优提出人选。

人民检察院的检察长应当具有法学专业知识和法律职业经历。副检察长、检察委员会委员应当从检察官、法官或者其他具备检察官条件的人员中产生。

《检察官法》还规定了从其他渠道遴选检察官,人民检察院可以根据检察工作需要,从律师或者法学教学、研究人员等从事法律职业的人员中公开选拔检察官。除应当具备检察官任职条件外,参加公开选拔的律师应当实际执业不少于五年,执业经验丰富,从业声誉良好,参加公开选拔的法学教学、研究人员应当具有中级以上职称,从事教学、研究工作五年以上,有突出研究能力和相应研究成果。

## 第二节 中国检察官的职业定位与职业属性

### 一、检察官的职业定位

检察官是行政官还是司法官?在我国学术界,一直存在这两种观点的争论。从两大法系国家的情况来看,大陆法系国家如德国、法国等,检察官属于司法官,类似于我国的检察官,属于国家公务员,享有法律监督职权。英美法系国家如美国,检察官是政府聘用的律师,在聘用期间属于政府官员,归属司法部管辖。

认为检察官属于行政官的理由在于,根据我国检察院的现行体制及运行机制,我国检察机关实质上是行政机关。(1)如上所述,我国检察机构实行垂直领导体制,上级检察机构对下级检察机构享有四种职权,下级检察机构受上级检察机构领导,上级检察机构可以指示下级检察机构,上级检察官可以指令下级检察官,这种"领导权"与"指令权"的性质实质上是一种上下级行政机构与行政人员之间的领导与被领导、服从与被服从的关系,"检察一体""上令下从"的管理体制是典型的行政权体制。(2)检察长与检察官的关系具有典型的行政首长负责制性质,如《检察官法》第九条规定,检察官在检察长领导下开展工作,重大办案事由由检察长决定。检察长可以将部分职权委托检察官行使,可以由检察官签发法律文书。检察机构的这种"谁办案谁负责,谁决定谁负责"的体制与法院的"审理者裁判,裁判者负责"的体制有明显的差异。(3)检察院实行职务收取与职务转移制。上级有权处理属于下属检察官承办的案件和事项,上级检察官有权将下属检察官承办的案件和事项转交其他下属检察官承办。(4)检察官代换制。参与诉讼、出席法庭的检察官即使在诉讼过程中换人,也不影响案件的诉讼过程与程序。(5)首长代理制。各级检察机构所属检察官在对外行使职权时,都是检察长的代理人[①]。

认为检察官属于司法官的理由在于,我国检察官与法官是具有"等同性"的司法官,从我国现行的《法官法》与《检察官法》条文规定来看,基本结构与基本内容相关性很高,除了个别地方的表述与两者的职权差异之外,其他基本相同。同时,审判权与检察权也有很大的"接近度",对于检察权与审判权的这种"近似性"与"接近度"已经成为我国法学界与法律实务界的共识[②]。

按照我国现行官方文件的规范性表述,检察机构属于"政法系统"中的一家,检察官属于政法队伍、法治工作队伍、政法干警的重要组成部分。国家法治工作队伍主要由立法、执法、司法和法律服务的机构与人员构成,其中有我们狭义上的法律职业共同体成员,如法官、检察官、律师、公证员、仲裁员等,还包括立法机构、执法机构的工作人员,他们与法官、检察官不一样,虽然同属于政府公务员系列,但一般都不将其列入法律职业人员系列,他们的任职资格也不需要通过法律职业资格考试。检察官的职业属性之所以有特殊性,主要是因为检察官的职权具有二重性,既具有行政官员的属性,也具有司法官员的属性。

从我国《宪法》的规定来看,人民检察院与人民法院并列为我国的法律机关,《宪法》第一百三十四条规定:"中华人民共和国人民检察院是国家的法律监督机关。"《人民检察院组织法》第二十条规定了人民检察院的职权,包括:(1)依照法律规定对有关刑事

---

[①] 参见林钰雄:《谈检察官之双重定位》,《刑事法杂志》1998年第12期。
[②] 参见龙宗智:《试论检察官的定位——兼评主诉检察官制度》,《人民检察》1999年第12期。

案件行使侦查权;(2)对刑事案件进行审查,批准或者决定是否逮捕犯罪嫌疑人;(3)对刑事案件进行审查,决定是否提起公诉,对决定提起公诉的案件支持公诉;(4)依照法律规定提起公益诉讼;(5)对诉讼活动实行法律监督;(6)对判决、裁定等生效法律文书的执行工作实行法律监督;(7)对监狱、看守所的执法活动实行法律监督;(8)法律规定的其他职权。从检察机构的职权内容来看,包括侦查权、批捕权、公诉权、法律监督权,前三项实质上是行政权,虽然检察机构的批捕权与公诉权对警察机构的执法具有监督功能,但检察机构行使这些职能的主要目的指向最终能否代表国家提起公诉。法律监督权属于真正意义上的司法权。《检察官法》第七条规定了检察官职责,与《人民检察院组织法》的相关规定基本一致,意味着检察官既是行政官员,也是司法官员[①]。这一判断实质上是指出,我国的检察权在性质上具有行政权与司法权的二重性。

## 二、检察官的职业属性

检察权的性质决定了检察官的职业属性。从我国检察官担负的实际职责来看,检察官具有以下职业属性。

(一)专业性

检察官从事的是法律职业,首先需要具备相应的法律专业知识。《检察官法》第十二条规定的检察官的任职条件,包括良好的业务素质,具备普通高等学校法学类本科、研究生教育学历或者高等学校非法学学历但具有法律专业知识,从事一定年限的法律工作经历,初任检察官应当通过国家统一法律职业资格考试取得法律职业资格等。这些条件都是担任检察官的专业知识与专业经历要求,以满足检察官的专业素质符合检察官的职业要求。法律职业资格考试要求的是检察官的职业知识基础,法律职业经历要求的是检察官的职业技能。

(二)独立性

检察官职业的独立性由宪法法律保障。《宪法》第一百三十六条规定:"人民检察院依照法律规定独立行使检察权,不受行政机关、社会团体和个人的干涉。"《人民检察院组织法》第四条和《检察官法》第六条都作了类似的规定。检察官独立性的基础是检察机构的独立性。但检察机构的独立性与检察官的独立性有一定的差异。检察机构独立行使检察权,不受行政机关、社会团体和个人的干涉,但检察官的独立性是一定权限之内的独立性,检察官是依照法律规定和检察长的委托履行职责,检察官办案受检察长统一领导。因此,检察官履行检察职责时要服从检察长或者分管副检察长的决定,如果检察官认为检察长或者分管副检察长的决定是错误的,可以提出异议,检察长或者分管副检察长不改变该决定,或要求立即执行的,检察官应当执行,只是执行的后果由检察长

---

[①] 相关讨论可以参见刘万丽、黄在国:《我国检察官角色定位问题研究》,《中州学刊》2013年第11期;段明学:《检察改革论略》,中国检察出版社2016年版,第137—140页;谢佑平、宋远升:《检察官角色的冲突衡平与定位》,《国家检察官学院学报》2010年第4期。

或者副检察长负责,检察官不承担司法责任。"但检察官执行检察长或分管副检察长明显违法的决定的,应当承担相应的司法责任。"①

(三) 公益性

检察官职业的公益性源于检察官可以提起公益诉讼。根据 2015 年 7 月 1 日第十二届全国人民代表大会常务委员会第十五次会议通过的《全国人民代表大会关于授权最高人民检察院在部分地区开展公益诉讼试点工作的决定》,授权最高人民检察院在生态环境和资源保护、国有资产保护、国有土地使用权出让、食品药品安全等领域开展提起公益诉讼试点。试点地区确定为北京、内蒙古、吉林、江苏、安徽、福建、山东、湖北、广东、贵州、云南、陕西、甘肃十三个省、自治区、直辖市。2017 年 6 月 27 日,第十二届全国人民代表大会常务委员会第二十八次会议通过了关于修改《民事诉讼法》和《行政诉讼法》的决定,检察机关的公益诉讼进入了相关的程序法。《民事诉讼法》第五十五条第二款规定:"人民检察院在履行职责中发现破坏生态环境和资源保护、食品药品安全领域侵害众多消费者合法权益等损害社会公共利益的行为,在没有前款规定的机关和组织或者前款规定的机关和组织不提起诉讼的情况下,可以向人民法院提起诉讼。前款规定的机关或者组织提起诉讼的,人民检察院可以支持起诉。"《行政诉讼法》第二十五条第四款规定:"人民检察院在履行职责中发现生态环境和资源保护、食品药品安全、国有财产保护、国有土地使用权出让等领域负有监督管理职责的行政机关违法行使职权或者不作为,致使国家利益或者社会公共利益受到侵害的,应当向行政机关提出检察建议,督促其依法履行职责。行政机关不依法履行职责的,人民检察院依法向人民法院提起诉讼。"从这两部法律的规定来看,人民检察院提起公益诉讼的范围涉及生态环境和资源保护、食品药品安全、国有财产保护、国有土地使用权出让等领域,这些领域主要涉及全体人民和社会公共利益,在有关机构或部门缺位的情况下,检察机关应该承担公益诉讼的责任。

(四) 主动性

人民检察院依法应当承担刑事案件侦查权、公益诉讼权,检察机关应主动担责,主动作为,否则会造成社会公共利益的损害与社会秩序的破坏,检察机关不主动作为,则要承担相应的法律后果。所以,《检察官法》所规定的检察官义务里,有一款义务是"维护国家利益、社会公共利益,维护个人和组织的合法权益"。由人民检察院直接侦查的刑事案件中被拘留的人,检察官认为需要逮捕的,应当在十四日以内作出决定。对不需要逮捕的,应当立即释放;对需要继续侦查,并且符合取保候审、监视居住条件的,依法取保候审或者监视居住。法律授权给检察机构的公益诉讼权与法律监督权,都需要检察机构与检察官主动作为,一旦发现需要提起公益诉讼的案由或者法律监督的事件发生,检察机构与检察官应立即行使相关的权力。检察官的权力行使受法律的约束,不得

---

① 王爱立主编:《中华人民共和国检察官法释义》,法律出版社 2019 年版,第 44 页。

超越法律框架，这些相应的法律规则体现在《民事诉讼法》《刑事诉讼法》《行政诉讼法》中。

（五）被动性

主动性是行政权的特征，被动性是司法权的特征。检察机关担负的法律监督权是典型的被动性权力。我国检察机构承担的对刑事案件进行审查逮捕、审查起诉，代表国家进行公诉的权力以及对刑事、民事、行政诉讼活动的监督权力都具有被动性。前者除了检察机关自行侦查的刑事案件之外需要有公安部门的申请才能启动起诉，后来需要当事人的申请才能启动起诉。《刑事诉讼法》第一百八十二条规定："被害人及其法定代理人不服地方各级人民法院第一审的判决的，自收到判决书后五日以内，有权请求人民检察院提出抗诉。"根据上述规定，请求抗诉权是被害人的法定权利，请求的对象是检察院。另一方面人民检察院也可以主动针对人民法院的民事判决、刑事判决和行政判决提起抗诉，但需要满足以下条件：对于认定事实不清楚，证据不充足的案件；对于原审判决、裁定适用法律不当；严重违反诉讼程序。根据《人民检察院民事行政抗诉案件办案规则》，人民检察院受理的民事、行政案件，主要有以下来源：当事人或者其他利害关系人申诉的；国家权力机关或者其他机关转办的；上级人民检察院交办的；人民检察院自行发现的。后两种情况是人民检察院主动发现的抗诉案件。现实生活中，人民检察院抗诉案件主要来源于前两种情况。

## 第三节　国外的检察官职业

### 一、英国的检察官职业

英国总检察署设总检察长一人，副总检察长若干人。总检察长与副总检察长均由首相从本党的下议院议员中提名推荐，由女王任命。总检察长是政府的组成人员，不是内阁成员。

英国王室检察署的检察长是该机构的最高负责人，必须是具有十年以上经验的大律师或者事务律师出任，由总检察长推荐，首相任命。地区检察长由王室检察署中职位较高的律师担任。

英国检察官选任制度在英国的四个辖区即英格兰、苏格兰、威尔士和北爱尔兰存在较大的差异。从选任机构来看，在英格兰和威尔士，王室检察署选任和管理辖区内的检察官。北爱尔兰的情况类似，检察机构为北爱尔兰公共检察署，根据2002年《北爱尔兰司法法》设立，同样为非内阁部委，其首长为"北爱尔兰公共检察主任"。北爱尔兰公共检察署负责其境内的检察官选任和管理。在苏格兰，检察机构为皇家办公室和检察署。该机构由苏格兰总检察长为首、总事务检察官为副领导，负责全境内所有的皇家检察官的选任和管理。

检察官的任职条件。在英格兰和威尔士,王室检察官需具有事务律师或出庭律师的资格,如果候选人没有法学学位,还要经过额外的课程训练和考试。在苏格兰和北爱尔兰,检察官候选人必须通过律师资格课程和考试,具有律师资格。苏格兰皇家办公室和检察署对于从其内部工作人员中招录检察官有特殊要求:(1)欲申请检察官职位的内部职员必须成功通过实习期且在其现有职位上工作满两年;(2)该职员不得身负仍有效的纪律警告处分,包括出勤率方面的警告处分。北爱尔兰则对担任总检察长的候选人有特殊要求:必须成为北爱尔兰律师协会会员满十年,或在北爱尔兰最高法院担任事务律师满十年。

## 二、美国的检察官职业

美国检察人员包括检察长、检察官、助理检察官和辅助检察人员。检察人员的任命,联邦与州不同。联邦检察官由总统提名与任命,但需要经过参议院批准。美国的联邦检察官具有很强的党派特点,一般情况下,总统任命本党派的人士担任联邦检察官,因此联邦检察官的任期为四年,如果总统连任,大多数检察官会连任。如果总统连任竞选失败,检察官则会提交辞呈,为新总统任命新的联邦检察官腾出职位。如果是本党派的人担任新总统,会有一部分检察官留任。联邦检察官分布在94个联邦检察官办公室及138个分支机构中。

美国各州检察长一般由本州公民选举产生,新泽西州、康涅狄格、罗得岛州、特拉华州除外,这四个州由州长任命。州检察长的选举采取政党选举的方式,任期一般为四年或者两年。州检察官一般由本州选民选举产生。新泽西州的检察官由州长任命,康涅狄格州由州最高法院任命。州检察官的选举大多采取政党选举的方式,也有采取个人选举的方式。州检察官的任期一般为四年或者两年。

城市检察官的产生有三种方式:(1)选举,大城市多为政党选举,小城市多为个人选举;(2)任命,一般由市长或者市议会任命;(3)聘任,由市议会或者市行政长官聘任。任命与聘任的主要区别在于,任命有固定任期,是政府官员,聘任无固定任期,是政府雇员[①]。

美国五十个州有五十个不同的检察系统,分散性是美国州检察制度的特征之一。一般而言,每个州有若干州检察官办公室,每个检察官办公室设立一名首席检察官或者检察长,其他检察工作人员包括助理检察官都在首席检察官或者检察长上任之后任命。从数据来看,全美五十个州大致有2 300多个州检察官办公室。

助理检察官是被检察官雇用的检察工作人员,是美国各级检察机构中的主要力量,承担案件的审查和起诉工作。助理检察官实际上就是被检察官雇用的律师。由于检察

---

① 参见何家弘主编:《检察制度比较研究》,中国检察出版社2008年版,第15—16页。

官职业的流动性,助理检察官的职业岗位对具有经验的律师来说没有太大的吸引力,常常是那些法学院刚毕业不久的学生应聘的主要岗位,他们通过助理检察官职业经历的磨炼,为未来的法律职业生涯积累从业经验。助理检察官的任职年限一般为四至五年。

总的说来,与法官职业相比,美国检察官职业不是一项稳定的职业,流动性很强,主要是美国检察官的产生方式与众不同导致的。

### 三、德国的检察官职业

德国司法部负责整个检察机构,检察机构的设置与普通法院对应。联邦检察机构设总检察长和副总检察长,州检察院设州检察长。检察人员属于国家公务员。检察人员大致可以分为检察官、副检察官、书记员和其他公务员四大类。

检察官是行使检察权的官员,包括州检察院检察长、副检察长、主任检察官和普通检察官,市检察院检察长、主任检察官和普通检察官。德国实行检察官终身任职制度,除法律规定的特殊情形外,检察官任职可以到法定退休年龄六十五岁,如工作需要还可以延长至六十八岁。

德国在市检察院设置副检察官,职能与检察官类似,协助检察官工作。副检察官不是检察官,不属于检察官序列,地位低于检察官,但属于国家公务员。担任副检察官无须通过国家司法考试。

书记员的地位低于副检察官,主要从事检察机关的行政事务和文秘等辅助工作。担任书记员,应当具备一定的法律知识,接受一年半的法律培训,通过考试取得资格。

其他公务员,主要指检察院负责管理书记员的秘书长、秘书以及工勤人员。他们也是国家公务员[①]。

根据德国《法官法》的规定,检察官的任职资格等同于法官。担任法官的资格是:在大学里学习四年法律,通过第一次国家考试;经过实习后通过第二次国家考试。第一次国家考试是指大学组织的选修课考试和国家组织的必修课考试。第一次国家考试既要考察学生的书本知识,更要考察其实际能力。在大学选修课考试中,至少有一门笔试。在国家必修课考试中,既有笔试也有口试。第一次国家考试证书标明选修课和必修课考试的成绩,以及最后的总成绩。在总成绩中,选修课成绩占30%的比重,必修课成绩占70%的比重。考试证书是由国家必修课考试所在州颁发。第一次国家考试后,毕业生还要进行为期两年的实习。实习场所为法院、检察院、行政机关和律师事务所等,这些场所有义务接受申请实习的法律专业毕业生。在某州通过第一次国家考试的,可以在他州提出实习申请;在某州已经完成的实习时间应当被他州承认。实习内容与大学课程之间互相补充。第二次国家考试的笔试在实习期的第十八周和第二十一周之间举行。笔试应该与实习单位进行的实习内容有关,口试涉及整个实习内容。获得检察官资格后从事

---

① 参见何勤华主编:《检察制度史》,中国检察出版社2009年版,第170—171页。

检察官工作至少三年的,可有资格被任命为终身检察官。检察官一直工作到六十五岁退休,退休后依然享受优厚的待遇。德国的检察官队伍相对稳定,联邦和各州的检察官形成一个共同体。已经获得某州检察官资格的,也有资格在联邦和任何他州担任检察官。《法官法》规定,德国法学教授既有资格担任法官,也有资格担任检察官。

## 四、法国的检察官职业

法国采审检合一体制,检察机构设置在法院系统内,但与法院没有行政隶属关系,均接受司法部领导。法国在最高法院设总检察院,总检察院设总检察长一人,首席代理检察长一人,检察官十九人,上诉法院检察院设检察长一人,检察官若干人。大审法院检察院设检察官一人,代理检察官和助理检察官若干人。基层法院不设检察官。

法国所有的检察官都要经过司法部长提名,由总统任命。共和国检察官的提名由最高司法会议设立的专门机构负责,该机构成员包括总统、司法部长、五名检察官、一名法官,以及由总统、国民议会议长与参议院议长任命的三名人士。该机构提名后由总统发布政令予以任命[1]。

检察官的任职资格与法官基本相同,必须具有法学学士学位,通过司法官职的一次合格考试后,在司法研习中心进行三年实务训练和六个月的学习。具有法学博士学位者可以免除司法官职考试,进行一年期的实务训练,然后经审查委员会认为合格的,可以被任命为助理检察官,晋升检察官的时间没有统一规定,一般为一年半至四年。

法国的检察官分为三级:二级检察官、一级检察官和最高级检察官。法国1992年建立"侧面遴选"制度,允许三十五周年以上、拥有法学硕士学位、在私营机构或公权力机构工作,或者担任书记室负责人,有七至十年职业经验的人员,直接任命为二级检察官和一级检察官,最高级检察官的遴选不设限额,工作十年以上的大学法学院教授,拥有二十年执业经验的驻最高行政法院及最高法院的律师,或者有二十五年执业经验的其他律师可以直接遴选为最高级检察官[2]。

在法国,关于法官与检察官的关系,有一个形象的说法:"法官是坐着的法官,检察官是站着的法官。"法国检察官的遴选范围比较广泛,凡是享有公民权利、身体健康、精神正常的法国公民均有机会应聘检察官职业。根据现行的《第58—1270号条例》,规定了两种遴选职业司法官的方式,一是国家司法官学院和司法学员身份方式,二是直接融入司法团体方式[3]。前一种方式具体的步骤有两个:一是通过会考,二是通过司法学徒的培训[4]。经过了这两关之后,根据各地司法官的空缺情况分配工作岗位,有的可能分配为法官,有的可能分配为检察官。分配为检察官的司法学徒,先从助理检察官做起,

---

[1] 参见本书课题组编著:《外国司法体制若干问题概述》,法律出版社2005年版,第333页。
[2] 参见施鹏鹏、谢鹏程:《法国检察官选任和晋升制度较为完善》,《检察日报》2015年1月27日。
[3] 何家弘主编:《检察制度比较研究》,中国检察出版社2008年版,第123页。
[4] 有关会考与学徒培训的详细制度设计,参见施鹏鹏、谢鹏程:《法国检察官选任和晋升制度较为完善》,《检察日报》2015年1月27日。

然后按照检察官的晋升制度逐步晋升。

## 五、日本的检察官职业

日本检察机关的人员分为检察官、检事总长秘书官、检察事务官和检察技术官。日本检察官的种类分为五类：检事总长，是最高检察厅的行政长官，掌管厅务，指控监督所有检察厅职工的权限；次长检事，属于最高检察厅，全面协助检事总长工作；检事长，高等检察厅的行政长官，管理高等检察厅事务，指挥监督本厅及管辖范围内下级检察厅的所有职员，包括指挥与监督对与本厅相对应的高等裁判所管辖区内的地方检察厅和区检察厅的职员；检事，最高检察厅、高等检察厅以及地方检察厅均设置了检事，负责侦查、公审及审判的执行的指挥监督等工作；副检事，区检察厅设置副检事，负责侦查、公审及审判的执行的指挥监督等工作。检事总长、次长检事和各检事长由内阁任免，并由天皇予以确认。日本检察机关隶属于法务省，检事总长须向法务大臣负责。法务大臣可以就检察官的职能对检察官进行一般意义的指挥监督。个案的调查与处分，仅仅只能对检事总长进行指挥。

检事总长秘书官。该官职设置在最高检察厅，为二级官，受检事总长之命，掌握有关机密事务。

检察事务官。检察厅设置检察事务官，检察事务官为二级或三级。检察事务官受上级长官之命，掌握检察厅的事务，辅佐检察官或受其指挥进行侦查。

检察技术官。检察厅下设检察技术官，检察技术官分为二级或三级，检察技术官受检察官指挥，掌管技术①。

根据《检察厅法》的规定，日本检察官的遴选渠道主要有三种：（1）国家司法考试合格后，经过一年半的司法修习结业者可以成为修习检事，此种方式是检察官的主要来源；（2）从其他法律职业者中选任，如从法学教学人员中选任；（3）从具备法定条件的检察事务官和其他国家行政官员中选考。这种选考不需要经过国家司法考试，由设置在法务省并由法务大臣任命委员组成的副检事选考审查会负责，通过这种选考的检察官称为特任副检事②。

日本《检察厅法》分别对副检事、二级检察官、一级检察官的任命资格作了详细的规定。

**思考题**

1. 简述我国检察官职业发展的历史。
2. 简述我国检察官的职业定位与职业属性。
3. 简述英国、美国、德国、法国、日本的检察官职业。

---

① 关于日本检察机构人员的分类，参见何家弘主编：《检察制度比较研究》，中国检察出版社 2008 年版，第 288—289 页。

② 何家弘主编：《检察制度比较研究》，中国检察出版社 2008 年版，第 289 页。

# 第九章 检察官职业伦理

## 第一节 检察官职业伦理概述

### 一、检察官职业伦理的概念

检察官职业伦理是指检察官应遵守的法律义务、职业道德准则和职业行为规范的总和。根据此定义，我国检察官职业伦理的内涵包括三个方面的内容：(1) 检察官的法律义务，基于法律的直接规定，尤其是《检察官法》的规定；(2) 检察官的职业道德准则，主要指《检察官职业道德基本准则》；(3) 检察官的职业行为规范，主要指《检察官职业行为基本规范(试行)》。关于检察官职业伦理的分类，有学者认为，我国的检察官职业伦理可以分为外部伦理与内部伦理，检察官的外部伦理是指检察官履行职务及其特殊身份而在对外联系中需要遵循的行为准则，检察官的内部伦理是指检察官在检察机关内部工作中应当遵循的行为准则。外部伦理约束检察官公务活动与私人活动中的行为，内部伦理约束检察官与同事之间关系的行为[①]。

我国的检察官职业伦理是一个综合性的概念，主要原因是不同层次的各种职业规范构成了检察官职业伦理的体系。(1)《检察官法》是规范检察官职业行为的主要法律，对检察官的法律义务作了详细的规定，检察官必须遵守这些法定义务。另外，检察官是公务员，必须遵守《公务员法》中规定的法律义务。(2)《检察官职业道德基本准则》对检察官的职业道德作了具体的要求，检察官应从内心遵崇，并以此外化为自己的行为准则。(3) 检察官的职业行为规范主要对检察官履行职务时以及业余生活的行为作了较为详细的规定，约束检察官的外部行为与内部行为。

### 二、检察官职业伦理的发展阶段

我国检察官的职业伦理建设可以分为以下几个阶段：

---

① 参见万毅：《检察官职业伦理的划分》，《国家检察官学院学报》2014年第1期。

### (一) 萌芽期(1978—1986)

1982年胡耀邦在党的十二大报告中指出：社会主义精神文明建设的重要内容之一，是要在各行各业加强职业责任、职业道德、职业纪律的教育。1984年最高人民检察院检察长杨易辰在向全国人民代表大会的报告中指出，检察机关要求检察人员"忠实履行和遵守职业责任、职业道德、职业纪律"①。这是最高人民检察院首次在正式文件中提出"职业道德"的概念。此后，最高人民检察院在工作报告中概括先进人物的品质，用了这样的表述：1984年："立场坚定、刚正不阿、秉正执法、勤奋工作、爱护人民"；1985年："立场坚定、秉公执法、忠于职守、勤奋工作、不怕牺牲、舍己为人"等。

### (二) 发展期(1987—2001)

这一时期，中央加强了精神文明建设，颁布了一系列的重要文件，并对职业道德建设提出了明确的要求，如1986年中共中央《关于社会主义精神文明建设指导方针的决议》指出："在我们社会的各行各业，都要大力加强职业道德建设。首先是党和国家机关的干部，要公正廉洁，忠诚积极，全心全意为人民服务，反对官僚主义、弄虚作假、利用职权谋取私利。"检察机关作为国家重要的政法机关，自然要贯彻落实中央的精神。检察机关的职业道德建设成为检察队伍建设的重要内容。如时任最高人民检察院副检察长陈明枢指出："检察职业道德是检察队伍道德建设的重点，它的核心是全心全意为人民服务。各级检察院要大力加强以爱检敬业、恪尽职守，严格执法、文明办案，遵守法纪、清正严明，刚直不刚、护法为民为基本内容的检察职业道德建设，抓好干警职业道德的养成，严禁把经济活动中的商品交换原则引入执法活动。"最高人民检察院检察长张思卿在一次讲话中指出："检察队伍的职业道德建设要坚持高标准。检察官的职业道德至少应包括以下内容：坚持党性，忠于人民的政治品格；实事求是，坚持真理的理性修养；秉公执法，无私无畏的职业追求；勤奋敬业，开拓创新的进取精神；艰苦奋斗，自强不息的企业意志；光明磊落，廉洁奉公的人格情操。"相应地，最高人民检察院制定了一些规范检察官行为的规则，如1989年颁布的《检察人员纪律(试行)》，提出了检察人员的纪律要求，即"八要八不准"：一要热爱人民，不准骄横霸道；二要服从指挥，不准各行其是；三要忠于职守，不准滥用职权；四要秉公执法，不准徇私舞弊；五要调查取证，不准刑讯逼供；六要廉洁奉公，不准贪赃枉法；七要提高警惕，不准泄露机密；八要接受监督，不准文过饰非。这些基本要求与内容后来都被写进了相关的职业伦理基本准则与行为规范之中。这一时期的重要事件也即检察官职业道德里程碑事件，是1995年颁布了《检察官法》。该法规定了检察官的义务，为配合该法的实施，最高人民检察院也相继颁布了一些纪律规则，如《关于加强检察机关领导班子建设的意见》《九条硬性规定》《关于加强基层检察院建设的意见》等。

### (三) 形成期(2002—2015)

根据《公民道德建设实施纲要》，最高人民检察院于2002年2月26日颁布了《检察

---

① 杨易辰1984年5月26日在第六届全国人民代表大会第二次会议上作的最高人民检察院工作报告。

官职业道德规范》,将"忠诚、公正、清廉、严明"作为检察官的职业道德规范。2009年颁布了新的《检察官职业道德基本准则(试行)》,将"忠诚、公正、清廉、文明"作为检察官的职业道德基本准则。2010年10月,最高人民检察院颁布《检察官职业行为基本规范(试行)》,提出了八个方面的职业行为基本规范。

(四)完善期(2016至今)

根据新时代政法工作的要求,最高人民检察院对2009年颁布的《检察官职业道德基本准则(试行)》进行了修订,于2016年颁布了新的《检察官职业道德基本准则》[①]。

## 三、检察官职业伦理的特征

检察官职业伦理调整的对象是检察官这一特定群体,因此其职业伦理具有检察官职业的特色。其特征主要体现在以下方面。

(一)主体特定

我国检察院工作人员包括三大类:检察官、检察辅助人员、司法行政人员。目前我国检察院对这三类人员进行分类管理。《检察官法》规范的是职业检察官的行为,因此检察官职业伦理规则调整的主体是职业检察官,即《检察官法》所界定的最高人民检察院、地方各级人民检察院和军事检察院等专门人民检察院的检察长、副检察长、检察委员会委员和检察员。其他人员的职业伦理规范与职业行为规范可以参照职业检察官的职业伦理规范与职业行为规范,如《检察官职业行为规范(试行)》第五十一条规定,人民检察院的其他工作人员参照本规范执行。其他人员如果属于公务员,则应执行公务员的职业伦理准则与职业行为规范;不属于公务员的工作人员,则应遵守各单位制定的各项规章制度。

(二)对象特定

检察官的行为包括职业行为与职业外行为,检察官的职业伦理规则调整这两方面的行为,甚至调整退休检察官的行为。正式的场合,检察官的职业身份一般从着装辨认,检察官出席重大活动时也要求着职业装。在一个熟人社会里,检察官即使不着职业装,人们也知道其检察官的身份。因此,检察官职业伦理规则要求检察官时刻遵守职业伦理规则,意味着检察官职业伦理与普通职业伦理不同,因为检察官是享有国家公权力的职业,检察官的形象代表国家的司法形象,检察官的言行直接影响人们对检察机关的执法公正乃至国家司法机关的司法公正的认知,检察官出国公务或者出国旅行,其言行还影响中国检察官的国际形象。因此,检察官必须要遵守职业伦理规则,慎言慎行,尤其要约束自己的业外活动,维护我国检察官的整体社会形象与社会声誉。

(三)内容特定

检察官职业伦理规则的内容主要涉及检察官的执业活动与业外活动。执业活动的

---

[①] 参见温辉:《检察官职业道德与行为规范》,知识产权出版社2018年版,第25—31页。

核心内容是司法公正。《检察官法》规定的法定义务中,要求检察官履行职责必须以事实为依据,以法律为准绳,秉公执法,不得徇私枉法。这是维护司法公正的核心要义。《检察官职业道德基本准则》要求检察官坚持公正理念,维护法制统一。道德规则要求检察官心中时刻要坚守这一理念,才能不断校正自己的行为。《检察官职业行为规范(试行)》更是从检察官的执业过程中规范检察官的具体行为,保证检察官的执业能够坚持法治原则,确保执法公正。因此,检察官的职业伦理规则的特定内容针对的是检察官这个特定的职业。

## 第二节 检察官的义务

### 一、一般性法定义务

《检察官法》第十条规定了检察官应当履行的义务。检察官作为国家检察机关的工作人员,不但应当依法履行法律赋予的神圣职责,还应当履行法律规定的相应的义务。根据本条的规定,检察官主要应当履行下列义务:

(一)严格遵守宪法和法律

宪法是国家的根本大法,在法律体系里是具有最高法律效力的法律,是制定一切法律的依据。我国现行《宪法》第一百三十四条至第一百四十条对检察机关的宪法地位,检察机关的设置,检察机关的独立性,检察机关与其他司法机关、行政执行机关的关系等进行了规定。检察官是国家公务员,应当遵守《公务员法》。《公务员法》第十四条规定,公务员要"忠于宪法,模范遵守、自觉维护宪法和法律"。检察官作为社会公民,其行为理应遵守国家法律。《检察官法》专门针对检察官这一特定职业制定了相应的法律规则,应成为检察官的行为准则。

(二)秉公办案,不得徇私枉法

检察官在办理案件时,必须以事实为根据,以法律为准绳。"秉公办案",要求检察官在办理案件过程中,必须是依据案件事实与法律规则办理案件,不能在办案过程中谋取私利,收受案件当事人的财物,获取案件当事人提供的各种好处。检察官在办理案件时,也不能为自己利害关系人、本部门、本地区,或者某个部门的局部利益提供特殊保护,尤其不能为非法行为、违法行为提供保护。检察官不能为地方利益或者部门支撑保护伞。"不得徇私枉法",是指检察官在办案过程中不得徇私利、徇私情,以权谋私。检察官行使的是国家司法权,只能代表国家与人民利益公正合法地行使国家司法职能,保护当事人的合法权益,维护司法的公正和法律的尊严。为了防止司法工作在行使职权过程中的渎职行为,《刑法》第九章规定了渎职罪,其中在渎职罪中明确规定了徇私枉法罪,第三百九十九条规定:"司法工作人员徇私枉法、徇情枉法,对明知是无罪的人而使他受追诉、对明知是有罪的人而故意包庇不使他受追诉,或者在刑事审判活动中故意违背事实和法律作枉法裁判的,处五年以下有期徒刑或者拘役;情节严重的,处五年以上十年以下有期徒刑;情节特别严重的,处十年以上有期徒刑。"2013年1月,最高人民法院、最高人民检察院发布《关于办理渎职刑事案件适用法律若干问题的解释(一)》,对渎职犯罪的各种具体情形作出了详细的规定。

(三) 依法保障当事人和其他诉讼参与人的诉讼权利

这里的当事人,包括刑事诉讼中的被害人、自诉人、犯罪嫌疑人、被告人、附带民事诉讼的原告和被告人、民事诉讼、行政诉讼中的原告、被告等。其他诉讼参与人是指当事人以外的诉讼参与人,包括《刑事诉讼法》中规定的诉讼参与人,如法定代理人、诉讼代理人、辩护人、证人、鉴定人和翻译人员,也包括《民事诉讼法》和《行政诉讼法》中规定的诉讼参加人。当事人与其他诉讼参与人的诉讼权利,包括被告人的辩护权、律师的调查取证权、证人的出庭作证权、当事人的上诉权和反诉权等。检察官在执行职权过程中,要确保当事人和其他诉讼参与人的这些诉讼权利,不能偏颇,也不能故意阻止当事人和其他诉讼参与人行使参与诉讼的权利。

(四) 维护国家利益、社会公共利益,维护个人和组织的合法权益

检察官行使国家的检察权,并代表国家行使法律监督权,检察官合法正当行使检察权就是维护国家利益。检察官维护国家利益,不能理解为检察官在办理案件过程中的所作所为都是代表国家,更不能狭隘地理解检察官提供的证据一定要得到法庭的认可,检察官建议的刑期法官一定赞同。在法庭审理过程中,检察官代表政府提起公诉,他也只是庭审中的一方,他与被告及其代理人在法庭审理过程中法律地位平等,并不高于其他当事人。有的检察官认为,自己提起公诉的案子打赢了,国家利益就得到维护了,自己提起的公诉案件输了,国家利益就没有得到维护。公正合理的社会法治秩序是最大的国家利益。这里的社会公共利益是良法善治的社会秩序,检察官公正地实施国家法律,就能够实现社会公共利益的目标。检察官还必须维护自然人、法人和其他组织的正当的合法权益。这里的自然人包括我国公民,也包括外国公民;组织包括法人,即营利法人、非营利法人和特别法人,以及未取得法人资格的个人独资企业、合伙企业等非法人组织。

(五) 保守国家秘密和检察工作秘密,对履行职责中知悉的商业秘密和个人隐私予以保密

我国《保守国家秘密法》第三条规定:"国家秘密受法律保护。一切国家机关、武装力量、政党、社会团体、企业事业单位和公民都有保守国家秘密的义务。"检察官作为国家工作人员,保守国家秘密是其应当承担的法定义务。检察官在办理案件过程中,对于涉及国家秘密的案件,应当严格按照法律规定的程序办理,不得随意泄露检察工作中涉及的国家秘密。关于检察工作秘密,2005年10月28日最高人民检察院第十届第二十四次检察长办公会讨论通过的《人民检察院办案工作中的保密规定》作了详细的规定,

涉及检察官办案过程中立案侦查工作、审查批捕、审查起诉工作等方面的秘密。检察官在办理案件过程中还会知悉与了解当事人的商业秘密和个人隐私,检察官也须遵守相关的法律法规规定,遵守检察纪律,不得随意散播。

(六)依法接受法律监督和人民群众监督

依法接受法律监督和人民群众监督包含以下内容:(1)依照《宪法》第一百三十七条、第一百三十八条,《人民检察院组织法》第九条、第十条、第二十四条的规定,人民检察院对同级人民代表大会及其常委会负责,受其监督并向其报告工作,人民检察院的检察活动要受同级人民代表大会及其常委会的监督,在人民代表大会及其常委会对人民检察院进行的法律监督和工作监督中也会涉及对检察官的履职工作进行监督;下级人民检察院的检察活动要受上级人民检察院的监督。人民检察院是法律监督机关,上下级是领导关系,因此上级人民检察院对于下级人民检察院在检察活动中有违背法律的地方,应当依法予以纠正。(2)依照《宪法》第四十一条、《人民检察院组织法》第二十七条、《监察法》的规定,中华人民共和国公民对任何国家机关和国家工作人员,有提出批评和建议的权利;对任何国家机关和国家工作人员的违法失职行为,有向有关国家机关提出申诉、控告或者检举的权利,但是不得捏造或者歪曲事实进行诬告陷害。人民监督员依照规定对人民检察院的办案活动实行监督。各级监察委员会是行使国家监察职能的专责机关,依照法律的规定对所有行使公权力的公职人员进行监察,调查职务违法和职务犯罪,开展廉政建设和反腐败工作,维护宪法和法律的尊严。(3)检察官的检察活动还要受国家机关、社会团体和组织的监督,人民检察院的检察活动若有违背法律规定,国家机关、社会团体和组织有权提出意见。

(七)通过依法办理案件以案释法,增强全民法治观念,推进法治社会建设

党的十八届四中全会通过的《中共中央关于全面推进依法治国若干重大问题的决定》中指出:"实行国家机关'谁执法谁普法'的普法责任制,建立法官、检察官、行政执法人员、律师等以案释法制度,加强普法讲师团、普法志愿者队伍建设。"2017年5月,中共中央办公厅、国务院办公厅发布《关于实行国家机关"谁执法谁普法"普法责任制的意见》,对检察官的以案释法工作提出了以下要求:(1)检察官在司法办案过程中要落实好以案释法制度,利用办案各个环节宣讲法律,及时解疑释惑。抗诉书、决定书等法律文书应当围绕争议焦点充分说理,深入解读法律。(2)要加强对律师的教育培训,鼓励和支持律师在刑事辩护、诉讼代理和提供法律咨询、代拟法律文书、担任法律顾问、参与矛盾纠纷调处等活动中,告知当事人相关的法律权利、义务和有关法律程序等,及时解答有关法律问题。(3)检察机关要加强典型案例的收集、整理、研究和发布工作,建立以案释法资源库,充分发挥典型案例的引导、规范、预防与教育功能。(4)要以法律进机关、进乡村、进社区、进学校、进企业、进单位等为载体,组织检察官开展经常性以案释法活动。

(八)法律规定的其他义务

这是一个兜底条款。除了《宪法》《人民检察院组织法》《检察官法》等法律之外的其他

法律,如《公务员法》规定的公务员义务,《刑事诉讼法》规定的检察官在诉讼中的义务等。

## 二、特别法定义务

(一) 不得兼任特定职务

《检察官法》第二十三条规定,检察官不得兼任人民代表大会常务委员会的组成人员,不得兼任行政机关、监察机关、审判机关的职务,不得兼任企业或者其他营利性组织、事业单位的职务,不得兼任律师、仲裁员和公证员。

《检察官法》的这一规定,与我国现行宪法与法律相衔接。《宪法》第六十五条第四款规定:"全国人民代表大会常务委员会的组成人员不得担任国家行政机关、监察机关、审判机关和检察机关的职务。"《全国人民代表大会组织法》第二十三条第三款,《地方各级人民代表大会和地方各级人民政府组织法》第四十一条第三款也作了相应的规定。《律师法》第十一条第一款规定:"公务员不得兼任执业律师。"检察官是公务员,自然适用该款规定,不得兼任律师。

(二) 任职回避

检察官的任职回避包括两个方面:

1. 检察官之间存在夫妻、血亲、姻亲关系的,任职时要实行回避

《检察官法》第二十四条规定,检察官之间有夫妻关系、直系血亲关系、三代以内旁系血亲以及近姻亲关系的,不得同时担任下列职务:(1) 同一人民检察院的检察长、副检察长、检察委员会委员;(2) 同一人民检察院的检察长、副检察长和检察员;(3) 同一业务部门的检察员;(4) 上下相邻两级人民检察院的检察长、副检察长。

检察官的这一任职回避规定,体现了检察院管理体制的特点,人民检察院内部和上下级人民检察院之间在检察工作和人事管理等方面是领导和被领导的关系,如果有亲属关系的检察官在同一人民检察院、同一业务部门担任职务或者在上下相邻两级人民检察院担任领导职务,亲属之间就会形成一种领导与被领导的关系,不利于案件的公正处理,也对检察官自身不利,因为这种关系的存在无法消除他人对他们不公正办案的担忧。检察官的这一任职回避制度正是为了解决此类问题。

有关夫妻关系、直系血亲关系、三代以内旁系血亲关系、近姻亲关系的规定,与法官任职回避制度雷同,可以参照法官任职回避的有关规定,在此不再赘述。

检察官是公务员,此条规定与《公务员法》的有关规定相衔接,《公务员法》第七十四条规定,公务员之间有夫妻关系、直系血亲关系、三代以内旁系血亲关系以及近姻亲关系的,不得在同一机关双方直接隶属于同一领导人员的职位或者有直接上下级领导关系的职位工作,也不得在其中一方担任领导职务的机关从事组织、人事、纪检、监察、审计和财务工作。

根据本条规定和最高人民检察院制定的有关办法规定,检察官任职回避,由本人提出回避申请或者所在人民检察院的人事管理部门提出回避要求,按照有关管理权限进

行审核,需要回避的,对其职务予以调整,并按照法律及有关规定办理任免手续。检察官在录用、晋升、调配过程中应当如实地向人民检察院申报应回避的亲属情况。各级人民检察院在检察官录用、晋升、调配过程中应当按照任职回避的规定严格审查。

2. 因检察官的配偶、父母、子女的任职情形,检察官应实行任职回避

《检察官法》第二十五条规定,检察官的配偶、父母、子女有下列情形之一的,检察官应当实行任职回避:(1)担任该检察官所任职人民检察院辖区内律师事务所的合伙人或者设立人的;(2)在该检察官所任职人民检察院辖区内以律师身份担任诉讼代理人、辩护人,或者为诉讼案件当事人提供其他有偿法律服务的。此条规定有两种情形:一是如果检察官的配偶、父母、子女在其任职的检察院的辖区内担任律师事务所的合伙人或者设立人的,检察官要实行任职回避;二是检察官的配偶、父母、子女以律师身份担任诉讼代理人、辩护人,或者为诉讼案件当事人提供其他有偿法律服务的,检察官要实行任职回避。

(三)检察官离任后的任职限制

检察官主动从检察院离职或者被检察院开除之后,其担任诉讼代理人、辩护人受到相应的限制。《检察官法》第三十七条规定,检察官从人民检察院离任后两年内,不得以律师身份担任诉讼代理人或者辩护人。检察官从人民检察院离任后,不得担任原任职检察院办理案件的诉讼代理人或者辩护人,但是作为当事人的监护人或者近亲属代理诉讼或者进行辩护的除外。检察官被开除后,不得担任诉讼代理人或者辩护人,但是作为当事人的监护人或者近亲属代理诉讼或者进行辩护的除外。

此条与相关法律规定相衔接。《律师法》第四十一条规定,曾经担任法官、检察官的律师,从人民法院、人民检察院离任后两年内,不得担任诉讼代理人或者辩护人。第七条规定,被开除公职或者被吊销律师、公证员执业证书的,不予颁发律师执业证书。《刑事诉讼法》第三十三条第三款规定,被开除公职和被吊销律师、公证员执业证书的人,不得担任辩护人,但系犯罪嫌疑人、被告人的监护人、近亲属的除外。

## 第三节 检察官职业道德基本准则

### 一、检察官职业道德基本准则的演变

职业道德流淌在每名检察官的血液里。

《检察官职业道德基本准则(试行)》(下称《准则(试行)》)于2009年9月颁布施行,2016年最高人民检察院召开第十二届检察委员会第五十七次会议,通过《检察官职业道德基本准则》(下称《准则》)。新修订的《准则》只有五条,比《准则(试行)》的篇幅大为减少,文字减少了,更加简洁精练,但检察官职业道德的内涵和思想得到了进一步的提升。

此次修订的背景与原因有以下三个方面：一是党的十八大以来，习近平总书记对政法队伍建设和检察队伍建设作出了许多具有深远影响的重要指示，阐明了新形势下政法队伍建设和检察队伍建设一系列带有方向性、根本性的重大问题，为修订《准则（试行）》指明了方向。二是适应司法体制改革新形势的现实需要。司法责任制确立检察官有职有权、相对独立的办案主体，如何保证检察权依法正确行使，除了加强监督制约外，更重要的是提升检察官职业道德修养。三是推进检察队伍正规化、职业化、专业化的必然选择。长期以来，由于种种原因，我国检察官队伍缺乏职业传统和职业气质，尤其在职业伦理、职业操守、职业精神等方面缺乏深厚积淀。推进检察官职业道德建设，有利于逐步形成检察官特有的职业传统和职业气质，加速提升检察队伍正规化、专业化、职业化水平。

《准则》适用于检察院检察官与检察辅助人员。

## 二、检察官职业道德基本准则的具体内容

（一）坚持忠诚品格，永葆政治本色

检察官的"忠诚"道德规范，其含义包括忠于党、忠于国家、忠于人民、忠于宪法和法律，坚决维护以习近平同志为核心的党中央权威、坚持"四个自信"、严守政治纪律和政治规矩、强化"四个意识"等内容；"永葆政治本色"，突出了检察官的政治属性，是对《准则（试行）》的继承和发展。

（二）坚持为民宗旨，保障人民权益

检察权作为公共权力，来源于人民，人民性是检察机关的根本属性，人民检察官首先承担的是对人民的责任。习近平总书记强调指出，"政法机关的职业良知，最重要的就是执法为民"。党的十八大以来，党中央一再强调"坚持以人民为中心的发展思想"，"以人民为中心"是习近平法治思想的重要内容，要求司法机关"恪守司法为民的职业良知"。这些都要求在检察官职业道德中把"为民"突出出来。检察官"亲民为民利民便民""依法维护和保障诉讼当事人参与人及其他有关人员的合法权益"等内容也是之前准则的要求，鲜明而简洁地强调了检察官的人民性。

（三）坚持担当精神，强化法律监督

法律监督是宪法赋予检察机关的基本职责。党的十八届四中全会通过的《中共中央关于全面推进依法治国若干重大问题的决定》强调检察机关加强对司法活动的监督。检察官作为专司法律监督职责的司法人员，如果对执法不严、司法不公问题不闻不问、当老好人，不敢监督、不愿监督，就失去了最起码的职业道德。因此，检察官要履行好职责，首先必须要有担当精神。检察官"坚持担当精神"，充分体现了习近平总书记反复强调的"敢于担当"要求，更加强调了担当的重要性，包含了勇于行使权力清单规定的决定权或其他权限、勇于承担司法责任、坚守防止冤假错案件底线等内容，更加突出时代特点和检察官职业特色。

### (四)坚持公正理念,维护法制统一

公正是司法的生命,恪守客观公正义务是对检察官的根本要求。习近平总书记强调指出"促进社会公平正义是政法工作的核心价值追求","政法战线的同志要肩扛公正天平、手持正义之剑,以实际行动维护社会公平正义"。公正的含义包括正确行使检察权、遵守证据裁判规则、严格遵循法定程序、支持律师履行法定职责等内容。

### (五)坚持廉洁操守,自觉接受监督

廉洁是检察官履行法定职责的重要保障,也是检察官最基本的职业操守。这一条规定旨在对检察官"廉洁"道德作出明确规范,充分体现了习近平总书记关于清正廉洁是好干部五项标准之一的思想,既涵盖了《准则(试行)》中的"负面清单",同时包含了监督者更要接受监督、增强法纪意识等内容;将落脚点放在"自觉接受监督",增强了针对性。

## 第四节 检察官职业行为基本规范

最高人民检察院于2010年10月9日发布的《检察官职业行为基本规范(试行)》,包括以下内容。

### 一、职业信仰

坚定政治信念,坚持以马克思列宁主义、毛泽东思想、邓小平理论和"三个代表"重要思想为指导,认真学习中国特色社会主义理论体系,深入贯彻落实科学发展观,建设和捍卫中国特色社会主义事业。

热爱祖国,维护国家安全、荣誉和利益,维护国家统一和民族团结,同一切危害国家的言行作斗争。

坚持中国共产党领导,坚持党的事业至上,始终与党中央保持高度一致,自觉维护党中央权威。

坚持执法为民,坚持人民利益至上,密切联系群众,倾听群众呼声,妥善处理群众诉求,维护群众合法权益,全心全意为人民服务。

坚持依法治国基本方略,坚持宪法法律至上,维护宪法和法律的统一、尊严和权威,致力于社会主义法治事业的发展进步。

维护公平正义,忠实履行检察官职责,促进司法公正,提高检察机关执法公信力。

坚持服务大局,围绕党和国家中心工作履行法律监督职责,为改革开放和经济社会科学发展营造良好法治环境。

恪守职业道德,铸造忠诚品格,强化公正理念,树立清廉意识,提升文明素质。

## 二、履职行为

坚持依法履行职责,严格按照法定职责权限、标准和程序执法办案,不受行政机关、社会团体和个人干涉,自觉抵制权势、金钱、人情、关系等因素干扰。

坚持客观公正,忠于事实真相,严格执法,秉公办案,不偏不倚,不枉不纵,使所办案件经得起法律和历史检验。

坚持打击与保护相统一,依法追诉犯罪,尊重和保护诉讼参与人和其他公民、法人及社会组织的合法权益,使无罪的人不受刑事追究。

坚持实体与程序相统一,严格遵循法定程序,维护程序正义,以程序公正保障实体公正。

坚持惩治与预防相统一,依法惩治犯罪,立足检察职能开展犯罪预防,积极参与社会治安综合治理,预防和减少犯罪。

坚持执行法律与执行政策相统一,正确把握办案力度、质量、效率、效果的关系,实现执法办案法律效果、社会效果、政治效果的有机统一。

坚持强化审判监督与维护裁判稳定相统一,依法监督纠正裁判错误和审判活动违法,维护生效裁判既判力,保障司法公正和司法权威。

坚持重证据,重调查研究,依法全面客观地收集、审查和使用证据,坚决杜绝非法取证,依法排除非法证据。

坚持理性执法,把握执法规律,全面分析情况,辩证解决问题,理智处理案件。

坚持平和执法,平等对待诉讼参与人,和谐处理各类法律关系,稳慎处理每一起案件。

坚持文明执法,树立文明理念,改进办案方式,把文明办案要求体现在执法全过程。

坚持规范执法,严格依法办案,遵守办案规则和业务流程。

重视群众工作,了解群众疾苦,熟悉群众工作方法,增进与群众的感情,善用群众信服的方式执法办案。

重视化解矛盾纠纷,加强办案风险评估,妥善应对和处置突发事件,深入排查和有效调处矛盾纠纷,注重释法说理,努力做到案结、事了、人和,促进社会和谐稳定。

重视舆情应对引导,把握正确舆论导向,遵守舆情处置要求,避免和防止恶意炒作。

自觉接受监督,接受其他政法机关的工作制约,执行检务公开规定,提高执法透明度。

精研法律政策,充实办案所需知识,保持专业水准,秉持专业操守,维护职业信誉和职业尊严。

## 三、职业纪律

严守政治纪律,不发表、不散布不符合检察官身份的言论,不参加非法组织,不参加非法集会、游行、示威等活动。

严守组织纪律,执行上级决定和命令,服从领导,听从指挥,令行禁止,确保检令畅通,反对自由主义。

严守工作纪律,爱岗敬业,勤勉尽责,严谨细致,讲究工作质量和效率,不敷衍塞责。

严守廉洁从检纪律,认真执行廉洁从政准则和廉洁从检规定,不取非分之财,不做非分之事,保持清廉本色。

严守办案纪律,认真执行办案工作制度和规定,保证办案质量和办案安全,杜绝违规违纪办案。

严守保密纪律,保守在工作中掌握的国家秘密、商业秘密和个人隐私,加强网络安全防范,妥善保管涉密文件或其他涉密载体,坚决防止失密泄密。

严守枪支弹药和卷宗管理纪律,依照规定使用和保管枪支弹药,认真执行卷宗管理、使用、借阅、复制等规定,确保枪支弹药和卷宗安全。

严守公务和警用车辆使用纪律,不私自使用公务和警用车辆,不违规借用、占用车辆。遵守道路交通法规,安全、文明、礼貌行车,杜绝无证驾车、酒后驾车。

严格执行禁酒令,不在执法办案期间、工作时间和工作日中午饮酒,不着检察制服和佩戴检察徽标在公共场所饮酒,不酗酒。

## 四、职业作风

保持和发扬良好思想作风,解放思想,实事求是,与时俱进,锐意进取,开拓创新,研究新情况,解决新问题,创造性地开展工作。

保持和发扬良好学风,坚持理论联系实际,提高理论水平和解决实际问题的能力。

保持和发扬良好工作作风,密切联系群众,遵循客观规律,注重调查研究,察实情、讲实话、办实事、求实效,不搞形式主义,不弄虚作假。

保持和发扬良好领导作风,坚持民主集中制,充分发扬民主,维护集中统一,自觉开展批评与自我批评,坚持真理,修正错误,以身作则,率先垂范。

保持和发扬良好生活作风,艰苦奋斗,勤俭节约,克己奉公,甘于奉献,反对奢侈浪费。

保持和发扬良好执法作风,更新执法理念,注重团结协作,提高办案效率,不要特权、逞威风。

## 五、职业礼仪

遵守工作礼仪,团结、关心和帮助同事,爱护工作环境,营造干事创业、宽松和谐、风清气正的工作氛围。

遵守着装礼仪,按规定着检察制服、佩戴检察徽标。着便装大方得体。

遵守接待和语言礼仪,对人热情周到,亲切和蔼,耐心细致,平等相待,一视同仁,举止庄重、精神振作、礼节规范。使用文明礼貌用语、表达准确、用语规范,不说粗话、脏话。

遵守外事礼仪,遵守国际惯例,尊重国格人格和风俗习惯,平等交往,热情大方,不卑不亢,维护国家形象。

## 六、职务外行为

慎重社会交往,约束自身行为,不参加与检察官身份不符的活动。从事教学、写作、科研或参加座谈、联谊等活动,不违反法律规定、不妨碍司法公正、不影响正常工作。

谨慎发表言论,避免因不当言论对检察机关造成负面影响。遵守检察新闻采访纪律,就检察工作接受采访应当报经主管部门批准。

遵守社会公德,明礼诚信,助人为乐,爱护公物,保护环境,见义勇为,积极参加社会公益活动。

弘扬家庭美德,增进家庭和睦,勤俭持家,尊老爱幼,团结邻里,妥善处理家庭矛盾和与他人的纠纷。

培养健康情趣,坚持终身学习,崇尚科学,反对迷信,追求高尚,抵制低俗。

## 第五节  检察院内部工作人员关系规范

最高人民检察院 2015 年 6 月发布关于检察机关贯彻执行《领导干部干预司法活动、插手具体案件处理的记录、通报和责任追究规定》和《司法机关内部人员过问案件的记录和责任追究规定》的实施办法(试行),下面将这两个规定的主要内容作一简述。

## 一、适用范围

领导干部干预司法活动中的"领导干部"是指各级党的机关、人大机关、行政机关、政协机关、审判机关、检察机关、军事机关以及公司、企业、事业单位、社会团体中具有国家工作人员身份的领导干部干预、插手检察机关办案活动的,适用领导干部干预司法办案活动规定。法院、检察院、公安机关、国家安全机关、司法行政机关工作人员违反规定过问案件的,适用司法机关内部人员过问案件规定。司法机关离退休人员违反规定过问案件的,适用司法机关内部人员过问案件规定。检察机关领导干部干预、插手、违反规定过问司法办案活动的,同时适用这两个规定。

## 二、职责内容

具体的职责内容分为两个层次:其一,对于各级检察机关,如遇有领导干部干预司法办案活动、插手具体案件处理的,应当做好记录和报告。其二,对于检察人员,又分为三种情况：(1)检察人员过问本系统案件的情况，遇有检察人员过问检察机关案件的，应当做好记录、报告、处置、通报和责任追究；(2)检察人员过问其他司法机关案件的情况，遇有检察人员过问其他司法机关案件的，检察机关应当认真调查核实，做好通报、责任追究和结果反馈；(3)其他司法机关过问检察机关案件的情况，遇有其他司法机关工作人员过问检察机关案件的，应当做好记录，并移送过问人所在单位的纪检监察机构。

### 三、记录、通报与责任追究制度

领导干部一般性的干预、过问和插手检察机关办案活动与具体案件处理的行为，所有司法机关内部人员过问检察机关司法办案活动的行为，都需要记录并报告。记录的信息要全面、详细与具体；记录应当包括以下事项：干预、过问人姓名，所在单位与职务，干预、过问的时间与地点、方式与内容，记录人姓名，以及其他相关材料。记录内容应当实事求是。检察人员对所记录的领导干部干预、插手司法办案活动的线索，应当及时向部门负责人报告，部门负责人应当及时向分管院领导和所在单位纪检监察机构报告。纪检监察机构应当定期对领导干部干预、插手司法办案活动线索进行梳理、汇总，经单位主要负责人审定后，按季度分别报送同级党委政法委和上级检察机关。两个规定还对检察人员过问案件线索的报告程序和其他司法机关工作人员过问案件线索的告知程序进行了规范。对于情节严重，或者重大干预、插手线索，可能影响案件公正办理的，坚持一事一报。关于通报的情况，两个规定分别就通报的情形、程序与方式作了具体的规定。属于违法干预、违反规定过问检察机关司法办案活动的，要进行通报；违法干预、违反规定过问检察机关司法办案活动造成后果的，要进行责任追究。

如实记录检察机关领导干部和上级检察机关过问案件情况。检察机关领导干部和上级检察机关检察人员因履行领导、监督职责，需要对正在办理的案件提出指导性意见的，应当依据程序以书面形式提出，口头提出的，检察人员应当记录在案。

### 四、严格规范检察人员的司法行为

一是检察人员应当严格遵守办案规矩、纪律和法律，不得利用上下级领导、同事、熟人等关系，过问和干预其他人员正在办理的案件，不得违反规定为案件当事人打探案情、转递涉案材料、说情、施加压力、非法干预、阻碍办案，或者提出不符合办案规定的其他行为。二是检察人员对个人收到的举报、控告、申诉等来信来件，应当严格按照有关规定和程序转交职能部门办理，不得在来信来件上提出倾向性意见。

检察机关是法律监督机关，检察人员要依法履行诉讼监督职责，要严格区分履行监督职责与干预司法机关之间的界限。检察人员应当严格依照刑事诉讼法、民事诉讼法、行政诉讼法以及刑事诉讼规则、民事诉讼监督规则等法律和规定，依法履行诉讼监督职责,严禁借诉讼监督之名,过问、干预其他司法机关刑事立案、侦查、审判、刑罚执行和民事、行政诉讼等司法办案活动。

## 第六节 国外检察官职业伦理

### 一、英国检察官职业伦理

根据《英国皇家检察官守则》,检察官应遵守以下原则:

(一) 独立执法

检察官独立于不属于起诉决策过程的个人或机构。检察官也独立于警察或者调查人员。检察官必须在不受政治干涉的情况下自由地履行其专业职责,不得受到来自任何来源的不适当或不正当的压力或者影响的干扰。

(二) 皇家检察署的职责

皇室检察署不能决定某人是否要定罪,只是评估其是否适宜提出检控,并供刑事法院参考。皇家检察署对任何案件的评估在任何意义上都不是对任何罪行或者犯罪的认定或暗示,有罪判决只能由法院作出。

(三) 谨慎决策

检察署的起诉或者建议庭外处置的决定是影响嫌疑人、受害者、证人和广大公众的严重步骤,必须非常谨慎地进行。

(四) 确保有罪者得到追究

检察官有责任确保适当的人因适当的罪行而被检控,并在可能的情况下将违法者绳之以法。公平、正义和正直地作出的个案工作决定有助于确保受害者、证人、嫌疑人、被告人和公众获得公正对待。检察官必须确保适当适用法律,将有关证据提交法院,并遵守披露义务。

(五) 客观公正

检察官作出决定时必须公正客观。他们不得让关于嫌疑人、被告、受害人或任何证人的族裔或者民族、性别、残疾、年龄、宗教或者信仰、性取向或者性别认同的任何人的观点影响其决定。他们的决定也不能出于政治考虑。检察官的行为必须始终是为了伸张正义,而不仅仅是为了定罪。检察官必须不偏不倚地处理每一起案件,有义务保护嫌疑人和被告人的权利,同时为受害者提供尽可能好的服务。

(六) 人权保障

检察官必须根据《1998年人权法案》,在案件的每一个阶段适用《欧洲人权公约》的原则。检察官还必须遵守《刑事诉讼规则》和《刑事诉讼实务指示》,并尊重量刑委员会准则和国际公约所规定的义务。

## 二、美国检察官职业伦理

美国检察官职业伦理主要受《全美检察官准则》规范。1977年,全美地区检察官协会制定了《全美检察官准则》,此准则修改过两次,根据该准则,美国检察官的责任包括以下内容:

(一) 主要责任

检察官是独立的司法行政官,其主要职责在于追求正义,这个目的仅可以通过事实的呈现与证据加以实现。此责任包括但不限于确保有罪者受到追诉、无罪者免受不必要伤害,以及所有参与者(特别是犯罪之被害人)的权利受到尊重。

(二) 社会和个人权益

检察官应积极地保障每个人的个人权利,而非代理任何人。检察官在个案中行使自由裁量权时均应将社会利益放在最重要的位置。在适当及必要的时候,检察官亦应寻求刑事司法改革,将社会利益列为优先考虑,而非优先考虑个人及团体利益。

(三) 全职与兼职

检察长在其辖区内应全职工作。全职检察官,无论是否担任检察长,都不能从事私人律师业务,也不能获得职务外的利益。但在某些无法或者不愿意维持一位全职检察官的管辖区内,该检察官可以是兼职,但即使是兼职时,仍不得有从事与检察独立抵触的职业行为。

(四) 行为规范

检察官应遵守管辖区内的全部司法伦理规范。

(五) 行为规范之不一致

最终检察官仍应受其辖区之伦理规范所约束。该规范与《全美检察官准则》有冲突时,仍应遵守其辖区之伦理规范,并须努力尝试修改该规范,使其与《全美检察官准则》趋于一致。

## 三、德国检察官职业伦理

德国检察官的职业伦理要求包括以下几个方面:

(一) 公正

检察官在办案时,要尽可能做到客观公正。《德国刑事诉讼法》第160条第2款规定:检察院不仅有义务查明犯罪的情况,也有义务查明免罪的情况。检察官在办案时,不应受到个人的价值判断、同情心、公众的议论,尤其是媒体意见的影响,而是要忠于宪法和法律,理性地处理案件。同时,还要随时倾听犯罪嫌疑人的意见,不能从一开始就认为犯罪嫌疑人有罪。

(二) 正直

检察官的行为要符合人道主义原则和价值观,这是没有明言的法律,是一个自然而然的条件。正直要求检察官本人是值得信任的,包括与人打交道时要诚实、可靠,而且要保守秘密。检察官要时刻注意自己的言行不会影响到社会公众对司法的信任。正直还包括勇于承认错误、改正错误。检察官如果发现所办理的案件出现了错误,一定要予以纠正。

(三) 责任感

责任、责任感和责任意识,是检察官必须具备的素质。检察官对维护法治国家和法治原则,营造一个对司法充满信任的社会是负有特别责任的。这是每一位检察官都必须具有的意识,且应当有意识地在岗位上负起这一责任。责任意识,意味着检察官作出的每一个决定,民众是可以理解的,这一点与正直的要求有所交叉。检察官在与人交往时要有礼貌,接触案件当事人时要注意自己的言行。无论是从实际的效果,还是从办案的经验来看,把犯案与人分开,这对提高办案效率是有好处的。但是,对当事人的礼貌并不是说要放弃权威性,严格地掌控程序与礼貌并不矛盾;责任也包括不能把会见当事人当作自我展示的场所。

(四) 行为的适度与谨慎

检察官在岗与不在岗时的言行都不应损害人们对独立性的信任,对可能危及信任的言行要予以抵制。在法庭上,检察官有时会失控,但应及时纠正。行为的适度和谨慎在德国所有的州都曾讨论过。行为的谨慎也包括法官、检察官之间的交往行为要彼此尊重,批评要就事说事,而不能进行人身攻击。行为的谨慎,还包括从事任何活动时不造成任何社会影响。

(五) 人情化

检察官的脑子里应该有一根弦,在法庭上与当事人进行沟通时,要尽量用通俗易懂的语言。因德国很多人是移民,当事人和证人第一次上法庭的,会很紧张,检察官在沟通时要有充分的同情和理解。对证人提出要求时,也要用容易理解的话。

(六) 透明性

司法要取得公众的信任,前提是理解。不光是在法庭上要让当事人理解,对公众其执业行为也要有透明度。如杀人案,在合乎规定的情况下,要给媒体一个合理的解释。媒体的理解也就是公众的理解。德国检察官会向媒体介绍案件进行情况,但要注意遵守保密事项的规定。

## 四、法国检察官职业伦理

在法国,检察官与法官同属司法官,与法官一样享受着特殊的待遇,受到国人敬仰,也肩负崇高的道德责任。司法官职业伦理主要由司法官职业守则规定,由国家最高司法委员会负责解释。最高司法委员会下设司法官职业道德专家委员会,委员会于2003年在其报告中将法国司法官职业道德归纳为七项原则:中立、正直、廉洁、高尚、勤勉、审慎、保守职业秘密。这七项原则既是对司法官的职业伦理要求,也是司法官日常为人处事的基本准则①。

检察官作为国家的司法官员,首先是国家利益与社会公共利益的代表。为了履行好司法官的职责,国家法律授权了司法官的独享权力,他们可以依法限制民众的个人自由和财产权利。为了保障他们公正执法,法律保障他们职业的独立性,他们还享有极大的豁免权,在执法时不受社会任何因素的干涉。在法国目前的法律体制下,个人不能直接追究法官或检察官的职业过错,也不能要求他们承担民事责任。在一定程度上,"冤假错案"的概念在法国不存在,更不要谈刑事或民事追诉,即便是最高司法官委员会,也不能因检察官的职业裁决不当而追究他们的责任②。可以说,在一定程度上,检察官的职业伦理规则是平衡检察官的特殊地位和权力与社会公共利益必不可少的重要内容。在赋予了检察官的独立地位与特殊权力之后,社会公众期待检察官"在行为、论证、倾听上做出不懈的努力,总之,就是一种遵守高道德标准的职业道德准则"就成为应有之义。法国最高司法官委员会在1994年3月24日的一个决议中明确指出这一特殊要求:"检察官应该具有严谨、正直、忠诚的人格,只有这些品质才能诠释他们的责任感和职业良心,让他们能够与自己要完成的使命相称,使他们的行动具有法律的威严。"

法国检察官的职业伦理要求从他们的职业宣誓制度中也得到了印证。最早在1958年12月22日颁布的第58—1270号法令第6条中明确检察官们在首次任职之前要进行宣誓,宣誓内容为:"我宣誓认真并忠诚地履行我的职责,对评议严格保密,尽一切努力做一个威严的、正直的检察官。"2007年12月9日修正后的《司法官身份组织法》第6条也明确规定了宣誓内容:"我宣誓以忠诚及竭尽全力执行司法官职务,并以宗教般的神圣之心,保守职业上知悉的秘密,维护司法官的威严与神圣。"

### 五、欧盟检察官职业伦理

根据《欧盟检察官伦理及行为准则》,又称《布达佩斯指南》,检察官应当遵守如下准则:坚持公平审判、诉讼平等、无罪推定和基本权利的原则;采纳和公布一般指南原则,以防止作出武断的决定;客观、一致、专业、公平、公正、依法办事;避免利益冲突或不当影响;尊重多样性,避免偏见或歧视;保持专业技能和知识,并随时了解相关法律的发展;保持个人正直,避免不正当行为。

### 六、联合国检察官职业伦理

联合国《关于检察官作用的准则》,其中含有丰富的检察官职业伦理要求。该准则第13条规定检察官在履行其职责时应:(1)不偏不倚地履行其职能,并避免任何政治、社会、文化、性别或任何其他形式的歧视;(2)保证公众利益,按照客观标准行事,适当考虑到嫌疑犯和受害者的立场,并注意到一切有关的情况,无论是否对嫌疑犯有利或不

---

① 刘林呐:《宣誓与激励:法国检察官职业道德基石》,《检察日报》2017年11月7日。
② 刘林呐:《宣誓与激励:法国检察官职业道德基石》,《检察日报》2017年11月7日。

利;(3)对掌握的情况保守秘密,除非履行职责或司法上的需要有不同的要求;(4)在受害者的个人利益受到影响时应考虑到其观点和所关心的问题,并确保按照《为罪行和滥用权力行为受害者取得公理的基本原则宣言》,使受害者知悉其权利。第14条,如若一项不偏不倚的调查表明的起诉缺乏根据,检察官不应提出或继续检控,或应竭力阻止诉讼程序。第15条,检察官应适当注意对公务人员所犯的罪行,特别是对贪污腐化、滥用权力、严重侵犯嫌疑犯人权、国际法公认的其他罪行的起诉,以及依照法律授权或当地惯例对这种罪行的调查。第16条,当检察官根据合理的原因得知或认为其掌握的不利于嫌疑犯的证据是通过严重侵犯嫌疑犯人权的非法手段,尤其是通过拷打,残酷的、非人道的或有辱人格的待遇或处罚或以其他违反人权办法而取得的,检察官应拒绝使用此类证据来反对采用上述手段者之外的任何人或将此事通知法院,并应采取一切必要的步骤确保将使用上述手段的责任者绳之以法。

## 七、国际检察官协会职业伦理

根据国际检察官协会《检察官职业责任标准和基本职责及权利声明》,检察官应遵循以下基本原则:(1)任何时候都要维护检察官职业的荣誉和尊严;(2)始终以专业的态度行事,遵守法律、行业规则和职业伦理;(3)在任何时候都要保持最高的正直和谨慎;(4)随时掌握法律发展的最新情况;(5)努力做到言行一致、独立公正;(6)要始终保持被告人获得公正审判的权利,尤其要确保依照法律或公正审判的要求披露有利于被告人的证据;(7)始终服务和保护公众利益;(8)尊重、保护和维护人类尊严和人权的普遍概念。

**思考题**

1. 简述检察官职业伦理的概念与特征。
2. 简述我国检察官职业道德基本准则。
3. 简述我国检察官职业行为基本规范。
4. 简述我国检察院内部工作人员关系规范。
5. 简述英国、美国、德国、法国、日本检察官职业伦理。

# 第十章 检察官职业责任与惩戒制度

## 第一节 检察官职业责任

### 一、检察官职业责任的概念

检察官的职业责任是指检察官在履职过程中因违反法律法规与职业伦理规范的禁止性规定而应当承担的不利后果。检察官的职业责任分为法律责任与纪律责任。

### 二、检察官的司法责任与权力清单

最高人民检察院 2015 年发布《最高人民检察院关于完善人民检察院司法责任制的若干意见》，中共中央办公厅 2017 年 10 月 25 日发布《关于加强法官检察官正规化专业化职业化建设全面落实司法责任制的意见》，最高人民检察院 2017 年 3 月发布《关于完善检察官权力清单的指导意见》等规范性文件，对检察官的司法责任与权力清单进行了详细的规范。

（一）检察官司法责任的基本原则

人民检察院司法责任制的基本原则：坚持遵循司法规律，符合检察职业特点；坚持突出检察官办案主体地位与加强监督制约相结合；坚持权责明晰，权责相当；坚持主观过错与客观行为相一致，责任与处罚相适应。

检察人员应当对其履行检察职责的行为承担司法责任，在职责范围内对办案质量终身负责。

（二）检察官权力清单

制定检察官权力清单的原则要求是"谁办案谁负责，谁决定谁负责"。检察官权力清单的制定机构是省级人民检察院。权力清单的主要内容是明确检察委员会、检察长（副检察长）、检察官办案事项决定权，关于办案职责、非办案业务、操作性及事务性工作以及司法责任等内容原则上不列入权力清单。

检察官是人民检察院办案的主要力量，基层人民检察院和地（市）级人民检察院的一般刑事诉讼案件中多数办案事项决定权应当委托检察官行使，重大、疑难、复杂案件中办案事项决定权可以由检察长（副检察长）或检察委员会行使。

诉讼监督案件中以人民检察院名义提出(提请)抗诉、提出纠正违法意见、检察建议的决定权由检察长(副检察长)或检察委员会行使;以人民检察院名义提出终结审查、不支持监督申请的决定权,可以由检察长(副检察长)或检察委员会行使,也可以委托检察官行使。

检察官承办案件的办案事项决定权由检察长(副检察长)行使的,检察官提出处理意见供检察长(副检察长)参考,由检察长(副检察长)作出决定并负责。

检察官职权范围内决定事项,由独任检察官或主任检察官依职权作出决定,检察长(副检察长)不再审批,但检察长(副检察长)可依照《关于完善人民检察院司法责任制的若干意见》第十条规定行使审核权。

以人民检察院名义制发的法律文书属检察官职权范围内决定事项或不涉及办案事项决定权的,可以由检察官签发。

对检察官职权范围内决定的某类案件的办案事项,检察长(副检察长)可以书面指令等形式要求检察官在签发法律文书前送请审核。对检察官职权范围内决定的具体案件,检察长(副检察长)也可以要求检察官在签发法律文书前送请审核。

检察官应当在检察官权力清单确定的职权范围内独立作出决定。省级人民检察院可以根据人民检察院层级及案件类型,在检察官权力清单中明确业务部门负责人是否审核检察官职权范围内作出的决定。基层人民检察院业务部门负责人的审核权原则上应当严格限制并逐步取消。省级人民检察院和地(市)级人民检察院业务部门负责人的审核权可以根据实际情况适当保留。

业务部门负责人审核案件,承担相应的监督管理责任。业务部门负责人审核时,可以要求检察官对案件进行复核或补充相关材料,但不得直接改变检察官意见或要求检察官改变意见。业务部门负责人与检察官处理意见不一致时,可以召集检察官联席会议讨论,也可以将审核意见连同检察官处理意见一并报检察长(副检察长)审查或决定。召集检察官联席会议讨论的,应当同时报送检察官联席会议讨论情况。

在固定设置的检察官办案组中,组内检察官可以作为独任检察官承办案件,在检察官权力清单确定的职权范围内对办案事项独立作出决定。主任检察官对组内检察官作为独任检察官承办的案件不行使办案事项决定权,也不行使审核权。

### 三、检察官承担法律责任的具体情形

(一) 故意违反法律禁止性规定的行为

检察人员在司法办案工作中,故意实施下列行为之一的,应当承担司法责任:(1) 包庇、放纵被举报人、犯罪嫌疑人、被告人,或使无罪的人受到刑事追究的;(2) 毁灭、伪造、变造或隐匿证据的;(3) 刑讯逼供、暴力取证或以其他非法方法获取证据的;(4) 违反规定剥夺、限制当事人、证人人身自由的;(5) 违反规定限制诉讼参与人行使诉讼权利,造成严重后果或恶劣影响的;(6) 超越刑事案件管辖范围初查、立案的;(7) 非法搜查或损毁当事人财物的;(8) 违法违规查封、扣押、冻结、保管、处理涉案财物的;

(9)对已经决定给予刑事赔偿的案件拒不赔偿或拖延赔偿的;(10)违法违规使用武器、警械的;(11)其他违反诉讼程序或司法办案规定,造成严重后果或恶劣影响的。

(二)检察官有重大过失、怠于履行或不正确履行职责的行为

检察人员在司法办案工作中有重大过失,怠于履行或不正确履行职责,造成下列后果之一的,应当承担司法责任:(1)认定事实、适用法律出现重大错误,或案件被错误处理的;(2)遗漏重要犯罪嫌疑人或重大罪行的;(3)错误羁押或超期羁押犯罪嫌疑人、被告人的;(4)涉案人员自杀、自伤、行凶的;(5)犯罪嫌疑人、被告人串供、毁证、逃跑的;(6)举报控告材料或其他案件材料、扣押财物遗失、严重损毁的;(7)举报控告材料内容或其他案件秘密泄露的;(8)其他严重后果或恶劣影响的。

(三)监督管理职责的不当行为

负有监督管理职责的检察人员因故意或重大过失怠于行使或不当行使监督管理权,导致司法办案工作出现严重错误的,应当承担相应的司法责任。

## 四、检察官司法责任的分担

独任检察官承办并作出决定的案件,由独任检察官承担责任。

检察官办案组承办的案件,由其负责人和其他检察官共同承担责任。办案组负责人对职权范围内决定的事项承担责任,其他检察官对自己的行为承担责任。

属于检察长(副检察长)或检察委员会决定的事项,检察官对事实和证据负责,检察长(副检察长)或检察委员会对决定事项负责。

检察辅助人员参与司法办案工作的,根据职权和分工承担相应的责任。检察官有审核把关责任的,应当承担相应的责任。

检察长(副检察长)除承担监督管理的司法责任外,对在职权范围内作出的有关办案事项决定承担完全责任。对于检察官在职权范围内作出决定的事项,检察长(副检察长)不因签发法律文书承担司法责任。检察官根据检察长(副检察长)的要求进行复核并改变原处理意见的,由检察长(副检察长)与检察官共同承担责任。检察长(副检察长)改变检察官决定的,对改变部分承担责任。

检察官向检察委员会汇报案件时,故意隐瞒、歪曲事实,遗漏重要事实、证据或情节,导致检察委员会作出错误决定的,由检察官承担责任;检察委员会委员根据错误决定形成的具体原因和主观过错情况承担部分责任或不承担责任。

上级人民检察院不采纳或改变下级人民检察院正确意见的,应当由上级人民检察院有关人员承担相应的责任。

下级人民检察院有关人员故意隐瞒、歪曲事实,遗漏重要事实、证据或情节,导致上级人民检察院作出错误命令、决定的,由下级人民检察院有关人员承担责任;上级人民检察院有关人员有过错的,应当承担相应的责任。

检察官执行检察长(分管副检察长)决定时,认为决定错误的,可以提出异议;检察

长(分管副检察长)不改变该决定,或要求立即执行的,检察官应当执行,执行的后果由检察长(分管副检察长)负责,检察官不承担司法责任。检察官执行检察长(分管副检察长)明显违法的决定的,应当承担相应的司法责任。

### 五、检察官职业法律责任的种类

(一) 刑事责任

《检察官法》没有设立专门的法律责任章节,在我国,检察官属于公务员,检察官违法行为适用《公务员法》相关的法律责任,《公务员法》第一百零六条所列行为造成严重后果达到刑事处罚标准的,要承担刑事责任。第一百零八条规定:"滥用职权、玩忽职守、徇私舞弊,构成犯罪的,依法追究刑事责任;尚不构成犯罪的,给予处分或者由监察机关依法给予政务处分。"此条规定了刑事责任与行政责任。《检察官法》虽然没有单列检察官的法律责任,但该法第四十七条规定,检察官有下列行为之一的,应当给予处分;构成犯罪的,依法追究刑事责任:(1) 贪污受贿、徇私舞弊、刑讯逼供的;(2) 隐瞒、伪造、变造、故意损毁证据、案件材料的;(3) 泄露国家秘密、审判工作秘密、商业秘密或者个人隐私的;(4) 故意违反法律法规办理案件的;(5) 因重大过失导致裁判结果错误并造成严重后果的;(6) 拖延办案,贻误工作的;(7) 利用职权为自己或者他人谋取私利的;(8) 接受当事人及其代理人利益输送,或者违反有关规定会见当事人及其代理人的;(9) 违反有关规定从事或者参与营利性活动,在企业或者其他营利性组织中兼任职务的;(10) 有其他违纪违法行为的。

检察官职务犯罪可能涉及的罪名有:贪污、贿赂、徇私舞弊、滥用职权、玩忽职守,侵犯公民人身权利、民主权利,破坏国家对公务活动的规章规范,依照《刑法》规定应当予以刑事处罚的犯罪,包括《刑法》规定的"贪污贿赂罪""渎职罪"和国家机关工作人员利用职权实施的侵犯公民人身权利、民主权利的犯罪。

(二) 行政责任

上述《检察官法》第四十七条的检察官行为如果达不到刑事立案的标准,那么一般都应当承担行政责任,按照《公务员法》第六十二条的规定,公务员的行政责任,即行政处分分为:警告、记过、记大过、降级、撤职、开除。

## 第二节 检察官惩戒制度

### 一、我国检察官惩戒制度

(一) 检察官惩戒制度的概念

根据 2016 年 10 月 12 日最高人民法院、最高人民检察院发布的《关于建立法官、检察官惩戒制度的意见(试行)》,检察官惩戒制度有如下内容。

认定检察官是否违反检察职责,适用《关于完善人民检察院司法责任制的若干意见》的有关规定。人民检察院负责对检察官涉嫌违反审判、检察职责行为进行调查核实,并根据检察官惩戒委员会的意见作出处理决定。

(二) 检察官惩戒委员会的设立

我国在省(自治区、直辖市)一级设立检察官惩戒委员会。检察官惩戒工作办公室设在省级人民检察院。

(三) 检察官惩戒委员会的组成

惩戒委员会由政治素质高、专业能力强、职业操守好的人员组成,包括人大代表、政协委员、法学专家、律师代表以及检察官代表。检察官代表应不低于全体委员的50%,从辖区内不同层级人民检察院选任。

惩戒委员会主任由惩戒委员会全体委员从实践经验丰富、德高望重的资深法律界人士中推选,经省(自治区、直辖市)党委对人选把关后产生。

(四) 惩戒委员会的工作职责

检察官惩戒委员会承担以下工作职责:(1)制定和修订惩戒委员会章程;(2)根据人民检察院调查的情况,依照程序审查认定检察官是否违反检察职责,提出构成故意违反职责、存在重大过失、存在一般过失或者没有违反职责的意见;(3)受理检察官对审查意见的异议申请,作出决定;(4)审议决定检察官惩戒工作的其他相关事项。

(五) 惩戒委员会受理事项

惩戒委员会不直接受理对检察官的举报、投诉。如收到对检察官的举报、投诉材料,应当根据受理权限,转交有关部门按规定处理。

人民检察院在司法管理、诉讼监督和司法监督工作中发现检察官有涉嫌违反检察职责的行为,需要认定是否构成故意或者重大过失的,应当在查明事实的基础上提请惩戒委员会审议。除应报请惩戒委员会审议情形外,检察官的其他违法违纪行为由有关部门调查核实,依照法律及有关纪律规定处理。

惩戒委员会审议惩戒事项时,有关人民检察院应当向惩戒委员会提供当事检察官涉嫌违反检察职责的事实和证据,并就其违法检察行为和主观过错进行举证。当事检察官有权进行陈述、举证、辩解。

(六) 惩戒委员会的决定

惩戒委员会经过审议,应当根据查明的事实、情节和相关规定,经全体委员的三分之二以上的多数通过,对当事检察官构成故意违反职责、存在重大过失、存在一般过失或者没有违反职责提出审查意见。当事检察官或者有关人民检察院对审查意见有异议的,可以向检察官惩戒委员会提出。检察官惩戒委员会应当对异议及其理由进行审查,作出决定,并回复当事检察官或者有关人民检察院。

检察官违反检察职责的行为属实,惩戒委员会认为构成故意或者因重大过失导致案件错误并造成严重后果的,人民检察院应当依照有关规定作出惩戒决定,并给予相应处理:(1)应当给予停职、延期晋升、免职、责令辞职、辞退等处理的,按照干部管理权限和程序依法办理;(2)应当给予纪律处分的,依照有关规定和程序办理。

检察官违反审判、检察职责的行为涉嫌犯罪的,应当将违法线索移送有关司法机关处理。免除检察官职务,应当按法定程序提请人民代表大会常务委员会作出决定。

当事检察官对惩戒决定不服的,可以向作出决定的人民检察院申请复议,并有权向上一级人民检察院申诉。

## 二、中国检察官惩戒的具体事由

### (一)检察官的法定处分事由

《检察官法》第四十七条规定,检察官有下列行为之一的,应当给予处分;构成犯罪的,依法追究刑事责任:(1)贪污受贿、徇私枉法、刑讯逼供的;(2)隐瞒、伪造、变造、故意损毁证据、案件材料的;(3)泄露国家秘密、检察工作秘密、商业秘密或者个人隐私的;(4)故意违反法律法规办理案件的;(5)因重大过失导致案件错误并造成严重后果的;(6)拖延办案,贻误工作的;(7)利用职权为自己或者他人谋取私利的;(8)接受当事人及其代理人利益输送,或者违反有关规定会见当事人及其代理人的;(9)违反有关规定从事或者参与营利性活动,在企业或者其他营利性组织中兼任职务的;(10)有其他违纪违法行为的。此条与《公务员法》第五十条相衔接。

根据《公职人员处分法》,检察官所受政务处分的种类为:警告;记过;记大过;降级;撤职;开除。

检察官政务处分的期间为:警告,六个月;记过,十二个月;记大过,十八个月;降级、撤职,二十四个月。政务处分决定自作出之日起生效,政务处分期自政务处分决定生效之日起计算。

### (二)检察人员纪律处分事由

#### 1. 违反政治纪律的行为

政治纪律是指党组织和党员的政治言论、政治行动的规范。政治纪律是维护党的政治原则、政治方向和党的政治路线的纪律。违反政治纪律的行为包括:(1)通过各种形式公开发表坚持资产阶级自由化立场,反对四项基本原则,反对党的改革开放决策的文章、演说、宣言、声明,妄议中央大政方针,破坏党的集中统一等行为;(2)组织、参加反对党的基本理论、基本路线、基本纲领、基本经验、基本要求或者重大方针政策的集会、游行、示威等活动;(3)组织、参加旨在反对党的领导、反对社会主义制度或者敌视政府等组织的行为;(4)搞团团伙伙、结党营私、拉帮结派、培植私人势力或者通过搞利益交换、为自己营造声势等活动捞取政治资本的行为;(5)拒不执行党和国家的方针政策以及决策部署的,故意作出与党和国家的方针政策以及决策部署相违背的决定的,擅自对应当由中央决定的重大政策问题作出决定和对外发表主张的行为;(6)挑拨民族关系制造事端或者参加民族分裂活动的行为;(7) 组织、利用宗教活动反对党的路线、方针、政策和决议,破坏民族团结的行为;(8) 对抗组织调查的行为;(9) 组织迷信活动的行为;(10) 在国(境)外、外国驻华使(领)馆申请政治避难,或者违纪后逃往国(境)外、外国驻华使(领)馆的行为;(11) 在涉外活动中,其言行在政治上造成恶劣影响,损害党和国家尊严、利益的行为;等等。

2. 违反组织纪律的行为

组织纪律是指处理各级党组织之间以及党组织和党员之间关系的规范。违反组织纪律的行为包括:(1) 违反民主集中制原则,拒不执行或者擅自改变组织作出的重大决定,或者违反议事规则,个人或者少数人决定重大问题的行为;(2) 下级检察机关拒不执行或者擅自改变上级检察机关决定的行为;(3) 拒不执行组织的分配、调动、交流等决定的行为;(4) 在特殊时期或者紧急状况下,拒不执行组织决定的行为;(5) 离任、辞职或者被辞退时,拒不办理公务交接手续或者拒不接受审计的行为;(6) 不按照有关规定或者工作要求,向组织请示报告重大问题、重要事项的行为;(7) 不按要求报告或者不如实报告个人去向的行为;(8) 篡改、伪造个人档案资料的行为;(9) 领导干部违反有关规定组织、参加自发成立的老乡会、校友会、战友会等,情节严重的行为;(10) 诬告陷害他人意在使他人受纪律追究的行为;(11) 违反选举制度的行为;(12) 违反干部选拔作用规定的行为;(13) 违反有关规定在人员录用、考评考核、职务晋升和职称评定等工作中,隐瞒、歪曲事实真相,或者利用职权、职务上的影响为本人或者他人谋取利益的行为;(14) 违反有关规定办理因私出国(境)证件、港澳通行证、大陆居民来往台湾通行证,或者未经批准出入国(边)境的行为;(15) 在临时出国(境)团(组)中擅自脱离组织,或者从事外事、机要等工作的检察人员违反有关规定同国(境)外机构、人员联系和交往的行为。

3. 违反办案纪律的行为

办案纪律是指检察人员在履职办案过程中应该遵守的职业规范。违反办案纪律的行为包括:(1) 故意伪造、隐匿、损毁举报、控告、申诉材料,包庇被举报人、被控告人,或者对举报人、控告人、申诉人、批评人打击报复的行为;(2) 泄露案件秘密,或者为案件当事人及其近亲属、辩护人、诉讼代理人、利害关系人等打探案情、通风报信的行为;(3) 擅自处置案件线索、随意初查或者在初查中对被调查对象采取限制人身自由强制性措施的行为;(4) 违反有关规定搜查他人身体、住宅,或者侵入他人住宅的行为;(5) 违反有关规定采取、变更、解除、撤销强制措施的行为;(6) 违反有关规定限制、剥夺诉讼参与人人身自由、诉讼权利的行为;(7) 违反职务犯罪侦查全程同步录音录像有关规定的行为;(8) 殴打、体罚虐待、侮辱犯罪嫌疑人、被告人及其他人员的行为;(9) 采用刑讯逼供等非法方法收集犯罪嫌疑人、被告人供述,或者采用暴力、威胁等非法方法收集证人证言、被害人陈述的行为;(10) 故意违背案件事实作出勘验、检查、鉴定意见的行为;(11) 违反有关规定阻碍律师依法行使会见权、阅卷权、申请收集调取证据等执业权利,情节较重的行为;(12) 违反有关规定应当回避而故意不回避,或者拒不服从回避决定,或者对符合回避条件的申请故意不作出回避决定的行为;(13) 私自会见案件当事人及其近亲属、辩护人、诉讼代理人、利害关系人、中介组织,或者接受上述人员提供的礼品、礼金、消费卡等财物,以及宴请、娱乐、健身、旅游等活动的行为;(14) 有重大过失,不履行或者不正确履行司法办案职责,造成下列后果之一的行为:认定事实、适用法律出现重大错误,或者案件被错误处理的;遗漏重要犯罪嫌疑人或者重大罪行的;错误羁押或者超期羁押犯罪嫌疑人、被告人的;犯罪嫌疑人、被告人串供、毁证、逃跑的;涉案人员自杀、自伤、行凶的;其他严重后果或者恶劣影响的;(15) 负有监督管理职责的检察人员因故意或者重大过失,不履行或者不正确履行监督管理职责,导致司法办案工作出现错误的行为;(16) 故意伪造、隐匿、损毁证据材料、诉讼文书的行为;(17) 丢失案卷、案件材料、档案的,给予警告、记过或者记大过处分的行为;(18) 违反有关规定对司法机关、行政机关违法行使职权或者不行使职权的行为不履行法律监督职责,造成严重后果或者恶劣影响的行为;(19) 违反有关规定干预司法办案活动的行为;(20) 对领导干部违规干预司法办案活动、司法机关内部人员过问案件,两次以上不记录或者不如实记录的行为;(21) 利用检察权或者借办案之机,借用、占用案件当事人、辩护人、诉讼代理人、利害关系人或者发案单位、证人等的住房、交通工具或者其他财物,或者谋取其他个人利益的行为;(22) 违反办案期限或者有关案件管理程序规定的行为。

4. 违反廉洁纪律的行为

廉洁纪律是指检察官在从事办案活动或其他与行使职权有关的活动中,应当遵守的廉洁用权的行为规范。违反廉洁纪律的行为包括:(1) 利用职权或者职务上的影响为他人谋取利益,本人的配偶、子女及其配偶等亲属和其他特定关系人收受对方财物的行为;(2) 相互利用职权或者职务上的影响为对方及其配偶、子女及其配偶等亲属、身边工作人员和其他特定关系人谋取利益搞权权交易的行为;(3) 纵容、默许配偶、子女及其配偶等亲属和身边工作人员利用本人职权或者职务上的影响谋取私利的行为;(4) 检察人员的配偶、子女及其配偶未从事实际工作而获取薪酬或者虽从事实际工作但领取明显超出同职级标准薪酬,检察人员知情未予纠正的行为;(5) 收受可能影响公正执行公务的礼品、礼金、消费卡等的行为;(6) 收受其他明显超出正常礼尚往来的礼品、礼金、消费卡等的行为;(7) 向从事公务的人员及其配偶、子女及其配偶等亲属和其他特定关系人赠送明显超出正常礼尚往来的礼品、礼金、消费卡等的行为;(8) 利用职权或者职务上的影响操办婚丧喜庆事宜,在社会上造成不良影响的行为;(9) 在操办婚丧喜庆事宜中,借机敛财或者有其他侵犯国家、集体和人民利益的行为;(10) 接受可能影响公正执行公务的宴请或者旅游、健身、娱乐等活动安排,情节较重的行为;(11) 违反有关规定取得、持有、实际使用运动健身卡、会所和俱乐部会员卡、高尔夫球卡等各种消费卡,或者违反有关规定出入私人会所、夜总会的行为;(12) 违反有关规定从事营利活动的行为;(13) 领导干部的配偶、子女及其配偶,违反有关规定在该领导干部管辖的区域或者业务范围内从事可能影响其公正执行公务的经营活动,或者在该领导干部管辖的区域或者业务范围内的外商独资企业、中外合资企业中担任由外方委派、聘任的高级职务的行为;(14) 领导干部或者在司法办案岗位工作的检察人员的配偶、子女及其配偶在其本人任职的检察机关管辖区域内从事案件代理、辩护业务的行为;(15) 领导干部违反工作、生活保障制度,在交通、医疗等方面为本人、配偶、子女及其配偶等亲属和其他特定关系人谋求特殊待遇的行为;(16) 在分配、购买住房中侵犯国家、集体利益,情节较轻的行为;(17) 利用职权或者职务上的影响,侵占非本人经管的公私财物,或者以象征性地支付钱款等方式侵占公私财物,或者无偿、象征性地支付报酬接受服务、使用劳务的行为;(18) 利用职权或者职务上的影响,将本人、配偶、子女及其配偶等亲属应当由个人支付的费用,由下属单位、其他单位或者他人支付、报销的行为;(19) 利用职权或者职务上的影响,违反有关规定占用公物归个人使用,时间超过 6 个月的行为;(20) 违反有关规定组织、参加用公款支付的宴请、高消费娱乐、健身活动,或者用公款购买赠送、发放礼品的行为;(21) 违反公务接待管理规定,超标准、超范围接待或者借机大吃大喝的行为;(22) 违反国家有关会议活动管理规定的行为;(23) 违反办公用房管理规定的行为;(24) 搞权色交易或者给予财物搞钱色交易的行为。

5. 违反群众纪律的行为

群众纪律是指党的组织和党员在贯彻执行党的群众路线中必须遵循的行为规范。违反群众纪律的行为包括:(1) 在检察工作中违反有关规定向群众收取、摊派费用的行为;(2) 在从事涉及群众事务的工作中,刁难群众、吃拿卡要的行为;(3) 对群众合法诉求消极应付、推诿扯皮,损害检察机关形象的行为;(4) 对待群众态度恶劣、简单粗暴,造成不良影响的行为;(5) 遇到国家财产和人民群众生命财产受到严重威胁时,能救而不救的行为。

6. 违反工作纪律的行为

工作纪律是指检察工作人员在日常的具体工作中应该遵守的行为规范。违反工作纪律的行为包括:(1) 在工作中不负责任或者疏于管理的行为;(2) 不履行全面从严治检主体责任或者履行全面从严治检主体责任不力的行为;(3) 因工作不负责任致使所管理的人员叛逃的行为;(4) 在上级单位检查、视察工作或者向上级单位汇报、报告工作时对应当报告的事项不报告或者不如实报告,造成严重后果或者恶劣影响的行为;(5) 违反有关规定干预和插手市场经济活动,造成不良影响的行为;(6) 违反有关规定干预和插手执纪执法活动,向有关地方或者部门打招呼、说情,或者以其他方式对执纪执法活动施加影响的行为;(7) 违反有关规定干预和插手公共财政资金分配、项目立项评审、奖励表彰等活动,造成严重后果或者恶劣影响的行为;(8) 泄露、扩散、窃取关于干部选拔任用、纪律审查等尚未公开事项或者其他应当保密的信息的行为;(9) 在考试、录取工作中,有泄露试题、考场舞弊、涂改考卷、违规录取等违反有关规定的行为;(10) 以不正当方式谋求本人或者他人用公款出国(境)的行为;(11) 临时出国(境)团(组)或者人员中的检察人员,擅自延长在国(境)外期限,或者擅自变更路线的行为;(12) 临时出国(境)团(组)中的检察人员,触犯所在国家、地区的法律、法令或者不尊重所在国家、地区的宗教习俗的行为;(13) 违反枪支、弹药管理规定的行为;(14) 违反有关规定使用、管理警械、警具的行为;(15) 违反有关规定使用、管理警车的行为;(16) 违反有关规定将警车停放在餐饮、休闲娱乐场所和旅游景区,造成不良影响的行为;(17) 旷工或者因公外出、请假期满无正当理由逾期不归,造成不良影响的行为;(18) 违反有关规定对正在办理的案件公开发表个人意见或者进行评论,造成不良影响的行为。

7. 违反生活纪律的行为

生活纪律是指公职人员在日常生活和社会交往中应当遵守的行为规范。违反生活纪律的行为包括:(1) 生活奢靡、贪图享乐、追求低级趣味,造成不良影响的行为;(2) 与他人发生不正当性关系,造成不良影响的行为;(3) 利用职权、教养关系、从属关系或者其他相类似关系与他人发生性关系的行为;(4) 违背社会公序良俗,在公共场所有不当行为,造成不良影响的行为;(5) 实施、参与或者支持卖淫、嫖娼、色情淫乱活动,吸食、注射毒品的行为;(6) 参与赌博的行为;(7) 为赌博活动提供场所或者其他方便条件的行为;(8) 有其他严重违反职业道德、社会公德、家庭美德的行为;等等。

## 三、检察官惩戒的责任形式

根据我国现行的法律法规与检察官纪律处分规定,检察官承担职业责任的主要形式有三种:执法过错责任、纪律处分、刑事责任。根据《检察官职业行为基本规范(试行)》第五十条规定,根据检察官违反职业行为基本规范责任的大小,依次会受到批评教育、纪律处分和依法追究刑事责任。

(一) 执法过错责任

检察官的执法过错,是指检察人员在执法办案活动中故意违反法律和有关规定,或者工作严重不负责任,导致案件实体错误、程序违法以及其他严重后果或者恶劣影响的行为。根据《检察人员执法过错责任追究条例》的规定,检察人员的执法过错责任的追究范围包括:一是检察人员在办案活动中故意实施的行为,包括(1) 包庇、放纵被举报人、犯罪嫌疑人、被告人,或者使无罪的人受到刑事追究的;(2) 刑讯逼供、暴力取证或者以其他非法方法获取证据的;(3) 违法违规剥夺、限制当事人、证人人身自由的;(4) 违法违规限制诉讼参与人的诉讼权利,造成严重后果或者恶劣影响的;(5) 超越刑事案件管辖初查、立案的;(6) 非法搜查或者损毁当事人财物的;(7) 违法违规查封、扣押、冻结款物,或者违法违规处理查封、扣押、冻结款物及其孳息的;(8) 对已经决定给予刑事赔偿的案件拒不赔偿或者拖延赔偿的;(9) 违法违规使用武器、警械的;(10) 其他违反诉讼程序或者执法办案规定,造成严重后果或者恶劣影响的。二是检察人员在执法办案活动中不履行、不正确履行或放弃履行职责,造成下列后果之一的,应当追究执法过错责任:(1) 认定事实、适用法律错误,或者案件被错误处理的;(2) 重要犯罪嫌疑人或者重大罪行遗漏的;(3) 错误或者超期羁押犯罪嫌疑人、被告人的;(4) 涉案人员自杀、自伤、行凶的;(5) 犯罪嫌疑人、被告人串供、毁证、逃跑的;(6) 举报控告材料或者其他案件材料、扣押款物遗失、损毁的;(7)举报控告材料内容或者其他案件秘密泄露的;(8)矛盾激化,引起涉检信访人多次上访、越级上访的;(9)其他严重后果或者恶劣影响的。

(二)责任的承担与分担

检察人员执法过错责任的承担与分担,根据不同的情况分别处理。(1)检察人员个人造成执法过错的,由个人承担责任。两名以上检察人员造成执法过错的,应当根据其各自所起的作用分别承担责任。(2)执法过程中有承办人员与主管人员的,承办人员与主管人员都有过错的,分别承担责任。主管人员不采纳或者改变承办人员的意见造成执法过错的,由主管人员承担责任;承办人员因执行主管人员的错误命令、决定造成执法过错的,由主管人员承担责任。承办人员有过错的,也应当承担相应责任;承办人员隐瞒、遗漏案件主要事实、证据或者重要情况,导致主管人员作出错误命令、决定并造成执法过错的,由承办人员承担责任。主管人员有过错的,也应当承担相应责任。(3)上下级检察院在执法中过错责任的承担。下级人民检察院的意见经上级人民检察院同意造成执法过错的,由下级人民检察院和上级人民检察院的有关人员分别承担责任。上级人民检察院不采纳或者改变下级人民检察院的意见造成执法过错的,由上级人民检察院有关人员承担责任。下级人民检察院因执行上级人民检察院的错误决定造成执法过错的,由上级人民检察院有关人员承担责任。下级人民检察院有关人员有过错的,也应当承担相应责任。下级人民检察院隐瞒、遗漏案件主要事实、证据或者重要情况,导致上级人民检察院作出错误命令、决定并造成执法过错的,由下级人民检察院有关人员承担责任。上级人民检察院有过错的,也应当承担相应责任。(4)集体决策导致执法错误的,由集体讨论的主持人和导致错误决定产生的其他人员分别承担责任。案件承办人隐瞒、遗漏案件主要事实、证据或者重要情况,导致集体讨论结果错误并造成执法过错的,由案件承办人承担责任。

免责理由。执法办案活动中虽有错误发生,但具有下列情形之一的,不追究检察人员的执法过错责任:(1)检察人员没有故意或者过失的;(2)有关法律、纪律规定免予追究或者不予追究的。

(三)责任追究程序

1. 发现过错线索

检察人员执法过错的线索,可以从以下途径发现:(1)受理来信来访和办理申诉、赔偿案件中发现;(2)执法办案内部监督和部门间相互制约中发现;(3)检务督察、专项检查、案件管理和业务指导中发现;(4)通过其他监督途径发现。

2. 线索调查

执法过错线索管理部门收到执法过错线索后,应当及时填写执法过错线索受理登记表,并在一个月内审核完毕,区分情况作出以下处理:(1)认为需要对执法过错线索进行调查的,报主管领导或者检察长批准后进行调查,也可以报请检察长另行指定部门进行调查;(2)认为没有执法过错或者虽有执法过错但符合免责情形的,提出不予调查的审核意见,报主管领导批准后回复提供线索的部门或者人员。

3. 被调查人的陈述和申辩

执法过错线索调查结束前,调查部门应当听取被调查人的陈述和申辩,并进行调查核实。对查证属实的申辩意见应当予以采纳,不予采纳的应当说明理由。

4. 形成调查报告

执法过错责任调查结束后,调查部门应当制作执法过错责任调查报告,并提请检察长办公会审议。调查报告应当包括下列内容:(1) 被调查人的基本情况;(2) 线索来源及调查过程;(3) 调查认定的事实;(4) 被调查人的申辩意见及采纳情况的说明;(5) 被调查人所在单位或者部门的意见;(6) 调查结论及处理意见;等等。

5. 作出处理决定

调查部门应当根据检察长办公会的决定制作执法过错责任追究决定书、不追究执法过错责任决定书、无执法过错责任决定书,送达被调查人及其所在单位、部门,并抄送执法过错线索管理部门。

6. 申诉、复查与复核

执法过错责任人对纪律处分或者组织处理决定不服的,可以自收到处分、处理决定书之日起三十日内向作出处分、处理决定的监察部门或者政工部门提出申诉,受理申诉的部门应当按照相关规定进行复查。执法过错责任人对复查决定仍不服的,可以自收到复查决定书之日起三十日内向上一级人民检察院监察部门或者政工部门申请复核。上一级人民检察院监察部门、政工部门应当按照相关规定进行复核。复查、复核期间,不停止原决定的执行。

(四) 纪律处分

检察人员的纪律处分,是指检察人员作出了违纪决定或者实施了违纪行为而应受到的处分,包括违反纪律或者法律、法规规定应当受到纪律追究的行为。根据《检察官法》第四十七条规定,以及《检察人员纪律处分条例》第四条、第五条的规定执行,有关内容在前面已有论述,在此不再赘述。

## 第三节 国外检察官惩戒制度

### 一、英国检察官惩戒制度

英国检察官惩戒制度可以从英格兰和威尔士皇家检控署的整套惩戒制度中窥其全貌,集中体现在《皇家检控署纪律政策》中。英国的检察机关具有明显的上下级等级制度的行政机关特征,针对检察官的纪律惩戒照理主要由其上级官员负责。皇家检控署的"公共检察主任"、首席皇家检察官、检察官业务主管、人力资源主管均有职责惩戒检察官。首席检察官的职责包括:全面支持整个组织实施政策和程序,确保管理人员和检察官进行调查,参与听证会。业务主管的职责为:贯彻执行政策及程序,根据当下的事实做出合理的决定,确保程序的正当性。人力资源主管的职责:协调程序与政策,就纪律处分的各个方面向员工提供意见,为监督和审查政策和程序的有效性提供资源,监督纪律案件。

检察官惩戒程序包括:(1)非正式讨论,主要是指业务主管对一些细微的违纪行为进行建议。(2)暂时停止行使正常工作职责。如果发现检察官确有违纪行为,上级主管可以对该检察官暂时停止行使工作职责,例如令其暂时回家(冷静期)、在对其进行调查期间将该检察官调离至其他地区或岗位等。但此种暂时性停职不是一种纪律惩罚,而是为避免对调查工作造成干扰的预防性措施。(3)初步调查。如果检察官的业务主管发现检察官可能发生了违纪行为,必须启动初查程序;如果情况复杂且有必要进行正式的详细调查,则业务主管应当通知人力资源主管等相关负责人。(4)正式调查。正式调查的主要方式是当面谈话,被调查的检察官可以有代理人或同事陪同,并可以在谈话过程中要求暂停谈话与其代理人讨论;此种正式调查一般应在15个工作日内完成,并随后作出正式的报告。(5)正式的纪律惩戒听证。如果有可能需作出对该检察官解职的最终惩罚,则必须召开正式的纪律惩戒听证会,并且至少提前5个工作日告知该检察官听证会事宜;被调查的检察官可以聘请代理人,但是某些特殊问题必须由该检察官亲自回答;如果该检察官或其代理人有正当理由不能参加听证会,业务主管应当重新安排听证会时间,但在特殊情形下也可以在该检察官缺席的情况下进行。(6)作出决定。调查程序完成后,可能作出不予警告、书面警告、最终书面警告、短期解职、解职等五种类型的决定。(7)申诉。被惩戒的检察官可以提出上诉从而开启上诉听证程序。上诉听证程序后作出的决定是终局性的,除非该惩罚决定是将该检察官解职,则该检察官还可以向公务员申诉委员会再次上诉。(8)刑事控告,如果检察官涉嫌违反刑法,则面临刑事指控。

苏格兰的《皇家办公室和检察署纪律政策和程序》中同样规定了非正式程序、正式纪律调查程序、暂停职务、决定程序、上诉等,具体的程序也与皇家检控署大同小异。总之,检察官违反了内部的纪律,定会受到相应的惩戒。如果检察官触犯了刑事法律,同样要受到刑事处罚。无论是《皇家检控署纪律政策》还是苏格兰《皇家办公室和检察署纪律政策和程序》均规定,检察官受到刑事追诉的同时必然会引起内部的纪律调查,有可能遭受刑事和内部纪律的双重惩罚。

## 二、美国检察官惩戒制度

美国检察体系分为联邦与州两个系统,检察官惩戒制度也可分为联邦检察官惩戒与州检察官惩戒。美国各州检察官制度差异较大,通常而言,州检察官的惩戒机构是各州的律师协会。由于美国绝大多数州检察官都是职业律师,因此他们也要受到州律师职业道德规范的制约。这里主要介绍美国联邦检察官惩戒制度。联邦检察官的惩戒由美国司法部职业责任办公室负责。在1998年之前,美国司法部认为,联邦检察官执业不需要受到所在州检察官伦理规则的约束,因为"尽管各州有权规制准许在该州执业的律师之伦理行为,但只有在其不与联邦立法或者联邦检察官的联邦职责冲突的情况下,这一权利才可以规制检察官"。1998年之后,《公民保护法》推翻了联邦检察官对州伦理规则遵守的豁免权。但总体而言,对联邦检察官的惩戒申诉的难度比各州检察官更难。根据美国联邦司法部《职业责任办公室2013财政年年度报告》,2011—2013年启动的申诉案件总数在整体上呈现下降趋势,同时,申诉中有绝大部分没有启动相应的调查。在2016财政年的659件申诉案件中,仅启动64件问询或调查,启动率不足10%;其中26件为正式调查(investigation),剩下的32件为一般问询(inquiry)。

美国检察官的不端行为被分为两大类:庭审不端行为和庭外不端行为。前者主要包括在庭审时向陪审团做煽动性陈述或错误地描绘证据。后者则包括不当处理物证(使物证或者案卷灭失)、威胁证人、报复性起诉、隐瞒无罪证据以及在大陪审团庭审程序中的不端行为等。但实际情况是,美国检察官的不端行为很少能够受到惩戒。2003年,美国公共廉政中心研究团队花了三年时间调查了从1970年开始上诉法院中涉及检察官不端行为的11 452件案件,其中有2 012件案件法官认可了检察官的不端行为,并撤销起诉、推翻原判决或者减少刑期。其中有513件案件,法官认为检察官的不端行为已经较为严重。绝大多数案件基于无害错误规则而维持原判。这些案件只是美国检察官不端行为的冰山一角,考虑到美国刑事案件中不到5%的审判比例,有95%的案件在正式判决前已经被解决,而这些过程中的不端行为几乎无法被发现。庭审外的不端行为绝大多数无法被发现,也就无法精确估计它们的规模与程度。

## 三、德国检察官惩戒制度

德国对联邦检察官的惩戒程序与对联邦法官的惩戒程序基本相同,惩戒机构是联邦职务法庭。根据《德国法官法》第61条规定,联邦职务法庭是联邦最高普通法院的一个特别法庭,联邦职务法庭审理案件时,由五位职业法官合议审理裁判,审判长及两位常任陪席法官均为联邦最高普通法院的法官,其他两位非常任联席法官均为任职于当事人所属同一法院系统的终身制法官。联邦检察长兼任联邦纪律惩戒检察官的职务。联邦职务法庭在审理检察官的惩戒事件时,非常任陪席法官由检察官担任。《德国法官法》第63条规定,对纪律问题的处理程序适用《德国联邦纪律法》,根据1998年《德国联邦纪律法》,当检察官有违反职务纪律行为时,其所属长官应为事前调查,经过调查如果检察官有违反纪律的事实且有处罚的必要时,申请启动正式惩戒程序。惩戒种类有暂时停职处分、停薪处分等,联邦职务法庭也可以对这些处分进行撤销[①]。

## 四、法国检察官惩戒制度

法国检察官在司法体系里地位崇高,检察官的行为自然也要受到相关法律制度与

---

[①] 参见邓辉、谢小剑:《责任与独立:检察官纪律惩戒的双重维度》,《环球法律评论》2010年第5期。

职业伦理规则的规范。与检察官惩戒制度相关的规则有《有关〈司法官章程〉的法令》《司法官组织法》，最高司法官委员会编写的《职业道德义务汇编》《司法官职业道德守则汇编》等。在法国，认定检察官的惩戒程序比较复杂，分为行政程序与惩戒程序，检察院的检察长参与行政程序，惩戒程序需要向最高司法官委员会提起诉讼。行政程序的启动，一般是检察长得知检察官的过错行为后，经过必要的核实后，向有过错的检察官下达一个口头或者书面的警告，形成文件纪要，记入个人档案，期限为三年，此三年内该检察官不能晋升职务。在进行口头警告之前，需要经过对审辩论，检察官的辩护人必须出席。最高司法委员会的惩戒程序更为复杂，检察官惩戒委员会由驻最高法院检察总长作为主席，包括八名司法官和八名有资格的非司法官。最高司法官可以通过三个不同的渠道受理检察官的纪律指控：当事人提起的诉讼、检察长提起的诉讼、司法部长提起的诉讼①。

### 五、日本检察官惩戒制度

根据日本《检察厅法》第23条规定，对日本检察官的非违纪处分由检察官资格审查会处理，检察官资格审查会设置在总理府，有很大的独立性。日本检察官是公务员，其纪律惩戒适用《国家公务员法》，惩戒处分由其任命者作出。根据日本《检察厅法》第15条规定，检事总长、次长检事及各检事长职务，由日本内阁任命，并由天皇作出认证，检事及副检事的任命，根据国家公务员法的一般规则，由法务大臣任命。因此，检事总长、次长检事及各检事长由内阁作出纪律惩戒决定，对检事及副检事由法务大臣作出纪律惩戒决定②。检察官的惩戒方式有：警告、降薪、停职、免职等。受到惩戒的情形有：违反了国家公务员法或者依改法所发布的命令；违反了职务上的义务或者渎职、消极怠工等；违法乱纪或者实施了其他有损于全体国民的不正当行为③。

**思考题**

1. 简述我国检察官的权力清单。
2. 简述我国检察官承担法律责任的具体情形。
3. 简述我国检察官的法定处分事由。
4. 简述我国检察官的纪律处分事由。
5. 简述我国检察官的责任追究程序。
6. 简述英国、美国、德国、法国、日本检察官惩戒制度。

---

① 参见许身健：《法律职业伦理》，中国政法大学出版社2019年版，第410—411页。
② 参见邓辉、谢小剑：《责任与独立：检察官纪律惩戒的双重维度》，《环球法律评论》2010年第5期。
③ 参见何家弘主编：《检察制度比较研究》，中国检察出版社2008年版，第397—398页。

# PART FOUR 第四编　律师职业伦理

在一个刑事案件中,律师替一个他明知是有罪的人辩护是完全妥当的。非但如此,而且律师还可以收取费用,他可以出庭替一个他明知是有罪的人辩护并接受酬劳而不感到良心的谴责。

——[美]朗·L.富勒

# 第十一章 律师职业的历史和现状

## 第一节 中国的律师职业

### 一、中国古代的讼师

律师制度在我国也是舶来品,清末自西方引进。中国古代,也有专门帮助别人打官司与代理诉讼事务的,被称为"讼师"。中国最早的讼师是邓析,有人称其为中国讼师的祖师爷,也是中国"律师"的鼻祖。春秋时期,郑国人邓析不仅法律知识渊博且能言善辩,可以"操两可之辩,设无穷之词","持之有故,言之成理"。他曾经聚众讲学,传授法律知识和诉讼方法,还助人诉讼①。

传说中邓析的诡辩水平无人能及,已达到"以非为是,以是为非,是非无度,可与不可日变。所欲胜因胜,所欲罪因罪"的程度,但这些说法显然不符合现代法治所要追求的理性价值与正义目标,"讼师"之贬义可能由此而来。讼师是中国古代民间以提供诉讼咨询、代写状词等法律服务而获取主要收入的人。不过与现代律师不同,讼师在中国古代不是一个合法的职业。这可能与人们对讼师的认知以及讼师本身的作为有关。

在现代意义"律师"一词被普遍使用之前,大多数英汉词典将英文 lawyer 译为"讼师"。鉴于讼师一词在人们心中的负面影响,若将西方存在了数百年的律师制度与讼师挂钩,可能会影响这一制度在中国的确立,因此清末法制改革中,修订法律大臣沈家本、伍廷芳在《刑事民事诉讼法草案》中沿用了现代意"律师"一词并以英国法制为范本初步设计了中国律师制度。1912 年 9 月 16 日,中国第一部律师单行法《律师暂行章程》公布实施,这标志着律师制度在中国正式确立。"律师"一词精准地阐释了汉语对接英文 lawyer 的含义。自秦至清长达两千多年的封建社会中,"律"一直是国家法律的通用名称,用"律师"一词指称西方法律专业服务人员,既符合汉语的基本造词原则,又能与传统话语中以负面形象出现的"讼师"划清界限。

---

① 邓析之死正好说明了讼师的命运。邓析"不法先王,不是礼义,而好治怪说,玩琦辞……足以欺惑愚众",必然会导致"郑国大乱,民口喧哗"。这给邓析带来了杀身之祸。公元前 501 年,邓析被郑国执政驷歂处死。《左传·定公九年》载:"郑驷歂杀邓析,而用其竹刑。君子谓子然于是不忠。苟可以加于国家者,弃其邪可也。"

## 二、中国近代律师职业的产生与发展

汉语"律师"是一个具有现代意义的新词。中国古文献中虽有"律师"一词,却基本与世俗法律无关,是宗教上的术语。据考证,晚清张德彝可能是中国创造性使用现代意义"律师"一词的第一人。

清末著名法学家沈家本主持制定、1910年完成起草的《大清刑事、民事诉讼法》规定了律师可以参加诉讼。但因辛亥革命爆发,没有公布实行。

1911年,南京政府起草了律师法草案,这是第一部有关律师制度的成文法草案。后因袁世凯夺权而未公布实行。

1912年,北洋军阀政府制定了《律师暂行章程》和《律师登记暂行章程》,这是中国第一次公布的关于律师制度的成文立法。章程公布后,中国律师职业慢慢兴起,至北洋军阀政府末期,律师达到3 000人。

国民党政权于1927年公布了《律师章程》,1942年制定了《律师法》。这两个法律,奠定了国民党律师制度的基础,也是现在我国台湾地区律师制度的渊源。

当前,还在法院门口游荡着一些自称"有特殊路子"的既无没有律师执业资格,也无固定办公场所的"土律师",事实上就是古代讼师的影子。

## 三、新中国律师制度的演变

### (一)初步建立初期(1949—1956)

新中国成立之前,1949年2月22日,中共中央发布了《关于废除国民党〈六法全书〉和确定解放区司法原则的指示》。1949年9月29日,中国人民政治协商会议通过的《中国人民政治协商会议共同纲领》是一部宪法性文件,该纲领第十七条规定:"废除国民党反动派一切压迫人民的法律、法令和司法制度,制定保护人民的法律、法令,建立人民司法制度。"1950年12月21日,中央人民政府司法部发出《关于取缔黑律师及讼棍事件的通报》,指出旧律师制度已根据《中国人民政治协商会议共同纲领》第十七条废止,若旧律师仍有非法活动,对于法院威信及人民利益均有危害,应予取缔。

为了建立人民司法制度,在律师制度建设方面,政府在这个时期做了如下的律师制度建设工作:1950年7月,中央人民政府政务院第四十一次会议通过了《人民法庭组织通则》,第六条规定:"县(市)人民法庭及其分庭审判时,应保障被告有辩护及请人辩护的权利,但被告所请之辩护人,须经法庭认可后,方得出庭辩护。"这为以后新中国律师制度的设立铺设了制度基础。1953年,上海人民法院设立了"公设辩护人室",帮助刑事被告人进行辩护,1954年改设为"公设律师室",既为刑事被告人辩护,也为当事人提供法律援助。1954年7月,中央人民政府司法部在《关于试验法院组织制度中几个问题的通知》,指定在北京、上海、天津、重庆、武汉、沈阳等城市背靠文艺界法律顾问处,提供律师服务,逐步建立律师制度。1954年9月,新中国第一部宪法通过,同时通过了《法院组织法》,1954 年《宪法》第七十六条规定:"人民法院审理案件,除法律规定的特殊情况之外,一律公开进行,被告人有权获得辩护。"这是新中国建立律师制度的宪法依据。《法院组织法》第七条规定:"……被告人除自己行使辩护权外,可以委托律师为他辩护……"这是新中国立法文件中第一次出现"律师"概念,1956 年 7 月 10 日,国务院批准了司法部《关于建立律师工作的请示报告》和《律师收费暂行办法》,律师制度开始建立起来。到 1957 年 6 月,全国有 19 个省、市成立了律师协会,许多的县、市成立了法律顾问处,全国共有法律顾问处 800 多个,专职律师 2 500 多人,兼职律师 300 多人[①]。

(二) 全面否定时期(1957—1977)

1957 年 4 月 27 日,中共中央发布《关于整风运动的指示》,在全党开展整风运动。后来随着形势的变化,逐渐演变成为一场针对右派的反击运动。随着反右扩大化,许多律师被划为"右派"。全国各地的法律顾问处也基本上没有什么业务可做,名存实亡。后来的十年"文化大革命",公检法机构受到全面冲击,更不要说律师队伍了。这一时期,律师制度遭遇全面否定。

(三) 恢复重建时期(1978—2012)

1978 年 12 月 18 日至 22 日,党的十一届三中全会召开,会议公报提出:"为了保障人民民主,必须加强社会主义法制,使民主制度化、法律化,使这种制度和法律具有稳定性、连续性和极大的权威,做到有法可依,有法必依,执法必严,违法必究。""国要有国法,党要有党规党法。"1979 年《宪法》第四十一条第三款规定:"……被告人有权获得辩护。"自此,我国开始了律师制度的重建期。1980 年 8 月 26 日,第五届全国人民代表大会常务委员会第十五次会议通过了《律师暂行条例》,即我国第一部规范律师业的法律,这部法律将律师定位为"国家法律工作者",将律师执行职务的工作机构"法律顾问处"定位为是国家事业单位。三大诉讼法律——《刑事诉讼法》《民事诉讼法》《行政诉讼法》的制定颁布,推动了律师制度的发展。

1980 年 11 月 20 日,最高人民法院特别法庭开庭审理林彪、江青反革命集团案主犯,由最高人民检察院特别检察厅提起公诉。在此次审判中,十八名律师参与诉讼,十名律师作为辩护人出现在法庭上,中国律师的形象第一次展现在公众面前。彼时专职律师还很少,在十八名律师中,专职律师仅六名,十二名兼职律师是从北京、上海、武汉等地政法院校的老师中抽调而来。1983 年 7 月,虹口律师事务所挂牌,是中国大陆第一家律师事务所,开始了中国律师事务所改制的序幕。1984 年,试行全额管理、差额补助、超收提成以及实行自收自支的经费管理体制,法律顾问处逐步改称为律师事务所。

1986 年,全国律师资格考试开始。

1986 年 7 月 7 日,中华全国律师协会成立,标志着我国的律师管理由司法行政机关管理模式变革为司法行政和律师协会行业两结合管理模式。

---

① 参见许身健:《法律职业伦理》,中国政法大学出版社 2019 年版,第 95 页。

1988年后合作制律师事务所试点工作启动,将律师组织机构由国办所改革为合作所。

进入90年代后,我国对律师事务所与律师制度进行了体制的重大改革,完善律师事务所组织形式、改革律师资格授予制度、探索改革律师管理体制、允许外国律师事务所在中国设立办事机构、探索建立法律援助制度等。律师不再是国家行政干部,成为为社会提供法律服务的执业人员;律师事务所不再是国家行政机关,成为社会主义市场经济条件下的法律服务机构,形成了国资所、合作所、合伙所多种形式并存的格局;初步形成了司法行政机关行政管理和律师协会行业管理相结合的管理体制。1996年《律师法》颁布,标志着中国特色社会主义律师制度的形成。

进入21世纪后,司法行政机构对律师制度进行了进一步的完善。2002年1月,司法部制定了《关于进一步推动律师工作改革的若干意见》,提出开展公职、公司律师试点,完善律师事务所组织形式和运作机制,加强对律师执业活动的监督。2002年3月,由"律师资格考试""初任法官资格考试""初任检察官资格考试"三种考试合而为一的国家统一司法考试施行。2007年,立法机关对《律师法》进行了修订,明确了律师职业的性质,即律师是"社会主义法律工作者"。2008年4月,中组部、司法部发布《关于进一步加强和改进律师行业党的建设工作的通知》,要求加强律师行业的政治领导。2008年5月,全国律协党组发出《关于贯彻落实〈关于进一步加强和改进律师行业党的建设工作的通知〉的若干意见》。

2008—2010年,为落实修订后的《律师法》,司法部先后修订或制定了《律师执业管理办法》《律师事务所管理办法》《律师和律师事务所执业证书管理办法》《律师事务所年度检查考核办法》《律师和律师事务所违法行为处罚办法》等规章。

2010年11月,中共中央办公厅、国务院办公厅转发《司法部关于进一步加强和改进律师工作的意见》,强调律师是中国特色社会主义法律工作者的定位,要坚持党对律师工作的领导,确保律师工作的社会主义方向,把好律师队伍"入口关",政治素质、业务素质、职业道德素质不好的,不能当律师。

(四) 深化改革时期(2013至今)

这个阶段,我国律师事业的发展进入一个新时期,律师制度改革作为我国全面深化改革的一个重要组成部分,党中央明确要深化律师制度改革,将律师定位为社会主义法治工作队伍的重要组成部分,对加强律师行业党的建设和思想政治建设、完善律师维权惩戒工作机制、加强律师事务所管理、发挥律师协会自律作用等作出了部署。

2013年11月,党的十八届三中全会召开,会议通过了《中共中央关于全面深化改革若干重大问题的决定》,对新时代全面深化改革作出了部署。

2013年12月30日,中央全面深化改革领导小组成立,党中央对我国的律师行业改革与发展作出了全面部署。以下内容是党的十八届三中全会以来有关律师制度的一系列重要改革文件与政策。

2014年10月,党的十八届四中全会召开,会议通过了《中共中央关于全面推进依法治国若干重大问题的决定》,要求大力提高法治工作队伍思想政治素质、业务工作能力、职业道德水准;加强法律服务队伍建设,增强广大律师走中国特色社会主义法治道路的自觉性和坚定性,构建社会律师、公职律师、公司律师等优势互补、结构合理的律师队伍。完善法律职业准入制度。

2014年,中华全国律师协会制定《律师职业道德基本准则》。

2016年6月,中共中央办公厅、国务院办公厅发布《关于深化律师制度改革的意见》,就律师职业伦理方面提出了以下要求:(1)加强职业道德建设。每名律师每年接受不少于十二课时的职业道德培训,量化考核标准,实现律师职业道德教育经常化、制度化。(2)推进律师执业信息公开,建立全国律师信息查询系统,建立中国律师诚信网,完善律师行为信用记录制度,纳入全国统一的信用信息共享交换平台。(3)健全律师执业行为规范。完善进一步规范律师执业行为的规章和行业规范,制定律师会见在押人员和参与庭审应当遵守的规定及惩戒办法,完善律师和律师事务所违法行为处罚办法、律师协会会员违规行为处分规则,依法规范律师与司法人员、司法行政人员的接触交往行为。(4)严格执行执业惩戒制度。建立健全投诉受理、调查、听证处理等工作程序,加强行政处罚和行业惩戒的工作衔接。完善处罚种类。对因违法违纪被吊销执业证书的律师,终身禁止从事法律职业。实行律师不良执业信息记录披露和查询制度,及时发布律师失信惩戒信息。定期发布被注销、吊销律师执业证书人员的公告。

2016年6月16日,中共中央办公厅、国务院办公厅印发了《关于推行法律顾问制度和公职律师公司律师制度的意见》,提出的目标任务是:2017年底前,中央和国家机关各部委,县级以上地方各级党政机关普遍设立法律顾问、公职律师,乡镇党委和政府根据需要设立法律顾问、公职律师,国有企业深入推进法律顾问、公司律师制度,事业单位探索建立法律顾问制度,到2020年全面形成与经济社会发展和法律服务需求相适应的中国特色法律顾问、公职律师、公司律师制度体系。

2017年8月,最高人民法院、最高人民检察院、公安部、国家安全部、司法部发布《关于开展法律援助值班律师工作的意见》,要求发挥法律援助值班律师在以审判为中心的刑事诉讼制度改革和认罪认罚从宽制度改革试点中的职能作用,依法维护犯罪嫌疑人、刑事被告人诉讼权利,加强人权司法保障,促进司法公正。

2017年2月17日,司法部、财政部发布《关于律师开展法律援助工作的意见》,对律师参加法律援助提出了明确而具体的要求,如倡导每名律师每年提供不少于二十四小时的公益服务,在律师执业年度考核中将律师履行法律援助义务情况作为重要考核依据等。

2017年9月30日,最高人民法院、司法部发布《关于开展律师调解试点工作的意见》(司发通〔2017〕105号),要求充分发挥律师在预防和化解矛盾纠纷中的专业优势、职业优势和实践优势,健全完善律师调解制度,推动形成中国特色的多元化纠纷解决体系。

2017年,中华全国律师协会审议通过《律师协会维护律师执业权利规则(试行)》、修订《律师协会会员违规行为处分规则(试行)》。

2018年10月31日,在中国律师团队的协助下,中国氟聚产业在美国对华聚四氟乙烯树脂产品反倾销调查中获得完胜。

我国律师制度经过一段时间的发展,律师队伍从1979年的200多人发展到2018年底的42.3万多人,律师事务所由70多家发展到3万多家,实现了县域以上律师服务全覆盖。律师服务的领域也越来越宽广,我国律师制度刚恢复重建时,办理的案件基本上都是刑事案件,随着社会经济的发展,逐渐介入民事、经济案件,部分律师的业务发展方向拓展到非诉讼业务。时至今日,律师业务已无处不在。据统计,全国律师目前每年办理各类法律事务1000多万件,其中诉讼案件近500万件,非诉讼法律事务100多万件,为70多万家党政机关、人民团体和企事业单位担任法律顾问。此外,广大律师积极参政议政,认真履行社会责任。年均承办法律援助案件50多万件,提供公益法律服务230多万件(次),涌现出高宗泽、佟丽华、赵春芳、马兰等一大批优秀律师和优秀律师事务所。全国有666名律师担任党的各级代表大会代表、2790名律师担任各级人大代表、5439名律师担任各级政协委员,其中39名律师担任全国人大代表和政协委员[①]。

## 第二节 中国律师的职业化进程

### 一、律师职业化的构成因素

判断律师职业化的标准是什么?学界对此有不同的标准。关于职业化的标准,美国社会学家哈罗德·威伦斯基(Harold l. Wilensky)认为有以下条件:(1)具备一定数量的全职从业人员;(2)具有培训从业人员的专门学校;(3)建立职业自律组织;(4)获得法律承认或者保护;(5)具有职业伦理[②]。还有专家认为,职业化的构成有四个要素:职业资质、职业体能、职业意识、职业道德。

我国律师职业目前已经实现了以下条件:(1)职业资质,从事律师职业,必须通过国家法律职业资格考试,并获得律师执业资格证。(2)职业技能,从事律师职业,要具备一定的学历条件与培训经历。(3)职业组织,从事律师职业,要成为律师协会会员。全国性的行业组织有中华全国律师协会,各个地方均建立了地方性律师协会。(4)职业伦理,律师必须遵守律师职业伦理规范。(5)国家认可,国家制定了《律师法》,相关法律制

---

[①] 刘子阳:《律师制度恢复重建40周年大事记》,《法制日报》2019年5月9日。
[②] Harold L. Wilensky. The Professionalization of Everyone? *Amweican Journal of Sociology*,Vol. 70,No. 2,1964,pp.137 - 158.

度认可了律师职业及制定了律师参与诉讼活动与代理行为的制度规范,行政管理部门也制定了规范律师行业的规范性文件,律师在我国已经得到国家的承认与社会的广泛认可。

## 二、中国律师职业化形成的因素

### (一) 宪法和法律法规的规定

1954年《宪法》规定了被告人"有权获得辩护"的宪法权利,这是我国律师制度最早的宪法依据。1980年8月制定的《律师暂行条例》是我国的第一部律师法律制度,规定了律师的任务和权利、律师资格、律师的工作机构等内容,为律师的职业化确立了法律基础。1996年5月通过的《律师法》,在《律师暂行条例》的基础上,结合十多年律师工作的经验,完善了律师制度。后又经多次修订,我国律师法律制度日益完善。

### (二) 法律服务市场

律师作为一种职业,是建立在市场对法律服务需求的基础上的。自改革开放以来,我国的法律服务市场逐步形成,并且逐渐成熟。一是对外开放吸引了大量的外资企业来国内投资设厂,开展中外合资合作,带来了外商投资的法律服务需求,外商投资合同与外资投资产生的法律纠纷需要我国律师提供相应的法律服务;二是随着我国经济社会的发展,公民的财富日益增长,经济活动日益频繁,公民的权利意识也日益增强,涉及公民的人身权利与财产权利纠纷的案件越来越多,催生出一个巨大的法律服务市场;三是随着我国人权保护的加强,刑事法律制度的完善,刑事被告人的辩护人一般需要由律师担任,也为律师业的发展拓展了新的空间;四是党和政府加强法治国家、法治政府、法治社会一体化建设,政府公职律师和公司律师的需求加大,为律师业务发展提供了新的机会;五是我国法律援助制度和调解制度的不断完善,需要律师提供法律援助服务,参与社会纠纷的调解,为律师拓展了新业务领域。随着我国法律制度的不断完善,法治国家建设的不断推进,法律服务市场不断扩大,律师业务的拓展与需求也会不断扩大。

### (三) 律师行业组织

新中国成立之后,我国政府试图借鉴苏联的法律律师,组建了不少政府经办的律师机构,同时也成立了协会行业组织,1952年成立了北京市律师协会。到1957年6月,我国不少省、市、县成立了律师协会。随着后来律师行业的全面停止,这些行业组织也基本解散。改革开放之后,我国恢复了律师制度,相应的律师行业组织也逐步恢复。1979年8月10日,北京市律师协会恢复,1982年4月召开了第一次北京律师代表大会。1985年7月25日,中央书记处第221次会议决定:同意成立中华全国律师协会,在司法部指导下进行工作。1986年7月5日,第一次全国律师代表大会在北京举行。根据《中华全国律师协会章程》第二条的规定,中华全国律师协会是由律师、律师事务所组成的社会团体法人,是全国性的律师自律组织,依法对律师行业实施管理。协会章程规定,律师协会会员分为团体会员和个人会员。依照律师法取得律师执业证书的律师,为协会个人会员;依法批准设立的律师事务所为协会团体会员。1996年通过的《律师法》第三十七条规定,律师协会是社会团体法人,是律师的自律性组织。全国设立中华全国律师协会,省、自治区、直辖市设立地方律师协会,设区的市根据需要可以设立地方律师协会。《律师法》规定了律师协会的职责。

(四)法律职业教育

1952年,我国政府对高等院校进行了院系调整,形成法学教育的五院四系格局:五院是指五所政法院校,即北京政法学院、华东政法学院、中地政法学院、西南政法学院、西北政法学院;四系是指北京大学法律系、中国人民大学法律系、武汉大学法律系、吉林大学法律系。新中国成立之初,我国培养的法律专业人才主要来自五院四系。"文化大革命"结束后,我国恢复了高考制度,不仅传统的五院四系恢复了法科生的招生,其他高等院校也纷纷设立法律院系,招收法科生。随着我国社会经济的发展,法律人才的需求越来越大,高校法科生的招生数量也不断扩大。为了做好法律职业人才的培养,办好法律职业教育,1996年,国务院学位委员会第十四次会议审议通过了《专业学位设置审批暂行办法》,设置法律专业硕士学位,法学专业的研究生从此分成学术学位研究生与专业学位研究生两类。法律硕士学位是具有特定法律职业背景的职业性学位,主要培养面向立法、司法、律师、公证、审判、检察、监察及经济管理、金融、行政执法与监督等部门、行业的高层次法律专业人才与管理人才。教育部批准在北京大学、中国人民大学、中国政法大学等八所院校首批试点。1998年,成立全国法律硕士专业教育指导委员会,负责指导全国法律硕士专业人才的培养。此后,法律硕士研究生的招生政策经过了几次调整。1998年,允许在职人员报考攻读法律硕士专业学位。2000年起,不再允许法律专业本科毕业生(含同等学力)报考法律硕士,而只招收具有大学本科学历(或同等学力)的非法律专业毕业生。从2009年起,法学本科毕业生也可报考法律硕士,学位名称为法律硕士(法学);非法律专业毕业生只能报考法律硕士(非法学)学位。

为了促使高等院校的法学人才的培养面向法律职业市场,教育部于2018年发布《法学本科专业教育质量国家标准》,本科生法学设三个专业:法学、知识产权、监狱学。培养目标为:法学类专业人才培养要坚持立德树人、德法兼修,适应建设中国特色社会主义法治体系,建设社会主义法治国家的实际需要。培养德才兼备,具有扎实的专业理论基础和熟练的职业技能、合理的知识结构,具备依法执政、科学立法、依法行政、公正司法、高效高质量法律服务能力与创新创业能力,熟悉和坚持中国特色社会主义法治体系的复合型、应用型、创新型法治人才及后备力量。法学类专业培养方案总学分应控制在160学分左右,其中实践教学累计学分不少于总学分的15%。除了思想政治课与通识课之外,法学专业的法学专业核心课程采取"10+X"分类设置模式。"10"指法学专业学生必须完成的10门专业必修课,包括:法理学、宪法学、中国法律史、刑法、民法、刑事诉讼法、民事诉讼法、行政法与行政诉讼法、国际法和法律职业伦理。"X"指各院校根据办学特色开设的其他专业必修课,包括:经济法、知识产权法、商法、国际私法、国际经济法、环境资源法、劳动与社会保障法、证据法和财税法。"X"选择设置门数原则上不低于五门。实践教学环节要求利用模拟法庭、法律诊所、专业实验室、实训基地和校外实习基地,独立设置实验、实训课程,组织专业实习,开展创新创业教育。实验、实训和专业实习课程应当制定教学大纲,明确教学目的与基本要求,明确专业实习的主要内容以及学时分配。专业实习时长不得低于10周。

教育部公布2018年法律硕士专业学位研究生指导性培养方案,方案分两类,一类适用于法学专业毕业生,一类适用于非法学专业毕业生。

适用于法学专业毕业生的培养方案,培养目标:主要培养立法、司法、行政执法和法律服务领域德才兼备的高层次的专门型、应用型法治人才。培养内容与学分:总学分不低于54学分。课程设置不低于34学分。课程分为必修课和选修课(推荐选修课和特色方向选修课)。必修课不低于18学分。必修课除公共课外,专业课有:法律职业伦理、民法与民事诉讼原理与实务、刑法与刑事诉讼原理与实务、行政法与行政诉讼原理与实务。选修课不低于16学分,各培养单位可从培养方案中推荐选修课中选定,也可根据培养目标及本单位特色,自行设置特色方向板块并开设相应的选修课程。培养方案推荐选修课10门。实践教学与训练不低于15学分,包括:法律写作、法律检索、模拟法庭、模拟仲裁、模拟调解、法律谈判。专业实习6学分。

适用于非法学专业毕业生的培养方案,培养目标:主要培养立法、司法、行政执法和法律服务以及各行业领域德才兼备的高层次的复合型、应用型法治人才。培养内容与学分:总学分不低于73学分。课程设置不低于53学分。课程分为必修课和选修课(含推荐选修课和特色方向选修课)。必修课不低于32学分,除公共课程外,包括:法律职业伦理、法理学、中国法制史、宪法学、民法学、刑法学、民事诉讼法学、刑事诉讼法学、行政法与行政诉讼法学、经济法学、国际法学。推荐选修课9门。特色方向选修课不低于8学分,各培养单位根据培养目标及本单位特色,自行设置特色专业方向板块并开设相应的自选课程。实践教学与训练不低于15学分,包括:法律写作、法律检索、模拟法庭、模拟仲裁、模拟调解、法律谈判。以上实践教学与训练可采取案例研习、法律诊所等方式进行。专业实习6学分。各培养单位统一组织学生在第二学年(含第一学年暑期)完成,专业实习时间不少于6个月,可以在律师事务所、企事业法务部门或司法机关等单位分阶段进行。定向研究生的实践教学与训练由各培养单位和定向单位参照以上要求确定培养、考核方式。

此次本科生与专业硕士研究生培养方案调整的一个重要特点就是增加了法律实践方面的课程与内容,主要是为学生毕业后进入法律职业作知识准备。而且,本科生与研究生的必修课增加了"法律职业伦理"课程。在此之前,该门课程由法学院自行决定是必修课还是选修课。

(五)法律职业资格考试

法律职业资格考试是法律职业证成的标准之一,应该说,职业资格考试标志着我国法律职业的真正建立。1986年我国开始进行律师资格全国统一考试，当年的9月27日、28日首次开考，每两年举办一次。1994年，司法部允许经过规定的法律培训的港澳台地区居民和外国公民参加律师资格考试，并将考试改为每年一次。2001年10月，最高人民法院、最高人民检察院、司法部发布《国家司法考试实施办法（试行）》，取代之前的律师资格考试，要求取得律师资格、初任法官、初任检察官，必须通过统一国家司法考试。2015年12月，中共中央办公厅、国务院办公厅印发《关于完善国家统一法律职业资格制度的意见》，从2018年开始，国家司法考试改为国家法律职业资格考试。从律师资格考试到统一国家司法考试，再到国家法律职业考试，这不仅是名称上的变化，而且是中国法律职业化进程中的里程碑事件。随着国家法律职业考试的统一与规范，相应的法律职业准入资格、任职条件、职业保障、职业惩戒等制度建立起来。

（六）律师职业伦理规范

司法部是我国律师行业的行政管理机构，在律师业恢复之后，司法部就开始着手构建我国律师的职业伦理规范。1990年11月，司法部颁布《律师十要十不要》，开始以职业伦理规范来规制律师行业与律师执业行为。1992年10月，司法部颁布《律师惩戒规则》，1993年12月颁布《律师职业道德和执业纪律规范》。1996年《律师法》规定的律师协会有"进行律师职业道德和执业纪律的教育、检查和监督"的职责。同年10月，中华全国律师协会制定了《律师职业道德和执业纪律规范》。此后，中华全国律师协会制定了一系列的律师职业伦理规范，如2004年《律师执业行为规范（试行）》、2014年《律师职业道德基本准则》、2017年《律师协会会员违规行为处分规则（试行）》。这一系列律师职业道德与伦理规范的制定，对约束与规范律师执业行为的重视，证明这个职业更加成熟，发展更加稳定。

# 第三节　国外的律师职业

"律师"（lawyer）在英语词典里的释义，根据《布莱克法律词典》（*Black's Law Dictionary*）的解释，律师是指"精通法律的人；代理人（attorney）、顾问（counsel）或者法律事务员（solicitor）；实践法律的人（A person who is practicing law）"。

## 一、西方律师的萌芽：古希腊的"雄辩家"

据史料记载，早在公元前5世纪，古希腊雅典已出现"雄辩家"。当时古希腊雅典的诉讼分为侦查和庭审两个阶段：庭审时允许双方当事人发言并进行辩论，也允许当事人委托他人撰写发言稿，并由被委托人在法庭上宣读。法官听取了双方的辩论并检验了双方提交的证据后，作出裁决。这种受委托为当事人撰写发言稿并在法庭上为其辩论的人被称为"雄辩家"，有点类似于现代的诉讼代理人。但由于这些"雄辩家"的活动没有形成一种职业,"雄辩家"也没有形成一个阶层,国家也没有相应的法律制度对其进行调整,所以古希腊雅典的"雄辩家"只能看作是律师的萌芽。

## 二、西方律师职业的起源

律师制度起源于古罗马。大约在奴隶制的罗马共和国时期,就有了律师制度的雏形。古罗马的"保护人"制度被认为是世界各国律师制度的起源。所谓"保护人"制度,是指保护人代表被保护人进行诉讼行为,即由作为保护人的亲属、朋友陪同被保护人出席法庭,在法庭审理时提供意见和帮助。当然,能够作为保护人的只是少数地位显赫的公民,而且诉讼代理人的选任必须在法庭上为之。起初当事人进行诉讼时必须亲自到庭,后来发展到当事人确有正当理由不能出庭时可委托他人到庭诉讼,代理人出庭应诉都以自己的名义。

公元前3世纪,僧侣贵族对法律事项的垄断被取消。此后,凡权利能力不受限制的罗马公民均享有出席法庭为当事人利益进行辩护的资格,诉讼代理行为扩大了适用范围。一些善于辞令的人就经常代人出庭辩护和代人办案,被称为"辩护士"。著名的古罗马法律文献《十二铜表法》中有多处关于辩护人出庭进行辩护活动的记载。罗马共和国后半期,经济生活迅速发展,各种社会矛盾异常尖锐,原有的法律规范已不能适应新的形势。为了缓和社会矛盾,维护其统治秩序,罗马共和国制定和颁布了大量法律、法令和规定。这一时期,法学家的活动十分活跃,不仅从事法学研究、著书立说,而且解答法律上的疑难问题,为诉讼当事人提供咨询意见等。法学家的一系列活动,迎合了统治阶级的需要,法律顾问、律师和法学研究人员三位一体的崇高地位得以确立。后来,罗马皇帝又以诏令的形式承认了诉讼代理制度,律师可以为平民咨询法律事项,法律也允许他人委托和聘请律师从事诉讼代理活动,而且国家通过考试来遴选具有完全行为能力、丰富法律知识的善辩之人担任诉讼代理人,规定他们代理诉讼可以获得报酬。自此,人类历史上第一批职业律师正式诞生,标志着律师制度得以确立。

古罗马的诉讼形式,是辩论式的,当事人在诉讼中具有平等的地位,法官处于第三者的地位,当事人之间就各自掌握的证据自由地辩论,法官根据双方辩论的结果作出裁判。这种诉讼结构,相比纠问式的诉讼,更有利于律师的出现。随着社会经济的发展,诉讼日益增多,有些诉讼当事人出于各种考虑,委托亲属或朋友代其诉讼。这种情况日渐增多,相沿成习。

公元前3世纪,古罗马皇帝以诏令的形式确定了"大教侣"从事"以供平民咨询法律事项"的职业。同时,还允许委托他人代理诉讼行为,于是,"职业律师"正式出现了。

## 三、古罗马的律师制度

(一)实行"二元制"的律师制度

古罗马的律师分为从业律师和候补律师。统治阶级出于多种考虑,将全罗马分为若干司法管辖区,每一司法管辖区都有一定数量的从业律师,不得超过此限;当从业律师的名额空缺时,候补律师才能予以替补。这样一种"二元制"的律师替补制度保证了从业律师具有较高的社会地位。

(二)取得律师资格的条件严格

古罗马时期,公民要成为律师必须具备相当的条件,主要包括:(1)必须具有完全行为能力。根据罗马法的规定,完全的行为能力以权利能力为前提,公民要享有权利能力必须具有"人格",而人格又由自由权、市民权和家属权三种身份权构成,其中,自由权是自由民不可缺少的权利,市民权是罗马公民拥有的如选举、担任官职、荣誉、婚姻、财产和遗嘱能力等方面的特权,家属权是指家长享有的操纵家庭的全权,同时具有这三种身份权,才可在政治、经济和家庭等方面享有完全权利能力;这三种身份中有一个消失或发生变化,即所谓"人格减等",就不能享有完全的权利能力。按照此规定,排除了未成年人、精神病人、奴隶以及异邦人。(2)必须是男性公民。(3)必须具备相当的法律知识。古罗马的法学教育比较发达,在历史上首创了五年制大学法律教育。与此同时,是否受过专门的高等法律教育,成为国家任免司法官吏、遴选律师的先决条件。因此,古罗马时期的律师基本上是法学家或长期从事法律教育和研究的人。

(三)律师业务范围较为广泛

古罗马时期的律师业务范围很广,包括:参与诉讼代理和辩护;代写合同、诉状和其他法律文书;解答司法、行政官员和公民提出的各种法律问题;指导辩护人进行法庭辩论;研究法律,著书立说,从事法律教育工作。

(四)律师的社会地位较高

古罗马律师一般都学识渊博、口才出众,在社会上很受尊重和推崇。他们成立了律师团体,形成了社会特殊阶层,接受执政官的领导和监督。而且,不少政界人士是律师出身。

律师制度起源于古罗马奴隶国家并不是一种偶然现象,而是由于当时存在一系列促使律师制度产生的政治、经济及法律原因。

首先,律师的活动有利于维护统治秩序,促进奴隶制经济的发展。罗马共和国社会经济繁荣,手工业和商业已经比较发达,市场贸易和产品交换中的契约行为日益增多,诉讼纠纷也随之增长。另外,随着商业的发展和罗马征服地区的扩大,罗马公民与异邦人以及被征服地区广大居民间关于适用法律的矛盾越来越突出,古代的法律规范已无法调整社会中层出不穷的各种法律关系。为此,统治阶级颁布了大量法律、法规和规定,并将法律分为"公法"和"私法",以此来适应奴隶制经济发展和统治阶级利益的要求。奴隶主阶级本身作为统治者和经济活动的参与者不可能通晓所有法律规范,为及时解决各种纠纷,就需要借助熟知法律人士的帮助,职业律师的出现恰好迎合了这种需要,因此才能为统治阶级所认可,并受到重视。

其次,古罗马采用辩论式诉讼结构模式,使职业律师的出现成为可能。被控诉人享有与控诉人相同的权利,双方诉讼地位平等,均可以在法庭上充分陈述自己的意见,提出证据,反驳对方的诉讼请求,而且可以委托他人代理诉讼。法官本身不调查取证,只是根据双方的辩论结果作出裁判。这样,在辩论式诉讼中,当事人被允许委托他人代理诉讼,从而使律师的出现成为可能。另外,由于诉讼的结果取决于双方的辩论,通晓法律的人士善辩的口才总是给法律的裁决造成影响,这也促使当事人愿意花钱请律师代为诉讼。

### 四、西欧封建制时期的律师制度

5世纪,西罗马帝国灭亡,欧洲大陆进入封建社会。此时,多数国家为适应封建政治需要,废除了古典的辩论式诉讼,代之以纠问式诉讼。在民事诉讼中,当事人不能聘请诉讼代理人提供法律帮助或参加诉讼。在刑事诉讼中,刑讯逼供盛行,不准当事人抗辩,当事人成为被审讯、拷问的对象,没有任何诉讼权利;法官主动询问当事人和证人,审判一般不公开进行,实行书面审理或间接审理。宗教势力的膨胀,使得诉讼制度具有浓厚的神秘主义色彩。

在这种条件下,传统的律师业务无法开展,这一时期的律师制度不可避免地走向衰落。在法国,12世纪以前,只有僧侣阶层才有资格担任律师,他们主要在宗教法院执行职务。世俗法院虽然也允许请律师辩护和代理,但只有僧侣可担任辩护人和代理人。这些僧侣参加诉讼的目的,不是维护当事人的合法权益,而是向当事人灌输宗教思想,促使当事人认罪服判。封建时期的英国与法国在律师制度上有所不同:英国在13世纪以前,任何公民只要申请到专门的"国王许可证",并在法庭上证明其有代理权,都可以作为代理人参加诉讼。事实上僧侣是最通晓法律的人,诉讼代理人也基本上由僧侣担任。后来当教会法逐渐渗入世俗法院后,诉讼代理权就全转到僧侣手中,当时规定不是僧侣不得被委托为诉讼代理人。

13世纪末,法国腓力四世因向教会领地征收土地税,和教皇卜尼法八世发生冲突,结果教会的权力被大大削弱,僧侣在世俗法院执行律师职务被禁止,代之以受过封建法律教育、经封建统治者严格挑选和严密监督的律师。13世纪以后,英国禁止僧侣在世俗法院从事律师业务。14世纪初,英国成立了格雷、林肯、内殿、中殿四大学院和其他一些较小的法学院,专门负责培训律师。此后,律师行业开始兴旺起来。16世纪,英国律师开始划分为大律师和小律师,形成了延续至今的英国律师等级制度。

### 五、英国的律师职业

英国是现代律师制度的发源地,但它自身的发展却经历了一段较长的时间。根据已有研究文献,在亨利二世早期,诉讼当事人在法庭诉讼时可以得到法律专家的帮助,有时称这样的法律专家为助诉者(auxilia)。研究者认为,1300年之前,"英格兰逐渐出现了一些法律专家,他们在王室法庭或者其他地方为当事人提供法律服务,并由此获得报酬"。但是在早期为当事人提供法律服务的法律专家都是兼职,他们大多是法庭的法官或者其他懂得法律的专业人士。推动英格兰法律职业发展的很大因素来自王室对法律服务的需求。在亨利二世时期就存在一个长期供职于王室法庭的法官核心团体。当然,法院的发展及法庭诉讼程序的要求,是律师职业发展的最直接动力。当法庭诉讼变得复杂而普通人觉得自己缺乏专业知识而需要请专业人员代理时,律师职业就有了社会基础。在英格兰早期的法律专家中,已经出现了法律代理人(attorneys)和法律辩护人(narratores)的分类,这是英国二元制律师制度的萌芽。法律代理人可以全权代表当事人进行诉讼活动。辩护人协助当事人完成法庭陈述和答辩,但只有当事人认可的辩护人的言行才具有法律效力。亨利三世早期,职业代理人和职业辩护人开始出现,到爱德华一世,英格兰的职业律师群体基本形成,职业律师人数大幅增加,活动范围也遍及所有中央法院和地方法院。

早期的代理律师与辩护律师都可以与当事人联系,后来两者的分工日益明显。到了17世纪末,代理人与出庭律师明显地分成了两大阵营。法律代理人由于自身的局限性,如代理人一般由法院职工兼任,他们只能在授予其资格的普通法院代理诉讼,同时,由于法院诉讼事务工作量的增加,代理人的兼职身份也抑制了业务的开展。基于诉讼业务的需求,事务律师逐渐发展起来。代理人的事务逐渐由事务律师承接,事务律师与出庭律师逐渐成为英国律师业的分担不同法律业务的团队,形成了独具特色的英国二元制律师职业。

事务律师在中世纪早期开始在英国出现,开始他们不属于法律职业者群体。事务律师的出现源于诉讼事务的需要。诉讼代理人为了帮助当事人打赢诉讼,他自己可以收集当事人的有关证据材料,但也需要了解对方当事人的有关诉讼策略与证据材料,以及与陪审团、证人的关系等,按照当时英国的法律规定,了解诉讼对手的信息不属于代理人的职责范围,代理人不能从事这方面的事务,如果从事了这方面的事务,代理人可能会受到"非法助诉罪"的惩罚。当事人和代理人只能雇用那些略懂法律知识的人来从事这项工作。由于法律服务市场对此类法律服务的需求越来越大,事务律师这一群体就发展起来了。到了16世纪中叶,事务律师队伍日渐壮大,而且一些代理律师也从有经验的事务律师中产生。后来,事务律师与出庭律师分别成立自己的行业组织,1832年成立事务律师协会(the Law Society),1895年出庭律师也放弃了各个律师会馆各自管理的模式,联合律师会馆成立了出庭律师公会(the Bar Council)。

基于英国独特的法律传统,形成了英国的律师分级制度——事务律师(solicitor)和出庭律师(barrister),下面分别予以介绍。

(一)事务律师

在英国,法律专业毕业生与非法律专业毕业生不同,他们成为事务律师的要求也不同:(1)本科是法律专业的学生,至少需要六年的时间才可以成为一名事务律师:首先是三年的法律本科专业课程学习;其次是一年的法律实践课程;两种课程完成之后,与律师事务所签订实习合同,在律师事务所实习两年。完成律师协会规定的所有培训与考核后,成为律师协会登记在册的律师。(2)非法律专业的学生,比本科专业毕业学生多用上一年时间才能成为事务律师。多一年时间完成转法律专业课程,即法律文凭课程。

(二)出庭律师

出庭律师则要在取得相应的教育背景后完成出庭律师公会的执业课程,在出庭律师室(barrister chamber)进行一年的实习,由有经验的出庭律师手把手向实习律师传授执业经验与技巧。出庭律师室的一年实习分为两个阶段:前六个月,师傅带徒弟,实习律师跟出庭律师实习;后六个月,实习律师有权代理当事人出庭。英国的出庭律师的人数远远少于事务律师,参加出庭律师实习的竞争十分激烈。

出庭律师与事务律师在法律服务上有不同的分工。事务律师的工作是为客户提供法律服务,他们一般在律师事务所工作,一般不出庭代理案件,出庭律师代理案件的前期准备工作,呈交法庭的所有证据材料,都是由事务律师提供与准备。事务律师的工作稳定,收入可观,成为律师事务所的合伙人之后,还能分享律师事务所的盈利。出庭律师代理当事人在法庭上作案件陈述、进行辩论,对一些专门的法律问题提供法律意见。出庭律师一般不能直接接受客户的委托,而只能接受事务律师的委托,由事务律师代替客户向出庭律师支付费用。在英国,成功的出庭律师享有很高的社会地位,名利双收。出庭律师的最高级是成为女王的法律顾问(Queen Counsel,女王时代称为 QC,国王时代称为 KC),他们在庭上穿彩色的丝制长袍,在英国他们被称为"silks"。英国的法官通常也都由 QC 中选拔。

两类律师除了职能分工的不同之外,出庭律师与事务律师在法庭上坐在不同的位置,出庭律师坐在第一排,事务律师则坐在后面。两者的装扮也不同,出庭律师在法庭上身穿黑色长袍,头戴假发,他们会在法庭上口若悬河,展示他们雄辩的能力与风采。与出庭律师的无限风光相比,事务律师在外人看来似乎在社会地位、执业水平方面要差一些。但近年来,情况已经发生了很大变化。一些律师事务所的规模越来越大,律师业务也呈国际化趋势,有着几百名合伙人,他们的收入也越来越丰厚,他们的社会地位已与出庭律师平起平坐了。

## 六、美国的律师职业

美国第 16 任总统亚伯拉罕·林肯说过一句代表了美国律师文化的格言:"我们要让法律成为这个国家的政治信仰。"富兰克林·罗斯福总统曾把美国宪法称为"老百姓的文件"。法国人托克维尔 100 多年前就在其经典著作《论美国的民主》中特别指出:"美国是个移民国家,历史上没有传统的贵族阶层,但律师们构成了最高统治阶级和社会精英阶层,他们控制了或影响着社会上层建筑的每一个领域,……如果有人问我谁是美国的贵族,我会毫不迟疑地回答:决不是那些没有任何纽带联系的富人,而是律师和法官这一法律职业共同体。"在美国200多年的历史中,有半数以上的国会议员、70%以上的总统、副总统、内阁成员均为律师。美国1789年宪法的起草者中有45%是律师,从那时至今,律师一直占据参议院三分之二和众议院一半以上的席位。在美国历史上前45位总统中,有25位总统都是律师出身,占比达56%。在200多年的历史中,参议院三分之二的议席和众议院一半以上的席位,被全美律师协会的会员占据。美国建国以来的前66位国务卿中,有48位是律师。外交官是律师,国防部官员也是律师,联邦法院和州法院的法官大多是律师出身。

美国的律师制度有其自身的特点:(1)美国没有全国统一的律师管理制度。(2)美国的律师管理权属于各州而不是联邦。(3)各州的律师管理体制虽然各异,但还是大体相同。(4)律师不是由州司法部管,而是由州最高法院管。(5)法院对律师的管理并非直接管理,而是将大部分事务性管理工作委托给州统一律师协会或州的具有相对独立性质的律师管理组织。(6)各州律师协会只负责有关律师行业规则的批准和律师考试、律师惩戒中的一些重要环节。(7)美国律师协会在执业规范上发挥了巨大作用。其设有一个律师职业道德和惩戒规则办公室,专门起草制定律师职业有关规则。作为民间机构,他们起草的律师职业规则本身并不是法规,只是示范性法规文本,供各州参考选用。各州基本上采用了该办公室制定的示范性法规,有的稍有改动,有的完全照搬。经州最高法院认可后,即成为各州的律师管理规范。

美国律师协会现有40余万会员,占全国律师的一半以上。美国律师协会与政府没有任何直接的联系,也不受任何政府部门的领导。

美国的法学学位有:Master of Law(LLM):法学硕士,1年课程;Juris Doctor(JD):法律(职业)博士,3年课程,难度大;Doctor of Juridical Sicence(DJS或者SJD):法律科学博士,3年课程,难度最大。

美国的律师考试。美国的律师考试由各州举办。只有办理移民业务可以跨州办案,其他专业的律师只能在本州执业。如果要到其他州执业,必须再考取其他州的律师执照。

按照美国法律规定,非美国公民的LLM学生只能参加纽约州和加州的律师资格考试。JD学生可以参加任何州的律师资格考试,而LLM学生只能在美国的11个州报考,包括纽约州和加州。

## 七、德国的律师职业

德国是典型的大陆法系国家,律师制度等方面与英美有很大差异。德国有完备的律师法律制度,如《德国联邦律师法》《专业律师法》《德国律师执业规范》《联邦律师收费条例》等法律法规和行业规范。德国律师职业的一个显著特点是坚持律师职业的公共性和准司法属性。德国遵循律师职业的传统定位,法律明确规定"律师是独立的司法机构""律师从事的不是经营活动",强调律师的执业活动既不受政府控制,也不完全属于市场经营行为,具有准司法机构性质,其主要价值在于保障公民有机会获得不受国家干预的法律专家的服务。德国实行律师强制代理诉讼制度,明确规定在州法院及初级法院的相关特定案件代理必须是律师,同时禁止非律师从事职业诉讼代理业务。德国制定了严格的律师准入条件,只有根据《德国法官法》有资格任法官的人或者通过司法考试的人才可以成为律师。通过了德国大学法学本科教育的毕业生才有资格申请国家司法考试。申请者要取得律师资格要通过两次国家司法考试,第一次司法考试通过后,考试合格者获得"候补文官"资格,进入为期两年的预备期,参加统一司法研修,研修合格者可以参加第二次司法考试,通过考试者在德国称之为"完全法律人",既可申请担任法官、检察官和高级行政官员,也可申请律师执业。德国对律师执业没有地域限制,在一个联邦州获得资格即可在任何一个州申请执业。德国通过立法来促进律师业的专业化,《专业律师法》规定在某一法律领域取得专门知识和经验的律师,由其所属的律师公会授予专业律师职衔。自2003年起,德国逐渐增加了授予专业律师的领域,目前已有23个专业可授予专业律师职衔,每一名律师最多只能获得三个领域的职衔。德国律师界认为,律师专业化是未来的发展趋势。目前专业律师占律师总量的三分之一[①]。

## 八、法国的律师职业

近代以来法国律师制度变化较大,法国大革命后取消了法国的律师公会,后又重建。在1971年改革前,法国的律师职业分为律师、大审法院诉讼代理人和商事法院诉讼代理人。这三类律师合并之后形成了新的律师职业,但法律顾问不在此列。1990年将法律顾问并入律师职业,形成了统一的律师职业。根据法国《律师法》规定,律师职业系独立自由之职业,但律师职业受律师公会行为规范规制。律师虽然是自由职业,但律师的执业自由也受到一定的限制,《律师法》对律师的执业自由规定了两个例外的规定:一是律师从事代理业务的,受地域限制,律师只能在登记公会所属的大审法院从事诉讼代理业务;二是驻最高行政法院、最高法院的律师以及驻上诉法院的诉讼代理人对最高行政法院、最高法院以及上诉法院的诉讼代理业务享有专属管辖权,一般律师不得介入。

在法国要成为一名律师,要经过四至五年的大学法律本科学习,毕业后必须参加地区律师职业教育中心的招生考试,考试通过后,在该中心接受十八个月的法学理论和法务实践的培训,再参加该中心的结业考试,合格后获得《律师受训合格证书》(CAPA)。获得律师受训合格证书后,申请人还须在律师事务所实习两年,向当地律师公会登记为实习律师。在此两年期间,律师教育中心仍会举办各种学习培训,实习律师有参加的义务。由于实习律师从事的工作与执业律师一般无二,所以在此两年实习之前,须以律师身份宣誓,誓词如下:"我以律师的身份宣誓,庄严自重、依凭良心、坚持独立、恪遵正直、符合人道,执行我的律师业务。"宣誓后,除头衔尚有不同之外,实习律师几与真正律师相差不多。实习律师可以出庭辩论,独立以自己名义完成诉讼行为;尤其在律师公会会

---

① 参见司法部赴英国德国考察团:《英国德国法律服务制度考察报告》,《中国司法》2017年第10期。

员大会上,亦享有与真正律师相同的发言权与投票权①。

## 九、日本的律师职业

在日本,律师被称为"辩护士"。明治维新之前,日本没有律师职业。1872年,日本效仿法国,公布了《司法职务定制》,承认民事诉讼代理制度,开始有了法律服务需求,开始设立辩护士、公证人、司法代言书前身的代言人、证言人、代书人。1892年,日本政府向帝国议会提出了辩护士法草案,并于1893年予以公布。这一时期日本律师制度的特点:(1)律师仅限于通常裁判所或者特别裁判所依法执行职务,至于诉讼之外的其他法律事务(如鉴定、仲裁、诉讼和解等)则不能参与。(2)取消执照制度,改为登录制度。(3)强制律师裁判所设立律师会。

1933年,日本对律师法进行了修改,并于1936年实施。其主要特点:(1)律师除了接受当事人委托裁判所为诉讼行为外,还可以执行其他一般法律事务。(2)女性可以获得律师资格。(3)采用修补律师制度,通过律师考试,需要经过类似法官、检察官的实务学习才能取得律师资格。(4)规定律师有保守秘密的权利。

此后,日本多次对律师法进行修改,其主要特点:(1)规定律师的使命及职责;(2)律师协会不受行政机关监管,拥有高度自治权;(3)原则上,律师需要在司法研修生毕业后才能获得律师资格。

近几年来,日本对法学教育与律师资格考试进行了改革。2019年6月19日,日本参议院审议通过了有关"法学研究生院和司法考试改革"的相关法律。根据修订后的法律,日本在大学法学部开设三年就可以毕业的"律师专业",招收以升学到法律系研究院为前提的学生,最短六年就能考取律师资格。日本国会通过此举减轻希望成为律师的学生的时间上和经济上的负担,防止报考法律系研究生院考生进一步减少。在校就读期间就可以参加司法考试的新规定将从2023年度开始,而专门培养律师的"律师专业"通道则从2020年度开始引进。

## 第四节 律师的职业定位与职业属性

### 一、律师的职业定位

(一) 中国律师的职业定位

1. 不同历史时期的定位

我国对律师的定位,随着不同时期律师职业的发展而不同。1980年的《律师暂行条

---

① 蔡涛:《法国律师资格的取得》,蔡涛博客,http://blog.sina.com.cn/s/blog_621128180100h3gj.html。

例》,对律师的职业定位是"国家的法律工作者",这一时期,律师是国家体制内的工作人员,与其他体制内的国家工作人员一样,享受体制内的各种福利待遇。但是从职业定位来说,这一定位实际上是模糊的职业定位,政府的公职律师可以说是"国家的法律工作者",律师受私人委托代理私人的法律事务时,其身份很难说是"国家的法律工作者",因为此时他不可能代表政府或者国家。

1996年《律师法》第二条规定:"本法所称律师,是指依法取得执业证书,为社会提供法律服务的执业人员。"此时的律师概念,已将《律师暂行条例》中的"国家身份"去掉了,变成了社会人,意味着我国律师制度改革取得了新成果。

2007年《律师法》将律师概念修改为:"本法所称律师,是指依法取得律师执业证书,接受委托或者指定,为当事人提供法律服务的执业人员。律师应当维护当事人合法权益,维护法律正确实施,维护社会公平和正义。"这一概念除了指出律师应当服务好当事人外,还赋予了律师社会责任。

2. 目前的定位

2014年,党的十八届四中全会通过的《中共中央关于全面推进依法治国若干重大问题的决定》,将律师定位为"社会主义法治工作队伍",要求构建社会律师、公职律师、公司律师等优势互补、结构合理的律师队伍。

2016年,中共中央办公厅、国务院办公厅印发《关于深化律师制度改革的意见》,认为律师是社会主义法治工作队伍的重要组成部分,是建设社会主义法治国家的重要力量。

(二)国外律师的职业定位

1. 英美法系国家

美国律师协会《律师职业行为示范规则》,对美国律师的性质进行了规定:"律师,作为法律职业的一员,是委托人的代理人,是法律制度的职员,是对正义负有特殊职责的公民。"

2. 大陆法系国家

德国《德国联邦律师法》认为律师是独立的"司法机构",律师从事的是自由职业而非经营活动。律师加入律师协会必须进行宣誓,其誓言内容为:"我谨在万能和全知的上帝面前宣誓,将谨遵宪法,认真履行律师的义务,上帝助我。"

法国《法国律师法》规定,律师是司法人员,可以自由行动迁移,以执行其业务。申请成为律师的人必须进行宣誓:"我誓以律师的身份,庄严自重、依凭良心、坚持独立、恪守正直、符合人道,执行我的律师业务。"

## 二、中国律师的职业属性

律师职业的属性,是指律师职业的本质特征、职业性质以及在整个社会职业分工中的社会地位。目前学术界关于律师职业属性的观点有以下几种:(1)二重属性说,认为律师职业兼具社会性与自由性双重属性[①]。（2）三属性说，认为律师职业具有政治属性、社会属性和专业属性三重属性[②]。（3）四属性说，认为律师职业具有法治性、社会性、独立性、专业性四重属性[③]。

### （一）政治属性

我国律师职业的政治属性体现在将律师定位为"社会主义法治工作队伍"，主要表现在以下方面。

#### 1. 坚持党的领导

在我国，东南西北中，党政军民学，党是领导一切的，律师行业也不能例外。《律师执业道德基本准则》第一条规定："律师应当坚定中国特色社会主义理想信念，坚持中国特色社会主义律师制度的本质属性，拥护党的领导，拥护社会主义制度，自觉维护宪法和法律尊严。"《律师执业管理办法》第二条第一款规定："律师应当把拥护中国共产党领导、拥护社会主义法治作为从业的基本要求。"党的十九大之后，司法部党组立即成立了全国律师行业党委，是司法部全面加强律师行业党的建设的重要举措。正如司法部领导所言，坚持党的领导是中国特色社会主义律师制度之魂，加强律师行业党的建设就是一项铸魂工程。律师事业发展、律师行业自律，必须坚持党的领导[④]。《关于深化律师制度改革的意见》要求"建立完善律师事务所党组织在事务所决策、规范管理、违法违规惩戒中发挥作用的工作机制"。

#### 2. 拥护社会主义制度

我国是社会主义国家，中国特色社会主义制度是我国的基本政治制度，也是最重要的法律制度之一，我国《宪法》及其他法律均有相关的规定。拥护社会主义制度是每位公民的义务，律师作为社会主义法治服务队伍的成员，拥护社会主义制度是义不容辞的职责。

#### 3. 广泛参与政治生活

在西方国家尤其是英美国家，法官、检察官来源于律师，许多政治家出身于律师，参与政治最后成为职业政治家是许多律师的从业理想。随着我国司法制度改革的深入，律师成为国家公职人员如法官、检察官的通道越来越宽，律师当公务员从政的机会也一直存在。《深化律师制度改革的意见》要求"将律师作为专门人才纳入国家中长期人才发展规划。加大各级立法机关、人民法院、人民检察院从符合条件的律师中招录立法工作者、法官、检察官的力度，积极推荐优秀律师参政议政，担任各级人大代表、政协委员，鼓励优秀律师通过公开选拔、公务员录用考试等途径进入党政机关"。同时，党和国家事业的发展，也需要律师广泛参加国家的法治建设，参与国家的政治生活，如《深化律师

---

[①] 陈卫东主编：《律师执业概论》，法律出版社2005年版，第19页。
[②] 许身健：《法律职业伦理》，中国政法大学出版社2019年版，第108—111页。
[③] 顾永忠：《论律师的职业属性》，《中国司法》2007年第1期。
[④] 参见王比学：《张军：十九大闭幕后两天司法部党组即成立全国律师业党委》，《人民日报》2018年1月19日。

制度改革的意见》要求"充分发挥律师在立法、执法、司法、守法中的重要作用。建立健全律师参与法律法规的起草、修改等工作的制度性渠道，促进科学立法"。

### (二) 社会属性

1996年《律师法》认为律师是为社会提供法律服务的，这一界定实质上是表明了律师职业的社会属性。律师业作为社会分工的结果，历史悠久，作为治理"社会病"的大夫，律师职业的社会属性表现在以下方面：

1. 律师身份的社会性

我国律师制度改革的成果之一，就是将律师从"国家人"变成了"社会人"，大部分律师成为自由职业者。律师执业的机构律师事务所，虽然不是商业机构，但也是具有独立法律地位的机构。律师与法官、检察官不同，不是国家公职人员，法官与检察官如果要从现岗位离职去从事律师业务，必须辞去体制内的公职人员身份才可。律师以依靠提供法律服务赢得自己的收入，这是律师业的商业性质的一面。虽然律师不是商人，不能过分强调律师业的商业主义色彩，但律师业务的收费性质，也是律师作为社会人的生活来源与生活保障。

2. 服务对象的社会性

律师为社会提供法律服务，说明了律师服务的社会广泛性，凡是社会纠纷，律师都可以为当事人提供法律服务。法律是调整社会关系的，随着我国法治国家建设的推进，立法越来越完善，所有的社会关系基本上都纳入法律的调整范围。律师参与社会生活的广泛性，一方面说明了律师服务对象的社会性，同时，也说明律师在提供法律服务时要具备广泛的社会知识与生活经验。在一定意义上说，优秀律师一定是优秀的社会活动家。律师积累了一定年限的执业经验之后，再从事其他行业，尤其是社会公职岗位，都能得心应手。一些西方国家规定法官必须从具有一定执业经验的优秀律师中遴选，懂了世故人情与生活理性之后，才有可能理解法律内含的公平正义的真正意义。律师能够成为社会精英，原因之一就是其职业的社会性所积累的经验与智识。

3. 服务方式的社会性

律师可以多种方式为社会提供法律服务，可以说，只要委托人有需求，律师都能够满足委托人的需求。美国《律师职业行为示范规则》中列举的律师所担任的各种社会服务角色，如建议者，可以使委托人明确理解法律上的权利与义务，向其解释这些权利与义务的含义；作为诉辩者，律师在法庭上代表委托人的立场；作为谈判者，律师可以实现委托人的利益诉求；作为评估者，律师通过考察委托人的法律事务，向委托人报告其自己的判断；作为公民，律师应当追求对法律、法律制度的适用、司法和法律服务质量的提高等。在现代社会分工日益精细化的今天，律师可以说是仅存的具有博学知识的职业。虽然现代律师业的分工也趋于细化，一些大的律师事务所内部也根据不同的业务领域设立了专业的部门，律师为了打造自己专家型律师的标识，也会长期专注于某个专业领域，但律师业的特点是不管律师专注于何种专业领域，他不会拒绝来自社会不同人群的业务咨询,服务方式的社会化是律师业的一个特点。

我国《律师法》第二十八条规定,律师可以从事下列业务:(1)接受自然人、法人或者其他组织的委托,担任法律顾问;(2)接受民事案件、行政案件当事人的委托,担任代理人,参加诉讼;(3)接受刑事案件犯罪嫌疑人、被告人的委托或者依法接受法律援助机构的指派,担任辩护人,接受自诉案件自诉人、公诉案件被害人或者其近亲属的委托,担任代理人,参加诉讼;(4)接受委托,代理各类诉讼案件的申诉;(5)接受委托,参加调解、仲裁活动;(6)接受委托,提供非诉讼法律服务;(7)解答有关法律的询问、代写诉讼文书和有关法律事务的其他文书。

(三)专业属性

律师职业在古罗马出现时,就是以其专业性出彩的。不精通法律知识,就不可能成为律师。因此,专业属性是律师业的一个重要特点。

1. 接受专业教育与培训是取得律师资格的前提

法律体系的复杂性与法律代理及辩护的专业性、技艺性,表明从事律师业必须具备专业知识与专业技能。古罗马就设立了培养法律职业人员的教育机构。在现代大学制度产生之前,一些西方国家培养职业律师的方式是师傅带徒弟,如英格兰的法律会馆。现代律师专业教育主要在大学进行。不经过大学专业教育想成为律师几乎不可能,连参加律师资格考试的资格都没有。司法部《2019年国家统一法律职业资格考试公告》所示报名条件中的专业教育与培训条件是"具备全日制普通高等学校法学类本科学历并获得学士及以上学位,全日制普通高等学校非法学类本科及以上学历并获得法律硕士、法学硕士及以上学位,全日制普通高等学校非法学类本科及以上学历并获得相应学位且从事法律工作满三年"。

2. 法律服务的专业性

根据人们的生活经验,自己能做的事情肯定无须委托他人代理。委托人寻找律师的目的是因为委托人自己处理不了相关事务,意味着委托人需要处理的事务要么需要有法律规定相应资质的专业人员才有资格承担,如刑事辩护,要么委托人囿于自己专业的局限没有能力处理,要么委托人缺乏处理相关事务的技能。总之,委托人愿意付费聘请律师,原因还是律师可以运用自己的专业知识与专业技能,有资格有能力承担委托人委托的相关事项。律师服务的专业知识与专业技能来自律师的专业教育与专业培训,没有经过法律专业知识教育与培训的其他人员,无法完成应由律师才能完成的委托事项。

3. 执业技能的专业性

律师的专业技能是律师基于专业知识与执业经验形成的处理相关法律事务的职业技艺与方法。律师提供的法律服务,如起草合同、法律咨询、法庭辩护、业务谈判、专利代理、金融业务等,无论是为了实现委托人利益的最大化,维护委托人的合法权益,提高处理事务的效率,降低交易成本,还是熟练运用法律与规则,防范法律风险,都需要律师运用专业技能与专业技艺，于细微处体现其专业素质与职业精神，不经过专业的训练和丰富的实践，无法完成此类法律服务。

(四) 自主属性

律师是一种自由职业。自由职业的特点是职业人对职业的选择与工作方式有相对的自由，如律师选择到哪家律师事务所就业，选择什么样的客户提供法律服务，选择提供哪方面的法律专业服务，上班时间，办公地点，等等，与其他职业相比，法律职业具有很大程度的职业自主性。

1. 律师是自由职业

律师是自由职业，对相对于其他职业而言，如一般职业需要有固定的工作场所，固定的上下班时间，固定的工作模式，固定的工作内容，固定的工资待遇等，律师在这些方面具有很大的选择权。

2. 律师职业的自主性特征

律师可以自主选择律师事务所。

律师可以自主选择从业的专业领域，从业务范围来看，有诉讼业务与非诉讼业务，从专业领域来看，可以选择民事与刑事法律服务，从业务范围的地域性来看，可以选择涉外业务与国内业务等。

律师的工作时间可以自由选择。上下班时间完全由律师自由选择，一般而言，律师工作的时间，除了出庭代理法律业务要遵守法院的时间安排外，其他时间都可以与客户商量，或者根据自己承揽的业务工作量决定。

## 第五节 律师职业分类

### 一、中国律师职业的分类

我国律师的分类由法律与行政管理部门的规范性文件确定。《律师法》第六条规定了兼职律师，第五十七条规定了军队律师，因此，可以根据《律师法》的相关规定，将律师分为专职律师、兼职律师和军队律师。有学者认为我国《律师法》将律师分为社会律师与军队律师，社会律师包括专职律师与兼职律师[①]。笔者认为，社会律师是具有中国特色的一个概念，从其本来意义上看，社会律师指的就是专职律师，兼职律师实际上是单位人，不是社会人。2003年8月12日，司法部发布《关于拓展和规范律师法律服务的意见》，我国律师业发展的主要目标之一是"完善律师组织结构，形成社会律师、公职律师、公司律师、军队律师并存发展，相互配合，优势互补的格局"。该意见提出"积极推进公

---

① 许身健：《法律职业伦理》，中国政法大学出版社2019年版，第112页。

职律师和公司律师试点工作"。2009年9月22日,司法部发布《关于启用新版律师和事务所执业证书有关问题的通知》,按律师执业证(律师工作证)类别(专职律师、兼职律师、香港居民律师、澳门居民律师、台湾居民律师、公职律师、公司律师、法律援助律师、军队律师)分别列表填写。根据这个通知要求,我国律师的分类实际上存在两个不同的标准:一是根据律师的业务领域与服务对象进行分类,如专职律师、兼职律师、公职律师、公司律师、军队律师与法律援助律师;二是按照律师居住地分类,分为香港居民律师、澳门居民律师和台湾居民律师。2018年12月,司法部发布《公职律师管理办法》和《公司律师管理办法》两部行政规章。

(一)专职律师

专职律师是指符合律师执业条件专职提供法律服务的律师。根据司法部《律师执业管理办法》第六条规定,申请律师执业,应当具备下列条件:(1)拥护中华人民共和国宪法;(2)通过国家统一司法考试取得法律职业资格证书;(3)在律师事务所实习满一年;(4)品行良好。

(二)兼职律师

根据司法部《律师执业管理办法》第七条,兼职律师,是指在高等院校、科研机构中从事法学教育、研究工作,符合申请律师执业的条件,经所在单位同意,兼职从事法律服务的律师。

(三)公职律师

2018年12月13日司法部发布的《公职律师管理办法》第二条规定,公职律师,是指任职于党政机关或者人民团体,依法取得司法行政机关颁发的公职律师证书,在本单位从事法律事务工作的公职人员。公职律师履行党政机关法律顾问承担的职责,可以受所在单位委托,代表所在单位从事律师法律服务。公职律师在执业活动中享有《律师法》等规定的会见、阅卷、调查取证和发问、质证、辩论等方面的律师执业权利,以及《律师法》规定的其他权利。公职律师不得从事有偿法律服务,不得在律师事务所等法律服务机构兼职,不得以律师身份办理所在单位以外的诉讼或者非诉讼法律事务。

(四)公司律师

2018年12月13日司法部发布的《公司律师管理办法》第二条规定,公司律师,是指与国有企业订立劳动合同,依法取得司法行政机关颁发的公司律师证书,在本企业从事法律事务工作的员工。公司律师履行企业法律顾问承担的职责,可以受所在单位委托,代表所在单位从事律师法律服务。公司律师在执业活动中享有《律师法》等规定的会见、阅卷、调查取证和发问、质证、辩论等方面的律师执业权利,以及《律师法》规定的其他权利。公司律师不得从事有偿法律服务,不得在律师事务所等法律服务机构兼职,不得以律师身份办理所在单位以外的诉讼或者非诉讼法律事务。

(四)军队律师

1992年9月,中央军委批准设立总政治部司法局,管理全军司法行政工作,在业务上接受司法部的指导。1993年3月17日,司法部、中国人民解放军总政治部联合发布《关于军队法律服务工作有关问题的通知》,根据该通知,军队律师是指取得国家律师执业资格,在军队法律顾问处担任律师或者律师助理,从事军队律师工作的人员。部队军以上单位设立法律顾问处,是军队律师执行职务的工作机构,其主要任务是:领导律师开展业务工作,依法为首长、机关决策和管理提供法律咨询;接受军队单位和军办企业的委托处理军队内部或军地互涉的法律事务;为军内单位和人员提供法律业务;协助有关部门对部队进行经常性的法制教育。师以下单位法律咨询站(组)是军队基层法律业务组织,其主要任务是在本单位开展法律咨询活动,并配合有关部门搞好部队基层的法制教育。军队律师的资格按司法部有关规定审定,工作证件由总政治部办公厅司法局审查颁发,报司法部备案。军队律师执业证书名为"中华人民共和国律师工作证(军队)"。军队律师是国家律师队伍的组成部分,在执行职务时,依法享有国家法律规定的律师权利,承担相应的义务,并受国家法律保护。

(五) 法律援助律师

法律援助制度是国家法治建设的重要组成部分。2003年9月,国务院《法律援助条例》第六条要求,律师应当依照《律师法》和本条例的规定履行法律援助义务,为受援人提供符合标准的法律服务,依法维护受援人的合法权益,接受律师协会和司法行政部门的监督。2015年6月29日,中共中央办公厅、国务院办公厅印发了《关于完善法律援助制度的意见》,该意见指出,法律援助是国家建立的保障经济困难公民和特殊案件当事人获得必要的法律咨询、代理、刑事辩护等无偿法律服务,维护当事人合法权益、维护法律正确实施、维护社会公平正义的一项重要法律制度。法律援助工作是一项重要的民生工程。

法律援助律师,是指政府法律援助部门或者其他需要法律援助的部门,聘请具有律师执业资格从事法律援助工作的律师。政府法律援助部门可以设立专门的法律援助的公职律师职位,其他部门可以根据有关规定聘请法律援助律师。为了落实相关援助政策,2017年2月,司法部、财政部发布《关于律师开展法律援助工作的意见》,就律师提供法律援助工作的问题进行了规定:(1) 加强律师执业权益保障。积极协调公检法机关落实律师会见通信权、阅卷权等执业权利,保障律师充分履行辩护代理职责。(2) 加强经费保障。完善法律援助经费保障体制,明确经费使用范围和保障标准,确保经费保障水平适应办案工作需要。(3) 加大办案支持力度。加强与法院、检察院、公安、民政、工商、人力资源等部门的工作衔接,推动落实好办理法律援助案件相关费用免收缓收相关规定,为律师办理法律援助案件提供便利。(4) 加强政策引导。省级司法行政机关把律师开展法律援助工作情况作为项目安排、法律援助办案专项资金分配的重要依据,推动地市、县区加大这项工作推进力度。

2017年8月,最高人民法院、最高人民检察院、公安部、国家安全部、司法部联合印发《关于开展法律援助值班律师工作的意见》,要求社会律师和法律援助机构律师应当接受法律援助机构的安排提供值班律师服务。值班律师应当遵守相关法律规定、职业道德、执业纪律,不得误导当事人诉讼行为,严禁收受财物,严禁利用值班便利招揽案源、介绍律师有偿服务及其他违反值班律师工作纪律的行为。值班律师应当依法保守工作中知晓的国家秘密、商业秘密和当事人隐私,犯罪嫌疑人、刑事被告人或者其他人准备或者正在实施危害国家安全、公共安全以及严重危害他人人身安全的犯罪事实和信息除外。

2021年8月20日,第十三届全国人民代表大会常务委员会第三十次会议通过了《中华人民共和国法律援助法》。该法第十六条规定,律师事务所、基层法律服务所、律师、基层法律服务工作者负有依法提供法律援助的义务。

## 二、国外律师职业的分类

(一)美国律师职业的类别

据不完全统计,全美约100万名律师主要分布在八个类别的序列中:

1. 私人律师

大概占全部律师的74%,在外人看来多如牛毛、浩如烟海的美国律师,主要就是指美国的私人律师。这些律师主要是为个人提供法律咨询和法庭辩护的。

2. 议员及助理

美国联邦参议院现有100名参议员,17个常设委员会。而联邦众议院现有435名议员,19个常设委员会。每个常设委员会大约有20名委员(含多数党与少数党)。各常设委员会的工作是对每个议案——提交到国会的法律草案进行调查、听证、论证并提出建议,然后送交讨论和投票。这些工作的准备和协调都是由律师来完成的。

3. 法官及助理

在美国,没有当过律师而成为法官,几乎是不可想象的事情。美国联邦系统现有法官1 200名(其中联邦最高法院9名、联邦巡回上诉法院331名、联邦地区法院860名)、州法院有8万多名。一般来说,每位法官后面有一个司法官办公室。其成员基本上均由律师组成。初步统计,为每位法官工作的律师有5—10名。这类律师约占全美律师的3%。

4. 政府律师

美国有94个联邦地区,每个地区的检察官(含检察官和助理检察官,每个地区约有50名)均为政府律师,均由总统任命。同样,各大政府机关均有政府律师(连五角大楼都有人数众多的政府律师)。这部分政府律师大约占全美律师的8%。

5. 公司律师

这是美国律师制度的一大特色,美国各大公司均有自己的法律部,他们只为各大公司服务。当然,随着业务的发展,有些律师甚至不做律师业务,而纷纷当起了CEO。据了解,这部分公司律师占全美律师的8%。

6. 民权律师

美国有一批律师专门为黑人等少数民族和妇女、残疾人等各种人、各色人及受到歧视的弱势群体服务的律师，被称为民权律师，主要由美国联邦司法部民权司负责。这些民权律师大约占全美律师的1%。

7. 兼职律师

这部分律师主要活跃在法律教育界，如哈佛大学法学院著名的德肖微茨教授就是一位久负盛名的律师。这种兼职律师约占全美律师的1%。

8. 公益律师

这些律师主要效力于法律援助、环境保护、公共利益的法律服务。这部分公益律师约占全美律师的1%。

(二) 大陆法系国家律师职业的类别

在德国，按照《德国专业律师法》的规定，可以为下列法律领域的律师颁发"专业律师"称号：行政法、税法、劳动法和社会法。家庭法、刑法、破产法、保险法、医药法、租赁和房地产法、交通法、建筑法、继承法、运输及航运法、商业保护法、交易和企业法、版权和媒体法、信息技术法、银行和资本市场法、农业法等法律领域也可以颁发专业律师称号。律师要想获得专业律师称号，要具备专业的知识与专业的经验，如若想获得"行政法专业律师"称号，必须至少办理过80件案件，其中至少有30件经历了法庭审判，至少有60件涉及行政法的3个不同领域，其中每个专业领域至少有5件。

法国与德国都强调律师的独立性，律师私人不能受雇于政府和公司，两国均设有专门的政府律师与公司律师。在德国，公司律师大约占到公司内部专门从事法律服务人员的三分之一，公司法务人员中的律师仍然要履行一般律师的义务，如缴纳会费、完成法律援助等律师义务，但执业权利受到限制。德国联邦律师法规定，专门从事公司内部法律事务的律师，不得以律师身份出席法庭或者仲裁庭。

思考题

1. 简述我国律师职业的发展历程。
2. 推进我国律师职业化进程的因素有哪些？
3. 简述古罗马的律师制度。
4. 简述英国、美国、德国、法国、日本的律师职业。
5. 简述我国律师的职业定位。
6. 简述我国律师的职业属性。
7. 简述我国律师的分类。

# 第十二章 律师职业伦理

## 第一节 律师职业伦理概述

### 一、律师职业伦理的概念

律师职业伦理,是指律师在执业中应当遵守的道德准则与行为规范。如上所述,律师的执业范围很宽泛,律师业务活动的舞台也很宽广,必须要有一套约束律师执业行为的规则,否则,律师执业时就会各行其是,律师职业本身内在的商业性质就会完全替代其公共服务性质。从职业自身的可持续性与稳定发展的要求来看,律师职业伦理是保证律师业健康可持续发展的保证,不受职业伦理规范的律师业,其发展必然会脱离其职业本身的内在规定性,最终破坏律师的执业环境,进而损害整个律师行业。正如有的学者所言:"没有职业伦理,律师就如同裸奔。"[①]因此,建立律师职业伦理规范,无论对律师还是律师事务所,还是对整个律师行业的健康发展来说,都是必要的。

### 二、律师职业伦理的特征

(一) 主体的特定性

律师职业伦理约束的主体与对象是律师与律师事务所。这里所指的律师,包括所有具有执业资格且从事律师业务的律师,无论他是社会律师还是兼职律师,无论他是公职律师还是公司律师,只要他以律师身份从事律师业务,都应该遵守律师职业伦理规则。律师事务所是律师执业的机构,负有对执业律师进行管理与监督的责任,律师事务所也应遵守相应职业伦理规则。如司法部2010年发布的《律师与律师事务所违法行为处罚办法》,就是将律师与律师事务所的违法行为一并规定。

(二) 对象的特定性

律师职业伦理规范的是律师的执业行为,律师的执业行为在这里应作广义的理解,

---

[①] 《"没有职业伦理,律师就如同裸奔"》,《新京报》2013年12月7日。

即凡是与律师执业相关的所有行为都在律师职业伦理规则规范的范围之内，如律师的业务推广行为、律师的法庭外言论、律师与律师事务所的宣传等。《律师法》规定了律师的执业范围，既包括诉讼业务，也包括非诉讼业务，还有其他一些代理、咨询、委托事项等，这些都应包括在律师的执业范围之内。当然，律师以其他身份代理业务时，应该遵守的相关代理行为的职业伦理规则，如律师以仲裁员的身份仲裁案件时，他应遵守的是仲裁员的职业伦理规则。律师以自然人身份代理民事行为时，不应视为律师的执业行为。但由于律师身份的特殊性，律师在以自然人身份代理民事行为，应该向有关利益方进行事先说明。

(三) 目的的确定性

党的十八届三中全会作出的《中共中央关于全面深化改革若干重大问题的决定》明确提出，要加强律师职业道德建设。我国律师制度是中国特色社会主义司法制度的重要组成部分，律师必须切实贯彻社会主义核心价值观，做到讲道德、重品行、守规则。只有进一步加强职业道德建设，才能促使律师以良好的职业素养服务国家、社会和人民，充分发挥律师工作的职能作用，维护当事人合法权益、维护法律正确实施、维护社会公平正义。各级司法行政机关和律师协会应当根据各自的职责监督律师执业活动，对不遵守职业道德和违反执业纪律的律师进行教育，情节严重的，根据《律师惩戒规则》给予惩戒。从维护委托人的利益来看，律师的执业权利源于法律的规定和委托人的授权。律师执业应当遵循法律的规定和律师执业规范的要求，按照委托人授权的范围和权限，为委托人提供法律服务。

## 第二节　律师职业伦理的基本要求

### 一、中国律师职业伦理的基本要求

2014年5月23日，司法部发布《关于进一步加强律师职业道德建设的意见》，阐述了充分认识进一步加强律师职业道德建设的重要性和必要性，确定了总体要求：坚持以邓小平理论、"三个代表"重要思想、科学发展观为指导，深入贯彻落实党的十八大、十八届二中、三中全会精神，深入学习贯彻习近平总书记系列重要讲话精神，紧紧围绕社会主义核心价值体系的要求，全面贯彻落实中央关于深化律师制度改革的部署，坚持不懈地大力加强律师职业道德建设，健全完善加强律师职业道德建设长效机制，进一步提高广大律师职业道德素质，进一步规范执业行为、严肃执业纪律，切实解决在当前执业活动中存在的突出问题，努力建设一支政治坚定、法律精通、维护正义、恪守诚信的高素质律师队伍，为推进平安中国、法治中国建设做出积极贡献。提出了"忠诚、为民、法治、正义、诚信、敬业"为主要内容的律师职业道德建设，教育引导广大律师切实做到坚定信念、服务为民、忠于法律、维护正义、恪守诚信、爱岗敬业。随后,中华全国律师协会制定了《律师职业道德基本准则》。具体内容如下:

(一)忠诚

律师应当坚定中国特色社会主义理想信念,坚持中国特色社会主义律师制度的本质属性,拥护党的领导,拥护社会主义制度,自觉维护宪法和法律尊严。

(二)为民

律师应当始终把执业为民作为根本宗旨,全心全意为人民群众服务,通过执业活动努力维护人民群众的根本利益,维护公民、法人和其他组织的合法权益。认真履行法律援助义务,积极参加社会公益活动,自觉承担社会责任。

(三)法治

律师应当坚定法治信仰,牢固树立法治意识,模范遵守宪法和法律,切实维护宪法和法律尊严。在执业中坚持以事实为根据,以法律为准绳,严格依法履责,尊重司法权威,遵守诉讼规则和法庭纪律,与司法人员建立良性互动关系,维护法律正确实施,促进司法公正。

(四)正义

律师应当把维护公平正义作为核心价值追求,为当事人提供勤勉尽责、优质高效的法律服务,努力维护当事人合法权益。引导当事人依法理性维权,维护社会大局稳定。依法充分履行辩护或代理职责,促进案件依法、公正解决。

(五)诚信

律师应当牢固树立诚信意识,自觉遵守执业行为规范,在执业中恪尽职守、诚实守信、勤勉尽责、严格自律。积极履行合同约定义务和法定义务,维护委托人合法权益,保守在执业活动中知悉的国家机密、商业秘密和个人隐私。

(六)敬业

律师应当热爱律师职业,珍惜律师荣誉,树立正确的执业理念,不断提高专业素质和执业水平,注重陶冶个人品行和道德情操,忠于职守,爱岗敬业,尊重同行,维护律师的个人声誉和律师行业形象。

## 二、中国律师职业伦理规范的构建

(一)中国律师职业伦理规范的渊源

1. 法律

《律师法》是规范律师行业的基本法律,在该法中,规定了律师的业务和权利、义务,是律师在提供法律服务过程中需要遵守的规则,构成了律师职业伦理的重要内容。律师代理刑事案件、民事案件与行政案件,都涉及相关的程序法规则,因此在三大诉讼法即《刑事诉讼法》《民事诉讼法》《行政诉讼法》中涉及规范律师执业的一些行为规则,构成律师职业伦理的内容。

2. 律师政策

我国的律师政策是党领导下制定的国家重要政策之一,坚持党的领导是构建我国律师职业伦理规则的最重要原则。因此,党中央和国务院就律师制度的改革与发展颁布了一系列规定,我们可以将这些规定总称为党和国家的律师政策。这些政策中,有一部分是原则性规定,需要通过国家法律、行政规章和协会规定进行转化,有一部分则直接可以成为律师执业的职业伦理规则。如党的十八届三中全会与四中全会通过的决议,其中涉及律师制度改革与律师职业建设的内容,2016年中共中央办公厅、国务院办公厅印发的《深化律师制度改革的意见》等。

3. 司法解释

司法解释主要由最高人民法院、最高人民检察院发布。有些司法解释中会涉及律师执业行为的规范,构成我国的律师职业伦理规则。如最高人民法院《关于适用〈中华人民共和国刑事诉讼法〉的解释》中,就有涉及辩护律师的回避、辩护人的范围、律师的保密义务等问题。

4. 行政法规

行政法规由国务院制定。2003年国务院颁布《法律援助条例》,规定了律师与律师事务所应当承担的法律援助义务,以及在提供法律援助服务时应当遵守的行为规则。

5. 部门规章

司法部作为我国律师行业的行政管理机构,发布许多规范律师与律师事务所的部门规章,另外,最高人民法院、最高人民检察院会单独或者与其他部门联合发布涉及律师执业行为的规范,其他行政机构如财政部等也会与司法部或者其他政府机构联合发布与律师执业及律师事务所有关的执业规范。这方面的部门规章比较多,如《关于进一步加强律师职业道德建设的意见》《律师执业管理办法》《律师事务所管理办法》《律师和律师事务所违法行为处罚办法》等。

6. 行业规范

行业规范主要由中华全国律师协会和地方律师协会制定。如中华全国律师协会制定的《律师协会维护律师执业权利规则(试行)》《律师协会会员违规行为处分规则(试行)》《律师职业道德基本准则》等,北京市律师协会发布的《北京市律师诉讼代理服务收费政府指导价标准(试行)》《北京市律师执业规范(试行)》等。

7. 道德规范

律师既是法律职业人士,同时也是普通公民,有关规范公民的道德规范,同样也适用于律师;一些规范一般职业的道德规范,同样也适用于律师职业。如《中共中央关于加强社会主义精神建设若干重要问题的决议》《中共中央公民道德建设实施纲要》,以及社会主义核心价值观等,都是律师职业伦理的规范渊源。

### (二) 中国律师职业伦理规范的功能

**1. 价值引领功能**

我国律师制度是中国特色社会主义司法制度的重要组成部分,律师必须切实贯彻社会主义核心价值观,做到讲道德、重品行、守规则。只有进一步加强职业道德建设,才能促使律师以良好的职业素养服务国家、社会和人民,充分发挥律师工作的职能作用,维护当事人合法权益、维护法律正确实施、维护社会公平正义。

**2. 法治建设功能**

新时代法治国家建设的总体要求是"科学立法、严格执法、公正司法、全民守法",律师作为法律职业者,在为社会提供法律服务过程中,对我国立法、执法、司法中存在的需要完善的问题具有深切的感受,律师可以而且应该对完善我国的立法、矫正执法中存在的偏差、发现司法中的不公等提出自己的意见和建议。因此,在法治中国建设过程中,律师行业肩负着重要责任。要履行好这一职责,必须以良好的职业道德为基本保证,切实承担起维护社会大局稳定、促进社会公平正义、保障人民安居乐业的三大职责,为经济社会发展创造良好的社会环境。

**3. 行为规范功能**

只有不断加强律师职业伦理建设,才能建设一支高素质的律师队伍。我国的律师事业发展迅速,律师队伍不断扩大,为我国经济社会的快速稳定发展做出了巨大的贡献。但是,律师队伍建设仍然存在一些不容忽视的问题:一些律师的行为与素质离人们的期待还存在不小的距离,特别是少数律师职业道德水平低下,违反执业纪律的情况时有发生,有的律师不坚持为民服务宗旨,诚信意识不强,工作不尽心、服务不尽责,损害当事人合法权益;有的律师趋利倾向严重,一切向钱看,挑词架讼,甚至"拿钱不办事";有的律师与司法人员搞不正当交往,办关系案、人情案,甚至充当司法掮客,贿赂司法人员;有的律师不严格依法履责,逾越法律底线,不守执业纪律,干扰办案秩序,肆意炒作案件,泄露当事人隐私等。这些都不同程度地妨碍了社会公平正义,严重损害了律师队伍形象。只有进一步加强职业道德建设,下大力气解决职业道德方面存在的突出问题,才能提高律师队伍的整体素质和执业水平,为建设一支高素质的律师队伍奠定基础。

## 三、国外律师职业伦理的基本要求

### (一) 英美法系国家律师职业伦理的基本要求

在英国,《英格兰及威尔士2007年事务律师行为守则》中的核心职责包括以下内容:(1) 公正和法治,事务律师必须维护法治和适当司法;(2) 适当性,事务律师的行为必须具备适当性;(3) 独立性,事务律师应当努力维护自身的独立性;(4) 委托人的最大利益,事务律师必须为每个委托人的最大利益行事;(5) 服务标准,事务律师必须为委托人提供符合良好标准的服务;(6) 公众信任,事务律师不得做出可能有公众对职业之信任的行为①。英国《法律服务法》对职业原则作了明确的规定：(1)获授权人士应以独立及正直的态度从事法律服务；(2)获授权人士须维持适当的工作标准；(3)获授权人士须为其客户的最佳利益行事；(4)任何人如获授权在任何法庭上行使听诉权，或就任何法庭的诉讼程序进行诉讼，须遵守其对法院的责任，即独立行事，以维护正义；(5)保守客户秘密②。

美国《律师执业行为示范规则》对律师职业行为进行了以下规定：(1)在所有的职业职能中，律师都应该称职、高效和勤奋；(2)律师应当就代理事项保持与委托人保持交流；(3)律师应当保守委托人的秘密；(4)无论是为委托人提供职业服务，还是在律师其他业务或者个人事务中，律师均应当遵守法律的要求；(5)律师不能骚扰和胁迫他人，只能为了合法目的而诉诸法律程序；(6)律师应对律师制度及维护法律制度之人(法官、检察官、公务员、其他律师等)表示尊重，维护法律程序是律师的责任③。

(二)大陆法系国家律师职业伦理的基本要求

《德国联邦律师法》第三编"律师的权利与义务以及律师间职业合作"对律师的基本义务作了规定：(1)律师应当认真从事其职业，律师应当在从业过程中证明自己无愧于律师要求的尊重和信任；(2)律师不接受危及其职业独立性的约束；(3)律师负有沉默义务，该义务涉及律师在执业中熟悉的一切事物，已经公开的事实或按其意义不再需要保密的事实除外；(4)律师在从事其职业时不得以不客观的方式行事，不客观特别指某项行为涉及故意传播不真实情况或者造成在程序中对其他当事人的贬低性陈述；(5)律师不得代理相互冲突的利益；(6)律师在处理委托给他的财产时负有必要的谨慎义务，他人的钱款应当立即交付给有受领权的人，或者存入信托存款账户中；(7)律师负有继续学习的义务④。

《日本律师职务基本准则》，律师应当遵守的基本伦理规则有：(1)使命的认识，律师应该认识其使命是维护基本人权和实现社会正义，应努力实现该使命；(2)自由与独立，律师应该注重职务的自由与独立；(3)律师自治，律师应该认识律师自治的意义，努力维持其发展；(4)司法独立的拥护，律师要拥护司法独立，努力为司法制度的健全发展做贡献；(5)信义诚实，律师应尊重事实、遵从信义、诚实并且公正地履行职务；(6)名誉与信用，律师在注重名誉、维护信用的同时，应保持廉洁，时刻努力提高品格；(7)钻研，律师应加强修养，为了精通法律及法律事务要努力钻研；(8)公益活动的实践，律师应努力参加、实践与使命相符的公益活动⑤。

---

① 《英格兰及威尔士2007年事务律师行为守则》，北京市律师协会编：《境外律师行业规范汇编》，中国政法大学出版社2012年版，第60页。
② 许身健：《法律职业伦理》，中国政法大学出版社2019年版，第117—118页。
③ 美国《律师职业行为示范规则》，北京市律师协会编：《境外律师行业规范汇编》，中国政法大学出版社2012年版，第165页。
④ 许身健：《法律职业伦理》，中国政法大学出版社2019年版，第118页。
⑤ 许身健：《法律职业伦理》，中国政法大学出版社2019年版，第118—119页。

## 思考题

1. 简述律师职业伦理的概念与特征。
2. 简述律师职业伦理的基本要求。
3. 简述我国律师职业伦理规范的渊源。
4. 简述律师职业伦理的功能。

# 第十三章　律师业务推广规范

## 第一节　律师业务推广概述

### 一、律师业务推广的概念

律师为当事人提供法律服务,有法律服务需求的当事人需要在律师队伍中寻找自己所需要的律师为自己提供法律服务,这样的供求关系形成了法律服务市场。但长久以来,律师业发达的各国都禁止律师做业务推广,即禁止律师做广告。如美国律师协会1969年通过的《职业责任守则》第2条准则的惩戒规则规定,律师不应当通过报告或者杂志广告、广播或者电视公告、城市展示广告或电话簿以及其他商业宣传方式来宣传自己是律师,他也不应当授权或允许其他人为他做上述事项[1]。日本1955年制定的《律师伦理》第8条规定:"律师不得在名牌和招牌上记载除了学位和专业以外的信息,如自己以前的职业、其他的宣传事项,并且不能做广告。"律师协会禁止律师做广告的理由:认为律师是一种职业而不是一种商业,如果允许律师做广告,律师业就会商业化,律师就变成了商人,律师业的公共性目标就会消失。1977年6月,美国联邦最高法院在 Bates v. State Bar of Arizona 案中[2],认为律师的业务推广即律师广告是一种"商业言论",受美国宪法第一修正案的保护,州律师协会不得禁止律师做广告。随后,美国律师协会允许律师做广告。各国的律师协会也逐步放开了对律师广告的规制。

中华全国律师协会发布的《律师执业行为规范(试行)》第三章规定了"律师业务推广行为规范",内容包括律师业务推广的基本原则、律师业务推广广告与律师宣传。2018年中华全国律师协会发布《律师业务推广行为规则(试行)》,对律师业务推广行为规定了具体的规则。

律师业务推广,是指律师、律师事务所为扩大影响、承揽业务、树立品牌,自行或授权他人向社会公众发布法律服务信息的行为。律师业务推广的目的有以下几个方面:(1)扩大影响,扩大律师事务所与律师的影响力。在当今信息化时代,广告载体形

---

[1] 许身健:《法律职业伦理》,中国政法大学出版社2019年版,第128页。
[2] Bates v. State Bar of Arizona, 433 U.S. 350 (1977).

式趋于多样化,业务推广的方式与手段也日趋多样化。律师与律师事务所通过自媒体进行业务推广成为一种主流模式。(2)承揽业务。律师与律师事务通过业务推广,让自己的品牌与名字广为人知,有法律服务需求的机构与个人可以通过广告找到相应的律师事务所与律师。(3)树立品牌。律师与律师事务所的品牌也是经过长期的业务积累建立的良好社会声誉,与其他服务品牌一样,良好的品牌代表着法律服务的专业化水平与服务质量,品牌可以扩大律师与律师事务所的业务承揽。

## 二、律师业务推广的基本原则

律师和律师事务所进行业务推广,既要遵守律师行业业务推广的基本原则,也要遵守广告法的基本原则,同时,这种业务推广还涉及与同行的竞争关系,也要遵守反不正当竞争法的基本原则。具体而言,业务推广应遵守以下基本原则。

(一)公平原则

公平原则是广告法规的一项基本原则。1937年通过的《国际广告行为准则》第1条明确规定:"任何广告不得有违反通行的公平标准的声明或陈述。"律师和律师事务所推广律师业务,应当遵守平等原则,遵守律师职业道德和执业纪律,遵守律师行业公认的行业准则,进行公平竞争。在进行业务推广时,不得利用虚假的、引人误解的广告欺骗或者误导寻求法律服务的当事人,诱导他们接受其提供的法律服务。法律服务的专业性很强,法律服务的需求方之所以要寻求律师或者律师事务所提供法律服务,就是因为其自身无法自我提供。法律服务市场存在信息不对称性,律师与律师事务所的业务推广可以解决这种信息不对称性,但是推广信息必须真实可靠。律师与律师事务所不得利用自己所拥有的信息优势获取不正当利益。

(二)真实、合法原则

我国《广告法》第三条规定:"广告应当真实、合法,符合社会主义精神文明建设的要求。"这一规定是广告"真实、合法原则"的法律依据。该项原则实际包含两个方面的内容,即"真实性"和"合法性"。律师业务推广的真实性,就是律师和律师事务所的主张和陈述都是客观真实的,其所依据的数据、资料都是可以证实的,其所援引的依据和证据都是合法有效的。《律师执业行为规范(试行)》第十九条规定:"律师和律师事务所可以通过发表学术论文、案例分析、专题解答、授课、普及法律等活动,宣传自己的专业领域。"第二十条规定:"律师和律师事务所可以通过举办或者参加各种形式的专题、专业研讨会,宣传自己的专业特长。"按照真实性要求,律师和律师事务所的这些业务推广内容应该是可以证实的。律师业务推广的合法性,是指业务推广的形式和内容都必须遵守法律和行政法规的规定,不得违反公序良俗或者损害他人利益。《律师执业行为规范(试行)》第十八条规定:"律师和律师事务所可以依法以广告方式宣传律师和律师事务所以及自己的业务领域和专业特长。"这里的依法,既指业务推广的内容合法,也指业务推广的形式合法。

### (三) 诚实信用原则

我国《广告法》第五条规定，广告主、广告经营者、广告发布者从事广告活动，应当遵守诚实信用原则。《律师执业行为规范(试行)》第十六条也要求律师和律师事务所进行业务推广行为时要坚持"诚信原则"。诚信原则要求律师与律师事务所进行业务推广时应保持善意、诚实、恪守信用，反对任何形式的误导和欺骗。

### (四) 正当竞争原则

在法律服务市场，供求双方都存在很多的主体，客户资源是律师和律师事务所生存和发展之源，因此这个市场存在比较激烈的竞争关系。律师和律师事务所进行业务推广也是一种竞争方式。《律师执业行为规范(试行)》第二十二条规定："律师和律师事务所在业务推广中不得为不正当竞争行为。"

## 第二节 律师业务推广的基本要求

### 一、律师业务推广的方式

《律师业务推广行为规则(试行)》第二条规定，律师可以下列方式进行业务推广：

(一) 发布律师个人广告、律师事务所广告

我国法律允许律师和律师事务所发布招揽业务的广告。如上所述，律师和律师事务所发布广告应当遵守国家法律、法规、规章和行业规范，发布的广告应当具有可识别性，应当能够使社会公众辨明是律师广告。《律师业务推广行为规则(试行)》第二十八条规定："律师个人广告的内容，应当限于律师的姓名、肖像、年龄、性别、学历、学位、专业、律师执业许可日期、所任职律师事务所名称、在所任职律师事务所的执业期限；收费标准、联系方法；依法能够向社会提供的法律服务业务范围；执业业绩。"第二十九条规定："律师事务所广告的内容应当限于律师事务所名称、住所、电话号码、传真号码、邮政编码、电子信箱、网址；所属律师协会；所内执业律师及依法能够向社会提供的法律服务业务范围简介；执业业绩。"

(二) 建立、注册和使用网站、博客、微信公众号、领英等互联网媒介

现在几乎每家律师事务所都建立了自己的网站，通过网站推介能够承揽的法律服务领域，推介自己的律师，发布有关事务所活动的信息等。

律师可以开设个人博客。博客一词是从英文单词 blog 音译而来。一个 blog 其实就是一个网页，它通常是由简短且经常更新的帖子所构成。博客就是以网络作为载体，简易迅速便捷地发布自己的心得，及时有效轻松地与他人进行交流，集丰富多彩的个性化展示于一体的综合性平台。

律师与律师事务所都可以开设微信公众号。微信公众号是开发者在微信公众平台

上申请的应用账号,该账号与QQ账号互通,通过公众号,开发者可在微信平台上实现和特定群体的文字、图片、语音、视频的全方位沟通、互动。

领英(Linkedin)是一家全球最大的职业社交网站,创建于2002年,致力于向全球职场人士提供沟通平台,目前在世界范围内的会员已有数亿人。作为律师和律师事务所来说,通过这样的职业社交网络平台,可以很好地进行业务推广,该网站平台上汇集了世界上许多著名公司的高管。

(三) 印制和使用名片、宣传册等具有业务推广性质的书面资料或视听资料

律师事务所可以印制介绍自己的宣传册,也可以拍摄视听资料宣传推广自己。使用名片是律师推广自己的最常用的便捷的方式。律师事务所进行宣传、律师印制与使用名片时,要遵守司法部《律师事务所名称管理办法》、司法部律师司《关于进一步规范律师事务所名称律师名片的通知》的规定要求,其中律师名片除应印律师事务所名称、律师姓名、联系电话、地址等内容外,还必须加印律师本人的律师执业证书号码。

(四) 出版书籍、发表文章

随着我国律师队伍人员素质的进一步提高,许多高学历的人才进入律师执业队伍,他们不仅有较高的专业知识水平,也具有丰富的执业经验,可以很好地将理论与实务结合起来。他们出版书籍与发表文章,既可以总结他们的执业经验,分析我国法治建设中的理论与实践问题,也可以提高我国的法学研究水平,拓展法学研究领域,值得鼓励。

(五) 举办、参加、资助会议、评比与评选活动

律师和律师事务所均可以举办、参加、资助会议、评比与评选活动,这些是律师与律师事务所参与社会事务与社会活动的形式。常见的形式之一,就是律师事务所资助高等院校法学院举办的学术研讨会,他们不仅派律师参会,提交会议论文,参与会议讨论,还提供会议赞助。这种学界与法律实务界的学术合作,可以取得双赢的结果。

(六) 其他可传达至社会公众的业务推广方式

律师和律师事务所还可以参与律师援助、捐资助学、慈善公益、抢险抗灾等社会活动,提升自己的社会知名度与美誉度,有利于律师业务的推广。

## 二、律师业务推广的规制

为了规范律师与律师事务所的业务推广行为,《律师法》与相关的行政规章、行业规范都对律师业务推广行为制定了一系列的禁止与限制规范,规制律师的业务推广行为。

(一) 禁止律师业务推广的情形

《律师业务推广行为规则(试行)》第二十七条规定,具有下列情况之一的,律师和律师事务所不得发布律师广告:(1)没有通过年度考核的;(2)处于停止执业或停业整顿处罚期间的;(3)受到通报批评、公开谴责未满一年的。

根据司法部《律师事务所年度检查考核办法》的规定,司法行政机关定期对律师事

务所上一年度的执业和管理情况进行检查考核,对其执业和管理状况作出评价。考核结合分为"合格"和"不合格"两个等次,对被评定为"不合格"的律师事务所,行政管理机关根据其存在违法行为的性质、情节及危害程度,依法给予停业整顿一个月以上六个月以下的处罚,并责令其整改;同时对该所负责人和负有直接责任的律师依法给予相应的处罚;情节特别严重的,依法吊销其执业许可证。根据《律师法》《律师事务所管理办法》《律师执业管理办法》等的相关规定,根据《律师和律师事务所违法行为处罚办法》《律师协会会员违规行为处分规则(试行)》受到通报批评、公开谴责未满一年的,禁止做广告。

(二) 禁止虚假不实宣传

《律师执业管理办法》第四十一条规定:"律师应当按照有关规定接受业务,不得为争揽业务哄骗、唆使当事人提起诉讼,制造、扩大矛盾,影响社会稳定。"《律师执业行为规范》第三十一条规定:"律师和律师事务所不得进行歪曲事实和法律,或者可能使公众对律师产生不合理期望的宣传。"《律师业务推广行为规则(试行)》第三条规定:"律师、律师事务所进行业务推广应当遵守法律法规和执业规范,公平和诚实竞争,推广内容应当真实、严谨,推广方式应当得体、适度,不得含有误导性信息,不得损害律师职业尊严和行业形象。"一般民众对法律不甚了解,所以求助律师帮助其解决自己的困难与问题,希望实现自己的愿望,得到自己所期望的结果。但律师不能违背诚信原则,随意歪曲事实和法律,以满足委托人的不合理期望。有的律师会向委托人吹嘘自己或者暗示自己是某一领域的权威或专家,虚构自己过往的办案业绩,将自己描述为无所不能、神通广大的人物,从而获得委托人的信任,赢得相关法律服务事项的委托合同,这是违背职业伦理规范的。

(三) 禁止比较宣传

律师业务市场是一个竞争的市场,委托人在正式委托某项法律服务项目之前,一定会认真对律师事务所或者律师进行对比与挑选,有些单位项目会通过招标方式进行择优选择。法律法规要求律师和律师事务所之间进行良性竞争,禁止通过不正当手段获取法律服务项目。《律师执业行为规范》第三十三条规定:"律师和律师事务所不得进行律师之间或者律师事务所之间的比较宣传。"一般的对比宣传,都会宣传自己的优势和长处,如果要跟同行比较,肯定会将自己的优势与对方的劣势进行比较,这种比较会刻意地贬低对方,抬高自己。这是一种典型的不正当竞争方式,无论从反不正当竞争行为的角度,还是从规范律师业的市场竞争秩序角度,都必须予以禁止。

(四) 禁止不正当竞争

针对律师和律师事务所的这类行为,现行的法律与行业规范制定的规则比较丰富。如《律师法》第二十六条规定:"律师事务所和律师不得以诋毁其他律师事务所、律师或者支付介绍费等不正当手段承揽业务。"该法第四十七条规定了"以不正当手段承揽业务的"应该受到的惩罚。《律师执业管理办法》第四十二条规定:"律师应当尊重同行,公平竞争,不得以诋毁其他律师事务所、律师,支付介绍费,向当事人明示或者暗示与办案机关、政府部门及其工作人员有特殊关系,或者在司法机关、监管场所周边违规设立办公场所、散发广告、举牌等不正当手段承揽业务。"《律师事务所管理办法》第四十五条规定:"律师事务所应当与其他律师事务所公平竞争,不得以诋毁其他律师事务所、律师或者支付介绍费等不正当手段承揽业务。"

为了规范律师行业的市场竞争秩序,司法部专门制定了《关于反对律师行业不正当竞争行为的若干规定》,明确规定下列行为属于律师和律师事务所在业务推广中的不正当竞争行为:(1)通过招聘启事、律师事务所简介、领导人题写名称或其他方式,对律师或律师事务所进行不符合实际的宣传;(2)在律师名片上印有律师经历、专业技术职务或其他头衔的;(3)借助行政机关或行业管理部门的权力,或通过与某机关、部门联合设立某种形式的机构而对某地区、某部门、某行业或某一种类的法律事务进行垄断的;(4)故意诋毁其他律师或律师事务所声誉,争揽业务的;(5)无正当理由,以在规定收费标准以下收费为条件吸引客户的;(6)采用给予客户或介绍人提取"案件介绍费"或其他好处的方式承揽业务的;(7)故意在当事人与其代理律师之间制造纠纷的;(8)利用律师兼有的其他身份影响所承办业务正常处理和审理的。

### 思考题

1. 简述律师推广业务的概念与基本原则。
2. 律师推广业务有哪些基本方式?
3. 律师推广业务有哪些禁止性规定?

# 第十四章 律师与委托人关系规范

## 第一节 律师与委托人关系概述

关于律师与委托人的法律关系,民事法律关系上称为"委托代理合同",律师能够接受委托人的委托代理相关法律事务,源于《律师法》第二十八条所规定的律师可以从事的业务范围。从委托人的角度来看,《刑事诉讼法》《民事诉讼法》《行政诉讼法》均规定了相关法律关系人可以委托律师代理相关法律事务。从法律关系的本质上看,律师与委托人之间的代理关系是一种民事代理关系,需要遵守民事代理行为的一般规则。

### 一、委托代理关系的主体

律师与委托人的代理关系规范建立在律师事务所与委托人签订的委托代理合同的基础上,这种委托代理关系本质上是一种合同关系。根据《律师执业行为规范》第三十五条规定:"律师应当与委托人就委托事项范围、内容、权限、费用、期限等进行协商,经协商达成一致后,由律师事务所与委托人签署委托协议。"根据此条规定,当事人签订委托合同的另一方主体是律师事务所而不是律师。律师事务所与当事人签订委托合同之后,律师事务所再与本所律师签订授权委托书,委派律师代理相关委托事项,获得授权委托的律师才能有资格代理合同委托事项。因此,律师是受律师事务所的委派代理委托人的相关事务,律师不能以个人名义与委托人签订委托合同。《律师执业管理办法》第三十八条规定,律师应当依照法定程序履行职责,不得"未经当事人委托或者法律援助机构指派,以律师名义为当事人提供法律服务、介入案件,干扰依法办理案件"。

### 二、委托代理关系的内容

根据《律师法》和《律师执业管理办法》的规定,律师可以从事下列业务:(1)接受自然人、法人或者其他组织的委托,担任法律顾问;(2)接受民事案件、行政案件当事人的委托,担任代理人,参加诉讼;(3)接受刑事案件犯罪嫌疑人、被告人的委托或者依法接受法律援助机构的指派,担任辩护人,接受自诉案件自诉人、公诉案件被害人或者其近亲属的委托,担任代理人,参加诉讼;(4) 接受委托,代理各类诉讼案件的申诉;(5) 接受委托,参加调解、仲裁活动;(6) 接受委托,提供非诉讼法律服务;(7) 解答有关法律的询问、代写诉讼文书和有关法律事务的其他文书。当事人可以根据以上不同类型的事项与律师事务所协商委托合同的内容,需要签订正式合同的必须签订正式的书面委托合同。律师事务所与委托人签订委托合同后,再根据委托合同的内容授权律师委托相应的事项。律师在执业过程中,要严格遵守委托合同与律师事务所的授权合同进行代理。代理合同的内容包括委托事项的范围、内容、权限、费用、期限等。

## 第二节　律师事务所与委托人关系的建立

律师事务所与委托人之间建立委托代理合同,必须建立在平等协商、公平合理、诚实信用的基础之上。因此为了规范律师事务所与委托人委托关系的建立,在建立委托关系之前要注意以下事项。

### 一、利益冲突审查

按照目前我国合伙制律师事务所的惯常做法,律师事务所的客户都是律师联络而来,但委托代理合同必须是由律师事务所与委托人签订。律师事务所在签订委托代理合同时,首先要审查律师事务所与当事人之间是否存在利益冲突,如果不存在利益冲突,那么律师事务所可以与委托人签订代理合同。然后,律师事务所要审查授权律师与当事人之间是否存在利益冲突。如果授权代理律师与当事人不存在利益冲突,那么可以授权联系客户的律师进行委托代理。如果发现该律师与当事人之间存在利益冲突,那么律师事务所得授权与当事人不存在利益冲突的律师代理。

### 二、风险告知义务

根据《律师执业行为规范》第四十三条规定:"律师在承办受托业务时,对已经出现的和可能出现的不可克服的困难、风险,应当及时通知委托人,并向律师事务所报告。"委托人寻求律师帮助,一方面可能是出于自身专业知识的欠缺,无法处理相关事务,需要律师做专业代理,另一方面也可能是出于追求自身利益最大化的动机,认为律师可以帮助自己实现利益目标。可见,委托人对律师的代理是抱有很大的利益期待的。但是任何代理行为都是有风险的,这种风险有可能在委托人进行事项委托时就已经被律师发现,或者进行委托谈判时风险还没有被揭示出来,但是根据律师的从业经验,可能的风险会随着代理行为的进展及法律关系的变化逐渐显现出来。有些风险律师也不可能规避,需要委托人自行承担。风险告知就是要求律师将现在的和可能的风险提前告知委托人,好让委托人提前建立心理预期。

## 三、禁止虚假承诺

法律服务市场竞争日益激烈,律师为了承揽业务,在与同行进行竞争时,有时会对委托人作出一些实际上不可能实现的承诺,甚至是虚假承诺。根据《律师执业行为规范》第四十四条规定:"律师根据委托人提供的事实和证据,依据法律规定进行分析,向委托人提出分析性意见。"律师提出的这些分析性意见的依据是当事人提供的事实与法律规定,但律师的意见是否会被法官采纳,需要法官在庭审中依据事实与法律作出判断,有可能被法官采纳,有可能不被法官采纳。因此,"律师的辩护、代理意见未被采纳,不属于虚假承诺"这一规定是合情合理的。如果律师过度吹嘘自己的能力与关系资源,满口应承委托人的要求,最后不能履行承诺,那么律师的这种行为是一种典型的虚假承诺。

## 四、理性引导当事人

当事人出于自身利益的考虑,提出的委托要求不一定合情合理合法,但现实情况是,正是当事人的这些要求为律师提高收费标准提供了论据。理性引导当事人是律师的一项义务与职责。《律师执业管理办法》第三十七条规定:"律师承办业务,应当引导当事人通过合法的途径、方式解决争议,不得采取煽动、教唆和组织当事人或者其他人员到司法机关或者其他国家机关静坐、举牌、打横幅、喊口号、声援、围观等扰乱公共秩序、危害公共安全的非法手段,聚众滋事,制造影响,向有关部门施加压力。"这些所谓的"维权"方法在我国都是违法的,会受到相关的法律法规制裁。

## 五、规范委托代理身份

律师事务所与委托人签订委托代理合同之后,在律师事务所对律师授权代理时,还要注意以下问题:(1)只能委托给本所的律师代理,不能委托给其他律师代理;(2)只能委托给有律师执业资质的律师代理,不能委托给非律师代理;(3)本所律师违法执业,以及本所非律师人员以律师身份提供法律服务的,律师事务所发现后必须立即制止。作为律师来说,也要规范自己的代理行为,律师担任代理人或者辩护人时,不得向受理案件的司法机关或者仲裁机构隐瞒律师身份,也不得在虽未隐瞒律师身份的情况下仍然以公民或法律顾问等非律师的名义从事代理或者辩护;律师在处理近亲属的法律事务时,可以公民的身份代理或者辩护,无须律师事务所统一收案并指派,但承办律师应当将此情况向事务所备案。

## 第三节　委托代理关系的存续

### 一、禁止转委托

律师事务所和律师一旦接受了委托代理业务，应当按照律师执业规范的要求完成当事人的委托事务，中途不得随意转委托。根据《律师执业行为规范》第五十六条规定："未经委托人同意，律师事务所不得将委托人委托的法律事务转委托其他律师事务所办理。但在紧急情况下，为维护委托人的利益可以转委托，但应当及时告知委托人。"律师事务所转委托的原因应当是为了维护委托人的利益，并且要及时告知委托人。从委托人的利益出发进行转委托，也能够得到委托人的同意。转委托的另一种情况是更换代理律师，如果受委托律师遇有突患疾病、工作调动等紧急情况不能履行委托协议时，代理律师应当及时报告律师事务所，由律师事务所另行指定其他律师继续承办，并及时告知委托人。非经委托人的同意，不能因转委托而增加委托人的费用支出。

### 二、独立辩护

在刑事辩护代理关系中，律师的独立性与其他代理关系不同，表现出律师有相对的独立性，即在一些场合下，代理律师不一定要完全按照委托人的意思进行辩护。此种观点是建立在这样的理论基础之上的：（1）辩护律师与被告人的关系不是一般意义上的代理关系，这种代理关系即有私法的性质，即辩护代理本身是一种合同关系，也有公法上的性质，即委托代理合同签订之后，辩护律师要与公法机关如公安机关、检察院发生公法上的关系，公法关系追求公共利益的实现；（2）在职权主义的诉讼模式之下，律师在辩护过程中，既要考虑被告人的利益，也要关注社会公共利益，即在程序正义的前提下，也不能放弃对实质正义的追求。因为在此种情况下，辩护律师享有辩护的专有权，这种专有权是独立于委托的授权之外的权力[①]。

### 三、与其他当事人关系规范

律师在处理委托事项过程中，必然要与委托人之外的其他人发生关系，如要与委托人发生法律关系的第三人发生关系，作为辩护律师，还要与被害人以及家属发生关系，等等。代理律师在与这些当事人发生关系时，也要遵循相应的职业伦理。如律师在处理代理事项时，要保护好其他当事人的商业秘密与个人隐私，披露对委托人有利而对相关当事人不利的信息，诋毁与侮辱其他当事人，或者违背委托代理合同之精神，私下与

---

① 许身健主编：《律师职业伦理》，北京大学出版社2017年版，第104—108页。

对方当事人的代理人或者当事人本人进行沟通等,都是违背律师职业伦理的行为。

## 第四节　律师保管财物的规范

律师在履行代理职责之时,有时委托人会将自己的财物交由律师保管。委托人将自己的财物交由律师保管,主要是出于对律师的信任,但律师在保管委托人财物的过程中,可能会发生侵占、挪用委托人财物的情况。正如一位美国学者所言:"律师经常是他们自己最糟糕的律师。他们知道其委托人的法律,因为知道这些是他们的业务需要。但是太多的情况下,他们对影响他们自己的法律——规则律师的法律一无所知。伊利诺伊州律师登记和惩戒委员会的理事经常告诉我,律师每年要为支持该惩戒委员会而强制性地支付费用,很多律师使用的支票就来自于委托人的信托资金账户。很显然,这些律师并不知道禁止混合规则(commingling rules)。"[①]

因此,国外一些国家的律师职业伦理规范里,制定了律师保管委托人财物的规范。如美国《律师职业行为示范规则》、加拿大《律师职业行为准则》、欧盟《欧洲律师行为准则》、德国《德国联邦律师法》、日本《律师职务基本准则》里均有相关规定。

我国《律师执业行为规范》对律师保管委托人财物进行了专门的规范,该规范第五十四条规定:"律师事务所可以与委托人签订书面保管协议,妥善保管委托人财产,严格履行保管协议。"第五十五条规定:"律师事务所受委托保管委托人财产时,应当将委托人财产与律师事务所的财产、律师个人财产严格分离。"这两条规定了律师保管委托人财物的两条基本原则:(1)协议保管原则,律师事务所要与委托人签订财物保管协议,明确双方的权利义务关系;(2)财物分离原则,律师事务所、律师要将自己的财物与委托人委托保管的财物分离,不能混淆在一起,这就是前述美国学者所言的禁止混合规则。根据委托人不同的财产类型,具体而言,分为以下两种情况。

### 一、金钱类财物的保管

委托人将自己的金钱类财物,如现金、有价证券等委托给律师保管。按照分离保管原则,律师要将委托人的金钱类财产与自己的财产分离保管,不能混合在一起。相关规则对此有详细的规定。《律师执业行为规范(试行)》第五十五条规定:"律师事务所受委托保管委托人财产时,应当将委托人财产与律师事务所的财产、律师个人财产严格分离。"对此,《律师事务所收费程序规则》第十七条作了相关的具体规定:"律师事务所经有关部门批准,可以设立用于存放代委托人保管的合同资金、执行回款、履约保证金等款项的专用账户。律师事务所应当严格管理专用账户,防范风险。对专用账户资金的

---

[①] 王进喜:《美国律师职业行为规则理论与实践》,中国人民公安大学出版社2005年版,第143页。

支付,必须严格审核把关,专款专用。严禁将专用账户的资金挪作他用。"

## 二、非金钱类财物的保管

除了金钱类财物之外,委托人将其他财物交由律师保管,包括用于诉讼的一些证据材料,如物证、书证、鉴定材料等,这些财物也很重要,尤其是与诉讼有关的证据类财物,一旦丢失难以恢复,甚至会影响诉讼结果,因此律师要妥善保管好这部分财物。由于一旦遗失这些证据材料会给当事人的利益造成重大损害,司法部《关于对律师遗失当事人重要文件原件的行为如何进行处罚的批复》中认为,对于律师遗失当事人重要文件原件致使当事人在以后的诉讼中无法举证的行为,在具体应用法律进行处理时,可以适用《律师法》相关规定实施行政处罚。《律师法》第五十条规定,律师事务所违规应受行政处罚的行为中,律师事务所遗失当事人重要文件原件属于"对本所律师疏于管理,造成严重后果的"行为。

# 第五节 委托关系的变更、解除与终止

委托关系既然是合同关系,自然要遵循《合同法》关于合同变更、解除与终止的规则。律师事务所与委托人签订的是委托代理合同,当事人要按照委托合同的变更与解除规则执行。律师事务所与委托人的委托代理合同是一种特殊的委托合同,《律师法》与相关的部门规章、行业协会规定对此有特殊的规范。

## 一、律师与委托人关系的变更

根据委托合同的一般规则,受托人应当按照委托人的指示处理委托事务。需要变更委托人指示的,应当经委托人同意;因情况紧急,难以和委托人取得联系的,受托人应当妥善处理委托事务,但事后应当将该情况及时报告委托人。经委托人同意,受托人可以转委托。转委托经同意的,委托人可以就委托事务直接指示转委托的第三人,受托人仅就第三人的选任及其对第三人的指示承担责任。转委托未经同意的,受托人应当对转委托的第三人的行为承担责任,但在紧急情况下受托人为维护委托人的利益需要转委托的除外。

根据《律师执业管理办法》第三十三条规定,律师承办业务,"应当及时向委托人通报委托事项办理进展情况;需要变更委托事项、权限的,应当征得委托人的同意和授权。律师接受委托后,无正当理由的,不得拒绝辩护或者代理,但是,委托事项违法,委托人利用律师提供的服务从事违法活动或者委托人故意隐瞒与案件有关的重要事实的,律师有权拒绝辩护或者代理"。拒绝辩护或者代理,只是针对违法事项,合法事项律师还得继续代理。

《律师执业行为规范（试行）》第五十六条至第五十八条规定的内容，遵循了原《合同法》有关委托合同的规则，体现了原《合同法》的精神。

## 二、律师与委托人关系的解除和终止

合同的解除有约定解除与法定解除之分。约定解除，律师与委托人协商达成意思一致，可以解除委托代理合同。法定解除的情形，《民法典》规定的是发生了不可抗力之后，当事人可以解除合同。《律师法》第三十二条规定："委托人可以拒绝已委托的律师为其继续辩护或者代理，同时可以另行委托律师担任辩护人或者代理人。律师接受委托后，无正当理由的，不得拒绝辩护或者代理。但是，委托事项违法、委托人利用律师提供的服务从事违法活动或者委托人故意隐瞒与案件有关的重要事实的，律师有权拒绝辩护或者代理。"

（一）约定解除

根据《民法典》第九百三十三条规定，委托人或者受托人可以随时解除委托合同。因解除合同给对方造成损失的，除不可归责于该当事人的事由以外，应当赔偿损失。按照这一规定，律师事务所与委托人都享有合同解除权。如果委托人只是对代理律师不满意拒绝接受律师的代理，而没有解除与律师事务所的代理合同，那么律师事务所可以通过更换代理律师继续履行合同。

《律师执业行为规范》第五十九条规定了律师事务所应当解除代理合同的情形："（一）委托人提出终止委托协议的；（二）律师受到吊销执业证书或者停止执业处罚的，经过协商，委托人不同意更换律师的；（三）当发现有本规范规定的利益冲突情形的；（四）受委托律师因健康状况不适合继续履行委托协议的，经过协商，委托人不同意更换律师的；（五）继续履行委托协议违反法律、法规、规章或者本规范的。"

（二）法定解除

法定解除分以下几种情形：

1. 委托事项违法

委托事项违法，根据合同法原理，此类合同属于无效合同，合同当然无效，且不得履行。作为律师事务所或者律师，是精通法律的机构与精通法律的人，一般不会接受委托人委托的违法事项，除非明知违法而故意为之。多数情况发生在委托合同签订之后，委托人再向律师提出不合理代理要求，如果这些要求是违反国家法律强制性规定或者社会公共利益，违反《民法典》规定的情形的，律师当然要拒绝。此种情况发生之后，律师事务所与律师应该解除与当事人签订的代理合同。

2. 委托人利用律师提供的服务从事违法活动

律师代理辩护人时，委托人会利用律师的特定身份达到其非法的目的，如希望律师在会见期间将自己的书信带出看守所，利用律师作为传递犯罪信息的工具。委托人聘请律师担任法律顾问提供法律咨询，学习如何利用法律漏洞制造保险事故诈骗保险赔付;利用律师对企业法律熟悉的优势,进行违反诚信原则甚至违反法律的行为等①。

**3. 委托人故意隐瞒与案件有关的重要事实**

律师事务所与委托人签订代理合同时,存在信息不对称,即律师事务所与律师对委托人的真实信息不完全掌握,有时仅凭委托人的一时之言就签订了代理合同。委托人有可能出于自身利益的目的,如想少付律师费用等,故意在签订代理合同时隐瞒与案件有关的重要事实。尤其在刑事辩护代理中,如果委托人隐瞒了与案件有关的重要事实,不仅会涉及代理合同的主要内容,如案件代理的难易程度、证据收集的难易程度、律师代理时间的计算、律师费用的标准等,而且委托人也违背了诚实信用的基本原则,合同的基础条件丧失,受托人完全有理由解除合同,终止代理关系。

## 思考题

1. 律师事务所与委托人建立委托关系时应注意哪些事项?
2. 律师在保管委托人财物时要注意哪些规范?
3. 律师与委托人关系解除的法定情形有哪些?

---

① 许身健主编:《律师职业伦理》,北京大学出版社2017年版,第111页。

# 第十五章 律师收费规范

## 第一节 律师收费概述

律师服务收费是律师事务所接受委托办理法律事务,向委托人收取服务报酬的行为。律师从事的法律服务是一项职业,职业的一项重要功能就是从业者通过职业知识与职业技能的付出获得相应的报酬,从而满足从业人员的基本生存需要,因此律师提供的知识与技能服务要获得合理的回报,律师收取代理报酬具有正当性与合理性。律师的委托代理合同是一种有偿合同,委托人要支付合理的对价。当然,律师提供免费的法律服务或者从事法律援助工作时,可以提供无偿的服务。律师收取法律服务报酬,也是世界各国的通例。

### 一、律师收费政策的演变

我国律师制度几经演变,如何规范律师的收费标准,政策也是不断地进行调整。最早规定律师收费的制度是 1956 年司法部发布的《律师收费暂行办法》,律师收费根据"按劳取酬"的原则进行,要考虑当时人民的生活水平和案件简易复杂程度。当时律师服务的机构是法律顾问处,因此收费机构是法律顾问处,律师不得私自收费。此时的律师收费主管部门是司法部。这个办法还规定了律师免费给予法律帮助的情形。20 世纪 80 年代初,律师制度恢复之后,根据当时的《律师暂行条例》由司法部和财政部制定了《律师收费试行办法》,基本沿用了之前的相关规定,此时的律师收费主管部门是司法部与财政部。

2006 年 4 月 13 日,由国家发改委和司法部发布了《律师服务收费管理办法》,与之前的规定相比,管理办法规定了律师收费的基本原则,如公开公平、自愿有偿和诚实信用原则,律师收费的标准采取政府指导价与市场调节价相结合,改变了政府指导价的单一收费标准。这一价格指导原则,在实际操作过程中遇到了政府指导价与市场调节价之间的比例关系问题,即以哪个定价方式为主导。在实践中,由于律师提供的法律服务具有很强的专业性,尤其是与具体提供法律服务的律师的专业知识、专业技能、服务水平、社会声誉等密切关系,政府价格主管部门很难对法律服务市场的价格进行指导。针对不同地区的法律服务市场,也很难通过中央政府相关部门制定一个统一的政府指导价格目录。随着我国服务业价格管理的逐步放松,律师收费改革成为各地律师行业协会改革的一个重要内容,市场化的律师收费机制逐步建立起来。政府价格主管机构如发改委逐步放松了对法律服务市场的价格指导。

2014年12月17日,国家发改委发布《关于放开部分服务价格意见的通知》,律师服务(刑事案件辩护和部分民事诉讼、行政诉讼、国家赔偿案件代理除外)。除律师事务所和基层法律服务机构(包括乡镇、街道法律服务所)提供的律师服务收费实行政府指导价外,其他律师服务收费实行市场调节价。这意味着我国的法律服务市场价格逐步放开。

2018年3月2日,北京市司法局、北京市律师协会发布了《关于全面放开我市律师法律服务收费的通知》,自2018年4月1日起,北京市律师法律服务收费全面实行市场调节价。

2017年1月26日,上海市发展和改革委员会、上海市司法局制定的《上海市律师服务收费管理办法》第五条规定,律师服务收费按不同法律服务事项分别实行政府指导价、市场调节价管理。第六条规定,律师事务所依法提供下列法律服务实行政府指导价:担任刑事案件犯罪嫌疑人、被告人的辩护人以及刑事案件自诉人、被害人的代理人;担任公民请求支付劳动报酬、工伤赔偿,请求给付赡养费、抚养费、扶养费,请求发给抚恤金、救济金,请求给予社会保险待遇或最低生活保障待遇的民事诉讼、行政诉讼的代理人,以及担任涉及安全事故、环境污染、征地拆迁赔偿等公共利益的群体性诉讼案件代理人;担任公民请求国家赔偿案件的代理人。第九条规定,律师事务所在开展律师服务过程中,不得实施《反垄断法》所禁止的垄断行为。实行市场调节价的律师服务收费由律师事务所与委托人协商确定。律师事务所与委托人协商律师服务收费应当考虑以下主要因素:耗费的工作时间;法律事务的难易程度;委托人的承受能力;律师事务所、律师可能承担的风险和责任;律师事务所、律师的社会信誉和工作水平等。

## 二、律师收费的基本原则

律师服务收费应遵循公开公平、自愿有偿、诚实信用的原则。

### (一) 公开公平原则

政府指导价格部分,政府主管部门应当就相关的收费项目与收费价格标准进行公开,如《上海市律师服务收费管理办法》将"上海市律师服务收费政府指导价标准"作为附件进行了发布,这是律师收费公开原则的体现。公平原则主要体现在市场调价收费部分,主要体现在委托人与律师事务所之间的协商谈判,只要是在平等协商的基础上,信息披露完全,那么谈判协商的价格能够体现公平原则。律师事务所接受委托,应当向委托人充分披露律师服务收费的相关信息,与委托人签订律师服务收费合同或者在委托代理合同中载明收费条款。收费合同或收费条款应当包括收费项目、收费标准、收费方式、收费数额、付款和结算方式、争议解决方式等内容。律师服务收费标准是否要公开,各地规定不一,上海市就要求律师服务收费实行明码标价制度。

（二）自愿有偿原则

自愿体现在律师事务所与委托人进行代理合同协商谈判时,要互相尊重,平等协商,律师事务所不得利用自己在法律服务市场的优势地位,利用法律知识存在的不对称信息优势故意抬高服务合同价格。有偿原则实际要体现律师服务的劳动报酬,体现法律服务代理是一种有偿服务行为,要体现律师的劳动、知识与技能的付出,遵循等价交换的经济学规则。

（三）诚实信用原则

诚实信用对双方而言都是一项重要的原则。委托人应当将自己愿意委托的事项涉及的信息与事实完整告知律师事务所与律师,律师事务所才有可能根据该所的律师收费标准进行价格的谈判,谈判的价格只能包括双方当事人签订代理合同时所确定的服务项目与服务内容,合同订立之后,委托人提出的增加事项得另外进行收费谈判。律师事务所应当将自己的收费标准告知给委托人,让委托人知道律师事务所的收费项目与收费标准,便于委托人进行选择。律师事务所不得在合同签订之后,就合同内容所包括的服务项目与服务内容再增加费用。

## 第二节 律师收费的主要方式

按照市场价格调整的收费项目,律师事务所与委托当事人可以就收费方式进行谈判,双方达成一致即可。实行政府指导价的律师服务收费可以根据不同的服务内容,采取计件收费、按标的额比例收费和计时收费方式,不得采取其他收费方式。

### 一、计件收费

计件收费是指以每一委托事项为基本单位收取律师服务费的收费方式。计件收费一般适用于不涉及财产关系的法律事务。

### 二、按标的额比例收费

按标的额比例收费是指按该项法律服务所涉及的标的额的一定比例收取律师服务费的收费方式。按标的额比例收费适用于涉及财产关系的法律事务。

### 三、计时收费

计时收费是指按照律师计时收费标准和办理法律事务的计费工作时间收取律师服

务费的收费方式。计时收费可适用于全部法律事务。

计费工作时间是律师办理法律事务的有效工作时间,包括律师向委托人了解案情、调查取证、查阅案卷、起草诉讼文书和法律文件、会见被限制人身自由的人员、出庭、参与调解和谈判、商议工作方案、代办各类手续以及办理其他相关法律事务的必要时间。

### 四、风险代理收费

律师事务所应委托人要求实行风险代理收费的,应当与委托人签订风险代理收费合同,约定双方应承担的风险责任、收费方式、收费金额或比例。

实行政府指导价的代理事项,禁止实行风险代理收费。以下代理案件,禁止风险代理:(1)婚姻、继承案件;(2)请求给予社会保险待遇或者最低生活保障待遇的;(3)请求给付赡养费、抚养费、扶养费、抚恤金、救济金、工伤赔偿的;(4)请求支付劳动报酬的等。

实行风险代理收费,最高收费金额不得高于收费合同约定标的额的30%。

## 第三节 律师服务费之外的其他费用

### 一、其他部门收取的费用

按照律师服务收费的内容与收费标准,律师事务所在办理法律事务过程中发生的诉讼费、仲裁费、鉴定费、公证费、查档费及其他经委托人书面同意的代委托人支付的费用,不属于律师服务费,由委托人另行支付。异地办案差旅费,不属于律师服务费,由委托人另行支付。

### 二、异地办案差旅费

律师事务所需要预收异地办案差旅费的,应当向委托人提供费用概算,经协商一致,由双方签字确认。确需变更费用概算的,律师事务所必须事先征得委托人书面同意。

结算前两款所列费用时,律师事务所应当向委托人提供代其支付的费用和异地办案差旅费清单及有效凭证。不能提供有效凭证的部分,委托人可不予支付。

律师事务所在与当事人协商律师服务费用时,要将上述两项费用的问题事先跟当事人明示,以免让当事人产生误解而发生费用纠纷。

律师事务所向委托人收取律师服务费,应当向委托人出具合法票据。律师服务费、代委托人支付的费用和异地办案差旅费由律师事务所统一收取,律师事务所及承办律师不得以任何名义向委托人收取其他费用。

### 三、律师不得收取费用的法律服务

根据有关规定,律师事务所应当接受指派承办法律援助案件。办理法律援助案件不得向受援人收取任何费用。律师事务所在办理法律事务过程中,如发现委托人符合当事人所在地法律援助条件的,应帮助委托人办理法律援助申请。

### 四、律师服务费用的减免

对于经济确有困难,但不符合当事人所在地法律援助条件的下列案件的委托人,律师事务所可酌情减收或免收律师服务费:(1)请求支付劳动报酬、工伤赔偿的;(2)请求给付赡养费、抚养费、扶养费的;(3)请求发给抚恤金、救济金的;(4)请求给予社会保险待遇或最低生活保障待遇的;(5)涉及安全事故、环境污染、征地拆迁赔偿等公共利益的;(6)请求国家赔偿的;(7)其他因特殊情况无力承担律师服务费的。

### 五、律师服务收费争议的解决

因律师过错或其无正当理由要求终止委托关系的,或因委托人过错或其无正当理由要求终止委托关系的,有关费用的退补和赔偿事宜,依据律师服务收费合同或者委托代理合同约定的收费条款处理,没有约定的,依据民法典有关合同制度的原则处理。

因律师服务收费发生争议的,律师事务所应当与委托人协商解决。协商无法形成一致意见的,可以提请所在地律师协会调解处理,也可以申请仲裁或者向人民法院提起诉讼。

## 第四节 律师收费的规制

各国律师职业行为规范或者相关法律都对律师收取法律服务费用进行了规定,要求律师收取律师服务费时要坚持公开公平原则,要与当事人进行充分的协商,合理收到当事人的费用。我国法律、行政规章与协会的行业规则,对律师的收费制定了相关的监督与管理规则。

### 一、律师收费项目与价格公示

《律师服务收费管理办法》第十五条规定,律师事务所应当公示律师服务收费管理办法和收费标准等信息,接受社会监督。

一些地方政府监管部门还制定了律师收费公示的具体内容,如《上海市律师服务收费管理办法》要求律师事务所应当在办公场所的显著位置、律师事务所官方网站等公布《上海市律师服务收费管理办法》、政府指导价标准、重大疑难复杂案件的认定办法、律师办理法律事务有效工作时间计时规则、投诉举报电话和本所的律师服务项目、收费标准、计费方法以及其他与收费相关的信息，接受社会监督。

## 二、地方政府主管部门规定律师服务收费指导价

《律师服务收费管理办法》要求地方政府价格主管部门会同律师行政主管部门共同制定律师服务收费指导价。政府指导价的基准价和浮动幅度由各省、自治区、直辖市人民政府价格主管部门会同同级司法行政部门制定。

国家发改委《关于放开部分服务价格意见的通知》要求，下列律师服务的收费需要进行政府指导价：（1）担任刑事案件犯罪嫌疑人、被告人的辩护人以及刑事案件自诉人、被害人的代理人；（2）担任公民请求支付劳动报酬、工伤赔偿，请求给付赡养费、抚养费、扶养费，请求发给抚恤金、救济金，请求给予社会保险待遇或最低生活保障待遇的民事诉讼、行政诉讼的代理人，以及担任涉及安全事故、环境污染、征地拆迁赔偿（补偿）等公共利益的群体性诉讼案件代理人；（3）担任公民请求国家赔偿案件的代理人。

《上海市律师服务收费管理办法》第六条规定，律师事务所依法提供下列法律服务实行政府指导价：担任刑事案件犯罪嫌疑人、被告人的辩护人以及刑事案件自诉人、被害人的代理人；担任公民请求支付劳动报酬、工伤赔偿，请求给付赡养费、扶养费，请求发给抚恤金、救济金，请求给予社会保险待遇或最低生活保障待遇的民事诉讼、行政诉讼的代理人，以及担任涉及安全事故、环境污染、征地拆迁赔偿等公共利益的群体性诉讼案件代理人；担任公民请求国家赔偿案件的代理人。

上海市律师服务收费政府指导价标准如下：

1. 计件收费方式

计件收费方式主要分三种情况：（1）担任刑事案件犯罪嫌疑人、被告人的辩护人。侦查阶段：1 500—10 000 元/件；审查起诉阶段：2 000—10 000 元/件；一审阶段：3 000—30 000 元/件。（2）代理刑事自诉案件或担任被害人代理人的，按照上述标准酌减收费。（3）代理其他实行政府指导价的不涉及财产关系的案件：3 000—12 000 元/件。

2. 按标的额比例收费

代理涉及财产关系的案件可以根据该项法律服务所涉及的标的额，按照下列比例分段累计收费：10 万元以下部分收费比例为 8%—12%，收费不足 3 000 元的，可按 3 000 元收取；10 万元以上至 100 万元部分收费比例为 5%—7%；100 万元以上至 1 000 万元部分收费比例为 3%—5%；1 000 万元以上至 1 亿元部分收费比例为 1%—3%；1 亿元以上部分收费比例为 0.5%—1%。

3. 计时收费

代理实行政府指导价的案件，计时收费标准为 200—3 000 元/小时。

规定了上述的收费标准之后，上海市的管理办法还对下面不同案件的收费问题进

行说明：(1)刑事案件的犯罪嫌疑人、被告人同时涉及数个罪名或数起犯罪事实，可按照所涉罪名或犯罪事实分别计件收费。(2)刑事附带民事诉讼案件的民事诉讼部分，属于实行政府指导价范围的，按照民事诉讼案件标准收费；属于市场调节价范围的，由律师事务所和委托人协商确定。(3)民事、行政诉讼案件同时涉及财产和非财产关系的，可按较高者计算并收费。(4)反诉案件，可在本诉案件收费的基础上由律所与委托人协商确定。(5)代理各类诉讼案件的申诉，按照一审阶段收费标准执行。(6)重大、疑难、复杂诉讼案件经律师事务所与委托人协商一致，可以在规定标准5倍之内协商确定收费标准。(7)前述收费标准，除另有指明外，是指诉讼案件一审阶段的收费标准。单独代理二审、死刑复核、再审、执行案件的，按照一审阶段收费标准执行。曾代理前一阶段的，后一阶段起减半收取。

至于律师服务收费中遇到的重大、疑难、复杂诉讼案件的认定办法，上海市也作出了详细的规定，作为附件附于管理办法之后，用于律师收费时的参考。

## 三、监督、检查和处罚

《关于放开部分服务价格意见的通知》要求律师事务所严格遵守《价格法》等法律法规，为委托人提供服务质量合格、价格合理的服务；严格落实明码标价制度，在律师事务所醒目位置公示价目表和投诉举报电话等信息；不得利用优势地位，强制服务、强制收费，或只收费不服务、少服务多收费；不得在标价之外收取任何未予标明的费用。

司法行政主管部门要按照本通知要求，加强法律服务市场的服务行为监管。要建立健全服务标准规范，完善行业准入和退出机制，为市场主体创造公开、公平的市场环境，引导行业健康发展。要严格遵守《反垄断法》等法律法规，不得以任何理由限制服务、指定服务，或截留定价权。

价格主管部门要按照本通知要求，结合修订地方定价目录，清理废止本地区制定出台的相关服务价格文件，尽快放开相关服务价格。要依法加强对有关服务市场价格行为的监管，坚决依法查处串通涨价、价格欺诈等不正当价格行为，维护正常市场价格秩序，保持价格水平基本稳定，保障市场主体合法权益。

《律师服务收费管理办法》第二十六条规定了各级价格主管部门应加强对律师事务所收费的监督检查。律师事务所、律师有价格违法行为的，由政府价格主管部门依照《价格法》和《价格违法行为行政处罚规定》实施行政处罚。第二十七条规定，各级司法行政部门应加强对律师事务所、律师法律服务活动的监督检查。一些地方政府文件还要求地方律师协会应充分发挥行业自律的作用，加强对律师服务收费的规范、指导，依据行业规则对违规行为实施行业处分。

即使北京市全面放开了律师法律服务收费，北京市司法局和市律师协会也要求，律师法律服务收费放开后，各律师事务所要严格遵守《律师法》《价格法》以及司法部《律师事务所管理办法》《律师执业管理办法》等法律法规、规章的规定，建立健全收费管理和财务管理制度,严格落实明码标价制度,为委托人提供质量合格、价格合理的服务。不得利用优势地位强制服务、强制收费,或者只收费不服务、多收费少服务。严禁串通涨价、恶意低价以及价格欺诈等不正当竞争行为。市、区司法行政机关和律师协会(联席会)要加强对律师事务所和律师法律服务活动的监督管理。对违反律师事务所统一接受委托、签订书面委托合同或者收费合同规定的、违反统一收取律师法律服务费和办案差旅费规定的、不开具律师法律服务收费合法票据的、不向委托人提交代交费用或办案差旅费有效凭证等违反《律师法》和律师执业纪律的,司法行政机关和律师协会根据各自职权,依法依规查处,切实维护首都法律服务市场秩序。

### 思考题

1. 简述律师收费的基本原则。
2. 简述律师收费的主要方式。
3. 政府主管部门对律师收费有哪些规则措施?

# 第十六章 律师保密义务规范

## 第一节 律师保密义务概述

委托人与律师签订法律服务合同,建立在委托人对律师的信任基础上。这种信任关系使委托人对律师的未来代理行为有一种信赖期待:律师会为了委托人的利益保守委托人的秘密,因为代理的需要,委托人必须将自己涉及代理事务的所有信息毫无保留地告知律师,以便律师能够以自身的专业知识与专业技能保护委托人的合法权益,实现委托人利益的最大化。因此,律师负有保密义务既是相互信赖关系的必然结果,也是律师职业伦理必然包含的义务规范。

### 一、中国律师的保密义务

我国的律师保密义务,规定在不同的法律、部门规章与协会规范中。

《律师法》第三十八条规定:"律师应当保守在执业活动中知悉的国家秘密、商业秘密,不得泄露当事人的隐私。律师对在执业活动中知悉的委托人和其他人不愿泄露的有关情况和信息,应当予以保密。但是,委托人或者其他人准备或者正在实施危害国家安全、公共安全以及严重危害他人人身安全的犯罪事实和信息除外。"

《刑法》第二百五十二条规定了"侵犯通信自由罪",第二百五十三条规定了"私自开拆、隐匿、毁弃邮件、电报罪","侵犯公民个人信息罪"。如果律师在代理过程中违反相关的刑法规定,就要负刑事责任,是犯罪行为。

《刑事诉讼法》第四十八条规定:"辩护律师对在执业活动中知悉的委托人的有关情况和信息,有权予以保密。但是,辩护律师在执业活动中知悉委托人或者其他人,准备或者正在实施危害国家安全、公共安全以及严重危害他人人身安全的犯罪的,应当及时告知司法机关。"

《律师执业管理办法》第四十三条基本遵循了《律师法》第三十八条的立法意旨,在此基础上,《律师执业管理办法》对如何保守当事人的秘密作了更详细的规定,如第三十五条规定:"律师承办业务,应当诚实守信,不得接受对方当事人的财物及其他利益,与对方当事人、第三人恶意串通,向对方当事人、第三人提供不利于委托人的信息、证据材料,侵害委托人的权益。"第三十八条规定:"律师应当依照法定程序履行职责,不得以下列不正当方式影响依法办理案件:……违反规定披露、散布不公开审理案件的信息、材料,或者本人、其他律师在办案过程中获悉的有关案件重要信息、证据材料。"

《律师执业行为规范(试行)》在有关律师保密义务方面的规定,基本上沿用了《律师法》第三十八条的内容,在此不再赘述。

## 二、国外律师的保密义务

为了规范律师的保密义务,各国都制定了相应的规则。如美国律师协会《职业行为示范规则》规定,除非委托人作出了知情同意、为了执行代理对信息的披露已经得到默示授权或者披露符合职业伦理规范的规定,律师不得披露与代理委托人有关的信息。加拿大律师协会《律师职业行为准则》规定,律师有义务对其在执业过程中获得的与委托人的业务和其他事宜有关的所有信息进行保密,除非获得委托人明示的或者默示的许可或者法律或《律师职业行为准则》的相应要求,否则律师不得泄露信息。欧盟《律师行为准则》规定,委托人会将其他未知的事实告知律师,这是律师行使其职能的重要环节,因此律师应基于保密义务成为其他信息的接受方。如不能确保履行保密义务,便无法获得委托人的信任。因此,保密义务是律师负有的首要、基本的义务。德国《联邦律师法》第 43a 条规定,律师负有沉默义务。该义务涉及律师在执业中知悉的一切事物。日本也有类似的规定,《日本律师法》第 23 条规定,律师和曾经的律师,具有保持其职务上知悉的秘密的权利和义务,但是法律有特别规定的,不在此限。

# 第二节 律师保密义务的主体

律师保密义务的主体,不仅局限于代理律师,还包括更为广泛的能够接触到当事人信息的相关人员,包括律师事务所、同所律师、律师助理等。如美国律师的保密义务范围包括律师事务所的合伙人以及个人或者和其他律师一起在律师所拥有相对管理权限的律师,跟律师接触到的信息有关联的非律师人员,律师助理、秘书、调查人员、实习生及辅助人员。《日本律师法》规定的保密人员范围除了上述与美国的相关规定相同之外,还规定了曾经的律师也属于保密的主体,即被取消律师资格的人,虽然不再受律师职业伦理规范的管辖,但仍然对自己曾经担任代理的事务负有保密义务。

根据我国法律、部门规章及相关规定,负有保密义务的主体包括以下几种:

## 一、律师

具体负有代理义务的律师,对委托人的信息了解最多最全面,自然是首先负有保密义务的人。

## 二、代理律师所在律所同事及其他工作人员

有些复杂的法律事务,需要由事务所组成律师团队共同承揽,这些律师自然都要负有保密义务。有些代理业务可能由一位律师承办,但常常是由律师事务所团队协作,当今有许多具有一定规模的律师事务所内部形成了专业分工,将律师分成专业型的团队,一位律师代理的法律事务,专业团队成员会出谋划策,或者律师事务所召开内部小型会议进行研讨。接触当事人信息的这些律师都属于保密义务的主体。另外,律师事务所的其他工作人员,只要接触到了当事人的信息,都负有保密义务,包括材料打印人员、保管人员等。北京律师协会《北京市律师执业规范(试行)》对此作了明确的规定,第二十六条规定:"合伙律师、律师有义务对实习律师、律师助理、法律实习生、行政人员等辅助人员在律师业务及职业道德方面给予指导和监督,特别是要求辅助人员保守当事人的信息秘密。律师对受其指派办理事务的辅助人员出现的错误,应当采取制止或者补救措施,并承担责任。"第六十三条规定保密义务的延伸:"律师代理工作结束后,仍有保密义务。"

## 三、律师事务所

律师事务所负有保密义务,基于有关的特别规定,如《律师事务所从事商标代理业务管理办法》第十五条规定:"律师事务所及其律师承办商标代理业务,应当遵守律师执业保密规定。未经委托人同意,不得将代理事项及相关信息泄露给其他单位或者个人。"其实,律师事务所是一个机构,机构自身不可能泄露秘密,只能是机构里的相关人员泄露,律师事务所应该制定内部的保密规则,这样才可能在发生泄露秘密事件后落实责任承担者。

# 第三节 律师保密义务的对象和范围

律师保密义务的对象和范围需要界定,否则律师在代理过程就很难落实保密义务。根据相关国家的规制经验,虽然范围略有差异,但大致遵循基本的原则,那就是凡是涉及当事人不愿意泄露给他人的信息都在保密范围之内。如加拿大律师职业行为规范非常广泛,即使律师撰写自传,也应当避免在未获得委托人授权的情况下披露受到保护的委托人的信息。根据德国相关法律和律师职业行为规范,保密义务的客体是指"律师在执业中知悉的一切事务",不仅包括口头告知、文书证物,还包括其他有关委托人的信息。《日本律师法解释》对委托人的个人信息进行了列举:"委托人过去的犯罪行为、反伦理行为、疾病、身份、亲属关系、财产关系、是否留有遗言、住所及其他对委托人不利的事项",还有兜底条款:"委托人不想让第三人(有不同利害关系的人)知道的事项及一般社会观念中不想让别人知道的事项"全部包括在内。这一条款实际上让人难以琢磨,想

弄清其含义甚难,最保险的办法,就是有关委托人的事情,能不告知他人就不告知他人。

我国法律及相关规定明示的律师的保密义务范围,除了与当事人相关的有关信息外,还包括"国家秘密"。根据我国法律和相关规定,我国的律师保密义务范围可以分为以下几类:

## 一、国家秘密

根据《保守国家秘密法》第二条规定:"国家秘密是关系国家安全和利益,依照法定程序确定,在一定时间内只限一定范围的人员知悉的事项。"该法第十条将国家秘密的密级分为绝密、机密、秘密三级。绝密级国家秘密是最重要的国家秘密,泄露会使国家安全和利益遭受特别严重的损害;机密级国家秘密是重要的国家秘密,泄露会使国家安全和利益遭受严重的损害;秘密级国家秘密是一般的国家秘密,泄露会使国家安全和利益遭受损害。法律规定了不同密级的国家秘密的保密期限。一般而言,凡是认定为国家秘密的文件,文件上面都有相关密级的标注,这是辨别国家秘密的重要方法。公职律师接触国家秘密的机会比较多,但公职律师本身是国家公职人员,具有保密意识,所在单位也制定有严格的保密规则,因此公职律师的保密意识强。社会律师会因代理党政机关和其他涉及国家秘密的机构法律事务而接触到国家秘密,代理合同里应该签订保密协议,这样的保密协议比私人代理合同里的保密协议更为严格,律师若违反了保密协议,要承担法律责任。

## 二、商业秘密

根据《反不正当竞争法》的规定,"商业秘密,是指不为公众所知悉、具有商业价值并经权利人采取相应保密措施的技术信息、经营信息等商业信息"。按照委托人的"一切信息"律师都具有保密义务的要求,商业秘密理所当然属于律师保密的信息内容。商业信息的范围非常广泛,根据原国家工商行政管理局发布的《关于禁止侵犯商业秘密行为的若干规定》,对《反不正当竞争法》涉及商业秘密的有关概念与范围进行了具体的界定。"不为公众所知悉",是指该信息是不能从公开渠道直接获取的。"能为权利人带来经济利益、具有实用性",是指该信息具有确定的可应用性,能为权利人带来现实的或者潜在的经济利益或者竞争优势。"权利人采取保密措施",包括订立保密协议,建立保密制度及采取其他合理的保密措施。"技术信息和经营信息",包括设计、程序、产品配方、制作工艺、制作方法、管理诀窍、客户名单、货源情报、产销策略、招投标中的标底及标书内容等信息。"权利人"是指依法对商业秘密享有所有权或者使用权的公民、法人或者其他组织。这些具体的规定为律师代理提供了详细的指南。

## 三、当事人的隐私

我国《民法典》第一百一十条规定自然人享有"隐私权",第一百一十一条规定:"自然人的个人信息受法律保护。任何组织和个人需要获取他人个人信息的,应当依法取得并确保信息安全,不得非法收集、使用、加工、传输他人个人信息,不得非法买卖、提供或者公开他人个人信息。"这里规定的个人信息,类似于外国法当事人的"一切信息"或者"所有信息"。隐私的概念在法学界存在不同意见,笔者认为,采用个人信息的概念含义更为明确,宜于大众理解。《律师法》第三十八条第二款规定的"委托人和其他人不愿意泄露的有关情况和信息",其实作为律师很难判断哪些信息是委托人或者其他人愿意还是不愿意泄露的,因为针对不同的委托人或者当事人,即使是同样的个人信息,有的人愿意被人泄露,有的人就不愿意被人泄露,如当事人的学历信息,有人希望别人宣传自己的学历,有人则不愿意披露自己的学历。作为律师,在代理过程中很难把握披露与不披露的分寸,最好的办法就是把握一个原则,即事关当事人的所有个人信息都不得披露,若确有必要披露,事先征求当事人的同意。

## 第四节 律师保密义务的期间和例外

### 一、律师保密义务的期间

毫无疑问,律师在代理期间对当事人信息负有保密义务。那么在代理合同签订之前与代理合同履行结束之后,这种保密义务是否还存在? 委托人在寻求法律帮助时,可能会与几位律师或者律师事务所咨询相关法律服务事项,在此过程中,委托人会主动披露一些个人信息,律师在解答咨询时也会主动询问一些有关委托人的个人信息,这样事实上形成了两者之间的信赖关系。在美国律师《职业行为示范规则》里将这称为潜在的委托代理关系。律师不得披露潜在委托人的个人信息。加拿大的《律师职业行为准则》里也有类似的规定。日本律师职业伦理规范要求代理合同结束后,律师仍然负有相关的保密义务。

我国《律师法》、行政主管机关制定的部门规章和协会的行业规范里虽然没有对此作出详细的规定,但相关法律对代理合同当事人的保密义务制定了规则。《民法典》第四十三条规定:"当事人在订立合同过程中知悉的商业秘密,无论合同是否成立,不得泄露或者不正当地使用。泄露或者不正当地使用该商业秘密给对方造成损失的,应当承担损害赔偿责任。"此条规定的义务在民法上为"先合同义务",即在合同签订过程中,合同双方当事人要保守双方在合同谈判过程知悉的对方商业秘密与个人信息,这是诚信原则的体现。如果一方违背了诚信原则给对方当事人造成了损害,则应负损害赔偿责任,这在民法上称为"缔约过失责任",即合同虽然最终未成立,但一方当事人因违反诚信原则给对方当事人造成了损害所应承担的损害赔偿责任。《民法典》第五百五十八条规定了"后合同义务","合同的权利义务终止后,当事人应当遵循诚实信用原则,根据交易习惯履行通知、协助、保密等义务"。此条可以作为律师代理合同终止之后负有当事人保密义务的法律依据。

## 二、律师保密义务的例外

律师代理期间，会遇到各种复杂情况，保密义务也会遇到挑战。因此，各国律师法律或者行业规范都规定了律师保密义务的例外规则，以便律师在代理过程中遵循。如美国律师协会《职业行为示范规则》规定了6种例外情况，加拿大律师协会《律师职业行为准则》也规定了律师可以披露当事人信息的例外情形。德国《德国律师执业规范》规定在法律要求或允许的情况下，律师得以披露当事人的信息。日本《律师法》规定在有"正当理由"的情况下，允许律师公开当事人的秘密信息。

我国《律师法》第三十八条第二款规定，"委托人或者其他人准备或者正在实施危害国家安全、公共安全以及严重危害他人人身安全的犯罪事实和信息"属于例外规则，律师可以披露当事人的有关信息。但我国的《律师执业管理办法》《律师执业行为规范（试行）》等均未对法律中所涉及的"危害国家安全、公共安全以及严重危害他人人身安全的犯罪"作详细的解释与说明。律师自己所面临的人身安全当然也适用"例外原则"。当律师与委托人发生了法律纠纷，律师为了自身的利益，也应可以援引当事人的有关信息。

有学者根据国外的经验与中国的实际，将我国的律师保密义务例外的情形作了以下概括：获得委托人的明确或者默示授权；合理地防止某些死亡或者重大身体伤害；防止、减轻或纠正在律师服务的协助下从事违法行为；允许律师就其遵守伦理规范的义务征求法律意见；为对律师提出的索赔进行抗辩；遵守法律或者法院命令①。

 **思考题**

1. 律师保密义务的主体包括哪些？
2. 简述律师保密义务的范围。
3. 简述律师保密义务的例外情形。

---

① 许身健：《法律职业伦理》，中国政法大学出版社2019年版，第170—171页。

# 第十七章 律师利益冲突规范

## 第一节 律师利益冲突概述

### 一、律师利益冲突的概念

律师利益冲突，是指律师在代理过程中，因律师本人与委托人之间、与律师有利益关系的其他人与委托人之间存在利益冲突关系而有可能造成委托人利益损害的情形。目前，在我国律师利益冲突没有进行法定的概念界定，《律师法》第三十九条规定："律师不得在同一案件中为双方当事人担任代理人，不得代理与本人或者其近亲属有利益冲突的法律事务。"从实际情况来看，《律师法》对利益冲突的范围界定过窄。《律师执业管理办法》第二十八条沿用了《律师法》的规定，然后以列举的方式规定了利益冲突的禁止情形。《律师执业行为规范（试行）》第五十一条列举了避免利益冲突的几种情形。学术界对此概念进行过探讨。有学者认为，律师利益冲突是指"律师在为委托人提供法律服务的过程中，因自身利益（即直接利益冲突）或者受当事人之间利害关系（即间接利益冲突），可能损害当事人权益的情形"[1]。

在地方律师协会制定的律师执业行为规范文件中，对"律师利益冲突"有界定，可资参考。《北京市律师执业规范（试行）》第四十五条规定了利益冲突的概念，利益冲突是指同一律师事务所代理的委托事项与该所其他委托事项的委托人之间有利益上的冲突，继续代理会直接影响到相关委托人的利益的情形[2]。这一界定利益冲突的范围过窄。上海市律师协会制定的《律师执业利益冲突认定和处理规则》，认为律师利益冲突是指律师"在执行当事人委托事务时，因自身利益（即直接利益冲突）或者受当事人之间利害关系影响（即间接利益冲突），可能损害当事人权益的情形"。

律师在执业过程中要避免利益冲突，主要目的是为了维护当事人的利益不被损害，

---

[1] 参见许身健主编：《律师职业伦理》，北京大学出版社2017年版，第115页。
[2] 该条内容出自北京市律师协会通过的《北京市律师执业规范（试行）》（2001年版），2017年修改后，删除了利益冲突的定义。

因此利益冲突并不以"发生实际损害结果为条件"①，目的在于预防利益损害风险的发生。因此，在利益冲突防范方面，除了法定或者行政规章禁止的情形之外，其他方面可由委托人与律师进行协商解决可能的利益冲突问题，委托人也可以豁免律师的利益冲突带来的法律责任。

## 二、利益冲突产生的原因

委托人与律师谈判代理合同时，一般而言，双方当事人从主观上都不希望在代理过程中发生利益冲突问题。一是因为利益冲突对双方都不利，除非律师或者律师事务所事先能够确定利益冲突发生后对律师或者律师事务所有利而事先故意隐瞒这种利益冲突，但律师或者律师事务所会面临行政主管机关与律师行业组织的严厉惩戒，也会面临当事人的诉讼，实际上是得不偿失。二是当事人也不会主动陷入利益冲突之中，聘请律师提供法律代理服务，当事人已然付出了不少的成本，谁又愿意节外生枝呢？大多数情况下，利益冲突基本上是因为客观原因导致的。

（一）律师流动

律师是自由执业，只要律师愿意，他可以选择就业地点与就业机构，因此律师职业具有较大的流动性。律师流动自有各自的原因，如改变工作地点，追求更好的收入水平，业务拓展的需要。律师流动会对律师所承揽的法律服务项目产生较大的影响，如业务的交接与代理人的变更，律师在新的律师事务所承接新的法律服务项目等，会涉及代理人的利益冲突问题。"尤其是案源较多的律师在不同律师事务所之间的流动更易引发众多的利益冲突问题"②。

司法部《关于进一步加强律师执业管理若干问题的通知》，要求加强对律师调动和异地执业的管理，要坚持保障人才合理流动和促进律师事务所从业人员相对稳定的原则，制定合理的律师调动和异地执业管理规定，加强对调动律师的执业情况和职业操守的审查，简化办事程序，加快文件流转。同时，通过实行律师事务所聘用合同必备条款等制度，指导、督促律师事务所与律师订立公平、完备的劳动合同，依照合同条款妥善解决律师事务所与律师之间的劳动争议。

（二）律师代理业务范围不断扩大

在我国律师业发展初期，律师业务一般局限于刑事辩护与民事代理等少数领域，随着我国经济社会的发展，越来越多的领域需要律师提供法律服务，如证券发行、融资租赁、资产管理、公司法务、知识产权、房地产、政府事务、法律援助等，扩大了律师的业务范围，如果委托人从事的业务范围也非常广，产生利益冲突的可能性也会不断增大。

---

① 许身健：《法律职业伦理》，中国政法大学出版社2019年版，第174页。
② 许身健：《法律职业伦理》，中国政法大学出版社2019年版，第175页。

### (三) 律师事务所的规模不断扩大

资本近几年来进入了法律服务市场，在资本的助力下，我国的律师事务所的规模不断地扩大，数千人的律师事务所数量在增加，具有一定规模的律师事务所还在不断招聘律师，抢占法律服务市场。律师事务所规模扩大的直接结果是其分支机构开始在全国乃至全球布局，律师事务所服务的区域范围扩大，其他人与律师利益发生关系的可能性增加，这样的结果是，原来不可能发生利益冲突的情况有可能发生了，如委托人的利益关系人、代理人所在律师事务所的其他律师介入与代理利益关系以及委托人有关的其他人的利益冲突的可能性增加。

### (四) 律师行业内部专业分工细化导致法律服务市场的内部隔离

律师行业内部的专业分工越来越细化，专业律师在法律服务市场更受欢迎，也是律师事务所在法律服务市场提升竞争的有力法宝。找到符合自身业务对口的专业律师提供法律服务，既符合委托人的需求，也是法律服务是有效的途径。规模较大的律师事务所内部一般会形成专业服务部门，不同专业部门之间因业务差异较大，平时的交流与沟通较少，对于一些大型机构客户而言，可能出现一家律师事务所同时或者连续代理委托人的多项法律事务，甚至代理委托人竞争对手或者利益关系人的法律事务，形成利益冲突。

## 第二节 利益冲突的类型

### 一、直接利益冲突与间接利益冲突

上海市律师协会《律师执业利益冲突认定和处理规则》将律师利益冲突分为直接利益冲突与间接利益冲突。按照此规定分类的情形，直接利益冲突是指律师在执行当事人委托事务时，存在律师自身利益与当事人利益相冲突，可能损害当事人权益的情形；间接利益冲突是指律师在执行当事人委托事务时，存在受当事人之间利害关系影响，可能损害当事人权益的情形。

《律师执业管理办法》第二十八条规定的情形，实际上是直接利益冲突的情形，"律师不得在同一案件中为双方当事人担任代理人，或者代理与本人及其近亲属有利益冲突的法律事务。律师接受犯罪嫌疑人、被告人委托后，不得接受同一案件或者未同案处理但实施的犯罪存在关联的其他犯罪嫌疑人、被告人的委托担任辩护人。律师不得担任所在律师事务所其他律师担任仲裁员的案件的代理人。曾经或者仍在担任仲裁员的律师，不得承办与本人担任仲裁员办理过的案件有利益冲突的法律事务。"这几种情况都是律师会直接与委托人发生利益冲突的。

《律师执业行为规范（试行）》第五十一条在《律师法》第三十九条和《律师执业管理办法》第二十八条基础上作了进一步规定，直接利益冲突包括以下情形：(1) 律师在同一案件中为双方当事人担任代理人,或代理与本人或者其近亲属有利益冲突的法律事务的;(2) 律师办理诉讼或者非诉讼业务,其近亲属是对方当事人的法定代表人或代理人的;(3) 曾经亲自处理或者审理过某一事项或者案件的行政机关工作人员、审判人员、检察人员、仲裁员,成为律师后又办理该事项或者案件的;(4) 同一律师事务所的不同律师同时担任同一刑事案件的被害人的代理人和犯罪嫌疑人、被告人的辩护人,但在该县区域内只有一家律师事务所且事先征得当事人同意的除外;(5) 在民事诉讼、行政诉讼、仲裁案件中,同一律师事务所的不同律师同时担任争议双方当事人的代理人,或者本所或其工作人员为一方当事人,本所其他律师担任对方当事人的代理人的;(6) 在非诉讼业务中,除各方当事人共同委托外,同一律师事务所的律师同时担任彼此有利害关系的各方当事人的代理人的;(7) 在委托关系终止后,同一律师事务所或同一律师在同一案件后续审理或者处理中又接受对方当事人委托的;(8) 其他与本条第(1)至第(7)项情形相似,且依据律师执业经验和行业常识能够判断为应当主动回避且不得办理的利益冲突情形。在以上情形下,为了避免律师与当事人之间的利益冲突,律师及律师事务所不得与当事人建立或维持委托关系。

直接利益冲突原则上应该禁止,除非律师事务所及律师取得了各方当事人明确的书面豁免函,方可谨慎接受代理。但法律明文禁止的除外。

间接利益冲突因为不直接发生在律师与委托人之间,所以,如果委托人认为律师值得信赖,经委托人同意之后,律师可以承揽相关法律服务事项。根据《律师执业行为规范(试行)》第五十二条规定,下列情形属于间接利益冲突:(1) 接受民事诉讼、仲裁案件一方当事人的委托,而同所的其他律师是该案件中对方当事人的近亲属的;(2) 担任刑事案件犯罪嫌疑人、被告人的辩护人,而同所的其他律师是该案件被害人的近亲属的;(3) 同一律师事务所接受正在代理的诉讼案件或者非诉讼业务当事人的对方当事人所委托的其他法律业务的;(4) 律师事务所与委托人存在法律服务关系,在某一诉讼或仲裁案件中该委托人未要求该律师事务所律师担任其代理人,而该律师事务所律师担任该委托人对方当事人的代理人的;(5) 在委托关系终止后一年内,律师又就同一法律事务接受与原委托人有利害关系的对方当事人的委托的;(6) 其他与本条第(1)至第(5)项情况相似,且依据律师执业经验和行业常识能够判断的其他情形。

间接利益冲突不必然产生对委托人的损害,律师和律师事务所发现了间接利益冲突的情形之后,应当告知委托人利益冲突的事实和可能产生的后果,由委托人决定是否建立或维持委托关系。委托人决定建立或维持委托关系的,应当签署知情同意书,表明当事人已经知悉存在利益冲突的基本事实和可能产生的法律后果,以及当事人明确同意与律师事务所及律师建立或维持委托关系。

## 二、同时性利益冲突与连续性利益冲突

这种分类标准是根据律师与委托人利益冲突发生在律师代理的同一法律事务还是

发生在存在时间先后顺序的不同法律事务进行的分类。同时性利益冲突是指律师与委托人利益冲突发生在同一法律服务事项中，如律师在同一个案件中同时担任双方当事人的代理人，或者代理与本人或者其近亲属有利益冲突的法律事务；同一律师事务所的不同律师同时担任同一刑事案件的被害人的代理人和犯罪嫌疑人、被告的辩护人，但这种情况发生的原因是该县区域内只有一家律师事务所且事先征得当事人同意的除外；在民事诉讼、行政诉讼、仲裁案件中出现类似的情况，都视为同时性利益冲突。同时性利益冲突的本质是律师同时担任利益冲突双方的代理人，必然难以协调双方的利益关系。律师对委托人负有信赖义务，意味着律师必须站在委托人的利益立场实施代理行为，如果律师同时站在利益冲突双方的立场，如何实施代理行为？

连续性利益冲突是指律师先后为存在利益冲突的委托人担任代理人的情形。在这种情形下，律师先担任某一委托人的代理人代理有关法律事务，代理关系终止后，律师为与前委托人存在利益冲突的委托人代理法律事务。律师在前后两个代理行为中，存在着利益冲突，如果律师维护前委托人的利益，会对后委托人的利益不利，因为他不能为了后委托人的利益而做出对前委托人不利的行为；如果他为了维护后委托人的利益，则他要损害前委托人的利益，在前后两位委托人的利益冲突面前，律师不能两全其美，最终的结果是律师必然要损害其中一位委托人的利益，或者两者的利益都受到损害，不可能求得双赢的结果。因此，相关的行业规范对此有禁止性规范。《北京市律师业避免利益冲突的规则（试行）》第九条第三款规定"在担任常年或者专项法律顾问期间及合同终止后一年内，又在诉讼或者仲裁案件中接受该法律顾问单位或者个人的对立方委托的"，《上海市律师协会律师执业利益冲突认定和处理规则（试行）》第五条第七款规定"同一律师在结束代理当事人的对抗性案件或非诉讼委托后半年之内，又担任该当事人在对抗性案件或非诉讼业务中对方当事人的代理人"，都属于连续性利益冲突的情形，律师不得为之。

## 三、利益冲突的防范

为了防范利益冲突的风险发生，我国相关法律、行政规章和行业规范对此都作了相应的规定。《律师法》第二十三条规定："律师事务所应当建立健全执业管理、利益冲突审查、收费与财务管理、投诉查处、年度考核、档案管理等制度，对律师在执业活动中遵守职业道德、执业纪律的情况进行监督。"《律师执业行为规范（试行）》第四十九条规定："律师事务所应当建立利益冲突审查制度。律师事务所在接受委托之前，应当进行利益冲突审查并作出是否接受委托决定。"第五十条规定："办理委托事务的律师与委托人之间存在利害关系或利益冲突的，不得承办该业务并应当主动提出回避。"

从以上规定可以总结出防范利益冲突的两个层面：一是律师事务所。律师事务所应当制定所内的预防利益冲突的管理制度，预先对律师代理的事务进行审查。这是一种先合同审查责任，律师事务所在签订代理合同之前，应对律师将要代理的事务进行利益冲突审查。二是律师。律师如果知道所代理事务存在利益冲突,他得向律师事务所主动提出回避,不能承揽该项法律事务。

## 第三节 利益冲突的处理方式

### 一、告知

律师事务所在发现了直接利益冲突的情形后,应立即告知当事人和准当事人相关事实和不能接受代理的原因。发现了间接利益冲突的情形后,应立即告知当事人和准当事人基本事实以及代理可能产生的后果,尽早取得相关当事人的书面豁免。

### 二、回避

办理委托事务的律师与委托人之间存在利害关系或者利益冲突的,律师不得办理该项业务并应当主动提出回避。

### 三、获取书面豁免

间接利益冲突的情形下,律师事务所及律师可以接受对方或双方当事人的委托,但应当事先取得对方或双方当事人对利益冲突的书面豁免。在未征得对方或双方当事人书面豁免的情况下,律师事务所应当谨慎从事。

如果律师事务所及律师在以前的代理中获知某些与当事人有关的保密信息,而在接受新的委托业务中将有可能或不可避免地披露或利用已知的保密信息,从而违反对前当事人的保密义务,则即使有各方的书面豁免,律师事务所及律师也不得接受该项委托。

### 四、设定顺序代理

在发生利益冲突的情况下,已存在的代理优于拟进行的代理。在某些情况下,律师事务所同一律师在代理中发生利益冲突的情况,可以改由同一律师事务所另一位律师进行代理。

### 五、拒绝签订代理合同

律师事务所在签订代理合同之前发现利益冲突后,可以拒绝签订代理合同。

### 六、终止代理合同

律师事务所签订代理合同之后,律师在执业过程中发现了利益冲突,律师事务所可以终止合同。

## 七、责任承担

(一) 行政责任

《律师法》第四十九条规定了利益冲突的处罚规则,对"在同一案件中为双方当事人担任代理人,或者代理与本人及其近亲属有利益冲突的法律事务的"律师,由司法行政部门给予警告,可以处五千元以下的罚款;有违法所得的,没收违法所得;情节严重的,给予停止执业三个月以下的处罚。

(二) 民事责任

律师以及律师事务所违反了利益冲突规则,给被侵害人造成损害的,应当依法承担民事损害赔偿责任。

(三) 行业惩戒

《上海市律师协会律师执业利益冲突认定和处理规则(试行)》规定了违反本规则所应受到的协会的处罚。律师或律师事务所有违反了行业规范中有关利益冲突的禁止性条款行为的,律师协会会视情节分别给予训诫、通报批评等处分,律师协会并有权要求其公开澄清事实、消除影响。对实施两种或两种以上违反该规则禁止性条款行为的律师或律师事务所,律师协会应当分别予以处分。

**思考题**

1. 简述律师利益冲突的概念与利益冲突产生的原因。
2. 简述律师利益冲突的类型。
3. 简述律师利益冲突的处理方式。

# 第十八章 律师之间的关系规范

律师之间的关系,包括律师事务所内律师同事之间的关系,也包括律师同其他律师事务所律师之间即律师同行之间的关系。律师之间在业务上存在竞争与合作的关系,在同一个法律服务市场上,律师要竞争相同的客户资源,同时,为了更好地为委托人提供优质高效的法律服务,律师之间要互相合作,互相协作,共同维护律师业的社会信誉与服务质量。

## 第一节 律师之间关系概述

### 一、律师之间关系的内涵

鉴于律师之间的合作与竞争关系,各国相关法律及行业规范均对此作出了规定,如美国律师协会《职业行为示范规则》制定了律师可以举报同行的"法律职业的不当行为",加拿大律师协会《律师职业行为准则》规定了律师对同行,尤其是对方当事人的律师的行为规范,并要求律师对对方当事人的律师真诚对待,避免对对方当事人的律师进行不恰当的评价,更不能贬低对方律师等。澳大利亚《律师协会示范规则》要求出庭律师不得故意向对方律师作虚假陈述。《欧洲律师行为准则》要求律师同行之间要有合作精神,不同成员国的律师间也要合作。

我国的行政规章与行业规范也对此作了相关规定。《律师执业管理办法》第四十二条要求"律师应当尊重同行,公平竞争,不得以诋毁其他律师事务所、律师……等不正当手段承揽业务",《律师执业行为规范(试行)》第六章"律师与其他律师的关系规范",对律师之间的关系作了较为详细的规范。一些地方律师协会制定的行业规范里,也作了相应的规定,如《上海市律师协会律师执业行为规范(试行)》第九章规定了"律师同行关系中的行为规范",等等。

### 二、律师之间关系的特征

(一) 竞争性

无论是不同律师事务所之间的律师,还是同一律师事务所内部的律师之间,在律师业务市场都存在竞争性。诚然，随着律师事务所的规模越来越大，律师事务所内部的专业化分工越来越成为律师事务所构建自身竞争力的重要举措，专业化分工可以在一定程度上减少所内律师之间的业务竞争关系。但也不能完全排除所内律师之间的业务竞争关系，因为在一个专业化分工程度较高的律师事务所，每一个专业领域也不可能只有一名律师或者一个律师团队。律师业务竞争的客观存在，意味着律师之间需要形成良好的竞争关系，避免恶性竞争，禁止不正当竞争，共同维护律师行业的社会形象与社会声誉。

(二) 合作性

每名律师都是律师协会的一员，需要共同遵守律师行业的职业伦理规范。同时，律师专业化分工之后，每名律师都会专注于某个专业领域的法律服务，但有时一个案件或者某个法律服务项目涉及诸多法律问题，一名律师或者一个律师团队都不可能完全承担相关的法律服务，需要整个律师事务所的律师共同努力才有可能胜任相关的法律服务项目，当一家律师事务所的专业能力不够的时候，可能还需要其他律师事务所的协助。因此，律师事务所或者律师行业形成合作的氛围与机制，既可以高效地服务客户，也可以促进律师事务所内部律师之间的良性合作，进而促进律师行业的健康发展。

# 第二节 律师之间的关系规范

## 一、尊重与合作

律师与其他律师之间应当相互帮助、相互尊重。在庭审或者谈判过程中各方律师应当互相尊重，不得使用挖苦、讽刺或者侮辱性的语言。律师或律师事务所不得在公共场合及媒体上发表恶意贬低、诋毁、损害同行声誉的言论。律师变更执业机构时应当维护委托人及原律师事务所的利益；律师事务所在接受转入律师时，不得损害原律师事务所的利益。律师与委托人发生纠纷的，律师事务所的解决方案应当充分尊重律师本人的意见，律师应当服从律师事务所解决纠纷的决议。

## 二、禁止不正当竞争

律师执业不正当竞争行为是指律师和律师事务所为了推广律师业务，违反自愿、平等、诚信原则和律师执业行为规范，违反法律服务市场及律师行业公认的行业准则，采用不正当手段与同行进行业务竞争，损害其他律师及律师事务所合法权益的行为。有下列情形之一的，属于律师执业不正当竞争行为：(1) 诋毁、诽谤其他律师或者律师事务所信誉、声誉；(2) 无正当理由，以低于同地区同行业收费标准为条件争揽业务，或者采用承诺给予客户、中介人、推荐人回扣、馈赠金钱、财物或者其他利益等方式争揽业务;(3)故意在委托人与其代理律师之间制造纠纷;(4)向委托人明示或者暗示自己或者其属的律师事务所与司法机关、政府机关、社会团体及其工作人员具有特殊关系;(5)就法律服务结果或者诉讼结果作出虚假承诺;(6)明示或者暗示可以帮助委托人达到不正当目的,或者以不正当的方式、手段达到委托人的目的。

律师和律师事务所在与行政机关、行业管理部门以及企业的接触中,不得采用下列不正当手段与同行进行业务竞争:(1)通过与某机关、某部门、某行业对某一类的法律服务事务进行垄断的方式争揽业务;(2)限定委托人接受其指定的律师或者律师事务所提供法律服务,限制其他律师或律师事务所正当的业务竞争。

律师和律师事务所在与司法机关及司法人员接触中,不得采用利用律师兼有的其他身份影响所承办业务正常处理和审理的手段进行业务竞争。

依照有关规定取得从事特定范围法律服务的律师或律师事务所不得采取下列不正当竞争的行为:(1)限制委托人接受经过法定机构认可的其他律师或律师事务所提供法律服务;(2)强制委托人接受其提供的或者由其指定的律师提供的法律服务;(3)对抵制上述行为的委托人拒绝、中断、拖延、削减必要的法律服务或者滥收费用。

律师或律师事务所相互之间不得采用下列手段排挤竞争对手的公平竞争:(1)串通抬高或者压低收费;(2)为争揽业务,不正当获取其他律师和律师事务所收费报价或者其他提供法律服务的条件;(3)泄露收费报价或者其他提供法律服务的条件等暂未公开的信息,损害相关律师事务所的合法权益。

### 三、禁止排挤竞争对手

律师和律师事务所相互之间不得采用下列手段排挤竞争对手的公平竞争,损害委托人的利益或者社会公共利益:(1)串通抬高或者压低收费;(2)为低价收费,不正当获取其他律师和律师事务所收费报价或者其他提供法律服务的条件;(3)非法泄露收费报价或者其他提供法律服务的条件等暂未公开的信息,损害所属律师事务所合法权益。

### 四、合伙律师对其他律师的监督责任

合伙律师有义务通过建立律师事务所的规章制度和有效的管理措施,规范和监督律师认真遵守律师执业规范。

合伙律师对本所律师执业行为负有监督的责任,对律师违规行为负有干预和补救的责任。

合伙律师、律师有义务对实习律师、律师助理、法律实习生、行政人员等辅助人员,在律师业务及职业道德方面给予指导和监督,特别是要求辅助人员保守当事人的信息秘密。

律师对受其指派办理事务的辅助人员出现的错误,应当采取制止或者补救措施,并承担责任。

## 思考题

1. 简述律师之间关系的内涵与特征。
2. 简述律师之间的关系规范。

# 第十九章 律师与律师事务所的关系规范

## 第一节 律师与律师事务所关系概述

### 一、律师事务所的概念

《律师法》第十四条:"律师事务所是律师的执业机构。"设立合伙律师事务所,除应当符合《律师法》规定的设立条件外,还应当有三名以上合伙人,设立人应当是具有三年以上执业经历的律师。

### 二、律师事务所的分类

合伙律师事务所可以采用普通合伙或者特殊的普通合伙形式设立。合伙律师事务所的合伙人按照合伙形式对该律师事务所的债务依法承担责任。

### 三、中国律师事务所发展概况

(一) 中国律师事务所的沿革

我国律师事务所起初属于国家事业单位,称之为"法律顾问处",由国家出资设置,律师是国家法律工作者,享受相应的国家福利待遇。法律服务逐渐市场化后,律师事务所的形式开始出现多样化。

《律师法》第十四条规定了律师事务所设立的条件:(1)有自己的名称、住所和章程;(2)有符合本法规定的律师;(3)设立人应当是具有一定的执业经历,且三年内未受过停止执业处罚的律师;(4)有符合国务院司法行政部门规定数额的资产。

(二) 中国律师事务所的类型

根据我国《律师法》的规定,我国的律师事务所分为以下三种类型:(1)国资律师事务所。《律师法》第二十条规定:"国家出资设立的律师事务所,依法自主开展律师业务,以该律师事务所的全部资产对其债务承担责任。"(2)合伙律师事务所。《律师法》第十五条规定,设立合伙律师事务所,除应当符合《律师法》设立律师事务所规定的条件外,还应当有三名以上合伙人,设立人应当是具有三年以上执业经历的律师。合伙律师事务所可以采用普通合伙或者特殊的普通合伙形式设立。合伙律师事务所的合伙人按照合伙形式对该律师事务所的债务依法承担责任。(3) 个人律师事务所。《律师法》第十六条规定:"设立个人律师事务所,除应当符合本法第十四条规定的条件外,设立人还应当是具有五年以上执业经历的律师。设立人对律师事务所的债务承担无限责任。"

### 四、国外律师事务所发展概况

(一) 英国

英国于2007年制定《法律服务法》,允许"替代性商业结构"律师事务所的存在,替代性商业结构律师事务所里有非律师以合伙人的身份参加律师事务所的管理,成为合伙人或者管理人,从2012年3月26日至2015年7月31日,共有400家替代性商业结构律师事务所获得了英国事务律师监管局(Solicitors Regulation Authority)的批准。美国学者朱迪思·麦克莫罗(Judith A. Mcmorrow)对英国的替代性商业结构的改革成效进行了评估。

(二) 美国

美国的律师事务所采取的组织形式有以下几种:(1) 普通合伙(General Partnership, GP)。普通合伙自1914年写入法律之后,律师事务所一般都愿意采用这种组织形式,主要的原因是普通合伙制律师事务所纳税方式为直通税(pass-through taxation),律师事务所的收入不需要缴纳实体税,只有在合伙人获得利润的条件下才作为个人收入缴纳个人所得税。(2) 有限责任公司(limited liability companies, LLC)和有限责任合伙企业(limited liability partherships, LLP),不少律师事务所开始由传统的普通合伙转向为有限责任实体,这种实体实行有限责任,可以将律师事务所与所有人分开,律师事务所的所有人可以通过有限责任保护自己的利益。(3) 个人独(sole proprietorship)。个人独资对债权人的债务承担无限连带责任,对创办者不利,这种组织形式较少被采用。

近年来,美国律师事务所开始大量采用"公司制"经营模式。但此种组织形式引发了人们对律师业的争议,因为资本进入律师事务所,非律师对律师业务的控制,都会影响律师执业的本质,对律师业的传统价值观形成冲击。

(三) 德国

德国的律师事务所分为以下几种形式:(1) 个人执业,律师自己开业,自负盈亏,为律师事务所的主要形式;(2) 合署办公,由个人执业的律师组合而成,共同在一起办公,共用一些公用的办公资源;(3) 合伙形式,数名律师以合伙为基础,共同出资、共同管理、按协议分享收益、相互承担连带责任;(4) 律师公司;(5) 专业律师。

## 第二节　律师与律师事务所的关系

### 一、律师与律师事务所聘用关系受劳动合同法规制

基于法律服务的特殊性,律师与律师事务所之间的关系呈现较为复杂的一面。首先我们看不同类型的律师事务所律师与律师事务所之间的关系。国资律师事务所和合伙型律师事务所,律师与律师事务所之间要签订劳动合同,根据《劳动合同法实施条例》第三条规定,律师事务所等合伙组织属于劳动合同法规定的用人单位,因此律师与事务所之间必须签订劳动合同。个人律师事务所,创办人是老板,他需要按照法律规定给其雇用的其他律师和辅助人员支付薪酬与社会保险。《律师事务所管理办法》第五十一条规定,所有的律师事务所都应当按照规定为其聘用的律师和辅助人员办理失业、养老、医疗等社会保险。

### 二、律师与律师事务所之间的业务管理关系

《律师法》第二十三条规定了律师事务所对律师进行业务管理的职能,第二十五条规定:"律师承办业务,由律师事务所统一接受委托,与委托人签订书面委托合同,按照国家规定统一收取费用并如实入账。律师事务所和律师应当依法纳税。"

《律师执业行为规范(试行)》的规定,律师事务所对本所执业律师负有教育、管理和监督的职责。律师事务所应当建立健全执业管理、利益冲突审查、收费与财务管理、投诉查处、年度考核、档案管理、劳动合同管理等制度,对律师在执业活动中遵守职业道德、执业纪律的情况进行监督。

### 三、律师事务所为律师提供执业保障

《律师执业行为规范(试行)》第八十八条规定,律师事务所应当依法保障律师及其他工作人员的合法权益,为律师执业提供必要的工作条件。

《律师事务所管理办法》第四十一条规定,律师事务所应当保障本所律师和辅助人员享有下列权利:(1)获得本所提供的必要工作条件和劳动保障;(2)获得劳动报酬及享受有关福利待遇;(3)向本所提出意见和建议;(4)法律、法规、规章及行业规范规定的其他权利。

### 四、律师事务所对律师的监督

《律师事务所管理办法》第四十条规定,律师事务所应当建立健全执业管理和其他各项内部管理制度,规范本所律师执业行为,履行监管职责,对本所律师遵守法律、法

规、规章及行业规范,遵守职业道德和执业纪律的情况进行监督,发现问题及时予以纠正。第四十二条规定,律师事务所应当监督本所律师和辅助人员履行下列义务:(1)遵守宪法和法律,遵守职业道德和执业纪律;(2)依法、诚信、规范执业;(3)接受本所监督管理,遵守本所章程和规章制度,维护本所的形象和声誉;(4)法律、法规、规章及行业规范规定的其他义务。

《律师事务所管理办法》第四十九条规定,律师事务所应当建立健全重大疑难案件的请示报告、集体研究和检查督导制度,规范受理程序,指导监督律师依法办理重大疑难案件。第五十条规定,律师事务所应当依法履行管理职责,教育管理本所律师依法、规范承办业务,加强对本所律师执业活动的监督管理,不得放任、纵容本所律师有下列行为:(1)采取煽动、教唆和组织当事人或者其他人员到司法机关或者其他国家机关静坐、举牌、打横幅、喊口号、声援、围观等扰乱公共秩序、危害公共安全的非法手段,聚众滋事,制造影响,向有关部门施加压力;(2)对本人或者其他律师正在办理的案件进行歪曲、有误导性的宣传和评论,恶意炒作案件;(3)以串联组团、联署签名、发表公开信、组织网上聚集、声援等方式或者借个案研讨之名,制造舆论压力,攻击、诋毁司法机关和司法制度;(4)无正当理由,拒不按照人民法院通知出庭参与诉讼,或者违反法庭规则,擅自退庭;(5)聚众哄闹、冲击法庭,侮辱、诽谤、威胁、殴打司法工作人员或者诉讼参与人,否定国家认定的邪教组织的性质,或者有其他严重扰乱法庭秩序的行为;(6)发表、散布否定宪法确立的根本政治制度、基本原则和危害国家安全的言论,利用网络、媒体挑动对党和政府的不满,发起、参与危害国家安全的组织或者支持、参与、实施危害国家安全的活动;以歪曲事实真相、明显违背社会公序良俗等方式,发表恶意诽谤他人的言论,或者发表严重扰乱法庭秩序的言论。

## 第三节 律师与律师事务所之间的责任关系

### 一、民事责任

律师在执业过程中,因违法执业或者律师有过错造成了委托人的利益损害,律师事务所应该承担赔偿责任。《律师法》第五十四条规定:"律师违法执业或者因过错给当事人造成损失的,由其所在的律师事务所承担赔偿责任。律师事务所赔偿后,可以向有故意或者重大过失行为的律师追偿。"委托人与律师事务所签订了法律服务合同,委托人因律师执业过错所造成的损失,理应向律师事务所索赔。如果律师有重大过失或者故意造成了委托人的损失,律师事务所可以就赔偿向律师本人追偿。这里追偿的前提是律师存在故意违法执业或者在执业过程中有重大过失,其他情况应该由律师事务所承担赔偿责任。

## 二、行政责任

司法行政机关因律师的违法行为可以追究律师与律师事务所的行政责任。《律师法》第六章规定了律师违法行为的处罚规则,律师的行政责任类型有警告、罚款、停止执业、没收违法所得、吊销律师执业证书;律师事务所的行政责任有以下类型:警告、罚款、停业整顿、没收违法所得、吊销律师事务所执业证书。根据第六章规定的情形,大多数情况下是惩罚律师,因为毕竟律师是直接执行代理合同的当事者,而且损害的原因也是因为律师的违法行为或者过错造成的,由律师承担主要责任体现了权责利统一的法治原则。律师事务所承担行政责任的情况包括:(1)违反规定接受委托、收取费用的;(2)违反法定程序办理变更名称、负责人、章程、合伙协议、住所、合伙人等重大事项的;(3)从事法律服务以外的经营活动的;(4)以诋毁其他律师事务所、律师或者支付介绍费等不正当手段承揽业务的;(5)违反规定接受有利益冲突的案件的;(6)拒绝履行法律援助义务的;(7)向司法行政部门提供虚假材料或者有其他弄虚作假行为的;(8)对本所律师疏于管理,造成严重后果的。

## 三、刑事责任

律师在执业过程中实施了违法犯罪行为应受到刑事惩罚。《律师法》没有规定律师应当承担的刑事责任情形。律师的刑事责任由其他法律规定。《刑法》第三百零六条规定:"在刑事诉讼中,辩护人、诉讼代理人毁灭、伪造证据,帮助当事人毁灭、伪造证据,威胁、引诱证人违背事实改变证言或者作伪证的,处三年以下有期徒刑或者拘役;情节严重,处三年以上七年以下有期徒刑。辩护人、诉讼代理人提供、出示、引用的证人证言或者其他证据失实,不是有意伪造的,不属于伪造证据。"《刑法》的这条针对的是特定主体,辩护人、诉讼代理人,一般情况下指的是律师,所以有人称这条为"律师伪证罪",学术界对该罪有过争议,认为专门针对律师制定这样一个罪名不妥。

其他应承担的刑事责任,可参照其他法律的规定实施,如故意泄露国家秘密罪、侵犯商业秘密罪、泄露公民个人信息罪等。

**思考题**

1. 简述我国律师事务所的类型。
2. 简述律师与律师事务所的关系。
3. 简述律师与律师事务所的责任关系。

# 第二十章 律师与律师协会的关系规范

## 第一节 律师协会概述

与其他职业的行业协会一样，律师协会在规范律师职业伦理方面具有非常重要的作用，协会不仅制定律师行业的行为规则，而且有权对律师的违规行为予以惩罚。就如律师是世界上最古老的职业之一，律师协会也是世界上最古老的行业组织之一。

### 一、中国律师协会发展概况

1952年，北京市成立北京市律师协会，是我国成立最早的地方律师协会，后解散。该协会于1979年8月10日恢复，1982年4月召开了第一次北京律师代表大会。1986年7月，在北京召开了首次全国律师协会代表大会，成立了中华全国律师协会。

《律师法》第四十三条规定："律师协会是社会团体法人，是律师的自律性组织。全国设立中华全国律师协会，省、自治区、直辖市设立地方律师协会，设区的市根据需要可以设立地方律师协会。"根据这一规定，我国的律师协会分为全国性律师协会和地方性律师协会，全国性律师协会只有一家，即中华全国律师协会。地方性律师协会只设在省、设区的市两级，省级律师协会必须设立，设区的市可以根据需要设立。《律师法》第四十五条规定："律师、律师事务所应当加入所在地的地方律师协会。加入地方律师协会的律师、律师事务所，同时是全国律师协会的会员。律师协会会员享有律师协会章程规定的权利，履行律师协会章程规定的义务。"

根据《律师法》的上述规定，律师协会虽然为自愿性组织，但中华全国律师协会属于强制性协会。《中华全国律师协会章程》第七条规定："依照律师法取得律师执业证书的律师，为本会个人会员；依法批准设立的律师事务所为本会团体会员。"律师只要取得了律师执业证书，就必须成为中华全国律师协会的会员，必须每年向协会缴纳会费。律师事务所获得批准成立后，就成为中华全国律师协会的团队会员，也必须每年缴纳会费。虽然现行的《律师法》没有规定中华全国律师协会与地方律师协会的关系，但从《中华全国律师协会章程》的规定来看，中华全国律师协会与地方律师协会具有行业管辖上的隶属关系。第一，《中华全国律师协会章程》第二条规定，中华全国律师协会"依法对律行业实施管理",即中华全国律师协会对律师行业具有管理权,自然包括对地方律师协会具有管理权。第二,《中华全国律师协会章程》第二十九条是一个实施行业管理的授权条款,即地方律师协会依据中华全国律师协会惩戒规则对会员有关违规行为,视情节分别给予训诫、通报批评、公开谴责、取消会员资格等处分。

律师协会的职责。《律师法》第四十六条规定了律师协会的职责：(1)保障律师依法执业,维护律师的合法权益;(2)总结、交流律师工作经验;(3)制定行业规范和惩戒规则;(4)组织律师业务培训和职业道德、执业纪律教育,对律师的执业活动进行考核;(5)组织管理申请律师执业人员的实习活动,对实习人员进行考核;(6)对律师、律师事务所实施奖励和惩戒;(7)受理对律师的投诉或者举报,调解律师执业活动中发生的纠纷,受理律师的申诉;(8)法律、行政法规、规章以及律师协会章程规定的其他职责。律师协会制定的行业规范和惩戒规则,不得与有关法律、行政法规、规章相抵触。

## 二、国外律师协会发展概况

世界上最古老的律师协会是古罗马时期的律师行业组织。现代律师制度起源于英国。英国的律师分为出庭律师与事务律师,因此英国的律师协会也分为出庭律师协会与事务律师协会。2006年前,出庭律师受出庭律师理事会和四大律师学院共同管理。之后,英国对此进行了改革,出庭律师理事会成立了出庭律师标准委员会,是出庭律师的独立管理机构。

美国的律师业虽然发达,但律师行业组织化程度一直不高,很长时间里律师行业处于松散状态。1870年,纽约州成立了律师协会,随后,其他州也纷纷成立了州律师协会。美国律师协会后来发展成为类型多样、联邦层次与州层次各具特色的律师协会,就全国性的律师协会就有美国律师协会(American Bar Association,ABA)、国家律师协会(National Bar Association,NBA)、联邦律师协会(Federal Bar Association,FBA),在这些全国性的律师协会中,美国律师协会的历史最久,成立于1878年8月21日,影响最大,会员数量最多。州律师协会属于地方性律师协会。全国性律师协会与地方性律师协会之间没有隶属关系,对律师违反职业伦理进行惩戒与律师资格考试都是由州律师协会负责。美国的律师协会分为自愿性律师协会与强制性律师协会。有些州规定,只有成为州律师协会会员才能在该州执业,这样的律师协会属于强制性律师协会,其他都属于自愿性律师协会。

德国的律师协会也分为联邦律师协会与地区律师协会。地区律师协会的管辖范围与州高等法院的管辖范围相当,属于公法上的社团法人。联邦律师协会由各地方律师协会联合组成,也是公法上的团体法人。

日本的律师协会分为地方律师协会与全国律师协会,地方律师协会为法人机构,在每个地方法院的管辖地区设立,地方律师协会必须承认全国性律师行业组织——日本律师联合会。

## 第二节 律师与律师协会之间的关系规范

### 一、维护律师执业权利

保障律师的执业权利,是现代法治国家的一项基本要求。我国《律师法》规定了律师执业的多项权利,并规定"律师在执业活动中的人身权利不受侵犯。律师在法庭上发表的代理、辩护意见不受法律追究"。在相关的法律中,如《刑事诉讼法》《民事诉讼法》《行政诉讼法》规定了律师的知情权、申请权、申诉权,以及会见、阅卷、收集证据和发问、质证、辩论等方面的权利。2015年9月,最高人民法院、最高人民检察院、公安部、国家安全部、司法部联合发布《关于依法保障律师执业权利的规定》,这些规定包括:应当尊重律师,健全律师执业权利保障制度,依照《刑事诉讼法》《民事诉讼法》《行政诉讼法》及《律师法》的规定,在各自职责范围内依法保障律师知情权、申请权、申诉权,以及会见、阅卷、收集证据和发问、质证、辩论等方面的执业权利,不得阻碍律师依法履行辩护、代理职责,不得侵害律师合法权利;这些机关和律师协会应当建立健全律师执业权利救济机制。律师因依法执业受到侮辱、诽谤、威胁、报复、人身伤害的,有关机关应当及时制止并依法处理,必要时对律师采取保护措施;应当建立和完善诉讼服务中心、立案或受案场所、律师会见室、阅卷室,规范工作流程,方便律师办理立案、会见、阅卷、参与庭审、申请执行等事务。探索建立网络信息系统和律师服务平台,提高案件办理效率。该规定分别根据律师享有的权利作了详细的规定。

2017年3月,中华全国律师协会发布了《律师协会维护律师执业权利规则(试行)》,规定了律师协会应当健全完善维护律师执业权利工作制度,完善工作机制,规范工作流程,畅通维护律师执业权利渠道,形成维护律师执业权利的工作体系。该规则对三级律师协会(全国律师协会、省级律师协会、设区的市级律师协会)提出具体的工作职责。律师在执业过程中遇有以下情形,向所属的律师协会申请维护执业权利,律师协会应当受理:(1)知情权、申请权、申诉权、控告权,以及会见、通信、阅卷、收集证据和发问、质证、辩论、提出法律意见等合法执业权利受到限制、阻碍、侵害、剥夺的;(2)受到侮辱、诽谤、威胁、报复、人身伤害的;(3)在法庭审理过程中,被违反规定打断或者制止按程序发言的;(4)被违反规定强行带出法庭的;(5)被非法关押、扣留、拘禁或者以其他方式限制人身自由的;(6)其他妨碍其依法履行辩护、代理职责,侵犯其执业权利的。

《律师协会维护律师执业权利规则(试行)》制定了律师申请维护执业权利的程序规则:(1)申请和受理;(2)调查;(3)处理;(4)反馈。《律师协会维护律师执业权利规则(试行)》还要求地方律师协会可以根据该规则制定本地区实施的细则。

## 二、对律师与律师事务所进行表彰与奖励

《律师法》和《中华全国律师协会章程》均规定了律师协会对律师与律师事务所实施奖励制度。中华全国律师协会制定了《会员奖励办法》,律师协会对会员的奖励方式为:(1)通报表扬;(2)嘉奖;(3)授予荣誉称号。该办法还对评奖的程序作了详细的规定。针对个人会员与团体会员制定了不同的评奖标准。中华全国律师协会在举行全国代表大会之前,开展"全国优秀律师事务所"和"全国优秀律师"的评选,这两个奖成为协会的最高团体会员奖和个人会员奖。中华全国律师协会有时还会同其他部门一起联合对律师进行评奖活动,如同中华全国总工会、司法部共同举办"全国维护职工权益杰出律师"评选活动等。

## 三、培训律师

《律师法》和《中华全国律师协会章程》都对律师培训工作作了规定。律师业务的专业性要求律师不断地学习新的法律知识与新的法律技能,如国家制定了新的法律,律师协会发布了与律师执业有关的规定,都需要组织律师培训。在我国,加强律师的党建工作与政治学习,也是律师行业主管部门与律师协会的一项重要任务。司法部全国律师业党委近几年来举办过多次律师的学习培训。全国律师协会和地方律师协会每年都会定期或者不定期地举办律师业务培训班,不断提高律师的业务水平与业务能力。

## 四、对律师违规行为的惩戒

《律师法》《律师执业行为规范(试行)》《中华全国律师协会章程》都授权律师协会对律师与律师事务所的违规惩戒职能。为此,中华全国律师协会于2017年3月发布了《律师协会会员违规行为处分规则(试行)》,对律师协会会员的违规行为实施纪律处分的基本规则进行规定。

(一)惩戒委员会

各级律师协会设立惩戒委员会,负责对会员违规行为进行处分。惩戒委员会由具有八年以上执业经历和相关工作经验,或者具有律师行业管理经验,熟悉律师行业情况的人员组成。根据工作需要,可以聘请相关领域专家担任顾问。惩戒委员会的主任、副主任由同级律师协会会长办公会提名,经常务理事会或者理事会决定产生,任期与理事会任期相同。惩戒委员会的委员由同级律师协会常务理事会或者理事会采取选举、推选、决定等方式产生,任期与理事会任期相同。惩戒委员会的组成人员名单应报上一级律师协会备案。

惩戒委员会日常工作机构为设在律师协会秘书处的投诉受理查处中心,由该中心具体受理相关投诉事宜。

(二) 处分种类

律师协会对会员的违规行为实施纪律处分的种类有：

1. 训诫

一种警示性的纪律处分措施，是最轻微的惩戒方式，适用于会员初次因过失违规或者违规情节显著轻微的情形。训诫采取口头或者书面方式实施。采取口头训诫的，应当制作笔录存档。

2. 警告

一种较轻的纪律处分措施，适用于会员的行为已经构成了违规，但情节较轻，应当予以及时纠正和警示的情形。

3. 通报批评、公开谴责

这两种惩戒方式适用于会员故意违规、违规情节严重，或者经警告、训诫后再次违规的行为。

4. 中止会员权利一个月以上一年以下

指在会员权利中止期间，暂停会员享有律师协会章程规定的全部会员权利，但并不免除该会员的义务。

5. 取消会员资格

此为最严厉的处分了，一般是律师执业资格被行政主管部门吊销之后律师协会作出的处分决定。因为《律师法》规定，执业律师必须是律师协会的会员，如果取消了会员资格，也就意味着他已经没有律师执业资格了。

以上处分除口头训诫外，其他处分均需作出书面决定。

(三) 应当受处分的情形

《律师协会会员违规行为处分规则(试行)》对此作了详细的规定，一般可以分为以下类型的违规行为：(1) 利益冲突行为；(2) 代理不尽责行为；(3) 泄露秘密或者隐私的行为；(4) 违规收案、收费的行为；(5) 不正当竞争行为；(6) 妨碍司法公正的行为；(7) 以不正当方式影响依法办理案件的行为；(8) 违反司法行政管理或者行业管理的行为；(9) 其他应处分的违规行为。

(四) 程序

1. 受理、立案

投诉人可以采用信函、邮件和直接来访等方式投诉，也可以委托他人代为投诉。

2. 回避

惩戒委员会委员及其工作人员如果存在回避事由的，应该主动提出回避。

3. 调查

惩戒委员会对决定立案调查的案件应当委派两名以上委员组成调查组进行调查，并出具调查函。重大、疑难、复杂案件可以成立由惩戒委员会委员和律师协会邀请的相关部门人员组成联合调查组共同进行调查。

4. 复查

各省、自治区、直辖市律师协会应设立会员处分复查委员会,负责受理复查申请和作出复查决定。复查委员会应当由业内和业外人士组成。业内人士包括:执业律师、律师协会及司法行政机关工作人员;业外人士包括:法学界专家、教授;司法机关或者其他机关、组织的有关人员。复查委员会的主任、副主任由同级律师协会会长办公会提名,经常务理事会或者理事会决定产生,任期与理事会任期相同。复查委员会的委员由同级律师协会常务理事会或者理事会采取选举、推选、决定等方式产生,任期与理事会任期相同。各省、自治区、直辖市律师协会和设区的市律师协会惩戒委员会委员不能同时成为复查委员会组成人员,不得参与其所在地方律师协会会员处分的复查案件。

5. 调解

在调查、听证、处分等各个阶段均可进行调解,调解期间不计入调查时限。调解应当坚持合法、自愿的原则。

思考题

1. 简述我国律师协会的职责。
2. 简述我国律师与律师协会之间的关系规范。

# 第二十一章 律师与司法行政部门的关系规范

## 第一节 律师与司法行政部门关系概述

### 一、律师的行政主管部门

我国主管律师行业工作的司法行政部门是司法部。根据党的十九届三中全会审议通过的《中共中央关于深化党和国家机构改革的决定》《深化党和国家机构改革方案》和第十三届全国人民代表大会第一次会议批准的《国务院机构改革方案》，国家对司法部机构职能和主要职责进行调整，其中有两项职能是：负责拟订公共法律服务体系建设规划并指导实施，统筹和布局城乡、区域法律服务资源。指导、监督律师、法律援助、司法鉴定、公证、仲裁和基层法律服务管理工作。负责香港、澳门的律师担任委托公证人的委托和管理工作；负责国家统一法律职业资格考试的组织实施工作[①]。

### 二、律师与司法行政部门关系的法律规定

我国法律关于律师与司法行政部门关系的规定经过了一段历史发展与演变过程。《律师条例》规定实行的是国家统管体制，行政部门不仅对律师与律师工作机构进行监督管理，而且对律师协会也进行行政化管理，律师协会直接在司法行政部门的领导下工作。

《律师法》颁布之后，司法行政部门不再直接管理律师、律师事务所和律师协会了。根据《律师法》的规定，司法行政部门依法对其进行监督、指导，并明确规定律师协会是社会团体法人，是律师的自律性组织。在法律责任方面，律师和律师事务所违反了法律规定应该承担的行政责任，由司法行政部门行使行政处罚权。司法部党组于2017年10月26日决定成立中国共产党全国律师行业委员会，简称"全国律师行业党委"，负责指导全国律师行业党的建设工作，司法部党组成员、副部长熊选国任党委书记。熊选国要求"要加强思想政治建设，始终坚持党对律师工作的领导，把党的领导贯穿到律师工作

---

① 司法部的机构职能，参见司法部网站，http://www.moj.gov.cn/organization/node_jgzn.html。

的全过程"①。根据党的领导体制与法律确定的监管体制,律师和律师事务所受司法行政部门和律师协会的双重管理。

## 第二节 司法行政部门对律师的管理

### 一、法律职业资格考试

《律师法》第五条规定,申请律师执业应当具备下列条件:(1)拥护中华人民共和国宪法;(2)通过国家统一法律职业资格考试取得法律职业资格;(3)在律师事务所实习满一年;(4)品行良好。实行国家统一法律职业资格考试前取得的国家统一司法考试合格证书、律师资格凭证,与国家统一法律职业资格证书具有同等效力。通过国家统一法律职业资格考试是获得律师执业的前提条件。

《国家统一法律职业资格考试实施办法》规定,国家统一法律职业资格考试由司法部负责实施。省、自治区、直辖市司法行政部门应当明确专门机构,按照有关规定承办国家统一法律职业资格考试的考务等工作。设区的市级或者直辖市的区(县)司法行政部门,应当在上级司法行政部门的监督指导下,承担本辖区内的国家统一法律职业资格考试的考务等工作。

### 二、授予律师执业资格

《律师法》第六条规定,申请律师执业应当向设区的市级或者直辖市的区人民政府司法行政部门提出申请,并提交下列材料:(1)国家统一法律职业资格证书;(2)律师协会出具的申请人实习考核合格的材料;(3)申请人的身份证明;(4)律师事务所出具的同意接收申请人的证明。申请兼职律师执业的,还应当提交所在单位同意申请人兼职从事律师职业的证明。受理申请的部门应当自受理之日起二十日内予以审查,并将审查意见和全部申请材料报送省、自治区、直辖市人民政府司法行政部门。省、自治区、直辖市人民政府司法行政部门应当自收到报送材料之日起十日内予以审核,作出是否准予执业的决定。准予执业的,向申请人颁发律师执业证书;不准予执业的,向申请人书面说明理由。

### 三、律师专业职务评审

律师是专业人员,专业人员的专业水平往往通过专业职务等级反映出来。《律师职务试行条例》规定,律师职务设:一级律师、二级律师、三级律师、四级律师、律师助理。

---

① 全国律师行业党委书记熊选国在全国律师行业党委第一次会议上的讲话。

一级律师、二级律师为高级职务,三级律师为中级职务,四级律师和律师助理为初级职务。

司法部指导全国律师职务的评审、聘任工作。各级律师职务的任职资格,需经相应的律师职务评委会评审,初级律师职务评委会由县级司法局组建,负责评审律师助理、四级律师;中级律师职务评委会由地(市)级司法局组建,负责评审三级律师;高级律师职务评委会由省、自治区、直辖市司法厅(局)组建,负责评审一、二级律师。司法部律师职务评委会负责评审直接管理的律师事务所的律师职务任职资格。

### 四、制定律师行业的行业政策与行政规章

司法行政部门的职能之一就是制定律师行业的行业政策与行政规章。司法政策方面,司法部单独或者与其他部门联合制定的司法政策如《关于律师开展法律援助工作的意见》《关于开展律师调解试点工作的意见》等。部门规章就比较多了,如《律师执业管理办法》《律师执业道德与职业纪律规范》《律师和律师事务所违法行为处理办法》等。

## 第三节 司法行政部门对律师事务所的管理

### 一、授予律师事务所执业证书

《律师法》规定,设立律师事务所,应当向设区的市级或者直辖市的区人民政府司法行政部门提出申请,受理申请的部门应当自受理之日起二十日内予以审查,并将审查意见和全部申请材料报送省、自治区、直辖市人民政府司法行政部门。省、自治区、直辖市人民政府司法行政部门应当自收到报送材料之日起十日内予以审核,作出是否准予设立的决定。准予设立的,向申请人颁发律师事务所执业证书;不准予设立的,向申请人书面说明理由。

### 二、律师事务所的年度检查

《律师法》规定,律师事务所应当于每年的年度考核后,向设区的市级或者直辖市的区人民政府司法行政部门提交本所的年度执业情况报告和律师执业考核结果。《律师事务所年度检查考核办法》规定,律师事务所年度检查考核,是指司法行政机关定期对律师事务所上一年度的执业和管理情况进行检查考核,对其执业和管理状况作出评价。司法行政机关对律师事务所进行年度检查考核,应当坚持依法、公正、公开的原则。省、自治区、直辖市司法行政机关负责指导、监督本行政区域律师事务所的年度检查考核工作。

### 三、制定管理律师事务所的行政规章

司法行政部门为了规范律师事务所的运营,加强对律师事务所的管理,制定了一系列的行政规章,如《律师事务所管理办法》《律师事务所收费程序规则》《律师事务所从事证券法律业务管理办法》《律师事务所名称管理办法》《律师事务所年度检查考核办法》等。

## 第四节 行政处罚

### 一、对律师的行政处罚

《律师法》对律师的违法行为的行政处罚,分别在该法第四十七条、第四十八条、第四十九条中。具体如下:

律师有下列行为之一的,由设区的市级或者直辖市的区人民政府司法行政部门给予警告,可以处五千元以下的罚款;有违法所得的,没收违法所得;情节严重的,给予停止执业三个月以下的处罚:(1) 同时在两个以上律师事务所执业的;(2) 以不正当手段承揽业务的;(3) 在同一案件中为双方当事人担任代理人,或者代理与本人及其近亲属有利益冲突的法律事务的;(4) 从人民法院、人民检察院离任后两年内担任诉讼代理人或者辩护人的;(5) 拒绝履行法律援助义务的。

律师有下列行为之一的,由设区的市级或者直辖市的区人民政府司法行政部门给予警告,可以处一万元以下的罚款;有违法所得的,没收违法所得;情节严重的,给予停止执业三个月以上六个月以下的处罚:(1) 私自接受委托、收取费用,接受委托人财物或者其他利益的;(2) 接受委托后,无正当理由,拒绝辩护或者代理,不按时出庭参加诉讼或者仲裁的;(3) 利用提供法律服务的便利牟取当事人争议的权益的;(4) 泄露商业秘密或者个人隐私的。

律师有下列行为之一的,由设区的市级或者直辖市的区人民政府司法行政部门给予停止执业六个月以上一年以下的处罚,可以处五万元以下的罚款;有违法所得的,没收违法所得;情节严重的,由省、自治区、直辖市人民政府司法行政部门吊销其律师执业证书;构成犯罪的,依法追究刑事责任:(1) 违反规定会见法官、检察官、仲裁员以及其他有关工作人员,或者以其他不正当方式影响依法办理案件的;(2) 向法官、检察官、仲裁员以及其他有关工作人员行贿,介绍贿赂或者指使、诱导当事人行贿的;(3) 向司法行政部门提供虚假材料或者有其他弄虚作假行为的;(4) 故意提供虚假证据或者威胁、利诱他人提供虚假证据,妨碍对方当事人合法取得证据的;(5) 接受对方当事人财物或者其他利益,与对方当事人或者第三人恶意串通,侵害委托人权益的;(6) 扰乱法庭、仲裁

庭秩序，干扰诉讼、仲裁活动的正常进行的；(7)煽动、教唆当事人采取扰乱公共秩序、危害公共安全等非法手段解决争议的；(8)发表危害国家安全、恶意诽谤他人、严重扰乱法庭秩序的言论的；(9)泄露国家秘密的。律师因故意犯罪受到刑事处罚的，由省、自治区、直辖市人民政府司法行政部门吊销其律师执业证书。

受到六个月以上停止执业处罚的律师，处罚期满未逾三年的，不得担任合伙人。被吊销律师执业证书的，不得担任辩护人、诉讼代理人，但系刑事诉讼、民事诉讼、行政诉讼当事人的监护人、近亲属的除外。

律师因违反《律师法》的规定，在受到警告处罚后一年内又发生应当给予警告处罚情形的，由设区的市级或者直辖市的区人民政府司法行政部门给予停止执业三个月以上一年以下的处罚；在受到停止执业处罚期满后两年内又发生应当给予停止执业处罚情形的，由省、自治区、直辖市人民政府司法行政部门吊销其律师执业证书。

《律师和律师事务所违法行为处罚办法》对以上的处罚行为作了更加细化的规定。

## 二、对律师事务所的行政处罚

根据《律师法》的规定，律师事务所有下列行为之一的，由设区的市级或者直辖市的区人民政府司法行政部门视其情节给予警告、停业整顿一个月以上六个月以下的处罚，可以处十万元以下的罚款；有违法所得的，没收违法所得；情节特别严重的，由省、自治区、直辖市人民政府司法行政部门吊销律师事务所执业证书：(1)违反规定接受委托、收取费用的；(2)违反法定程序办理变更名称、负责人、章程、合伙协议、住所、合伙人等重大事项的；(3)从事法律服务以外的经营活动的；(4)以诋毁其他律师事务所、律师或者支付介绍费等不正当手段承揽业务的；(5)违反规定接受有利益冲突的案件的；(6)拒绝履行法律援助义务的；(7)向司法行政部门提供虚假材料或者有其他弄虚作假行为的；(8)对本所律师疏于管理，造成严重后果的。律师事务所因前款违法行为受到处罚的，对其负责人视情节轻重，给予警告或者处二万元以下的罚款。

律师事务所因违反《律师法》的规定，在受到停业整顿处罚期满后两年内又发生应当给予停业整顿处罚情形的，由省、自治区、直辖市人民政府司法行政部门吊销律师事务所执业证书。

《律师和律师事务所违法行为处罚办法》对以上的处罚行为作了更加细化的规定。

### 思考题

1. 简述我国司法行政部门对律师的管理。
2. 简述我国司法行政部门对律师事务所的管理。
3. 简述我国司法行政部门对律师与律师事务所的行政处罚。

# 第二十二章 法律职业之间的关系规范

## 第一节 法律职业关系概述

### 一、法律职业关系的概念

法律职业关系,即法律职业之间的关系,指法律职业共同体内部的法官、检察官、律师、仲裁员、公证员等因职业行为而发生的关系。法官、检察官、律师、仲裁员、公证员等构成法律职业共同体,除了他们具有共同的法律知识背景与职业技能外,他们从事职业行为时常常要发生相互关系,只有相互配合才能共同完成某项法律业务,如检察官提起公诉之后,法院才能进行刑事审判,辩护律师才能在法庭为刑事被告人进行辩护;法院只有受理了民事诉讼案件,代理律师才能出庭代理。另外,在许多国家,规定法官、检察官必须从律师中遴选,法律职业共同体内部的职业流动使法律职业者经常轮岗。我国现在有不少专职律师原为法院法官、检察院检察官,律师担任仲裁员,公证员辞职担任专职律师,法院、检察院、公证处从专职律师中招聘专业人员,这种职业之间的互动也步入常态。因此,研究法律职业关系伦理,也是法律职业伦理的主要内容。因为职业之间的职业行为以及职业内部的人员互动,需要相应的法律规则予以规范,以确保其行为的规范性与正当性,确保整个法律职业共同体内部关系的规范性。根据法律职业之间关系的紧密性,以下只论述律师与法官、检察官职业之间的关系规范。

2016年6月2日,中共中央办公厅印发《从律师和法学专家中公开选拔立法工作者、法官、检察官办法》,该文件的目的是深化立法工作者、法官、检察官招录制度改革,推进法治专门队伍正规化、专业化、职业化建设。文件第二条要求,具有立法权的人大常委会的法制工作机构、政府法制部门、人民法院、人民检察院应当将从符合条件的律师、法学专家中公开选拔立法工作者、法官、检察官工作纳入队伍建设规划,并采取切实措施予以落实。第三条要求,具有立法权的人大常委会的法制工作机构、政府法制部门可以根据工作需要招录一定数量的律师、法学专家从事法律法规起草工作。人民法院、人民检察院应当把从律师、法学专家中选拔法官、检察官工作常态化、制度化。

## 二、法律职业关系的特征

(一) 职业性

职业行为之外的法律职业共同体内部人员的日常交往与正常往来不在法律职业关系伦理的调整范围。法律职业之间关系伦理关注的是法律职业共同体内部因职业行为而发生的关系。法官辞职去经商,他已经完全脱离了法律职业,自然不再受法律职业伦理的规范。如果法官辞职去做专业律师,他还在法律职业共同体内,那么他的辞职行为以及今后的执业行为就要受到相应的法律与行业内部规范的约束。即使是法律职业共同体的成员,可能从来不会因职业行为而产生交集,如检察官与从事民商事审判的法官之间,只从事非诉业务的律师与法官、检察官之间,可能就不会发生职业行为之间的关系。另外,即使不发生职业行为关系,但如果法官、检察官利用自己的职位所形成的便利条件干预法官、检察官办案,也会产生法律职业之间的关系伦理问题,受相应的法律与规则的规范。

(二) 互动性

法律职业之间的流动必然会改变法律职业关系的交往规则。按照我国现行的《法官法》和《检察官法》的规定,法官可以从检察官、律师中遴选,检察官可以从法官、律师中遴选,随着法官、检察官、律师之间的职业流动,原来他们遵守的一些职业伦理规范会随着职业的变化而变化,同时,他们又要受新的职业伦理规范的约束。

(三) 时空性

法律职业之间的关系规范有时受到时间与空间的约束与限制,如《法官法》第三十六条、《检察官法》第三十七条规定,法官、检察官离任后两年内不得以律师身份担任诉讼代理人或者辩护人,离任后不得担任原任职单位办理案件的诉讼代理人或者辩护人,但是作为当事人的监护人或者近亲属诉讼或者进行辩护的除外。这些规定涉及法官、检察官离任后从事律师职业时代理原任职单位案件诉讼代理人或者辩护人的时间限制。《法官法》第二十四条、《检察官法》第二十五条规定,法官、检察官的配偶、父母、子女有下列情形之一的,法官、检察官应当实行任职回避:(1) 担任该法官、检察官所任职单位辖区内律师事务所的合伙人或者设立人的;(2) 在该法官、检察官所任职单位辖区内以律师身份担任诉讼代理人、辩护人,或者为诉讼案件当事人提供其他有偿法律服务的。辖区实际上是空间范畴,这是法律职业内部关系规范的重要方面。

# 第二节 律师与法官关系规范

## 一、律师在庭审中的行为规范

(一) 律师在法庭上的真实义务

我国法律及行业规范,对律师在法庭上的真实义务作了一系列规定,主要体现在

《律师法》《刑法》《刑事诉讼法》《民事诉讼法》《行政诉讼法》《律师执业管理办法》《律师执业行为规范（试行）》中。主要内容如下：

1. 律师不得伪造证据

《律师法》第四十条第四款规定，律师不得"故意提供虚假证据或者威胁、利诱他人提供虚假证据，妨碍对方当事人合法取得证据"。根据《律师和律师事务所违法行为处罚办法》第十七条的规定，此类行为包括：（1）故意向司法机关、行政机关或者仲裁机构提交虚假证据，或者指使、威胁、利诱他人提供虚假证据的；（2）指示或者帮助委托人或者他人伪造、隐匿、毁灭证据，指使或者帮助犯罪嫌疑人、被告人串供，威胁、利诱证人不作证或者作伪证的；（3）妨碍对方当事人及其代理人、辩护人合法取证的，或者阻止他人向案件承办机关或者对方当事人提供证据的。

若律师违反了此项规定，由设区的市级或者直辖市的区人民政府司法行政部门给予停止执业六个月以上一年以下的处罚，可以处五万元以下的罚款；有违法所得的，没收违法所得；情节严重的，由省、自治区、直辖市人民政府司法行政部门吊销其律师执业证书；构成犯罪的，依法追究刑事责任。构成犯罪，依据《刑法》第三百零六条规定，在刑事诉讼中，辩护人、诉讼代理人毁灭、伪造证据，帮助当事人毁灭、伪造证据，威胁、引诱证人违背事实改变证言或者作伪证的，处三年以下有期徒刑或者拘役；情节严重的，处三年以上七年以下有期徒刑。

针对律师的真实义务，国外的律师职业行为规则也作了相应的规定。

美国律师协会《职业行为示范法》规则3.3"对裁判庭的坦诚"规定，律师不得故意从事下列行为：（1）就事实或者法律向裁判庭作虚假陈述，或者没有就律师以前向裁判庭作出的关于重要事实或者法律的虚假陈述作出修正。（2）明知在有管辖权的司法辖区存在有直接不利于其委托人并且对方律师没有发现的法律根据，而不向裁判庭公开该法律。（3）提交律师明知虚假的证据。

加拿大律师协会《律师职业行为准则》规定，法官有权期望律师坦白、公正、礼貌地对待法庭。律师不得实施下列行为：（1）故意协助或允许委托人作出不诚信或不实的任何行为。（2）故意试图通过提供伪证、虚假陈述或法律、提供或信赖虚假或欺骗性的宣誓书、隐瞒披露的情况或其他任何协助欺诈、犯罪或非法行为的方式，欺骗审判机构或试图影响司法公正，或参与此类行为。（3）故意虚假陈述某文件的内容、某证人的证言、某论据的实质内容或某法规的条款。（4）向一名证人作出自己明知虚假的暗示，或放任此类虚假暗示的后果。（5）故意允许证人以虚假或误导性的方式到庭作证，或允许其假冒另一证人。

根据《澳大利亚律师协会示范规则》的规定，律师负有"如实告知"义务：（1）出庭律师不得故意以任何方式向法院提供误导性陈述。（2）出庭律师向法院提供的任何陈述有误导性的，则该出庭律师必须采取一切必要的措施，在知晓该陈述的误导性后尽快改正。

根据《日本律师职务基本准则》的规定，律师的真实义务体现在：(1) 律师应努力实现判决的公正和程序的正确。(2) 律师不得教唆作伪证及虚假陈述，并不得明知虚假仍然提供该证据。

2. 律师不得在明知的情况下向法庭提供虚假证据

《律师执业行为规范(试行)》第六十三条规定，律师应当依法调查取证。第六十四条规定，律师不得向司法机关或者仲裁机构提交明知是虚假的证据。

(二) 律师在法庭上的程序规范

律师在法庭中参与诉讼，要严格遵守法庭诉讼程序。《律师法》第四十条规定，律师在执业活动中不得"煽动、教唆当事人采取扰乱公共秩序、危害公共安全等非法手段解决争议"，"扰乱法庭、仲裁庭秩序，干扰诉讼、仲裁活动的正常进行"。

律师行业管理规范也对此作出了相应的规定。《律师执业管理办法》第三十九条规定，律师代理参与诉讼、仲裁或者行政处理活动，应当遵守法庭、仲裁庭纪律和监管场所规定、行政处理规则，不得有下列妨碍、干扰诉讼、仲裁或者行政处理活动正常进行的行为：(1) 会见在押犯罪嫌疑人、被告人时，违反有关规定，携带犯罪嫌疑人、被告人的近亲属或者其他利害关系人会见，将通信工具提供给在押犯罪嫌疑人、被告人使用，或者传递物品、文件；(2) 无正当理由，拒不按照人民法院通知出庭参与诉讼，或者违反法庭规则，擅自退庭；(3) 聚众哄闹、冲击法庭，侮辱、诽谤、威胁、殴打司法工作人员或者诉讼参与人，否定国家认定的邪教组织的性质，或者有其他严重扰乱法庭秩序的行为；(4) 故意向司法机关、仲裁机构或者行政机关提供虚假证据或者威胁、利诱他人提供虚假证据，妨碍对方当事人合法取得证据；(5) 法律规定的妨碍、干扰诉讼、仲裁或者行政处理活动正常进行的其他行为。

《律师执业行为规范(试行)》对律师的出庭行为提出了要求，律师应当遵守法庭、仲裁庭纪律，遵守出庭时间、举证时限、提交法律文书期限及其他程序性规定。在开庭审理过程中，律师应当尊重法庭、仲裁庭。律师在执业过程中，因对事实真假、证据真伪及法律适用是否正确而与诉讼相对方意见不一致的，或者为了向案件承办人提交新证据的，与案件承办人接触和交换意见应当在司法机关内指定场所。

《律师协会会员违规行为处分规则(试行)》对律师的违规行为提出了处分规则，不遵守法庭、仲裁庭纪律和监管场所规定、行政处理规则，具有以下情形之一的，给予中止会员权利六个月以上一年以下的纪律处分；情节严重的给予取消会员资格的纪律处分：(1) 无正当理由，拒不按照人民法院通知出庭参与诉讼，或者违反法庭规则，擅自退庭；(2) 聚众哄闹、冲击法庭，侮辱、诽谤、威胁、殴打司法工作人员或者诉讼参与人，否定国家认定的邪教组织的性质，或者有其他严重扰乱法庭秩序的行为。

国外的律师行为规范也作了相关规定。

美国律师协会《职业行为示范规则》规则3.2"加快诉讼"规定，在与委托人一致的情况下，律师应当尽其合理的努力来加快诉讼。律师协会认为，律师对诉讼的拖延，会给司法带来不好的名声。

加拿大律师协会《律师职业行为准则》规定，在法庭审理过程中，律师的行为应该符合如下要求：(1) 在审理期间，律师不应暗指任何无关的或缺乏可采信证据的事实或事宜。(2) 律师不应与对方律师有言辞激烈的交流，或是做出有损律师职业地位或法庭地位的不体面或不文明的其他行为。(3) 在审理期间，除非有充分根据，否则律师不应指控对方律师有不正当行为，且在指控前应先发出合理通知，以使对方律师有充分的机会回应。(4) 在审理期间的异议、要求和论述应始终向法庭而不是向其他律师作出。

《欧洲律师行为准则》规定，律师在法庭或审判庭出席或者参与案件审理时，必须遵守该法庭或审判庭适用的行为准则。律师必须遵守程序公平规则，在对法庭给予尊重的同时，律师应大胆得体地为委托人利益进行辩护，且不应考虑律师个人利益或对其本人或任何其他人产生的后果。律师不得故意向法庭提供虚假或误导性的信息。

《德国律师执业规范》规定，律师不得将为阅卷从法学和行政执法机关收到的文件原件交给除员工以外的其他人。整本案卷在事务所内的移交，亦同。文件应被谨慎地保管和被迟延地归还。在复印和进行其他方式的复制时，应保证文件内容不被无权查看者得知。

(三) 律师在法庭上的礼仪规范

美国法学家伯尔曼说："正义必须呈现出生动形象的外表，否则，人们就看不见她。"法庭审理具有强烈的仪式感，律师在这样庄严的场合应当遵守严格的礼仪规范。

我国《律师执业行为规范（试行）》规定，律师担任辩护人、代理人参加法庭、仲裁庭审理，应当按照规定穿着律师出庭服装，佩戴律师出庭徽章，注重律师职业形象。律师在法庭或仲裁庭发言时应当举止庄重、大方，用词文明、得体。

2002年，中华全国律师协会发布《律师出庭服装使用管理办法》，要求律师担任辩护人、代理人参加法庭审理，必须穿着律师出庭服装。律师出庭着装应遵守以下规定：(1) 律师出庭服装仅使用于法庭审理过程中，不得在其他任何时间、场合穿着；(2) 律师出庭统一着装时，应按照规定配套穿着：内着浅色衬衣，佩戴领巾，外着律师袍，律师袍上佩戴律师徽章；下着深色西装裤、深色皮鞋，女律师可着深色西装套裙；(3) 保持律师出庭服装的洁净、平整，服装不整洁或有破损的不得使用；(4) 律师穿着律师出庭服装时，应表现出严肃、庄重的精神风貌。律师出庭服装外不得穿着或佩戴其他衣物或饰品。律师的着装违反本办法的，参照中华全国律师协会《律师协会会员处分规则》，由律师协会予以训诫处分，情节严重者，予以通报批评。

最高人民法院《中华人民共和国人民法院法庭规则》规定，出庭履行职务的人员，按照职业着装规定着装。全体人员在庭审活动中应当服从审判长或独任审判员的指挥，尊重司法礼仪，遵守法庭纪律，不得实施下列行为：(1) 鼓掌、喧哗；(2) 吸烟、进食；(3) 拨打或接听电话；(4) 对庭审活动进行录音、录像、拍照或使用移动通信工具等传播庭审活动；(5) 其他危害法庭安全或妨害法庭秩序的行为。检察人员、诉讼参与人发言或提问,应当经审判长或独任审判员许可。行为人实施下列行为之一,危及法庭安全或扰乱法庭秩序的,根据相关法律规定,予以罚款、拘留;构成犯罪的,依法追究其刑事责任:(1)非法携带枪支、弹药、管制刀具或者爆炸性、易燃性、放射性、毒害性、腐蚀性物品以及传染病病原体进入法庭;(2)哄闹、冲击法庭;(3)侮辱、诽谤、威胁、殴打司法工作人员或诉讼参与人;(4)毁坏法庭设施,抢夺、损毁诉讼文书、证据;(5)其他危害法庭安全或扰乱法庭秩序的行为。这些规定都适用于出庭律师。

在庭审过程中,法官与律师还应互相尊重。《关于规范法官和律师相互关系维护司法公正的若干规定》要求,律师应当自觉遵守法庭规则,尊重法官权威,依法履行辩护、代理职责。法官在庭审过程中,应当严格按照法律规定的诉讼程序进行审判活动,尊重律师的执业权利,认真听取诉讼双方的意见。

庭审礼仪规范为各国法庭所遵循。英美国家的"藐视法庭"(contempt of court)。藐视法庭是一种反对或蔑视法庭权威、公正和尊严的行为。藐视法庭罪可以发生在民事或刑事案件中。例如,当证人或观众在审判过程中对法官大喊大叫或辱骂时,就会发生藐视法庭罪。民事上的藐视法庭罪通常是对个人权利的侵犯,而刑事上的藐视法庭罪则是对社会的侵犯。对于民事上的藐视法庭罪,法院仅在要求藐视法庭罪者服从法院的行为时才行使强制权力。藐视法庭罪是惩罚性的,法院用它来惩罚那些损害法院运作或损害其尊严的当事人。直接藐视法庭是在法庭上发生的一种行为,其目的是使法庭难堪或引起对法庭的不尊重。在法庭上大喊大叫或在宣誓后拒绝回答法官或律师提出的问题是对法庭的直接蔑视。间接蔑视发生在法庭之外,但其意图也是贬低、嘲弄、阻挠、中断或贬低法庭及其诉讼程序。试图贿赂地区检察官是间接蔑视的一个例子。发表任何导致藐视法庭指控的材料都是间接藐视法庭。其他类型的间接蔑视包括阻止流程服务、与陪审员的不当沟通以及扣留证据。间接轻蔑也可以称为建设性轻蔑或结果性轻蔑[①]。

在其他国家,庭审礼仪也有相应的规定。加拿大《律师职业行为准则》规定,法官有权期望律师礼貌地对待法庭。《德国律师执业规范》规定,在通常的职业着装为穿法袍的情况下,律师在法院出庭时穿法袍。为民事案件在初级法院出庭时,不存在穿法袍的职业义务。日本律师协会对律师出庭没有特殊的要求,穿正装出庭,但必须佩戴徽章,人们常由徽章的磨损度来辨别律师的地位、信誉等[②]。

(四)律师在法庭上的言论规范

我国《律师法》第三十七条规定,律师在法庭上发表的代理、辩护意见不受法律追究。但是,发表危害国家安全、恶意诽谤他人、严重扰乱法庭秩序的言论除外。《律师法》第四十九条规定,发表危害国家安全、恶意诽谤他人、严重扰乱法庭秩序的言论的,由设区的市级或者直辖市的区人民政府司法行政部门给予停止执业六个月以上一年以

---

① https://legal-dictionary.thefreedictionary.com/contempt+of+court.
② 许身健:《法律职业伦理》,中国政法大学出版社 2019 年版,第 191 页。

下的处罚,可以处五万元以下的罚款;有违法所得的,没收违法所得;情节严重的,由省、自治区、直辖市人民政府司法行政部门吊销其律师执业证书;构成犯罪的,依法追究刑事责任。《律师和律师事务所违法行为处罚办法》第二十一条规定,有下列情形之一的,属于《律师法》第四十九条第八项规定的律师"发表危害国家安全、恶意诽谤他人、严重扰乱法庭秩序的言论的"违法行为:(1)在承办代理、辩护业务期间,发表、散布危害国家安全,恶意诽谤法官、检察官、仲裁员及对方当事人、第三人,严重扰乱法庭秩序的言论的;(2)在执业期间,发表、制作、传播危害国家安全的言论、信息、音像制品或者支持、参与、实施以危害国家安全为目的活动的。

国外相关法律也作了类似的规定。加拿大《律师职业行为准则》规定,律师应该始终对法庭或审判机构以及所有在诉讼或法律程序中与其打交道的人保持礼貌、文明和诚信。《澳大利亚律师协会示范规则》规定,出庭律师必须按照如下方式展开与案件有关的工作:(1)使案件仅限于真正有争议的争议点;(2)清楚、简洁地陈述所识别的争议点。

## 二、律师法庭外行为规范

### (一)律师与法官的社交规范

我国《律师法》第四十条规定,律师在执业活动中不得"违反规定会见法官、检察官、仲裁员以及其他有关工作人员"。第四十九条规定,律师违反规定会见法官、检察官、仲裁员以及其他有关工作人员,或者以其他不正当方式影响依法办理案件的,应受到如下处罚:由设区的市级或者直辖市的区人民政府司法行政部门给予停止执业六个月以上一年以下的处罚,可以处五万元以下的罚款;有违法所得的,没收违法所得;情节严重的,由省、自治区、直辖市人民政府司法行政部门吊销其律师执业证书;构成犯罪的,依法追究刑事责任。

《律师执业管理办法》第三十六条规定,律师与法官、检察官、仲裁员以及其他有关工作人员接触交往,应当遵守法律及相关规定,不得违反规定会见法官、检察官、仲裁员以及其他有关工作人员,向其行贿、许诺提供利益、介绍贿赂,指使、诱导当事人行贿,或者向法官、检察官、仲裁员以及其他工作人员打探办案机关内部对案件的办理意见、承办其介绍的案件,利用与法官、检察官、仲裁员以及其他有关工作人员的特殊关系,影响依法办理案件。

《律师执业行为规范(试行)》第六十九条规定,律师在办案过程中,不得与所承办案件有关的司法、仲裁人员私下接触。第七十条规定,律师不得贿赂司法机关和仲裁机构人员,不得以许诺回报或者提供其他利益(包括物质利益和非物质形态的利益)等方式,与承办案件的司法、仲裁人员进行交易。律师不得介绍贿赂或者指使、诱导当事人行贿。

2004年,最高人民法院、司法部关于印发《关于规范法官和律师相互关系维护司法公正的若干规定》的通知,要求律师在代理案件之前及其代理过程中,不得向当事人宣称自己与受理案件法院的法官具有亲朋、同学、师生、曾经同事等关系,并不得利用这种关系或者以法律禁止的其他形式干涉或者影响案件的审判。律师不得违反规定单方面会见法官。律师不得以各种非法手段打听案情,不得违法误导当事人的诉讼行为。律师不得明示或者暗示法官为其介绍代理、辩护等法律服务业务。当事人委托的律师不得借法官或者其近亲属婚丧喜庆事宜馈赠礼品、金钱、有价证券等;不得向法官请客送礼、行贿或者指使、诱导当事人送礼、行贿;不得为法官装修住宅、购买商品或者出资邀请法官进行娱乐、旅游活动;不得为法官报销任何费用;不得向法官出借交通工具、通信工具或者其他物品。当事人委托的律师不得假借法官的名义或者以联络、酬谢法官为由,向当事人索取财物或者其他利益。

从法官的角度来规范其与律师的关系,《关于规范法官和律师相互关系维护司法公正的若干规定》有以下规范:法官应当严格依法办案,不受当事人及其委托的律师利用各种关系、以不正当方式对案件审判进行的干涉或者施加的影响。法官不得私自单方面会见当事人及其委托的律师。法官应当严格执行回避制度,如果与本案当事人委托的律师有亲朋、同学、师生、曾经同事等关系,可能影响案件公正处理的,应当自行申请回避,是否回避由本院院长或者审判委员会决定。法官应当严格执行公开审判制度,依法告知当事人及其委托的律师本案审判的相关情况,但是不得泄露审判秘密。法官不得向当事人及其委托律师索取或者收取礼品、金钱、有价证券等;不得借婚丧喜庆事宜向律师索取或者收取礼品、礼金;不得接受当事人及其委托律师的宴请;不得要求或者接受当事人及其委托律师出资装修住宅、购买商品或者进行各种娱乐、旅游活动;不得要求当事人及其委托的律师报销任何费用;不得向当事人及其委托的律师借用交通工具、通信工具或者其他物品。法官不得要求或者暗示律师向当事人索取财物或者其他利益。法官应当严格遵守法律规定的审理期限,合理安排审判事务,遵守开庭时间。法官和律师均不得借故延迟开庭。法官确有正当理由不能按期开庭,或者律师确有正当理由不能按期出庭的,人民法院应当在不影响案件审理期限的情况下,另行安排开庭时间,并及时通知当事人及其委托的律师。

国外的法律职业伦理规范也对法官与律师的社交行为进行了规定,如美国《职业行为示范规则》规则3.5规定,律师不得:(1)设法以法律禁止的手段影响法官、陪审员、准陪审员或其他官员。(2)除非法律或法院命令授权,否则不得在诉讼过程中单方面与该等人进行沟通。(3)在下列情况下与陪审员或准陪审员联络:法律、法院命令禁止通信的;陪审员已向律师表示不愿沟通;进行虚假陈述、胁迫或者骚扰的。(4)从事旨在干扰审判的行为。《澳大利亚律师协会规范规则》规定,任何当事人或初级律师在场时,出庭律师不得与法院接洽。出庭律师担任公断人、仲裁员或者调解员时,也不得因为非正式的个人熟悉关系而与任何在出庭律师面前出席的任何执业律师进行接洽,这可能合理地给人以该出庭律师与法院或对该职业律师有特殊偏好的印象。《日本律师职务基本准则》第77条规定，律师履行职务时，不得不当利用与法官、检察官及其他有关审判程序的公职人员具有的亲戚或其他私人关系。

（二）律师法庭外言论规范

我国《律师执业管理办法》第三十八条规定，律师应当依照法定程序履行职责，不得以下列不正当方式影响依法办理案件：(1) 未经当事人委托或者法律援助机构指派，以律师名义为当事人提供法律服务、介入案件，干扰依法办理案件；(2) 对本人或者其他律师正在办理的案件进行歪曲、有误导性的宣传和评论，恶意炒作案件；(3) 以串联组团、联署签名、发表公开信、组织网上聚集、声援等方式或者借个案研讨之名，制造舆论压力，攻击、诋毁司法机关和司法制度；(4) 违反规定披露、散布不公开审理案件的信息、材料，或者本人、其他律师在办案过程中获悉的有关案件重要信息、证据材料。

根据《律师协会会员违规行为处分规则（试行）》第三十四条的规定，影响司法机关依法办理案件，具有以下情形之一的，给予中止会员权利六个月以上一年以下的纪律处分；情节严重的给予取消会员资格的纪律处分：(1) 未经当事人委托或者法律援助机构指派，以律师名义为当事人提供法律服务、介入案件，干扰依法办理案件的；(2) 对本人或者其他律师正在办理的案件进行歪曲、有误导性的宣传和评论，恶意炒作案件的；(3) 以串联组团、联署签名、发表公开信、组织网上聚集、声援等方式或者借个案研讨之名，制造舆论压力，攻击、诋毁司法机关和司法制度的；(4) 煽动、教唆和组织当事人或者其他人员到司法机关或者其他国家机关静坐、举牌、打横幅、喊口号、声援、围观等扰乱公共秩序、危害公共安全的非法手段，聚众滋事，制造影响，向有关机关施加压力的；(5) 发表、散布否定宪法确立的根本政治制度、基本原则和危害国家安全的言论，利用网络、媒体挑动对党和政府的不满，发起、参与危害国家安全的组织或者支持、参与、实施危害国家安全的活动的；(6) 以歪曲事实真相、明显违背社会公序良俗等方式，发表恶意诽谤他人的言论，或者发表严重扰乱法庭秩序的言论的。

国外的一些律师行为规范对此也作了详细的规定。美国《职业行为规范规则》规则3.6关于审判宣传的规定，第一，律师如果正在参与或曾经参与某项事务的调查或诉讼问题，他知道或者合理地应当知道其所作的庭外言论会被公共媒体传播，并对裁判程序产生严重损害的较大可能，则不得发表这样种庭外言论。第二，除以上第一款的规定外，下列情况律师仍可发表庭外言论：(1) 所涉及的权利要求、犯罪或者抗辩，以及当事人的身份，法律禁止的除外；(2) 公开记载的资料；(3) 对案件的调查正在进行；(4) 诉讼程序的安排或者结果；(5) 请求协助取得必要的证据和资料；(6) 有理由认为可能对个人或者社会公共利益造成重大损害的，对有关人员的行为发出危险警告；(7) 在刑事案件中，除第(1)至第(6)款外：被告人的身份、住所、职业和家庭状况；如被告人尚未被逮捕，则提供有助于逮捕该人的必要资料；逮捕的事实、时间和地点；调查和逮捕官员或机构的身份和调查的时间。第三，尽管有第一款的规定，律师仍可发表合理的有必要的声明，以保护客户不受非律师或律师的客户所引起的最近宣传的重大不当损害。依照本款所作的声明应限于为减轻最近的不利宣传所必需的资料。第四,在律所或政府机构内与第一款所列律师有联系的律师不得发表第一款所禁止的声明。

《澳大利亚律师协会规范规则》规定,出庭律师不能就当前诉讼或潜在诉讼,出版或采取任何措施试图出版任何关于下列情形的材料:(1)不被允许的;(2)泄露保密信息的;(3)似乎或者确实表达了出庭律师对当前或者潜在诉讼事实的意见,或者对诉讼中发生的任何争议点的意见,但有关法律问题的纯教育性或学术性讨论除外。

《德国律师执业规范》规定,律师可以发布关于其服务和本人情况的信息,但陈述应客观且与业务相关,禁止关于成功率和营业额的陈述。仅在委托人事先明确同意的情况下,可以指明承办的案件和委托人。律师不得协助第三者为其做不允许其本人做的广告。

## 第三节 律师与检察官关系规范

### 一、律师与检察官良性互动的基础

构建检察官与律师之间的良性互动关系一直是检察机关领导人倡导的基本司法理念。时任最高人民检察院检察长曹建明多次公开发表文章阐述这一司法理念[①]。检察官与律师虽然职业不同,但在我国这两个职业有共同的地方,如这两个职业思想政治素质、业务工作能力、职业道德水准的要求是相同的,对忠于党、忠于国家、忠于人民、忠于法律的要求是相同的。在职能定位上,检察官和律师都是社会主义法治工作者;在价值目标上,检察官和律师都以捍卫司法公正和法律尊严为己任,都必须维护当事人合法权益,维护法律正确实施、维护社会公平正义;在履职要求上,检察官和律师都要坚持以事实为依据、以法律为准绳,履行职责都受到法律保护,都要自觉接受社会各方面和当事人的监督;在职业特点上,检察官和律师同受法律教育,同循法律思维,同行法治方式,具有相同的职业素养和职业技能要求,是法律职业共同体的重要组成部分。因此,在法庭上,检察官与律师都不是简单的控辩关系、对抗关系,而应当是对立统一、相互依存、平等相待、彼此促进的良性互动关系。

检察机关在处理与律师之间的关系,建立良性互动关系时,需要克服的不足之处有以下方面:(1)司法作风简单粗暴,特权思想、霸道作风严重;(2)不认真听取当事人和律师意见,对律师合法要求无故推诿、拖延甚至刁难,限制律师权利;(3)私下接触当事人及律师,泄露案情或帮助打探案情,或者受人之托过问、干预办案,利用检察权获取个人好处;(4)接受吃请、收受贿赂、以案谋私、办关系案、人情案、金钱案等司法不规范的行为。

---

① 曹建明:《构建检察官与律师良性互动关系,共同推进中国特色社会主义法治建设》,《中国律师》2014年第3期;《构建新型健康良性互动的检律关系》,《检察日报》2015年3月10日。

规范检察官与律师之间的关系,需要着力解决律师在办案过程中的"三难":会见难、阅卷难、调查取证难。三难问题是检察机关保障律师执业权利中的"顽疾"。有的地方检察机关在办理的职务犯罪案件中,存在对"特别重大贿赂犯罪案件"条件扩大适用、不许可会见等问题,作为最高检察机关的负责人,曹建明检察长提出的解决之道是:(1)律师在侦查阶段提出会见特别重大贿赂案件犯罪嫌疑人的,人民检察院应当严格按照法律和相关规定及时审查决定是否许可,并及时答复。(2)有碍侦查的情形消失后,应当通知律师,可以不经许可会见犯罪嫌疑人。(3)侦查终结前,应当许可辩护律师会见犯罪嫌疑人。人民检察院在会见时不得派员在场,不得通过任何方式监听律师会见的谈话内容。为切实保障律师的诉讼权利,检察机关还将建立办案部门和办案人员违法行使职权的记录、通报和责任追究制度,对侵犯律师执业权利等违法行为依法依规严肃处理。

在法庭上,检察官与律师之间是平等、对抗与协作的关系。检察官与律师之间最引人注目的关系是在法庭上的对抗关系。我国所追求的境界是"对抗而不对立、交锋而不交恶"。律师和检察官平等享有辩护权和公诉权,但检察官代表国家行使辩护权,有国家强制力保障,所以为了维护控辩平衡,把举证责任都分配到检察院。双方的对抗协作表现在控辩双方既要对抗,也就是对嫌疑人的指控一方来举证证明,一方来反驳,又要协作,也就是控辩双方都有保障嫌疑人合法权利的义务。

## 二、律师与检察官良性互动的形式

(一)律师与检察官的职业互动的基本原则

最高人民检察院 2011 年 1 月《关于规范检察人员与律师交往行为的暂行规定》第四条规定,检察人员与律师交往,应当符合法律、纪律规定和检察职业道德要求,不得妨碍律师依法执业,不得无故拖延、推诿或者刁难律师依法执业提出的合理要求,自觉避免一切可能影响检察工作公正性、公信力、廉洁性的行为。

(二)律师与检察官在案件办理中的关系

1. 检察官要尊重律师

检察人员接待当事人委托的律师应当举止庄重、文明礼貌。应当认真听取律师所提要求和意见,并做好记录。依法告知律师本案办理的相关情况。对律师提出的要求和意见,检察人员应当依法认真审查,依法办理,并及时反馈处理结果。

2. 检察官要主动回避

检察人员在办案中,与本案当事人委托的律师有夫妻、父母、子女或者同胞兄弟姐妹关系的,应当自行回避。与本案当事人委托的律师之间存在其他亲属关系或者朋友、同学、师生、曾经同事等关系,可能影响案件公正处理的,应当申请回避。与本院所办其他案件当事人委托的律师有近亲属关系或者存在利害关系等情形,可能影响案件公正处理的检察人员,在案件办理期间不得与该律师讨论相关案情。检察人员从人民检察院离任后两年内,不得以律师身份担任诉讼代理人或者辩护人。检察人员从人民检察院离任后,不得担任原任职检察院办理案件的诉讼代理人或者辩护人。检察人员的配偶、子女不得担任该检察人员所任职检察院办理案件的诉讼代理人或者辩护人。

(三)检察官与律师在日常交往中的关系规范

1. 严禁检察官与律师之间的不正当交往

严禁检察人员从事下列为律师提供不正当帮助的行为:私自为律师调查、收集证据;私自向律师提供可能影响案件公正处理的咨询意见;为律师请托的案件托关系、打招呼,或者打听案情、通风报信,影响案件的正常办理;私自向律师泄露人民检察院内部对案件的审查意见、讨论意见等情况;提供应当保密的案件材料给律师查阅、摘抄和复制;向律师提供其他与案件有关的不正当帮助。检察人员不得私自会见当事人委托的律师。

2. 严禁检察人员在与律师交往中谋取不正当利益

严禁检察官与律师交往中的下列行为:索取、收受或者以不正当交易、赌博、接受赞助等方式变相收受律师的财物;借喜庆婚丧嫁娶和节日等时机索取或者收受律师的财物;要求或者接受律师为特定关系人安排工作、给予特定关系人财物;要求或者接受与办案有关的律师宴请;要求或者接受律师出资装修房屋、购买商品,安排旅游、娱乐、健身等消费活动,以及支付、报销其他各种费用;收受律师提供的干股,委托律师投资证券、期货或者其他委托理财,要求或者接受律师提供金融担保,与律师合作开办公司或者合作投资;收受或者借用律师交通、通信工具以及其他财物;通过律师谋取其他不正当利益。

3. 检察官与律师社交活动的规范

检察人员不得参加律师事务所或者律师组织的可能影响具体案件公正办理的活动。

4. 检察官不得向律师介绍业务

除法律规定情形外,检察人员不得向当事人推荐介绍特定的律师作为本人办理案件的诉讼代理人、辩护人,不得要求或者暗示当事人更换律师,不得要求律师超越当事人委托权限进行诉讼活动。

5. 检察官的法庭外言论规范

检察人员因情况不明或者其他原因被动接触当事人委托的律师时,不得对自己或者本院正在办理的案件发表意见,泄露案情。

6. 律师对检察官的监督权

律师、律师事务所或者律师主管部门以及案件当事人或者其他人员对检察人员违法、违规、违纪行为提出投诉、举报的,人民检察院应当及时查明情况。情况属实的,依纪依法作出处理,并及时反馈处理情况。

2018年,我国立法机关对《刑事诉讼法》对于侦查阶段的律师会见规定进行了修改,体现维护犯罪嫌疑人的辩护权、规范侦查权合理行使的基本立场,增强了律师的辩护权,更加有效地维护犯罪嫌疑人、被告人的权益,是我国法制建设的重大进步。《刑事诉讼法》第三十七条规定,辩护律师可以同在押的犯罪嫌疑人、被告人会见和通信。辩护律师持律师执业证书、律师事务所证明和委托书或者法律援助公函要求会见在押的犯罪嫌疑人、被告人的,看守所应当及时安排会见,至迟不得超过四十八小时。危害国家安全犯罪、恐怖活动犯罪、特别重大贿赂犯罪案件,在侦查期间辩护律师会见在押的犯罪嫌疑人,应当经侦查机关许可。上述案件,侦查机关应当事先通知看守所。辩护律师会见在押的犯罪嫌疑人、被告人,可以了解案件有关情况,提供法律咨询等;自案件移送审查起诉之日起,可以向犯罪嫌疑人、被告人核实有关证据。辩护律师会见犯罪嫌疑人、被告人时不被监听。

新刑诉法扩大了辩护律师阅卷的范围,规定辩护律师自移送审查起诉后可查阅、复制本案的卷宗材料,而不再仅限于诉讼文书、技术性鉴定材料,从而为律师及时了解全案事实、掌握全案证据提供了便利,为律师高效、便捷行使辩护权提供了保障。《刑事诉讼法》第三十八条规定,辩护律师自人民检察院对案件审查起诉之日起,可以查阅、摘抄、复制本案的案卷材料。其他辩护人经人民法院、人民检察院许可,也可以查阅、摘抄、复制上述材料。第三十九条规定,辩护人认为在侦查、审查起诉期间公安机关、人民检察院收集的证明犯罪嫌疑人、被告人无罪或者罪轻的证据材料未提交的,有权申请人民检察院、人民法院调取。

新修订的《刑事诉讼法》加强了办案机关和辩护律师在证据方面的联系。有关规定如下:第三十九条规定,辩护人认为在侦查、审查起诉期间公安机关、人民检察院收集的证明犯罪嫌疑人、被告人无罪或者罪轻的证据材料未提交的,有权申请人民检察院、人民法院调取。第四十条规定,辩护人收集的有关犯罪嫌疑人不在犯罪现场、未达到刑事责任年龄、属于依法不负刑事责任的精神病人的证据,应当及时告知公安机关、人民检察院。第四十一条规定,辩护律师经证人或者其他有关单位和个人同意,可以向他们收集与本案有关的材料,也可以申请人民检察院、人民法院收集、调取证据,或者申请人民法院通知证人出庭作证。辩护律师经人民检察院或者人民法院许可,并且经被害人或者其近亲属、被害人提供的证人同意,可以向他们收集与本案有关的材料。

### 思考题

1. 简述法律职业关系的概念与特征。
2. 简述律师与法官关系规范。
3. 简述律师与检察官关系规范。

# 第二十三章 法律援助

## 第一节 法律援助概述

### 一、法律援助的概念

"决不允许让普通群众打不起官司",这是我国法律援助制度的总的目标。根据《法律援助法》的规定,法律援助,是国家建立的为经济困难公民和符合法定条件的其他当事人无偿提供法律咨询、代理、刑事辩护等法律服务的制度,是公共法律服务体系的组成部分。随着近几年党和国家一系列关于法律援助政策的出台与相关制度的完善,尤其是《法律援助法》的制定,我国建立起了由政府承担责任、律师承担义务的法律援助制度。

### 二、我国法律援助制度

(一)法律援助制度的设立

1994年,司法部首次提出建立法律援助制度的设想,并在北京、上海、广州、青岛等城市进行试点。在1996年修订《刑事诉讼法》和制定《律师法》时,将法律援助制度写进了法律,从立法上确立了我国的法律援助制度。党和国家发布的法律援助政策与行政法规:2003年,国务院发布《法律援助条例》,该条例为规范和促进法律援助事业发展发挥了重要作用;2017年,司法部、财政部印发《关于律师开展法律援助工作的意见》;2017年8月,最高人民法院、最高人民检察院、公安部、国家安全部、司法部发布《关于开展法律援助值班律师工作的意见》;2018年,中共中央办公厅、国务院办公厅印发《关于完善法律援助制度的意见》,司法部等部门陆续制定了一些法律援助方面的政策与行政规章;2019年,司法部发布刑事法律援助服务行业标准《全国刑事法律援助服务规范》,建立了刑事法律援助服务的基本规范;2021年8月20日,第十三届全国人民代表大会常务委员会第三十次会议通过《法律援助法》;等等。

(二)法律援助的基本原则

1. 以人为本

在我国,政府为生活困难群众和需要帮助的群众提供法律援助服务,体现了中国共产党的执政理念与执政宗旨,把维护人民群众合法权益作为出发点和落脚点,积极回应民生诉求,完善便民利民措施。法律援助也是我国推进公共法律服务体系建设的重要举措,政府为民生领域提供法律服务,努力为困难群众提供及时便利、优质高效的法律援助服务,将涉及困难群体的矛盾纠纷纳入法治化轨道解决,能够有效化解社会矛盾,维护社会和谐稳定。

2. 公平正义

保障公平正义是我国法律援助工作的首要价值追求,政府和律师依法履行法律援助职责,扩大法律援助范围,使符合条件的公民都能获得法律援助,平等享受法律保护,有利于实现让人民群众在每一个案件中都感受到公平正义的目标。

3. 免费服务

通过政府资助和律师义务提供的法律服务,需要获得法律援助支持的每位公民都能够无偿地获得法律援助服务。我国建立了法律援助申请快捷化、审查简便化、服务零距离的法律援助体系,不断提高法律援助工作规范化、制度化、法治化水平。为了实现法律援助咨询服务全覆盖,各地建立了法律援助便民服务窗口,安排专业人员免费为来访群众提供法律咨询。拓展了基层服务网络,推进法律援助工作站点向城乡社区延伸,方便群众及时就近获得法律咨询。加强了"12348"法律服务热线建设,有条件的地方开设针对农民工、妇女、未成年人、老年人等群体的维权专线,充分发挥解答法律咨询、宣传法律知识、指导群众依法维权的作用。政府还创新了咨询服务方式,运用网络平台和新兴传播工具,提高法律援助咨询服务的可及性。为了提高广大群众的合法维权意识,广泛开展公共法律教育,积极提供法律信息和帮助,引导群众依法表达合理诉求。

(三)开展法律援助的政府职责

1. 提供法律援助经费

我国法律援助经费来源主要是政府财政支持。《法律援助法》第四条规定:"县级以上人民政府应当健全法律援助保障体系,将法律援助相关经费列入本级政府预算,建立动态调整机制,保障法律援助工作需要,促进法律援助均衡发展。"为了保障法律援助经费足额及时到位,国家制定了经费保障的基本原则:明确责任、分类负担、收支脱钩、全额保障。中央财政主要是引导地方特别是中西部地区加大对法律援助经费的投入力度。省级财政要为法律援助提供经费支持,加大对经济欠发达地区的转移支付力度,提高经济欠发达地区的财政保障能力。市、县级财政要将法律援助经费全部纳入同级财政预算,根据地方财力和办案量合理安排经费。适当提高办案补贴标准并及时足额支付。建立动态调整机制,根据律师承办案件成本、基本劳务费用等因素及时调整补贴标准。在政府财政支持为主的条件下,同时鼓励社会对法律援助活动提供捐助,充分发挥法律援助基金会的资金募集作用。财政、审计等部门要加强对法律援助经费的绩效考核和监督,确保专款专用,提高经费使用效益。

2. 建立法律援助基础设施

政府要建立专门用于法律援助的基础设施,建立服务窗口,配备必要的办公设施。政府要充分考虑到需要法律援助服务的多数是困难群众,在进行基础设施建设时,要考虑到困难群众的便捷性与可及性,如法律援助工作站(点)的设立位置,要进行合理的区域划分,一般在临街一层建立便民服务窗口,完善无障碍配套服务设施,满足接待群众需要。充分利用信息化技术,改善基层信息基础设施,提升法律援助信息管理水平,实现集援务公开、咨询服务、网上审查、监督管理于一体的网上管理服务,逐步建立法律援助对象动态数据库,实现与相关单位的信息共享和工作协同。

3. 建立法律援助机构与队伍

根据《法律援助法》的规定,县级以上人民政府司法行政部门应当设立法律援助机构,"法律援助机构负责组织实施法律援助工作,受理、审查法律援助申请,指派律师、基层法律服务工作者、法律援助志愿者等法律援助人员提供法律援助,支付法律援助补贴"。法律援助机构可以在人民法院、人民检察院和看守所等场所派驻值班律师,依法为没有辩护人的犯罪嫌疑人、被告人提供法律援助。政府的司法行政部门可以通过政府采购等方式,择优选择律师事务所等法律服务机构为受援人提供法律援助。提供法律援助的机构包括律师事务所、基层法律服务所,能够提供法律援助的人员包括律师和基层法律服务工作者。此外,国家还鼓励和规范法律援助志愿服务,支持符合条件的个人作为法律援助志愿者,依法提供法律援助。高等院校、科研机构中从事法学教育、研究工作的人员和法学专业学生可以成为法律援助志愿者,在司法行政部门指导下,为当事人提供法律咨询、代拟法律文书等法律援助。为了解决法律专业人员在区域间分布不均衡问题,国家建立健全法律服务资源依法跨区域流动机制,鼓励和支持律师事务所、律师、法律援助志愿者等在法律服务资源相对短缺地区提供法律援助。

(四)法律援助制度的内容

1. 法律援助的形式和范围

根据《法律援助法》第二十二条的规定,法律援助机构可以组织法律援助人员依法提供下列形式的法律援助服务:(1)法律咨询;(2)代拟法律文书;(3)刑事辩护与代理;(4)民事案件、行政案件、国家赔偿案件的诉讼代理及非诉讼代理;(5)值班律师法律帮助;(6)劳动争议调解与仲裁代理;(7)法律、法规、规章规定的其他形式。

法律援助服务需求一般由需求者本人提出,但刑事案件的犯罪嫌疑人、被告人因经济困难或者其他原因没有委托辩护人的,其近亲属可以向法律援助机构申请法律援助。刑事案件的犯罪嫌疑人、被告人属于下列人员之一,没有委托辩护人的,人民法院、人民检察院、公安机关应当通知法律援助机构指派律师担任辩护人:(1)未成年人;(2)视力、听力、言语残疾人;(3)不能完全辨认自己行为的成年人;(4)可能被判处无期徒刑、死刑的人;(5)申请法律援助的死刑复核案件被告人;(6)缺席审判案件的被告人;(7)法律法规规定的其他人员。其他适用普通程序审理的刑事案件,被告人没有委托辩护人的,人民法院可以通知法律援助机构指派律师担任辩护人。

特殊情况下,对担任法律援助服务的人员有特别的条件要求,如对可能被判处无期徒刑、死刑的人,以及死刑复核案件的被告人,法律援助机构收到人民法院、人民检察院、公安机关通知后,应当指派具有三年以上相关执业经历的律师担任辩护人。

一些特殊事项的当事人,因经济困难没有委托代理人的,可以向法律援助机构申请法律援助:(1)依法请求国家赔偿;(2)请求给予社会保险待遇或者社会救助;(3)请求发给抚恤金;(4)请求给付赡养费、抚养费、扶养费;(5)请求确认劳动关系或者支付劳动报酬;(6)请求认定公民无民事行为能力或者限制民事行为能力;(7)请求工伤事故、交通事故、食品药品安全事故、医疗事故人身损害赔偿;(8)请求环境污染、生态破坏损害赔偿;(9)法律、法规、规章规定的其他情形。

一般情况下,申请法律援助的人员都受到经济困难条件的限制,但一些特殊情形下,当事人申请法律援助可以不受经济困难条件的限制,这些情形包括:(1)英雄烈士近亲属为维护英雄烈士的人格权益;(2)因见义勇为行为主张相关民事权益;(3)再审改判无罪请求国家赔偿;(4)遭受虐待、遗弃或者家庭暴力的受害人主张相关权益;(5)法律、法规、规章规定的其他情形。

**2. 法律援助的程序和实施**

第一,告知当事人。人民法院、人民检察院、公安机关和有关部门在办理案件或者相关事务中,应当及时告知有关当事人有权依法申请法律援助。人民法院、人民检察院、公安机关办理刑事案件,发现有《法律援助法》规定情形需要提供法律援助服务的,应当在三日内通知法律援助机构指派律师。法律援助机构收到通知后,应当在三日内指派律师并通知人民法院、人民检察院、公安机关。人民法院、人民检察院、公安机关应当保障值班律师依法提供法律帮助,告知没有辩护人的犯罪嫌疑人、被告人有权约见值班律师,并依法为值班律师了解案件有关情况、阅卷、会见等提供便利。

第二,当事人提出申请。对诉讼事项的法律援助,由申请人向办案机关所在地的法律援助机构提出申请;对非诉讼事项的法律援助,由申请人向争议处理机关所在地或者事由发生地的法律援助机构提出申请。被羁押的犯罪嫌疑人、被告人、服刑人员,以及强制隔离戒毒人员等提出法律援助申请的,办案机关、监管场所应当在二十四小时内将申请转交法律援助机构。犯罪嫌疑人、被告人通过值班律师提出代理、刑事辩护等法律援助申请的,值班律师应当在二十四小时内将申请转交法律援助机构。无民事行为能力人或者限制民事行为能力人需要法律援助的,可以由其法定代理人代为提出申请。法定代理人侵犯无民事行为能力人、限制民事行为能力人合法权益的,其他法定代理人或者近亲属可以代为提出法律援助申请。被羁押的犯罪嫌疑人、被告人、服刑人员,以及强制隔离戒毒人员,可以由其法定代理人或者近亲属代为提出法律援助申请。

第三,申请人经济状况的审核。因经济困难申请法律援助的,申请人应当如实说明经济困难状况。法律援助机构核查申请人的经济困难状况,可以通过信息共享查询,或者由申请人进行个人诚信承诺。法律援助机构开展核查工作,有关部门、单位、村民委员会、居民委员会和个人应当予以配合。法律援助申请人有材料证明属于下列人员之一的,免予核查经济困难状况:无固定生活来源的未成年人、老年人、残疾人等特定群体;社会救助、司法救助或者优抚对象;申请支付劳动报酬或者请求工伤事故人身损害赔偿的进城务工人员;法律、法规、规章规定的其他人员。法律援助机构应当自收到法律援助申请之日起七日内进行审查,作出是否给予法律援助的决定。决定给予法律援助的,应当自作出决定之日起三日内指派法律援助人员为受援人提供法律援助;决定不给予法律援助的,应当书面告知申请人,并说明理由。申请人提交的申请材料不齐全的,法律援助机构应当一次性告知申请人需要补充的材料或者要求申请人作出说明。申请人未按要求补充材料或者作出说明的,视为撤回申请。

第四,先行提供法律援助的情形。法律援助机构收到法律援助申请后,发现有下列情形之一的,可以决定先行提供法律援助:距法定时效或者期限届满不足七日,需要及时提起诉讼或者申请仲裁、行政复议;需要立即申请财产保全、证据保全或者先予执行;法律、法规、规章规定的其他情形。法律援助机构先行提供法律援助的,受援人应当及时补办有关手续,补充有关材料。

第五,终止法律援助的情形。根据《法律援助法》的规定,有下列情形之一的,法律援助机构应当作出终止法律援助的决定:受援人以欺骗或者其他不正当手段获得法律援助;受援人故意隐瞒与案件有关的重要事实或者提供虚假证据;受援人利用法律援助从事违法活动;受援人的经济状况发生变化,不再符合法律援助条件;案件终止审理或者已经被撤销;受援人自行委托律师或者其他代理人;受援人有正当理由要求终止法律援助;法律法规规定的其他情形。法律援助人员发现有前款规定情形的,应当及时向法律援助机构报告。

3. 法律援助的保障和监督

信息化社会可以通过信息共享实现工作协同,在法律援助的保障与监督工作方面,完全可以通过信息化的工具实现保障与监督的目的。

法律援助的助补贴标准,由省、自治区、直辖市人民政府司法行政部门会同同级财政部门制定,法律援助补贴免征增值税和个人所得税。根据《法律援助法》的规定,相关机构与部门应对受援人缓收、减收相关费用,如人民法院应当根据情况对受援人缓收、减收或者免收诉讼费用;对法律援助人员复制相关材料等费用予以免收或者减收。公证机构、司法鉴定机构应当对受援人减收或者免收公证费、鉴定费。

在监督机制方面,《法律援助法》规定了一些监督机制,如受援人有权向法律援助机构、法律援助人员了解法律援助事项办理情况;法律援助机构、法律援助人员未依法履行职责的,受援人可以向司法行政部门投诉,并可以请求法律援助机构更换法律援助人员。司法行政机构也建立了相应的监督机制,如建立法律援助工作投诉查处制度,制定法律援助服务质量标准,通过第三方评估等方式定期进行质量考核,司法行政部门、法律援助机构应当建立法律援助信息公开制度,定期向社会公布法律援助资金使用、案件办理、质量考核结果等情况,接受社会监督。

法律援助机构应当综合运用庭审旁听、案卷检查、征询司法机关意见和回访受援人等措施,督促法律援助人员提升服务质量。

律师协会应当将律师事务所、律师履行法律援助义务的情况纳入年度考核内容,对拒不履行或者怠于履行法律援助义务的律师事务所、律师,依照有关规定进行惩戒。

### 三、国外律师法律援助服务

法律援助如同现代律师制度一样,对我们来说都是舶来品,译自英文 legal aid。法律援助在西方由来已久。法律援助,是指律师为那些请不起律师的人们提供的法律服务。

在美国,目前有 1 600 多家法律援助机构为那些无力支付律师服务费用的人免费或象征性收费提供法律服务。这些机构由慈善组织、律师协会、法学院以及联邦、州和地方政府赞助。在一些州,法律援助服务的部分资金来自律师事务所信托账户的利息。

1876 年,美国第一家法律援助机构由德国社区(the German Society)在纽约成立。该机构帮助有法律援助需要的德国移民。从 19 世纪后期开始,律师协会率先提供低成本的法律服务。1911 年,全国法律援助协会联盟成立,旨在向穷人推广法律援助。该联盟现在被称为全国法律援助和辩护律师协会(National Legal Aid and Defender Association),负责发布信息,并召开有关法律援助问题的会议。

1964 年,林登·约翰逊总统设立了法律服务办公室(the Office of Legal Services),法律援助的范围急剧扩大。该机构在许多州组织了新的法律援助项目,在 20 世纪 70 年代初遭受了预算削减。1974 年,国会解散了该办公室,并将其职能移交给新成立的法律服务公司(Legal Services Corporation)。该机构是根据《1974 年法律服务公司法》设立的,但该公司是一个私人性质的非营利性组织,通过发放政府的拨款为法律援助机构提供资金支持。它还通过培训、研究和技术援助支持法律援助律师和工作人员。

在美国,法律援助机构提供的服务领域很广泛,服务范围涉及广泛的民事事务,包括收养、破产、离婚、就业、房屋租赁纠纷等。法律援助机构只提供民事法律服务,这些机构不得使用联邦资金处理刑事案件。与美国法律援助体系相对应的刑事案件援助制度被称为公共辩护人制度,公共辩护人由州和地方机构以及联邦拨款资助。

法律援助机构由律师和行政支持人员管理。他们通常由大学法学院的学生作为补充,让学生们参加法律援助诊所,为他们提供与贫困客户合作的机会。此外,许多私人律师自愿提供法律援助服务。在某些司法管辖区,法院可委任私人律师处理法律援助客户。尽管提供了这些无偿服务,法律援助机构的客户数量通常还是超出了它们的服务能力。当它们实在忙不过来的时候,可能会把复杂的事情比如离婚纠纷,排除在其提供的法律服务之外。

在英国,作为二战后引入的"福利国家"条款的一部分,英格兰、威尔士和苏格兰都制定了法律援助计划。与大多数政府资助的福利一样,法律援助计划的资助标准会因政府的不同而不同。但不管政府的资助是多少,法律援助机构支付给律师的费用数额是固定的,通常是在正常收费的标准下大打折扣。英国政府认为,获得法律援助是获得公正审判、保障人权的司法制度的一个重要方面。目前的法律援助机构为法律服务委员会(Legal Services Commission),负责管理社区法律服务基金(the Community Legal Service Fund)。这样的机构在苏格兰称为法律援助委员会(Legal Aid Board)。

英国有各种各样的法律援助计划,法律援助为诉讼当事人提供帮助,使他们能够利用通常昂贵的法律程序,或在刑事指控中得到辩护。刑事辩护服务(Criminal Defence Service,CDS)是英格兰和威尔士在刑事案件诉讼中法律援助制度的一部分。它由法律服务委员会设立,主要的服务由律师根据合同提供。法律援助机构也可以提供咨询和援助或宣传服务。提供刑事辩护服务是事务律师的职责。事务律师可使用CDS标志,向公众展示他们有能力提供合约服务。

# 第二节 律师法律援助义务

## 一、律师法律援助义务是一项法定义务

《律师法》第四十二条规定:"律师、律师事务所应当按照国家规定履行法律援助义务,为受援人提供符合标准的法律服务,维护受援人的合法权益。"按照该法第五十条的规定,"拒绝履行法律援助义务的"律师事务所要受到司法行政机关的行政处罚。因此,在我国,律师和律师事务所履行国家规定的法律援助是一种法定义务,不仅仅是一项法律职业伦理规范,即使它是一项律师必须遵守的法律职业伦理规范,也通过《律师法》的规定成了一项法定义务。

《律师法》没有对律师拒绝履行这项法定义务规定应当承担的法律责任,《法律援助法》第六十三条规定,律师、基层法律服务工作者有下列情形之一的,由司法行政部门依法给予处罚:(1)无正当理由拒绝履行法律援助义务或者怠于履行法律援助义务;(2)擅自终止提供法律援助;(3)收取受援人财物;(4)泄露法律援助过程中知悉的国家秘密、商业秘密和个人隐私;(5)法律法规规定的其他情形。

## 二、律师提供法律援助应遵守的法律与职业伦理规范

律师承办法律援助服务时,应遵守下列法律与职业伦理规范:一是提供法律援助不得收取任何财物。二是不得对受援人从事有偿法律服务。三是报告义务。办理法律援

助案件的律师遇有下列情形之一的,应当向法律援助机构报告:(1)主要证据认定、适用法律等方面有重大疑义的;(2)涉及群体性事件的;(3)有重大社会影响的;(4)其他复杂、疑难情形。四是向援助机构提交结案报告。办理法律援助案件的律师在案件结案时,应当向法律援助机构提交有关的法律文书副本或者复印件以及结案报告等材料。

律师提供法律援助服务虽然是一项法定义务,但律师不是免费提供法律援助服务,法律援助机构要根据律师承办案件成本、基本劳务费用等因素合理确定律师办案补贴标准并及时足额支付,建立办案补贴标准动态调整机制。相对于律师提供的有偿法律服务而言,提供法律援助服务项目所得的收入基本上是律师所付成本的补偿。

### 三、法律援助值班律师制度

法律援助值班律师制度,是指法律援助机构在人民法院、看守所派驻值班律师,为没有辩护人的犯罪嫌疑人、刑事被告人提供法律帮助。该项制度最早起源于英国,加拿大、澳大利亚、新西兰等国均实施了该制度。这项制度为进入刑事诉讼程序的犯罪嫌疑人或者被告人提供即时初步的法律帮助,其主要目的是以其广覆盖、便利性等特点很好地体现保障司法人权的刑事司法理念[1]。

根据司法部在2017年9月28日举行的《关于开展法律援助值班律师工作的意见》新闻发布会上提供的信息,2006年,司法部与联合国开发署共同在河南开展"法律援助值班律师制度"项目试点,通过在公检法部门派驻值班律师的方式,在刑事诉讼各阶段为犯罪嫌疑人、被告人提供及时的法律咨询服务。后来,这项工作逐步在全国范围内试点与推广,取得了积极进展[2]。截至该意见发布,全国共建立看守所法律援助工作站2 300余个,覆盖率达到88%,人民法院法律援助工作站1 700余个,覆盖率51.7%。部分省份实现了看守所和人民法院法律援助工作站全覆盖。仅在2017年近10个月的时间里,据司法部提供的数据,各地法律援助值班律师共为犯罪嫌疑人、被告人解答咨询16.7万余人次,转交法律援助申请1.9万件。

《关于开展法律援助值班律师工作的意见》规定,人民法院、人民检察院、公安机关应当告知犯罪嫌疑人、刑事被告人有获得值班律师法律帮助的权利。犯罪嫌疑人、刑事被告人及其近亲属提出法律帮助请求的,人民法院、人民检察院、公安机关应当通知值班律师为其提供法律帮助。

法律援助值班律师应当依法履行下列工作职责:(1)解答法律咨询。(2)引导和帮助犯罪嫌疑人、刑事被告人及其近亲属申请法律援助,转交申请材料。(3)在认罪认罚从宽制度改革试点中,为自愿认罪认罚的犯罪嫌疑人、刑事被告人提供法律咨询、程

---

[1] 2017年9月28日,司法部关于设立法律援助值班律师制度新闻发布会,司法部网站,http://www.moj.gov.cn/subject/node_9y28rzb.html。

[2] 2017年9月28日,司法部关于设立法律援助值班律师制度新闻发布会,司法部网站,http://www.moj.gov.cn/subject/node_9y28rzb.html。

序选择、申请变更强制措施等法律帮助,对检察机关定罪量刑建议提出意见,犯罪嫌疑人签署认罪认罚具结书应当有值班律师在场。(4)对刑讯逼供、非法取证情形代理申诉、控告。(5)承办法律援助机构交办的其他任务。法律援助值班律师不提供出庭辩护服务。符合法律援助条件的犯罪嫌疑人、刑事被告人,可以依申请或通知由法律援助机构为其指派律师提供辩护。列入法律援助机构值班律师名册或者律师库的律师,应当接受法律援助机构的安排提供值班律师服务。值班律师应当遵守相关法律规定、职业道德、执业纪律,不得误导当事人诉讼行为,严禁收受财物,严禁利用值班便利招揽案源、介绍律师有偿服务及其他违反值班律师工作纪律的行为。值班律师应当依法保守工作中知晓的国家秘密、商业秘密和当事人隐私,犯罪嫌疑人、刑事被告人或者其他人准备或者正在实施危害国家安全、公共安全以及严重危害他人人身安全的犯罪事实和信息除外。

### 思考题

1. 简述律师法律援助的概念与基本原则。
2. 简述开展法律援助的政府职责。
3. 为什么说律师法律援助是律师的一项法律义务?
4. 简述律师法律援助的对象。
5. 简述律师法律援助应遵守的法律与法律职业伦理规范。
6. 简述我国的法律援助值班律师制度。

# PART FIVE 第五编　公证员职业伦理

公证人是一个永恒而美妙的职业。

——［法］亨利·杜瓦松维尔（法国公证人高等理事会主任）

# 第二十四章　公证概述

## 第一节　公证的概念与特征

### 一、公证的概念

公证一词是外来语,译自英文 notary,源自拉丁语 nota,意为抄写文书并取其要领、备案存查[①]。在我国《公证法》颁布之前,国内关于公证的定义有:《现代汉语词典》"公证"词条:"被授以权力的机关(如公证处)根据当事人的申请,依照法定程序对某一法律行为或具有法律意义的事实、文件确认其真实性和合法性的活动。"[②]《法学词典》认为,公证是"公证机构根据当事人的申请,依照法定程序,对法律行为及有法律意义的文件和事实确认其真实性和合法性的一种活动"[③]。《中国大百科全书》认为:"公证是国家公证机构按照公民、机关、团体、企业事业单位的申请,对法律行为或者有法律意义的文书、事实,证明它的真实性与合法性的非诉活动,公证是国家司法制度的组成部分,是国家预防纠纷、维护法制、巩固法律秩序的一种司法行政手段。"[④]

1982年4月23日,国务院发布了《公证暂行条例》,将公证定义为:"国家公证机关根据当事人的申请,依法证明法律行为、有意义的文书和事实的真实性、合法性,以保护公共财产,保护公民身份上、财产上的权利和合法权益。"经过20多年的公证实践,我国立法机关对公证的理解日益深入,对概念的界定也更加准确。2005年8月28日,第十届全国人民代表大会常务委员会第十七次会议通过了《公证法》,该法第二条规定了公证的概念:"公证是公证机构根据自然人、法人或者其他组织的申请,依照法定程序对民事法律行为、有法律意义的事实和文书的真实性、合法性予以证明的活动。"

公证概念与认证、鉴证及签证等概念相区别。认证是指由认证机构证明产品、服务、管理体系符合相关技术规范的强制性要求或者标准的合格评定活动。认证按强制

---

[①] 吕乔松:《公证法释论》(增订版),三民书局1984年版,第1页。
[②] 中国社会科学院语言研究所词典编辑室编:《现代汉语词典》(第7版),商务印书馆2016年版,第474页。
[③] 《法学词典》,上海辞书出版社1980年版,第122页。
[④] 《中国大百科全书·法学》,中国大百科全书出版社1984年版,第168页。

程度分为自愿性认证和强制性认证两种,按认证对象分为体系认证和产品认证。食品质量安全(QS)认证和药品生产质量管理规范(GMP)认证既属于官方认证也属于强制性认证。鉴证是专业人员通过特别的手段方法识别,判断某事物的内在性质或者该物体的本质(表示判别、识别)的活动,如会计鉴证、合同鉴证等。签证是一个国家的出入境管理机构(例如移民局或其驻外使领馆),对外国公民表示批准入境所签发的一种文件。

## 二、公证的特征

公证是一项专门的由专属机构进行的活动,由专门的法律予以规定,因此,与其他法律职业或者法律活动相比,有其自己的特征。

(一) 专属性

在我国,公证活动不是一种任何机构或者个人都可以随意进行的活动,而是由国家法律授权公证机构专门从事的一种专属性活动。其含义有两个方面:一是机构的专属性,只有法律授权的机构才享有公证权力,其他机构不能从事公证事务。根据法律的规定,我国公证机构是依法设立,不以营利为目的,依法独立行使公证职能、承担民事责任的证明机构。二是效力的专属性,公证机构出具的公证文书是唯一具有法律效力的证明文书。根据法律的规定,经公证的民事法律行为、有法律意义的事实和文书,应当作为认定事实的根据,但有相反证据足以推翻该项公证的除外。因此,在法律效力上,公证机构作出的公证文书应当作为认定事实的根据。

(二) 独立性

《公证法》第六条规定:"公证机构是依法设立,不以营利为目的,依法独立行使公证职能、承担民事责任的证明机构。"《公证程序规则》第三条规定,公证机构依法独立行使公证职能,独立承担民事责任,任何单位、个人不得非法干预,其合法权益不受侵犯。该条规定公证机构的独立性意义,主要有两个方面:一是机构的独立性,公证机构依法独立行使公证职能,其他行政机构、社会团体和个人都不得干预;二是公证机构是法人主体,独立承担民事责任。

(三) 非营利性

公证活动是国家授权的一种证明活动,公证机构虽然是独立的法人主体,但它不能以营利为目的。《公证法》第六条规定公证机构不得以营利为目的,在我国,公证活动是一种非营利活动。虽然公证机构要收取公证费用,但公证费用价格由政府指导,所收取的费用仅能供公证机构用于公证活动及公证活动的成本支出,不能像其他经营者一样可以追求市场化的利润。公证收费的基本制度与收费标准由国家发改委与司法部共同制定,如《公证收费管理办法》《关于调整公证服务收费标准的通知》等,对国家发改委和司法部规定的各项公证服务收费标准,各省、自治区、直辖市物价部门可根据本地区实际情况,在上下不超过10%的幅度内,确定本地区实施的具体收费标准,并报国家计委和司法部备案。

#### (四) 法定性

任何公民与法人都可以在民事活动中担任证人或者出具某项活动的证明,但这些都不具有法定性,如在民事诉讼活动中,证人证言、书证等,当事人或者代理人可以在诉讼过程中提交给法庭,但法官是否最终采纳,需要通过法庭审理证实并符合案情发展的事实与法律逻辑,即这些证明不具有法定性,除非有法律的特别规定。公证机构出具的证明文书,证明的事实是没有争议的事实,是具有法律效力的文书,在诉讼活动中,法官可以直接采纳。公证证明具有其他证明所不具有的证据效力、强制执行效力以及证明法律行为成立的效力[①]。

### 三、公证权的法律属性

公正制度在我国建立之后,如何认识公证的法律属性,一直成为公证理论界与实务界热议的问题。从公证制度的起源来认识公证制度的法律属性,是一条可以直通公证制度本质的渠道。现代公证制度起源于法国,法文公证一词源于拉丁语,此拉丁语又源自希腊语,在希腊语中,"公证"一词最原始的含义是"自证力","是指那些真实的、真正的东西,是人们不能怀疑其真实性的东西"。现在人们挖掘公证的词源,主要是弄清楚其本来意义,从而探讨其法律属性。从词源意义来看,公证的本质就是公正[②]。正本清源为公证之本义,其意义有两点:一是公证之"公"是指公正,而非公权力之"公";二是公证的公信力来源所证明事项的真实性。

那么,什么样的机构与证明人能够做到公证之"公"呢? 过去相当长时期内,我们认为公证机构是国家机构,所建立的理论基础是公证权是"国家权力",只能由国家机构来行使,行使该项权力的人也只能是国家工作人员。公证权的国家属性来自苏联的公证制度,根据《苏维埃社会主义共和国联盟国家公证法》规定:"国家公证的任务,是准确及时地认证合同和其他法律行为、办理有关继承权事宜、办理执行签证等其他公证事务,以保护社会主义财产,保护公民、国家机关、企业和组织、集体农庄、其他合作社组织和社会团体的权利和合法利益,加强社会主义法制和法律秩序,预防违法行为。""为了办理公证事务,在苏联设立国家公证处。在国家公证处里,由国家公证员办理公证事务。"因此,"公证,顾名思义,就是'公家'作证明。在我国,是指国家作证的意思"[③]。在这样的理念之下,我国建立起来国家主导的公证体系。这种国家行政体制公证制度的特点有:(1) 公证处由国家设立,为国家行政机关的组织部分;(2) 公证处的运行由国家财政保障;(3) 公证员为国家公务员;(4) 因公证处过错给当事人造成经济损失的由国家赔偿;(5) 没有法定必须公证事项。这一时期的公证行政体制模式与国家计划经济体制

---

[①] 马宏俊主编:《公证法学》,北京大学出版社 2013 年版,第 3 页。
[②] 参见薛凡:《公证改革的逻辑》,厦门大学出版社 2018 年版,第 52 页。
[③] 陈六书、赵霄洛编著:《公证知识》,法律出版社 1985 年版,第 1 页。

相适应①。

公证权在权力属性上属于何种权力？有学者认为，公证权是一种社会公共权力。这一权力属性，根据《公证法》第六条规定："公证机构是依法设立，不以营利为目的，依法独立行使公证职能、承担民事责任的证明机构。"

## 第二节 公证员概述

### 一、中国公证员的概念与职业定位

《公证法》第十六条规定："公证员是符合本法规定的条件，在公证机构从事公证业务的执业人员。"我国目前并存三种体制的公证机构，在不同类型的公证机构执业的公证人员，其身份是不同的。第一种公证机构属于行政体制，这是我国计划经济体制留下的公证机构，是公证力国家所有理论在公证机构设立体制中的反映。根据 2000 年 7 月司法部发布的《关于深化公证工作改革的方案》，将行政体制的公证机构改革为事业体制。同时要求自此之后，不再设立行政体制的公证机构。行政体制公证机构的公证员属于公务员。第二种公证机构是事业体制，这种事业体制的公证机构系从行政体制公证机构改革转型而来和方案出台以后新成立的公证机构。按照我国事业单位的分类管理制度，公证员属于职员。第三种公证机构是合作制体制。2000 年 1 月 19 日，司法部律师公证工作指导司发布《关于开展合作制公证处试点工作的通知》，为了做好这项改革工作，律师公证工作指导司以该通知附件的形式发布了《关于设立合作制公证处的规范性意见（试行）》，具体规范合作制公证机构的运作。合作制公证处由公证员（合作人）自愿组合，共同参与，其财产由合作人共有，以其全部资产对债务承担有限责任。合作制公证员身份是自由职业者。

### 二、国外公证员的概念与职业定位

目前国外关于公证员的概念及职业定位有三种类型②：

（一）公证员是公职人员

目前实行这种制度的国家有法国、德国、西班牙等大陆法系国家。《德意志联邦公证人法》第 1 条规定，公证人是各州为了对法律事实予以证明，以及纠纷进行预防所任命的独立的公职人员。该法还规定，公证人持有公章并具有公证人头衔，公证人执业为非营利性质，专职公证人职务为终身制。《法国公证机关条例》规定，公证人是为从事辅

---

① 参见王公义等：《中国公证制度改革研究及国际比较》，法律出版社 2006 年版，第 8—10 页。
② 许身健：《法律职业伦理》，中国政法大学出版社 2019 年版，第 417 页。

助性司法活动而设立的公务员,即受理当事人必须或者愿意使真实性得到确认的一切文件和合同,赋予其公证效力。《西班牙公证员职业法》第1条规定,公证员应当是能够根据法律法规来对契约及裁判外的其他文书行使公证职权的国家公务员。具有公证职权的公证员职业在全西班牙境内具有唯一性。《韩国公证员法》第2条规定,公证人根据当事人或者其他的关系人委托处理公证事务,公证人在职务方面相当于公务员的地位。

(二)公证员是自由职业者

采取这种规定的大多数是普通法系国家,如英国和美国的大部分州。英国《2011年公证人行为与纪律规则》规定,公证人指的是登记在由法院维护的公证人名册中的公证人。美国《模范公证法》规定,公证人是指被任命的依据《模范公证法》从事公证行为的人。在这种情况下,申请人只要按照任命条件提出申请,经过考核或宣誓,就可取得公证人资格,其业务性质也可以是营利性的。

(三)公职人员与自由职业者并存

有一些国家和联邦国家的州,公证人的这两种身份同时兼有。法国的公证人具有双重身份,既是国家公务人员,又是自由职业者。在俄罗斯,公证人可分为两种:一种是国有公证处的公证人,一种是在私人公证处执业的公证人,国有公证处的公证人类似于公务员,私人执业的公证人类似于自由职业者。但俄罗斯规定,无论哪种公证人都无权从事商业性或者其他有报酬的活动,但教学、科研或者其他创造性活动除外。在美国阿拉斯加州,公证人分为两类:一类是无限制公证人,其经授权可为一切法律目的使用公证人印章;另一类是有限政府公证人,其作为州、市或者联邦政府雇员,被授权可将公证人印章用于官方政府业务。

# 第三节 公证员的任职资格

## 一、中国公证员的任职资格

《公证法》第十八条规定,担任公证员,应当具备下列条件:(1)具有中华人民共和国国籍;(2)年龄二十五周岁以上六十五周岁以下;(3)公道正派,遵纪守法,品行良好;(4)通过国家司法考试;(5)在公证机构实习两年以上或者具有三年以上其他法律职业经历并在公证机构实习一年以上,经考核合格。第十九条规定,从事法学教学、研究工作,具有高级职称的人员,或者具有本科以上学历,从事审判、检察、法制工作、法律服务满十年的公务员、律师,已经离开原工作岗位,经考核合格的,可以担任公证员。消极资格方面,该法第二十条规定,有下列情形之一的,不得担任公证员:(1)无民事行为能力或者限制民事行为能力的;(2)因故意犯罪或者职务过失犯罪受过刑事处罚的;(3)被开除公职的;(4)被吊销执业证书的。

## 二、国外公证员的任职资格

(一) 法国公证人的任职资格

1. 进入公证行业的途径

在法国,公证人是由国家任命的公务助理人员,其职责是证明所办理的文件的真实性。在罗马—日尔曼法体系中,公证人的特殊性反映在进入公证行业的从业条件以及国家所赋予的任务的性质上。进入公证行业的途径,即公证人培养的途径有三种:行业途径、大学途径、并轨招聘。

行业途径。在通过由十一个省职业培训中心组织的入选考试之后开始,考试科目和考试内容由国家职业培训中心统一确定。经过为期一年的理论和实践学习,通过结业考试的人可以获得公证人职业资质文凭;获得该文凭的学生还必须在某个公证人事务所实习两年,实习期满、通过论文答辩者可以成为助理公证人,最后才能作为正式的从业公证人。

大学途径。在法国十八所授予第三阶段学习文凭——公证职业硕士文凭的大学承担这个教学任务,学制为四个学期,每学期进行升级考试,并要求学生进行实习。期满通过论文答辩的学生可以获得公证人高级文凭,有资格成为助理公证人,进而可以作为公证人,提出从业申请。

并轨招聘。可以有两种类型:内部招聘即专门针对具有九年从事公证业经验并通过专业知识考试的公证人助理人员。外部招聘即面向希望成为公证人的其他司法从业人员,他们具有职业经验,往往不必再经过专门的入门学习,但必须在某个公证人事务所进行职业实习,职业资质委员会负责审核从业申请,并要求申请人参加专业知识考试。

2. 公证人的任命

入选条件。在法国,要想成为公证人,必须符合以下要求:拥有法国国籍;品行端正;持有公证专业毕业文凭,法国司法行业对公证人的学历要求最高,要求至少经过七年的学习;不从事与行使公证人职务冲突的行业,但公证人可以参加选举,比如当选市长、议会议员、参议员等。

任命条件。凡是通过前述三种途径的任何一种获得公证人文凭的个人,都可以申请被任命为执业公证人;当司法部决定新开公证人事务所时,可以通过选拔考试的方式来任命公证人。

任命方式。由于公证人作为公证助理人员行使国家权利的性质,公证人只能通过司法部颁布的法令任命;公证人的任命是终身的,这是使他独立于国家的条件,如果任命之后易地从业,必须先辞职,然后由新的政府令任命,才能在新的居住地执业。

印章是公证人工作的主要工具,公证人的名字刻在法兰西共和国国徽的周围,公证人以国家的名义行使其权利,印章是不可缺少的特征。

(二) 德国公证员的任职资格

在德国,要成为公证员必须通过两次国家法律考试。这是各州为将要从事法律工作的人举办的职业资格考试,由州司法部法律考试局组织。考试局主席和副主席由职业法官和高级行政官员担任,其他成员有法官、检察官、律师、公证员、大学教授等。

第一次国家法律考试,主要考查对法律的理解与应用能力。法学院(系)学生学习期满即可参加该考试,考试结果分为优秀、好、完全满意、达标、尚欠缺、差六个等级,达标以上等级的考生即为通过考试。每年参加考试的考生约2万人,通过考试的约1.5万人,通过率为75%。通过第一次国家法律考试的人员在政府、法院、律师事务所等单位实习一年后方可参加第二次国家法律考试,主要考核综合知识水平、综合能力和个人品行。

通过第二次国家法律考试者可以申请法官等职位。每年通过该考试的考生约1万人,而从法官、检察官岗位上退休的只有300人左右,大部分人只能谋求公务员职位或者从事律师职业。

没有通过国家法律考试的考生原则上只能重考一次(重考的未通过率也很高),未通过者就不能再从事法律工作,必须重选专业,从头学习。因此,在德国,法律专业的学生是最勤奋的。

(三) 英国公证员的任职资格

根据英国《1998年公证从业资格规则》,申请成为一名普通公证人要符合如下条件:至少二十一周岁;高级法院的事务律师,或出庭律师,或拥有法律学位(申请成为教会公证人或欧洲经济共同体地区的公证人除外)。并且,必须学习以下这些课程:宪法/公共法、物权法、债法、欧共体法、罗马法、信托法、冲突法、产权转让法、商法及实践法、遗嘱认证和管理法以及公证实践(包括票据方面)。申请人如果符合以下条件,可以免修上述除罗马法、冲突法和公证实践外的法律学科(前提是这些学科已经修得一定学分):最近五年内从业的是事务律师或出庭律师;或最近五年内取得英国大学的法学学位。之所以罗马法等上述三门学科不能免修,是因为英国大多数大学的法学学位或法学培训课程都不包含这三门。当然,如果某个申请人确实能证明自己有这三门学科的学习或实践经验,也可申请免修。

(四) 美国公证员的任职资格

根据美国《模范公证法》,公证员的任职资格为:(1) 年满十八周岁以上;(2) 居住在本州或者在本州有符合规定的经常工作地或主要营业场所;(3) 合法居住在美国;(4) 能够阅读和书写英语;(5) 通过有笔试课程的培训课程;(6) 提交指纹以备刑事犯罪背景审查。

美国公证制度由各州规定。如得克萨斯州的公证制度要求公证员的任职资格为:年满十八周岁;该州的法定居民;没有犯罪记录;为本人的品行提供二十六个证明人;提交公证员申请书并交付 21 美元的指定费;交付一笔 1 万美元的保证金,可以从美国公证组织获得公证人的委任状和相应的公证所需的设备[①]。

(五)日本公证员的任职资格

《日本公证人法》第 12 条规定,不具备以下条件的,不得任命为公证人:(1)成年的日本国民;(2)经过一定的考试合格后,在实地进行六个月以上的公证人实习。此外,还规定下列人员不得任命为公证员:(1)被判处监禁以上刑罚的,但被判处两年以下监管且刑期已满,或未被执行的除外;(2)被宣告破产程序开始尚未复权的;(3)受到罢免裁判,因惩戒处分被免官或免职,根据律师法被除名的,其被罢免、免官、免职或除名后不满两年的。

## 三、公证员任职宣誓

许多国家都规定了公证员的任职宣誓制度,如美国《模范公证法》和《德意志联邦公证法》《俄罗斯公证立法纲要》《西班牙公证员职业法》等规定了公证员的宣誓制度。

我国司法部于 2017 年 7 月 4 日发布了《司法部关于建立公证员宣誓制度的决定》,规定了我国的公证员宣誓制度。建立该项制度的目的是,提高公证员队伍思想政治素质、职业道德素质和专业素质,不断增强公证员的职业使命感、荣誉感和社会责任感。我国公证员宣誓制度有以下内容。

第一,首次取得或者重新取得公证员执业证书的人员,应当进行公证员宣誓。

第二,公证员宣誓,应当在公证员取得公证员执业证书之日起六个月内进行,采取分次集中的方式进行。

第三,公证员宣誓仪式,由设区的市级或者直辖市司法行政机关会同公证协会组织举行。

第四,公证员宣誓仪式要求:宣誓会场悬挂中华人民共和国国旗;宣誓仪式由司法行政机关负责人主持,领誓人由公证协会负责人担任;宣誓仪式设监誓人,由司法行政机关和公证协会各派一名工作人员担任;宣誓人宣誓时,应当着公证员职业装,免冠,佩戴中国公证协会会徽,呈立正姿势,面向国旗,右手握拳上举过肩,随领誓人宣誓,领誓人持相同站姿位于宣誓人前方;宣读誓词应当发音清晰、准确,声音铿锵有力。

第五,公证员宣誓程序:宣誓人面向国旗列队站立,奏(唱)国歌;领誓人逐句领读誓词,宣誓人齐声跟读;领誓人领读完誓词、读毕"宣誓人"后,宣誓人自报姓名;宣誓人在誓词页上签署姓名、宣誓日期。经宣誓公证员签署姓名的誓词页一式两份,一份由宣誓公证员收执,一份存入该公证员执业档案。

第六,公证员宣誓誓词:我是中华人民共和国公证员。我宣誓:忠于祖国,忠于人民,忠于宪法和法律,拥护中国共产党的领导,拥护社会主义法治,依法履行职责,客观

---

① 转引自吴翠丹:《私权自治——美国公证制度的显著特征》,《中国公证》2005 年第 8 期。

公正执业,遵守职业道德,勤勉敬业,廉洁自律,为全面依法治国、建设社会主义法治国家努力奋斗!

**思考题**

1. 简述公证的概念与特征。
2. 简述公证权的法律属性。
3. 简述我国公证员的概念及职业定位。
4. 简述我国公证员的任职资格。
5. 简述法国、德国、英国、美国、日本公证员的任职资格。

# 第二十五章 公证员职业伦理

## 第一节 公证员职业伦理概述

### 一、公证员职业伦理的概念

公证员职业伦理,是指公证员任职期间应当遵守的法律义务与职业道德规范。我国《公证法》第二十二条规定:"公证员应当遵纪守法,恪守职业道德,依法履行公证职责,保守执业秘密。"这一规定基本概括了我国公证员的职业伦理要求。另外中国公证协会制定了《公证员职业道德基本准则》《公证员惩戒规则》等。司法部 2000 年颁布的《关于深化公证工作改革的方案》中指出:"公证员作为执行国家公证职能的专业法律工作者,必须具备坚定的政治信念、优良的道德品质、丰富的法律知识和社会经验等基本素质。"我国自建立公证制度以来,一直将公证员的职业道德建设放在十分重要的地位,在制度完善、规则细化、惩戒措施等方面,做出了不懈的努力,为建设一支满足我国公证工作需要的高素质的公证专业队伍奠定了坚实的基础。

从国际上看,公证员的职业伦理一直是公证国际联盟重点关注的问题。《国际公证联盟公证人职业道德规范和组织规约》在前言中指出:"职业道德规范是行使公证职能必不可少的要素,否则我们就不可能正确地履职,因为公证人是一个崇尚道德的职业。这就是为什么我们有责任在全球公证人中,以最广泛的方式吸收、传播公证人职业道德规范并努力使之完美,因为它始终伴随我们的职业实践并增强了其社会价值。"2005 年 11 月 8 日,在意大利罗马举行的拉丁国际公证联盟成员国代表大会通过《拉丁公证制度的基本原则》,其中专门规定了公证人职业道德。各国公证制度都规定了公证员的职业道德规范,成为公证员执业的基本行为准则与道德约束规范。

### 二、中国公证员职业伦理的发展历程

如上所述,我国公证制度在新中国成立后经历了一个较为曲折的发展过程,相应的制度规范与职业伦理规则的建立也经历了一个发展过程。改革开放后,我国公证制度恢复重建。我国最早规范公证活动的行政法规是 1982 年制定的《公证暂行条例》,该条

例第三条规定:"公证处是国家公证机关。公证处应当通过公证活动,教育公民遵守法律,维护社会主义法制。"该条例关于公证员自身行为规范的规定不多,基本上没有涉及公证员的职业伦理规范。2001年中共中央印发《公民道德建设实施纲要》,是贯彻落实以法治国与以德治国相结合的具体举措,对职业道德建设提出了具体的要求:"职业道德是所有从业人员在职业活动中应该遵循的行为准则,涵盖了从业人员与服务对象、职业与职工、职业与职业之间的关系。随着现代社会分工的发展和专业化程度的增强,市场竞争日趋激烈,整个社会对从业人员职业观念、职业态度、职业技能、职业纪律和职业作风的要求越来越高。要大力倡导以爱岗敬业、诚实守信、办事公道、服务群众、奉献社会为主要内容的职业道德,鼓励人们在工作中做一个好建设者。"在此背景下,中国公证协会于2002年制定了《公证员职业道德基本准则》,2010年又进行了修订。2003年12月29日颁布《公证行业自律公约》,2003年12月4日通过《公证员惩戒规则》,2005年8月28日颁布《中华人民共和国公证法》,2006年5月10日颁布《公证程序规则》。

《公证法》颁布之前,"我国公证行为出现了服务秩序混乱的状态,如一些公证机构、公证人员压价竞争、乱设办证点、公证处内非公证员独立办证等问题"①。《公证法》的颁布是中国公证史上的一个里程碑事件。但我国公证领域存在的一些问题,并没有因为该部法律的颁布而得到了根本解决。公证领域的一些问题,如发生的多起"活人被公证为死人案"②,2004年西安体育彩票中奖公证案,2005年郑州"撬门公证案"等案件引发了人们的广泛关注,尤其是公证员的职业道德与公证的合法性讨论,使整个社会认识到公证员的职业伦理道德建设对于公证这一行业构建社会诚信的重要性。在这样的背景下,中国公证协会于2010年修订了《公证员职业道德基本准则》,更加强化公证员的职业道德约束。

## 第二节 公证员职业伦理的具体内容

如上所述,公证的本质为公正,但公正需要通过公证员的职业行为来实现。如果公证员的行为出现了偏离公证应当追述的价值目标,那么公证行业就会失去其社会信用。我国公证行业自新中国成立后就开始发展,随着经济社会的快速发展,人们对公证的需求也日益增多。公证行业曾经发生过降价竞争、乱设办证点、公证处内非公证员办证等问题,媒体对公证行业的一些乱象也进行了揭露与报道,人们发出"公证不公""有钱便能公证"的感慨。事实证明,公证行为如果没有法律的规制与职业道德的规范,将会走向"不公"的境地。

为了规范公证行业的健康发展,使公证事业成为社会信用的基石,自2002年以来

---

① 马宏俊主编:《公证法学》,北京大学出版社2013年版,第76页。
② 智敏:《活人被公证为死亡引发房产纠纷》,《杭州日报》2009年8月12日。

我国立法机关、行政部门与行业协会制定了一系列规则,如中国公证协会于 2002 年 3 月 3 日颁布了《公证员职业道德基本准则》、2003 年 12 月 24 日颁布了《公证员惩戒规则》,全国人大常委会于 2005 年 8 月 28 日颁布了《公证法》,司法部于 2006 年 5 月 18 日颁布了《公证程序规则》,这些法律、法规与行业规则,为保证我国公证事业日益走上规范轨道提供了制度保障。以下就上述法律、法规与行业规范中有关公证员职业伦理规范与行为规范的内容做一些梳理。

## 一、忠于法律,尽职履责

我国公证员属于行使国家公证权的法律职业人员,公证员应当忠于宪法和法律,自觉践行社会主义法治理念。中国共产党的领导是全面推进依法治国的根本保证。公证员应该政治坚定,在政治上保持清醒的头脑,拥护中国共产党的领导。公证人员作为法律职业人员,必须做到业务精通,在公证活动中维护公正,恪守诚信,坚定不移地做中国特色社会主义事业的建设者、捍卫者。

公证员应当依法办理公证事项,恪守客观、公正的原则,做到以事实为依据、以法律为准绳。

公证员应当自觉遵守法定回避制度,不得为本人及近亲属办理公证或者办理与本人及近亲属有利害关系的公证。

公证员应当自觉履行执业保密义务,不得泄露在执业中知悉的国家秘密、商业秘密或个人隐私,更不得利用知悉的秘密为自己或他人谋取利益。

公证员在履行职责时,对发现的违法、违规或违反社会公德的行为,应当按照法律规定的权限,积极采取措施予以纠正、制止。

## 二、爱岗敬业,规范服务

公证员应当珍惜职业荣誉,强化服务意识,勤勉敬业,恪尽职守,为当事人提供优质高效的公证法律服务。

公证员在履行职责时,应当告知当事人、代理人和参与人的权利和义务,并就权利和义务的真实意思和可能产生的法律后果做出明确解释,避免形式上的简单告知。

公证员在执行职务时,应当平等、热情地对待当事人、代理人和参与人,要注意其民族、种族、国籍、宗教信仰、性别、年龄、健康状况、职业的差别,避免言行不慎使对方产生误解。

公证员应当严格按照规定的程序和期限办理公证事项,注重提高办证质量和效率,杜绝疏忽大意、敷衍塞责和延误办证的行为。

公证员应当注重礼仪,做到着装规范、举止文明,维护职业形象。现场宣读公证词时,应当语言规范、吐字清晰,避免使用可能引起他人反感的语言表达方式。

公证员如果发现已生效的公证文书存在问题或其他公证员有违法、违规行为,应当及时向有关部门反映。

公证员不得利用媒体或采用其他方式，对正在办理或已办结的公证事项发表不当评论，更不得发表有损公证严肃性和权威性的言论。

### 三、加强修养，提高素质

公证员应当牢固树立社会主义荣辱观，遵守社会公德，倡导良好社会风尚。

公证员应当道德高尚、诚实信用、谦虚谨慎，具有良好的个人修养和品行。

公证员应当忠于职守、不徇私情、弘扬正义，自觉维护社会公平和公众利益。

公证员应当热爱集体、团结协作、相互支持、相互配合、相互监督，共同营造健康、有序、和谐的工作环境。

公证员应当不断提高自身的业务能力和职业素养，保证自己的执业品质和专业技能满足正确履行职责的需要。

公证员应当树立终身学习理念，勤勉进取，努力钻研，不断提高职业素质和执业水平。

### 四、廉洁自律，尊重同行

公证员应当树立廉洁自律意识，遵守职业道德和执业纪律，不得从事有报酬的其他职业和与公证员职务、身份不相符的活动。

公证员应当妥善处理个人事务，不得利用公证员的身份和职务为自己、亲属或他人谋取利益。

公证员不得索取或接受当事人及其代理人、利害关系人的答谢款待、馈赠财物或其他利益。

公证员应当相互尊重，与同行保持良好的合作关系，公平竞争，同业互助，共谋发展。

公证员不得以不正当方式或途径对其他公证员正在办理的公证事项进行干预或施加影响。

公证员不得从事以下不正当竞争行为：(1) 利用媒体或其他手段炫耀自己，贬损他人，排斥同行，为自己招揽业务；(2) 以支付介绍费、给予回扣、许诺提供利益等方式承揽业务；(3) 利用与行政机关、社会团体的特殊关系进行业务垄断；(4) 其他不正当竞争行为。

## 第三节　公证员职业关系规范

### 一、公证员之间关系规范

在我国，公证员之间法律地位平等，公证员之间不存在行政隶属关系，公证员作为专业技术人员,可以评定职称与职级。根据《公证员职务试行条例》,公证员职务是根据公证工作的性质和公证业务工作的实际需要而设置的专业工作岗位。公证员职务名称为:公证员助理、四级公证员、三级公证员、二级公证员、一级公证员。公证员助理和四级公证员为初级职务,三级公证员为中级职务,二级公证员和一级公证员为高级职务。各个职务都有相应的任职条件与任职职责。根据《公证员职业道德基本准则》的规定,公证员之间的关系规范有以下规定。

(一) 不干涉他人办证

《公证员职业道德基本准则》第二十六条规定:"公证员应当与同行保持良好的合作关系,尊重同行,公平竞争,同业互助,共谋发展。公证员应当相互尊重,不得在任何场合损害其它同事的威信和名誉。"第二十条规定,公证员不得通过非正常程序或在不恰当场合,对其他公证员正在办理的公证事项或处理结果发表不同意见。

(二) 维护公证书权威

《公证员职业道德基本准则》第十三条规定,如果发现其他公证员有违法行为或已生效的公证文书存在问题,应当及时向有关机关或部门反映。第二十一条规定,公证员不得在公众场合或新闻媒体上,发表泄私愤、不负责任的有损公证严肃性和权威性的言论。

(三) 公平竞争

《公证员职业道德基本准则》第二十七条规定,公证员不得从事以下不正当竞争行为:(1) 不得利用新闻媒体或其他手段炫耀自己,贬损他人,排斥同行,为自己招揽业务;(2) 不得利用与行政机关、社会团体、经济组织的特殊关系进行业务垄断;(3) 其他不正当手段的竞争。

## 二、公证员与公证机构之间关系规范

《公证法》第十四条规定:"公证机构应当建立业务、财务、资产等管理制度,对公证员的执业行为进行监督,建立执业过错责任追究制度。"

《公证员执业管理办法》第二十二条规定:"公证机构应当按照规定建立、完善各项内部管理制度,对公证员的执业行为进行监督,建立公证员执业过错责任追究制度,建立公证员执业年度考核制度。公证机构应当为公证员依法执业提供便利和条件,保障其在任职期间依法享有的合法权益。"

公证员是在公证机构从事公证业务的执业人员。公证员与公证机构之间需要有相应的制度规范他们之间的关系。

(一) 公证机构

《公证法》第六条规定,公证机构是依法设立,不以营利为目的,依法独立行使公证职能、承担民事责任的证明机构。我国的公证机构不是随意设立的,按照《公证法》的规定,公证机构按照统筹规划、合理布局的原则,可以在县、不设区的市、设区的市、直辖市或者市辖区设立；在设区的市、直辖市可以设立一个或者若干个公证机构。公证机构不按行政区划层层设立。设立公证机构，由所在地的司法行政部门报省、自治区、直辖市人民政府司法行政部门按照规定程序批准后，颁发公证机构执业证书。

设立公证机构，应当具备下列条件：有自己的名称；有固定的场所；有两名以上公证员；有开展公证业务所必需的资金。根据自然人、法人或者其他组织的申请，公证机构办理下列公证事项：(1) 合同；(2) 继承；(3) 委托、声明、赠与、遗嘱；(4) 财产分割；(5) 招标投标、拍卖；(6) 婚姻状况、亲属关系、收养关系；(7) 出生、生存、死亡、身份、经历、学历、学位、职务、职称、有无违法犯罪记录；(8) 公司章程；(9) 保全证据；(10) 文书上的签名、印鉴、日期，文书的副本、影印本与原本相符；(11) 自然人、法人或者其他组织自愿申请办理的其他公证事项。法律、行政法规规定应当公证的事项，有关自然人、法人或者其他组织应当向公证机构申请办理公证。

根据自然人、法人或者其他组织的申请，公证机构可以办理下列事务：(1) 法律、行政法规规定由公证机构登记的事务；(2) 提存；(3) 保管遗嘱、遗产或者其他与公证事项有关的财产、物品、文书；(4) 代写与公证事项有关的法律事务文书；(5) 提供公证法律咨询。

公证机构不得有下列行为：(1) 为不真实、不合法的事项出具公证书；(2) 毁损、篡改公证文书或者公证档案；(3) 以诋毁其他公证机构、公证员或者支付回扣、佣金等不正当手段争揽公证业务；(4) 泄露在执业活动中知悉的国家秘密、商业秘密或者个人隐私；(5) 违反规定的收费标准收取公证费；(6) 法律、法规、国务院司法行政部门规定禁止的其他行为。

(二) 公证员与公证机构之间的关系

一是管理与被管理的关系。公证机构应当建立业务、财务、资产等管理制度。二是公证机构要对公证员的执业行为进行监督，建立执业过错责任追究制度。即公证机构承担了民事责任之后，公证机构可以向负有过错责任的公证员追偿。三是根据法律规定，公证机构应当参加公证执业责任保险。因此，公证机构应当为公证员缴纳责任保险。四是公证机构应当为公证员依法提供执业的便利和条件，保障公证员在任职期间依法享有的合法权益。

## 三、公证员与司法行政机关的关系规范

《公证法》第五条规定，司法行政部门依照本法规定对公证机构、公证员和公证协会进行监督、指导。根据这一法律规定，《公证员执业管理办法》对司法行政机关与公证员之间关系作了具体的规定。

(一) 公证员的任职程序管理

《公证员执业管理办法》第十条规定，符合本办法第七条规定条件的人员，由本人提出申请，经需要选配公证员的公证机构推荐，由所在地司法行政机关出具审查意见，逐

级报请省、自治区、直辖市司法行政机关审核。报请审核,应当提交下列材料:(1)担任公证员申请书;(2)公证机构推荐书;(3)申请人的居民身份证复印件和个人简历,具有三年以上其他法律职业经历的,应当同时提交相应的经历证明;(4)申请人的法律职业资格证书复印件;(5)公证机构出具的申请人实习鉴定和所在地司法行政机关出具的实习考核合格意见;(6)所在地司法行政机关对申请人的审查意见;(7)其他需要提交的材料。

《公证员执业管理办法》第十一条规定,符合本办法第八条规定条件的人员,由本人提出申请后,经需要选配公证员的公证机构推荐,由所在地司法行政机关出具考核意见,逐级报请省、自治区、直辖市司法行政机关审核。报请审核,应当提交下列材料:(1)担任公证员申请书;(2)公证机构推荐书;(3)申请人的居民身份证复印件和个人简历;(4)从事法学教学、研究工作并具有高级职称的证明,或者具有本科以上学历的证明和从事审判、检察、法制工作、法律服务满十年的经历及职务证明;(5)申请人已经离开原工作岗位的证明;(6)所在地司法行政机关对申请人的考核意见;(7)其他需要提交的材料。

省、自治区、直辖市司法行政机关应当自收到报审材料之日起二十日内完成审核。对符合规定条件和公证员配备方案的,作出同意申请人担任公证员的审核意见,填制公证员任职报审表,报请司法部任命;对不符合规定条件或者公证员配备方案的,作出不同意申请人担任公证员的决定,并书面通知申请人和所在地司法行政机关。

司法部应当自收到省、自治区、直辖市司法行政机关报请任命公证员的材料之日起二十日内,制作并下达公证员任命决定。

司法部认为报请任命材料有疑义或者收到相关投诉、举报的,可以要求报请任命机关重新审核。

省、自治区、直辖市司法行政机关应当自收到司法部下达的公证员任命决定之日起十日内,向申请人颁发公证员执业证书,并书面通知其所在地司法行政机关。

公证员变更执业机构,应当经所在公证机构同意和拟任用该公证员的公证机构推荐,报所在地司法行政机关同意后,报省、自治区、直辖市司法行政机关办理变更核准手续。

公证员跨省、自治区、直辖市变更执业机构的,经所在的省、自治区、直辖市司法行政机关核准后,由拟任用该公证员的公证机构所在的省、自治区、直辖市司法行政机关办理变更核准手续。

公证员有下列情形之一的,由所在地司法行政机关自确定该情形发生之日起三十日内,报告省、自治区、直辖市司法行政机关,由其提请司法部予以免职:(1)丧失中华人民共和国国籍的;(2)年满六十五周岁或者因健康原因不能继续履行职务的;(3)自愿辞去公证员职务的。被吊销公证员执业证书的,由省、自治区、直辖市司法行政机关直接提请司法部予以免职。

提请免职,应当提交公证员免职报审表和符合法定免职事由的相关证明材料。司法部应当自收到提请免职材料之日起二十日内,制作并下达公证员免职决定。

省、自治区、直辖市司法行政机关对报请司法部予以任命、免职或者经核准变更执业机构的公证员,应当在收到任免决定或者作出准予变更决定后二十日内,在省级报刊上予以公告。

司法部对决定予以任命或者免职的公证员,应当定期在全国性报刊上予以公告,并定期编制全国公证员名录。

(二)公证员执业证书管理

公证员执业证书是公证员履行法定任职程序后在公证机构从事公证执业活动的有效证件。公证员执业证书由司法部统一制作。证书编号办法由司法部制定。

公证员执业证书由公证员本人持有和使用,不得涂改、抵押、出借或者转让。

公证员执业证书损毁或者遗失的,由本人提出申请,所在公证机构予以证明,提请所在地司法行政机关报省、自治区、直辖市司法行政机关申请换发或者补发。执业证书遗失的,由所在公证机构在省级报刊上声明作废。

公证员变更执业机构的,经省、自治区、直辖市司法行政机关核准,予以换发公证员执业证书。

公证员受到停止执业处罚的,停止执业期间,应当将其公证员执业证书缴存所在地司法行政机关。

公证员受到吊销公证员执业证书处罚或者因其他法定事由予以免职的,应当收缴其公证员执业证书,由省、自治区、直辖市司法行政机关予以注销。

(三)公证员执业监督检查

司法行政机关应当依法建立健全行政监督管理制度,公证协会应当依据章程建立健全行业自律制度,加强对公证员执业活动的监督,依法维护公证员的执业权利。

司法行政机关实施监督检查,可以对公证员办理公证业务的情况进行检查,要求公证员及其所在公证机构说明有关情况,调阅相关材料和公证档案,向相关单位和人员调查、核实有关情况。

公证员及其所在公证机构不得拒绝司法行政机关依法实施的监督检查,不得谎报、隐匿、伪造、销毁相关证据材料。

司法行政机关对公证员实施行政处罚,应当根据有关法律、法规和司法部有关行政处罚程序的规定进行。

司法行政机关查处公证员的违法行为,可以委托公证协会对公证员的违法行为进行调查、核实。

《公证员执业管理办法》第四条规定,公证员应当加入地方和全国的公证协会。《公证法》第四条规定,全国设立中国公证协会,省、自治区、直辖市设立地方公证协会。中国公证协会和地方公证协会是社会团体法人。中国公证协会章程由会员代表大会制定,报国务院司法行政部门备案。公证协会是公证业的自律性组织,依据章程开展活动,对公证机构、公证员的执业活动进行监督。

《中国公证协会章程》第六条规定,其职责为:(1)协助司法部管理、指导全国公证工作,依照本章程对公证机构和公证员的执业活动进行监督;(2)指导地方公证协会工作;(3)制定行业规范;(4)维护会员的合法权益,保障会员依法履行职责;(5)依法举办会员福利事业;(6)对会员进行职业道德、执业纪律教育,对会员的违纪行为实施行业处分,协助司法行政机关查处会员的违法行为;(7)负责会员的培训,组织会员开展学术研讨和工作经验交流,根据有关规定对公证机构、公证员实施奖励;(8)组织开展公证行业信息化建设;(9)负责全国公证赔偿基金的使用管理工作,对地方公证协会管理使用的公证赔偿基金进行指导和监督;(10)负责公证宣传工作,主办公证刊物,对外提供公证法律咨询等服务;(11)负责与国外和港、澳、台地区开展有关公证事宜的研讨、交流与合作活动;(12)负责海峡两岸公证书的查证和公证书副本的寄送工作;(13)负责公证专用纸的联系生产、调配,协助司法部作好管理工作;(14)履行法律、法规规定的其他职责,完成司法部委托的事务。

第七条规定,公证员协会会员分为团体会员和个人会员。

第八条规定:"取得公证机构执业证书的公证机构和取得社会团体法人登记证书的地方公证协会为本会团体会员。其他与公证业务有关的机构,经本会同意,可以成为本会团体会员。取得公证员执业证书的公证员为本会个人会员。公证管理人员、从事公证法学教学、科研以及对公证制度有研究的人员,经本会同意,可以成为本会个人会员。中国委托(香港)公证人、中国委托(澳门)公证人,经本会同意,并报业务主管单位审核批准,可以成为本会个人会员。"第九条规定,个人会员享有下列权利:(1)享有本会的选举权、被选举权和表决权;(2)提出维护会员合法权益的要求;(3)享受本会举办的福利;(4)参加本会举办的各种学习、研讨和交流活动;(5)使用本会的图书资料;(6)通过本会向有关部门提出建议;(7)对本会工作提出批评和建议。第十条规定,个人会员履行下列义务:(1)遵守本会章程、执行本会决议;(2)完成本会委托的工作;(3)向本会反映情况,提供有关资料;(4)按规定交纳会费;(5)维护会员间的团结,维护公证职业的荣誉。第十一条规定:"团体会员享有除第九条第一项以外的其他权利,履行第十条的义务。"第十二条规定:"经申请批准加入的会员,无正当理由,不履行义务或不交纳会费的,视为自动退会。"

## 第四节　国外公证员职业伦理

### 一、英国公证员职业伦理

英国2001年颁布了《公证人执业规则》,根据该规则,规范公证员的有关规定如下:

(一) 公证员不得随意拒绝公证

根据执业规则,一个人一旦担任公证人后就不能拒绝提供公证服务。只有在以下情形下,才可能拒绝:当事人存在生理或者法律上的障碍;当事人丧失行为能力;申请的公证事项违法。

(二) 回避义务

根据执业规则,公证人在其执业过程中不得从事任何损害或可能损害其独立性或中立性的行为。即在英国,公证人不得在任何涉及其利益的事项中担任公证人。

(三) 亲自办理公证的义务

公证人一旦接受公证委托,就不能向其他人再行作委托,即便该人是公证人也不行。

(四) 记录公证行为的义务

根据执业规则,任何公证人均负有适当记录其所为之公证行为并保留此类记录的义务。

(五) 保密义务

在英国,与其他法律从业人员一样,公证人对其客户也负有保密义务。

(六) 谨慎公证义务

在公证过程中,公证人必须运用其他人在从事自己事务时所运用的合理技能并履行通常的注意及勤勉义务。

## 二、美国公证员职业伦理

美国《模范公证法》对公证人的权力进行了限制:

(一) 回避义务

有以下情况,应予回避:(1) 公证人是所公证文件的当事人或该文件中有其名字;(2) 公证人将直接或间接获得价值超过公证人对公证行为的最高收费之外的任何佣金、费用、好处、权利、资格、礼仪、现金、财产或者其他报酬;(3) 公证人是本人的配偶、家庭成员、长辈、晚辈、兄弟姐妹,包括姻亲、纯亲属关系;(4) 公证人是本人的代理人,对所公证文件进行过准备、解释和建议工作。

(二) 不得拒绝公证的义务

(1) 公证人不得基于委托人的种族、年龄、性别、性取向、出生地、健康或者残疾,或者其并非公证人或者公证人雇主的客户或者顾客而拒绝公证;

(2) 公证人应当为已缴纳费用的申请人办理各项公证事项,除非公证人知道或者有理由相信该公证行为或者相关事项违法,该公证行为属于公证人不得进行相关公证行为的情形,所需公证行为的数量导致实际上不能立刻完成所有的公证行为,在该种情况下,公证人应安排完成剩余的公证行为;

(3) 当事人请求电子公证,而公证人未按规定登记为电子公证人。

### (三) 避免影响

（1）公证人不得促使，也不得劝阻当事人涉及公证行为的交易，除非公证人知道或者有理由相信公证行为或者相关事务违法，公证人才可以劝阻订立相关交易。

（2）公证人没有义务也没有权力调查、证实或者见证设计公证行为的某项文书或者交易的合法性、适当性、准确性。

### (四) 错误证明

（1）公证人不得制作其知道或相信包含错误信息的证明。

（2）公证人不得在未完成的公证书上加盖公章或签名。

（3）如果公证人知道公证书将在公证人不在场时被补充完事或者附在某文件之后，公证人不得将该签名或盖章公证书交与他人。

### (五) 不适当文书

（1）公证人不得在空白或未完成的文书或者在没有公证字句的文书上签名。

（2）公证人不得证明影印件。

### (六) 故意欺骗

公证人不得以欺骗或者欺诈的故意实行公证行为。

### (七) 证明书

公证人不得使用公证人的头衔或印章支持、促进、公开指责或者反对任何产品、服务、竞赛、选举人或者其他要约行为。

## 三、德国公证员职业伦理

德国《联邦公证员法》规定的公证员义务如下：

### (一) 一般义务

公证员的一般义务：（1）公证员必须在忠实于他的誓言的条件下履行职务。他不是某一方当事人的代理人，而是所有参与人之独立与公证的受托人。（2）在某项职务活动与公证员的职业义务不一致，特别是如果公证员被要求参与的行为明显不允许或不诚实时，则他应须拒绝该项职务活动。（3）公证员应当通过职务内外之行为显示出他应给公证职务所带来的尊严。他必须避免任何能够导致误认其违反法律赋予之义务，特别是导致误认其具有依赖性或不公证性的行为。（4）除了法律明文规定的中介活动之外，公证员不允许进行借贷及地产业务的中介，也不允许参与任何形式的证书业务的中介和承担与其公务行为相关联的担保或其他形式的保证。他亦须保证其身边的工作人员不进行类似的活动。（5）公证员不允许参加与其职业不相吻合的公司活动；特别是如果他单独地或者共同地与那些根据第9条的规定联合执业或者共同使用办公场所的人，在参与诸如《守业守则》第34c条第1款意义上的活动时，以及在参与某个税务咨询或注册会计师公司的活动时，能够对其具有间接或者直接决定性影响的话，则这些活动将被严格禁止。（6）公证员不允许在没有充分理由的情况下，拒绝进行证书业务。

## （二）特殊义务

公证员的特殊义务：(1) 公证员有保密的义务。这一义务适用于在其履行职业时所知悉的一切但不适用于公开或者其重要性不足以进行保密的事实。如果当事人进行了解除履行保密义务的授权，则保密义务被取消。如果某当事人死亡或者他的意思表示不可获得或者仅可在不成比例的条件下才能获得，则机构可以替代他进行解除履行守密义务的授权，如果在个案中对于是否履行守密义务存有疑问，则公证员可以向监管机构寻求相关决定。倘若这一义务被否定，则从公证的公开表示中，不可以引申出针对他的请求权来；在职业活动结束之后，保密义务依然存在。(2) 公证员负有职业责任保险义务。公证员负有为了满足对其职业活动与由其承担责任的人员活动所致财产损失责任风险的弥补，而进行职业责任保险的义务。该保险必须由一家在国内被允许进行商业活动的保险企业按照保险监管法的标准所设立的一般保险条款承包。保证（承保人）必须承担前述所有承保的职业责任风险，并适用于每一个能够引起针对公证员的职业责任请求权的单一渎职行为。

## （三）其他义务

公证员的其他义务：(1) 有关其他工作人员就业的规定。公证员仅在不影响他本人亲自执业的情况下，才能允许具有法官任职资格的或者通过公证员职业资历考试的或具有法学专业毕业生身份的工作人员在其公证处就业。(2) 与职业有关的义务。除了候选公证员以及为了培训而分配给其作为法学专业实习生的人员、公证员之外，对于在其身边所聘用的就业人员，负有形式上的责任。(3) 与共同职务活动相关的报告义务。若存在共同进行职业活动或共同占用办公场所相关联的情况，公证员必须立即向监管机构和公证协会报告。报告的内容为：参与共同职业活动人员的姓名、职业、进一步的职业活动和办公场所。在监管机构和公证协会的要求下，公证员需向他们呈送有关共同进行职业活动或共同占用办公场所的协议。(4) 独立与公正义务。公证员应采取适当的预防措施以保障他的职务履行的独立性与公正性，特别应保障遵守本法、书证法以及费用法所作出的"参与禁止"原则和其他义务的规定。(5) 广告禁止义务。公证员必须放弃所有的商业活动，特别是放弃与其公共职务相违背的广告宣传。在一则根据第8条的规定被允许的报道公证员日常活动的广告中，不允许涉及他作为公证员所从事的业务。(6) 培训义务。在对公证员职业的接班者以及进行法学实践者做培训时，公证员应当对在其身边实习的人悉心地给予专业培训。(7) 公证员的操守。公证员应当以与其职业相适应的方式与其同事、法学、机关律师和基委委托人的其他顾问交往。(8) 拥有各类文选的义务。公证员应当拥有联邦法律文选第一分册、州法律文选、州司法机关的公告文选以及联邦公证协会的告示文选。

## 四、日本公证员职业伦理

### （一）不得拒绝公证的义务

公证人在履行公证义务时，无正当理由，不得拒绝公证委托。但对违背法律的委托,对无效的委托以及无行为能力人的委托,公证人都可以拒绝为其办理公证业务。

(二) 回避义务

如果因为公证人的疏忽,为下列事项办理公证的时候,其所作的公正无效:(1) 公证人是申请人及其代理人或者与受申请事项有利害关系人的配偶、四亲等以内的亲属或者同居的亲属时(亲属关系结束以后亦如引);(2) 公证人是申请人或代理人的法定代理或者辅佐人时;(3) 与受申请事项有利害关系时;(4) 公证人是受申请事项的代理人或者辅佐人,或者曾是代理人或辅佐人时。

(三) 保密义务

公证人不得泄露与委托事项有关的当事人秘密。

(四) 保险义务

公证人自应收受任命之日起十五日内向其所属法务局或者地方法务局缴纳身元保证金。

(五) 其他义务

除了上述列举的义务,公证人未经法务大臣许可,还不得从事下列活动:(1) 不得兼理其他公务,参与国家公务员的活动;(2) 不得经营商业,开办商行;(3) 不得成为营利为目的的商业公司的使用人或代表人。

思考题

1. 简述我国公证员职业伦理规范。
2. 简述我国公证员职业关系规范。
3. 简述英国、美国、德国、日本公证员职业伦理规范。

# 第二十六章　公证员职业责任与惩戒制度

## 第一节　公证员职业责任

### 一、民事责任

《公证法》第四十三条规定，公证机构及其公证员因过错给当事人、公证事项的利害关系人造成损失的，由公证机构承担相应的赔偿责任；公证机构赔偿后，可以向有故意或者重大过失的公证员追偿。当事人、公证事项的利害关系人与公证机构因赔偿发生争议的，可以向人民法院提起民事诉讼。

### 二、行政责任

《公证法》第四十一条规定，公证机构及其公证员有下列行为之一的，由省、自治区、直辖市或者设区的市人民政府司法行政部门给予警告；情节严重的，对公证机构处一万元以上五万元以下罚款，对公证员处一千元以上五千元以下罚款，并可以给予三个月以上六个月以下停止执业的处罚；有违法所得的，没收违法所得：（1）以诋毁其他公证机构、公证员或者支付回扣、佣金等不正当手段争揽公证业务的；（2）违反规定的收费标准收取公证费的；（3）同时在两个以上公证机构执业的；（4）从事有报酬的其他职业的；（5）为本人及近亲属办理公证或者办理与本人及近亲属有利害关系的公证的；（6）依照法律、行政法规的规定，应当给予处罚的其他行为。

第四十二条规定，公证机构及其公证员有下列行为之一的，由省、自治区、直辖市或者设区的市人民政府司法行政部门对公证机构给予警告，并处二万元以上十万元以下罚款，并可以给予一个月以上三个月以下停业整顿的处罚；对公证员给予警告，并处二千元以上一万元以下罚款，并可以给予三个月以上十二个月以下停止执业的处罚；有违法所得的，没收违法所得；情节严重的，由省、自治区、直辖市人民政府司法行政部门吊销公证员执业证书；构成犯罪的，依法追究刑事责任：（1）私自出具公证书的；（2）为不真实、不合法的事项出具公证书的；（3）侵占、挪用公证费或者侵占、盗窃公证专用物品的；（4）毁损、篡改公证文书或者公证档案的；（5）泄露在执业活动中知悉的国家秘密、商业秘密或者个人隐私的;(6)依照法律、行政法规的规定,应当给予处罚的其他行为。因故意犯罪或者职务过失犯罪受刑事处罚的,应当吊销公证员执业证书。

行政处罚的程序。《公证员执业管理办法》第三十条规定,司法行政机关对公证员实施行政处罚,应当根据有关法律、法规和司法部有关行政处罚程序的规定进行。司法行政机关查处公证员的违法行为,可以委托公证协会对公证员的违法行为进行调查、核实。第三十一条规定,司法行政机关在对公证员作出行政处罚决定之前,应当告知查明的违法行为事实、处罚的理由及依据,并告知其依法享有的权利。口头告知的,应当制作笔录。公证员有权进行陈述和申辩,有权依法申请听证。公证员对行政处罚决定不服的,可以依法申请行政复议或者提起行政诉讼。

### 三、刑事责任

《公证法》第四十二条规定,公证机构及其公证员有下列行为之一的,构成犯罪的,依法追究刑事责任:(1)私自出具公证书的;(2)为不真实、不合法的事项出具公证书的;(3)侵占、挪用公证费或者侵占、盗窃公证专用物品的;(4)毁损、篡改公证文书或者公证档案的;(5)泄露在执业活动中知悉的国家秘密、商业秘密或者个人隐私的;(6)依照法律、行政法规的规定,应当给予处罚的其他行为。因故意犯罪或者职务过失犯罪受刑事处罚的,应当吊销公证员执业证书。

# 第二节　公证员惩戒制度

2004年1月20日,中国公证协会颁布了《公证员惩戒规则(试行)》,对公证员的惩戒作出了详细的规定。

## 一、惩戒委员会

中国公证员协会和省、自治区、直辖市公证员协会(以下简称省级公证员协会)设立惩戒委员会,惩戒委员会是对公证员实施惩戒的专门机构。惩戒委员会由同级公证员协会领导,接受同级司法行政机关的指导和监督。

惩戒委员会设主任委员1人、副主任委员2—3人,委员若干人。委员会由公证员协会负责人、资深执业公证员和其他法律专业人士组成。惩戒委员会主任委员、副主任委员由协会常务理事会选聘,其他委员由主任委员选聘。

惩戒委员会负责以下工作:(1)受理投诉案件和有关部门移送的案件;(2)审查当事人提交的有关证明材料;(3)对违规行为进行调查核实;(4)制作惩戒委员会会议记录和惩戒决定书;(5)检查惩戒决定的执行情况。

惩戒案件一般由省级公证员协会的惩戒委员会受理,中国公证员协会惩戒委员会认为影响较大、案情重大的案件也可以自行受理。

各级惩戒委员会及其工作人员应当严格遵守工作纪律,保守秘密。

## 二、惩戒措施与惩戒理由

根据《公证员惩戒规则(试行)》第十一条规定,对公证员的惩戒种类有:(1)警告;(2)严重警告;(3)罚款;(4)记过;(5)暂停会员资格;(6)取消会员资格。暂停会员资格期限为三个月至十二个月。

公证员有违反本规则第十二条至第十六条规定的,根据违反行业规范行为的性质,可以并处五十元至五千元的罚款。

受到严重警告、记过惩戒的,当年不得晋升职务、级别,不得参加外事考察活动。受到暂停会员资格惩戒的,三年内不得晋升职务、级别,不得参加各级公证员协会组织的外事及具有福利性质的活动。有办理涉外公证业务资格的公证员受到记过和暂停会员资格惩戒的,暂停办理涉外公证业务。对于受到惩戒处理的公证员,将通过适当的方式予以通报。

(一)警告的具体事由

公证员有下列行为之一的,予以警告:(1)无正当理由,不接受指定的公益性公证事项的;(2)无正当理由,不按期出具公证书的;(3)在媒体上或者利用其他手段提供虚假信息,对本公证机构或者本公证机构的公证员进行夸大、虚假宣传,误导当事人、公众或者社会舆论的;(4)违反规定减免公证收费的;(5)在公证员名片上印有曾担任过的行政职务、荣誉职务、专业技术职务或者其他头衔的;(6)采用不正当方式垄断公证业务的;(7)公证书经常出现质量问题的;(8)其他损害公证行业利益的行为,但后果尚不严重的。

(二)严重警告的具体事由

公证员有下列行为之一的,予以严重警告:(1)刁难当事人,服务态度恶劣,造成不良影响的;(2)对应当受理的公证事项,无故推诿不予受理的;(3)故意诋毁、贬损其他公证机构或公证人员声誉的;(4)利用非法手段诱使公证当事人,干扰其他公证机构或者公证人员正常的公证业务的;(5)给付公证当事人回扣或者其他利益的;(6)违反回避规定的;(7)违反公证程序,降低受理、出证标准的;(8)违反职业道德和执业纪律的;(9)一年内连续出现两件以内错误公证文书的;(10)受到警告惩戒后,六个月内又有第十二条所列行为的。

(三)记过的具体事由

公证员有下列行为之一的,予以记过:(1)一年内连续出现三件以上五件以下错误公证文书的;(2)违反公证法规、规章规定的;(3)违反公证管辖办理公证的;(4)违反职业道德和执业纪律,拒不改正的;(5)受到严重警告惩戒后,六个月内又有第十三条所列行为的;(6)其他损害公证行业利益的行为,后果较为严重的。

**(四) 暂停会员资格的具体事由**

公证员有下列行为之一的,予以暂停公证员协会会员资格,并建议司法行政机关给予暂停执业的行政处罚:(1) 利用职务之便牟取或收受不当利益的;(2) 违反职业道德和执业纪律,情节严重的;(3) 一年内连续出现六件以上错误公证文书的;(4) 受到记过惩戒后,六个月内又有第十四条所列行为的;(5) 其他损害公证行业利益的行为,后果严重的。

**(五) 取消会员的具体事由**

公证员有下列行为之一的,予以取消公证员协会会员资格,并建议司法行政机关给予吊销执业证的行政处罚:(1) 泄露国家机密、商业秘密和个人隐私给国家或者公证当事人造成重大损失或者产生恶劣社会影响的;(2) 故意出具错误公证书的;(3) 制作假公证书的;(4) 受刑事处罚的,但非职务的过失犯罪除外;(5) 违反公证法规、规章规定,后果严重的;(6) 对投诉人、举报人、证人等有关人员打击报复的;(7) 案发后订立攻守同盟或隐匿、销毁证据,阻挠调查的;(8) 违反职业道德和执业纪律,情节特别严重的;(9) 受到暂停会员资格惩戒,恢复会员资格十二个月内,又有第十五条所列行为的;(10) 其他违法违纪或者损害公证行业利益的行为,后果特别严重的。

### 三、惩戒程序

**(一) 处理投诉**

中国公证员协会和省级公证员协会应当向社会公布惩戒委员会的投诉电话及投诉方式,惩戒委员会应当指定专人负责受理。投诉人可以直接投诉,也可以委托他人投诉,受理投诉的惩戒委员会有权要求投诉人提出具体的事实和有关证据材料。司法行政机关建议给予惩戒的,惩戒委员会应该受理。对于投诉的案件,惩戒委员会应当填写登记表,进行初步审查,按下列不同情况作出处理:(1) 投诉材料事实不清的,通知投诉人补充材料。投诉人无法补充的,可不予受理。(2) 认为违法、违纪的事实不存在,不予审理。(3) 有违纪事实,但情节显著轻微,依照规定不需要实施惩戒,应予以结案,并通知投诉人或其代理人;对于需要批评教育的,将情况告知被投诉人所在的公证机构。(4) 认为有违法、违纪的事实,应当予以审理的。惩戒委员会受理后,应当在十五日内通知投诉人、被投诉人及其所在公证机构负责人,并告知被投诉人及其所在公证机构负责人到惩戒委员会说明情况或者提供书面答辩材料。

**(二) 调查**

投诉人、被投诉人及有关人员应当如实回答调查人员的询问,并协助调查,不得阻挠。调查应当制作笔录,接受调查的人应当在调查笔录上签字或盖章。

**(三) 作出决定**

调查终结,惩戒委员会应当对调查结果进行审查,根据不同情况,分别作出如下决定:(1) 举证不足的,终止审理;(2) 情节显著轻微的,予以批评教育,不作惩戒处理;

(3)投诉属实的,予以惩戒处理;(4)应当由司法行政机关予以行政处罚的,书面建议司法行政机关予以行政处罚。对可能给予暂停会员资格或者取消会员资格的案件,惩戒委员会应告知当事人本人及其所在公证机构负责人有陈述、申辩的权利,当事人放弃陈述或者申辩权利的,不影响作出决定。惩戒决定由三名以上单数惩戒委员会委员共同作出。给予记过以上惩戒的,由五名以上单数惩戒委员会委员共同作出。惩戒案件审理过程应当制作审理记录,参与审理的委员应当在记录上签名。审理记录应当存入惩戒卷宗。

惩戒决定采用惩戒决定书形式作出。决定书应当载明下列事项:(1)被惩戒人的姓名、性别、年龄、住所和其所在公证机构;(2)有关的事实和证据;(3)惩戒决定;(4)不服惩戒决定申请复核的途径和期限;(5)作出惩戒决定的公证员协会惩戒委员会名称和作出决定的日期。惩戒决定书应当加盖惩戒委员会印章。

惩戒决定书应当在十五日内送达被惩戒人及其所在的公证机构。惩戒决定应当报同级司法行政机关备案,省级公证员协会惩戒委员会作出的惩戒决定应当报中国公证员协会备案。除直接送达外,惩戒决定书可以委托被惩戒人所在公证机构或所属司法行政机关送达,也可以邮寄送达。

(四)处理复核申请

被惩戒的公证员对惩戒决定不服的,可以自收到决定书十日内,书面向作出惩戒决定的惩戒委员会申请复核。复核由惩戒委员会主任委员主持,由五名以上未参与作出该惩戒决定的委员集体作出复核决定,参与复核的委员人数应当为单数。复核决定应当于收到复核申请后两个月内作出。复核所发生的费用,经复核后,维持惩戒决定的,由申请人承担;撤销或变更惩戒决定的,由作出决定的公证员协会承担。对于中国公证员协会督办的案件,省级公证员协会应及时进行调查核实,并在一个月内将核实的情况和结果上报。对无故拖延不予办理,且不向中国公证员协会报告的,中国公证员协会有权进行通报批评。

**思考题**

1. 简述我国公证员的职业责任。
2. 简述我国公证员的惩戒制度。

# 第六编　仲裁员职业伦理

PART SIX

　　法官享有全部的荣誉,是国家政权的上层人物,他们装备了所有的防护措施,也值得当然的敬仰;而仲裁员只是劳动者,其责任是将工作做到极致,除了当事人的授权,他们一无所有。但是在国际商事领域中,没有什么荣誉会高于你被专业同事们或商业伙伴们选作为仲裁员,去处理他们之间的争议,作出他们无法作出的决定。

　　——[英]杰弗里·哈特威尔教授(英国仲裁员协会前主席)

# 第二十七章 仲裁概述

## 第一节 仲裁的概念与特征

### 一、仲裁的概念

仲裁一词来自英文 arbitration，人们常用中文词"公断"与之对应。学者认为，汉语"仲裁"来自日文①。仲裁是指民商事争议双方当事人共同选择第三方对争议事项进行裁决，并承诺遵守裁决结果的一种争议解决方式。我国目前的法律及其他规范性文件没有对此概念进行定义，学者对此进行了探讨②。

在当代，仲裁是一种社会广泛接受的解决争端的手段。它与诉讼不同的是，仲裁在法庭之外解决争议，争议双方当事人共同选择第三方，即为他们选定的仲裁员，双方当事人要事先承诺遵守仲裁员的裁决。仲裁员可以召开双方当事人都参加的听证会，双方当事人都可以在听证会上提供证据与证词。仲裁员的裁决通常是终局性的，法院很少对其进行复审。从仲裁发展的历史来看，民商事与劳动争议是其两大传统领域，但现代社会仲裁的范围日益扩张，除了法律规定只能由法院管辖的争议事项之外，其他几乎都可以申请仲裁。20世纪70年代，仲裁在美国开始扩展到一系列广泛的问题，包括罪犯权利、医疗事故和消费者权利等。

1994年8月31日，第八届全国人民代表大会常务委员会第九次会议通过《仲裁法》。我国《仲裁法》第一条表明了仲裁法的立法目的是"为保证公正、及时地仲裁经济纠纷，保护当事人的合法权益，保障社会主义市场经济健康发展"，此处的"经济纠纷"是在《经济合同法》时代的概念，应该理解为民商事纠纷。第二条规定了可以仲裁的范围："平等主体的公民、法人和其他组织之间发生的合同纠纷和其他财产权益纠纷，可以仲裁。"此处界定了我国仲裁的范围是合同纠纷与财产权益纠纷。

---

① 王斐弘：《仲裁概念考》，《中国对外贸易》2002年第12期。
② 参见许身健：《法律职业伦理》，中国政法大学出版社2019年版，第449页。

## 二、仲裁的特征

仲裁与诉讼都是解决争议的方法与手段,但仲裁有其自身的特征。

### (一) 自愿性

仲裁的自愿性体现在以下几个方面:(1) 是否选择以仲裁方式解决争议,双方当事人要自愿达成一致意见,并且是书面意见;(2) 选择哪家仲裁机构进行仲裁,双方当事人要自愿达成一致意见,也是书面意见;(3) 选择哪位仲裁员裁决争议,双方当事人要自愿达成一致意见。提出仲裁申请后,双方需要在仲裁机构提供的仲裁员名册上挑选仲裁员。《仲裁法》第四条规定:"当事人采用仲裁方式解决纠纷,应当双方自愿,达成仲裁协议。没有仲裁协议,一方申请仲裁的,仲裁委员会不予受理。"

仲裁一般都是自愿行为,双方当事人自愿选择第三方进行裁决,强制仲裁是最近才出现的现象,但也只存在于特定领域。美国的明尼苏达、纽约和新泽西等州已经颁布法令,强制将汽车保险索赔纠纷纳入仲裁。此外,法院有时会命令争端解决机构进行仲裁。

### (二) 专业性

仲裁涉及的争议事项常常是专业领域里的争议,不仅争议事实很专业,涉及的法律问题也很专业。仲裁机构聘请的仲裁员涉及各个专业领域的专家,他们不仅是技术专家也是法律专家。因此,只有专业人员才能担任仲裁员。《仲裁法》第十三条第二款规定,仲裁员应当符合下列条件之一:(1) 通过国家统一法律职业资格考试取得法律职业资格,从事仲裁工作满八年的;(2) 从事律师工作满八年的;(3) 曾任法官满八年的;(4) 从事法律研究、教学工作并具有高级职称的;(5) 具有法律知识、从事经济贸易等专业工作并具有高级职称或者具有同等专业水平的。

### (三) 保密性

与诉讼公开原则不同,仲裁审理采取不公开原则,保密性是仲裁的一个显著特征。《仲裁法》第四十条规定:"仲裁不公开进行。当事人协议公开的,可以公开进行,但涉及国家秘密的除外。"根据《仲裁法》的规定,仲裁审理以不公开为原则,公开为例外。

### (四) 独立性

仲裁的独立性既表现为仲裁机构的独立性,也表现为仲裁员的独立性。《仲裁法》第十四条规定:"仲裁委员会独立于行政机关,与行政机关没有隶属关系。仲裁委员会之间也没有隶属关系。"仲裁机构是独立法人,与其他任何行政机构没有隶属关系。《仲裁法》第八条规定:"仲裁依法独立进行,不受行政机关、社会团体和个人的干涉。仲裁员进行仲裁时,完全依据事实与证据,作出自己独立的判断,不受其他任何机构与个人的干涉。"

### (五) 国际性

仲裁的国际性体现在以下几个方面:(1) 当事人选择仲裁机构的国际性,当事人可以自愿选择国际上的仲裁机构作为仲裁争议的裁决机构;(2) 仲裁员的国际性,仲裁机构可以聘请国际上任何国家的专家担任仲裁员;(3) 国内执法机关对来自国际仲裁机构的裁决等要同国内仲裁机构的裁决效力,同等执行。如《纽约公约》第3条规定:"各缔约国应承认仲裁裁决具有拘束力,并且依照援引裁决地的程序规则和下列各条所规定的条件执行。承认或执行适用本公约的仲裁裁决时,不应比承认或执行国内仲裁裁决附加更加过于苛刻的条件或收取过多的费用。"

我国目前的相关法律对涉外仲裁作了规定。《民事诉讼法》第二百七十一条规定:"涉外经济贸易、运输和海事中发生的纠纷,当事人在合同中订有仲裁条款或者事后达成书面仲裁协议,提交中华人民共和国涉外仲裁机构或者其他仲裁机构仲裁的,当事人不得向人民法院起诉。"《仲裁法》第六十五条也作了类似的规定。这是从争议发生事项有涉外因素来界定涉外仲裁。也可从当事人的国籍来界定涉外仲裁,如最高人民法院《关于适用〈中华人民共和国涉外民事关系法律适用〉若干问题的解释(一)》第一条规定,民事关系具有下列情形之一的,人民法院可以认定为涉外民事关系:(1) 当事人一方或双方是外国公民、外国法人或者其他组织、无国籍人;(2) 当事人一方或双方的经常居所地在中华人民共和国领域外;(3) 标的物在中华人民共和国领域外;(4) 产生、变更或者消灭民事关系的法律事实发生在中华人民共和国领域外;(5) 可以认定为涉外民事关系的其他情形。根据我国相关司法解释,涉及港、澳、台的仲裁也应当参照涉外仲裁处理。

(六) 灵活性

相对于诉讼,仲裁的灵活性显而易见,没有烦琐的法律规定,没有严格的程序规则,甚至没有那么多的法庭审判的仪式要求,一个简易的仲裁听证会,可以将法庭程序基本要素全面覆盖。因此仲裁的灵活性体现在以下几个方面:(1) 程序上不像诉讼那样严格;(2) 时间和法律适用弹性较大;(3) 当事人甚至可以自定程序,简化流程,有关文书的格式甚至裁决书的内容和形式都可以灵活处理;(4) 在仲裁管辖上不实行级别与地域管辖。

(七) 民间性

现代仲裁起源于商人对自己所从事的商事活动的自治精神,它是市民社会与政治国家分野的产物。仲裁机构一般都是民间性的机构,即使有国家法律的规制,但法律只管辖仲裁活动中的违法行为,至于仲裁委员会的具体运作,仲裁员的独立仲裁,都不属于国家调控的范围。国际著名的仲裁机构以及大部分国家的国内仲裁机构基本上都采取独立法人机构的民间机构。这是从仲裁活动的总体情况来看的。但我国不同地方的仲裁机构设置与性质还存在较大的差别,例如有的地方仲裁机构属于半官方性质,如中国国际贸易委员会和中国海事仲裁委员会;有的地方的仲裁机构是参照公务员管理的由财政全额拨款的事业单位等。

(八) 快捷性

仲裁效率高,时间短。法谚说:迟到的正义是非正义。仲裁的这种高效率满足了商人对商事活动效率的追求。市场千变万化，如果大家陷入商事纠纷久久不能解决，那么商人们就不能抽身从事收益最大化的商事活动。诉讼有严格的程序规则，有两审终审制，有三审终审制，还有再审制。每一级审判都有相应的时间周期。也许这样耗时的诉讼真的能够实现实质正义，但时间流逝了，实质正义可能仍然渴求不到。商人对时间十分珍惜，仲裁一般都实行一裁终局，有利于纠纷的快速解决。《仲裁法》第九条规定："仲裁实行一裁终局的制度。裁决作出后，当事人就同一纠纷再申请仲裁或者向人民法院起诉的，仲裁委员会或者人民法院不予受理。"

## 第二节 仲裁分类

### 一、临时仲裁与机构仲裁

这是根据仲裁机构是否常设而作的分类。

临时仲裁是仲裁制度发展早期的典型形态。临时仲裁不需固定的仲裁机构，当事人通过仲裁协议直接聘请仲裁员组成仲裁庭进行仲裁，仲裁完成之后仲裁庭即解散。临时仲裁更符合仲裁的精神，体现了当事人的意志自由，仲裁方式简单方便，成本低效率高。"仲裁员是他自己的程序的主人"，当事人对仲裁员充分信任。目前世界上多数国家还规定和承认临时仲裁，在希腊、葡萄牙等少数国家临时仲裁是主要的仲裁方式。我国目前只承认自由贸易试验区内企业的临时仲裁协议。2016年12月30日，最高人民法院《关于为自由贸易试验区建设提供司法保障的意见》，对自由贸易区内企业约定的临时仲裁条款的效力作出肯定性规定，在自贸试验区内注册的企业相互之间约定在内地特定地点、按照特定仲裁规则、由特定人员对有关争议进行仲裁的，可以认定该仲裁协议有效。人民法院认为该仲裁协议无效的，应报请上一级人民法院进行审查。上级人民法院同意下级人民法院意见的，应将其审查意见层报最高人民法院，待最高人民法院答复后作出裁定。

机构仲裁又称制度仲裁，仲裁机构是常设机构，双方当事人将争议提交给常设的仲裁机构根据其制定的仲裁规则进行裁决。机构仲裁是一种正规化的仲裁制度，仲裁机构设置在固定的地点办公，设有专门的仲裁庭，定有仲裁规则、收费标准、组织机构和章程、仲裁员名册等。

### 二、国内仲裁与涉外仲裁

这是根据仲裁争议是否具有涉外因素而作的分类。

国内仲裁是申请仲裁的双方当事人属于同一国籍公民，并由本国仲裁机构进行仲裁。

涉外仲裁是指双方当事人分属于不同的国家或者争议事项涉及不同国家的仲裁。如前所述,我国涉外民事诉讼法所规定的涉外仲裁即属于此类。涉外仲裁还有一种特殊的情况：国际公法仲裁,这种仲裁是国家之间发生发争议,需要由一个仲裁机构对国家间有关主权争议问题进行裁决。1982年《联合国海洋法公约》设立了争议解决机制,共设置了四种机制供当事国家选择：国际海洋法法庭、国际法院、按照公约附件七组建的仲裁庭、按照公约附件八组建的特别仲裁庭。

## 三、依法仲裁和友好仲裁

这是根据仲裁是否必须依据法律进行作的分类。

依法仲裁,是指仲裁当事人及仲裁员依据法律的规定对纠纷进行仲裁。依法仲裁要求仲裁庭在法律规定的权限范围内行使自由裁量权。

友好仲裁,是指当事人协商,授权仲裁庭不依据严格的法律规定而依据公平合理原则的商业惯例进行裁决的仲裁。友好仲裁目前在我国没有得到法律的认可。我国所有的仲裁都得依法仲裁。

## 四、民间仲裁和行政仲裁

这是根据仲裁机构不同进行的分类。

民间仲裁,是指由非官方的仲裁机构进行的仲裁。民间仲裁的形式多样,既包括临时仲裁,也包括机构仲裁。现代仲裁起源于民间仲裁,现代国家的仲裁也一般具有民间仲裁性质。

行政仲裁,是指在国家特定行政机关内部设立的仲裁机构进行的仲裁。行政仲裁具有官方性质,与民商事仲裁性质完全不同,而且具有强制性,有些特定的纠纷与争议必须经过行政仲裁。我国目前的劳动争议仲裁是一种行政仲裁,与民商事仲裁具有不同的程序,也不实行一裁终局制,行政仲裁还可以继续申请行政复议或者提起行政诉讼。

## 五、独任制仲裁和合议制仲裁

这是根据仲裁庭组成人员不同进行的分类。

独任制仲裁,是指由一名仲裁员组成独任仲裁庭进行裁决的仲裁。《仲裁法》第三十一条规定："当事人约定由一名仲裁员成立仲裁庭的,应当由当事人共同选定或者共同委托仲裁委员会主任指定仲裁员。"

合议制仲裁,是指由三名仲裁员组成仲裁庭进行的仲裁。由三名仲裁员组成的,设首席仲裁员。当事人约定由三名仲裁员组成仲裁庭的,应当各自选定或者各自委托仲裁委员会主任指定一名仲裁员,第三名仲裁员由当事人共同选定或者共同委托仲裁委员会主任指定。第三名仲裁员是首席仲裁员。当事人没有在仲裁规则规定的期限内约定仲裁庭的组成方式或者选定仲裁员的,由仲裁委员会主任指定。

### 六、民商事仲裁和劳动仲裁

这是根据仲裁争议的法律关系性质不同进行的分类。

民商事仲裁,是指对平等主体的公民、法人和其他组织之间发生的合同纠纷和其他财产权益纠纷进行的仲裁。

劳动仲裁,是指用人单位和劳动者就劳动关系发生的争议进行的仲裁。劳动仲裁的目的是为了公正及时解决劳动争议,保护当事人合法权益,促进劳动关系和谐稳定。在我国,县级以上政府都设有劳动争议仲裁委员会,由劳动行政部门代表、工会代表和企业方面代表组成。劳动争议仲裁一般视为劳动争议诉讼的前置程序,如果劳动者不服劳动争议仲裁委员会的裁决,可以向人民法院提起诉讼。

## 第三节 仲裁与其他解决方式的比较

### 一、仲裁与诉讼

争议当事人选择了仲裁,法院诉讼案子就少了,自然减少了法院的案件数量。英国诉讼发展起来之后,法院曾经提出过争议案件的管辖权问题,认为仲裁机构侵蚀了法院的传统领地。从理论上讲,仲裁比诉讼有许多优点。仲裁效率高是大家公认的事实。仲裁的高效率也引发了争议,支持者说仲裁更容易、更便宜、更快捷。支持者还指出,仲裁当事人在制定仲裁条款和规则方面具有更大的灵活性。仲裁员的来源更广泛,除律师之外还可以是其他领域的专业人员。值得注意的是,在英美法系国家,仲裁员比法官更能自由地做决定,他们不需要遵循先例。在那些持不同意见的人看来,这些理论上的优点在实践中并不总是成立。一些批评人士认为,即使仲裁提高了效率,但付出的代价是司法裁判质量的下降,而难以上诉的机会将使这种情况变得更糟。随着仲裁制度的规范化,仲裁程序变得越来越正式,其复杂性有时也与诉讼相似。但如果仲裁过程最终变成了诉讼那样的程序,当事人可能会像律师在诉讼中所做的那样——要求对方提供更多的证据、传唤证人和提交动议,结果可能会破坏仲裁。

现行的仲裁规则使由仲裁转为诉讼困难重重。仲裁受制于既判即决(Res Judicata)和间接禁止反言(Collateral Estoppel)的法律原则,这两项原则一起严格限制了根据最初提出或可能提出的问题选择提起诉讼的可能。既判力是指对争议的最后判决对当事人及其当事人的权利是终局性的,是对涉及同一索赔、要求或诉讼事由的后续诉讼的绝对限制。间接禁止反言是指当事实问题已被有效判决所确定时,该问题在未来的诉讼中不能在同一当事人之间得到救济。因此,在仲裁听证结束和裁决作出时,就确定了争议解决的结果。

美国联邦仲裁法只给出了四个法院可以撤销或推翻仲裁裁决的理由：(1)裁决结果是因腐败、欺诈或不当手段所致；(2)仲裁员明显徇私舞弊；(3)仲裁员拒绝延期审理、不听取有关证据且有不当行为，或者仲裁员的不当行为损害了当事人权利；(4)仲裁员越权或者执行不到位，未作出最后的明确裁决。

仲裁发展的结果直接减少了司法系统的工作负荷，而争议当事人找到了一个更为便捷且高效的解决方案。美国的情况是，联邦最高法院成为推动仲裁发展的一个主要助推手，它在1991年裁定就业中的年龄歧视索赔案中就认定此类案件是可以仲裁的。大法官拜伦·R.怀特(Byron R. White)代表多数法官意见撰写了判决书，结论是仲裁与解决劳动纠纷的审判一样有效。该案中，原告吉尔默领导几个主要的雇主通过有约束力的仲裁来处理所有的雇佣索赔纠纷，有时在签订合同时还将是否接受仲裁作为雇佣条件。

## 二、仲裁与替代纠纷解决方案

替代纠纷解决方案(Alternative Dispute Resolution，ADR)，是指所有的非诉讼纠纷解决方案。ADR在20世纪发展迅速，并为各国所接受。ADR有广义与狭义之分。广义的ADR概念包括所有的非诉讼纠纷解决方案，狭义的ADR概念是指非诉讼非仲裁纠纷解决方案，狭义概念不包括仲裁在内。

ADR起源于美国，在美国发展速度也最快。ADR产生的原因是20世纪60—70年代美国处于"诉讼爆炸"状态，法院面临诉讼案件暴增而应付乏力，当事人面临诉讼成本不断上升的压力，诉讼程序拖延导致各方不满，ADR的产生在很大程度缓解了这一状况。鉴于ADR对解决美国当时的诉讼紧张有如此的效果，联邦政府趁机颁布了一系列联邦行政法令，推动ADR的发展，如1990年《行政争议解决法》、1991年《民事司法实施改革法》、1998年10月30日《替代性纠纷解决法》等。到目前为止，美国几乎所有的法院都采用了ADR。鉴于美国政府的这一改革如此有效，其他国家也纷纷效仿，建立起了自己的ADR方案解决体系。

随着我国经济社会的发展及法院员额制改革的推进，我国许多基层甚至上诉法院存在案多人少的突出问题，法官满负荷工作的情况非常普遍，因此ADR在我国有很大的发展空间。然而，ADR的发展现状也不太令人满意：(1)立法机关与政府在推动ADR的发展方面着力还不够，纠纷解决机制还没有建立起来，如替代性纠纷解决的机构、人员、事项都没有落实；(2)人们的传统司法观念还受法治主义的影响较深，存在迷信诉讼、将权利意识等同于诉讼意识的倾向，这种以诉讼为中心的一元化纠纷解决机制强调严格的法律主义，注重法的技术和工具价值，忽视了法的伦理与和谐价值，缺乏深入民间的宽容精神。如何推进民事纠纷的替代性纠纷解决机制，有学者提出了不少建设性意见。民事纠纷本来产生于民间，充分发挥民间社会的自我调节与自主解决功能，让更多的民事纠纷走仲裁、调解、行政裁决、和解等多元化之道,既能节约国家司法资源,又能激活民间自我解决纠纷的能量,自能取得多赢的结果。

## 第四节 仲裁员概述

### 一、仲裁员的概念

仲裁员是对争议进行仲裁的人。我国《仲裁法》没有对仲裁员进行概念界定。在整个仲裁活动中,仲裁员处于中心地位。首先,他是争议双方当事人或者是仲裁机构选中的值得信赖的裁决者;其次,他是某个领域的专家或者法律专业人员;再次,他是遵守仲裁员职业伦理的专业人员。根据我国仲裁机构的实际,在我国仲裁员概念有狭义与广义之分。狭义的仲裁员是指经过仲裁机构聘任列入仲裁员名册的人。广义的仲裁员是指争议双方人当事人选定或者依法被指定对争议进行裁决的人。广义的仲裁员一般没有列入仲裁机构的仲裁员名册。

### 二、仲裁员的任职资格

《仲裁法》第十三条规定了仲裁员的任职资格。仲裁员的任职资格包括两个方面:

(一) 公道正派的个人品德

《仲裁法》规定,仲裁委员会应当从公道正派的人员中聘任仲裁员。公道正派,源于中国传统文化中对个人道德品质的要求。公道,按《辞海》的解释是"大公至正之道也"。公道之"公"的含义,"公者,心之平也",可以将"公道"理解为公正之道,即是人们所追求的公正。对于仲裁员而言,在进行仲裁裁决时要依据事实与法律,不偏私,即不偏向于任何个人、机构、团体。公道实际上就是公平正义的价值符号。正派,核心是正。朱熹释"正"为"当于理""理之得也"。在儒家的语境中,"当于理"就是"当于义",也就是"正义"。价值观意义上的"正",首先是指正直、中正,意味着没有偏向、不偏不倚。公道正派就是公平正义在仲裁员职业伦理上的体现,仲裁员要秉承公认的道理,不偏不倚地进行仲裁裁决。

(二) 专业资格

基于仲裁活动的专业知识和专业技能的要求,《仲裁法》第十三条规定,仲裁员应当符合下列条件之一:(1) 通过国家统一法律职业资格考试取得法律职业资格,从事仲裁工作满八年的;(2) 从事律师工作满八年的;(3) 曾任法官满八年的;(4) 从事法律研究、教学工作并具有高级职称的;(5) 具有法律知识、从事经济贸易等专业工作并具有高级职称或者具有同等专业水平的。

仲裁委员会按照不同专业设仲裁员名册。

### 三、仲裁员的法律地位

仲裁员与当事人的法律关系及仲裁员与仲裁机构的法律关系,在学理上、实务上及司法上都需要厘清[①]。

#### (一) 契约关系说

仲裁员与争议当事人之间不会因为仲裁行为与当事人之间签订合同关系,意思是说他们之间不存在正式的契约关系。但从他们之间的意思表示和行为来认定,他们之间存在一种准契约关系。首先,仲裁员愿意受聘任于仲裁机构担任仲裁员,意思是他愿意接受任何不特定当事人的选择,或者愿意接受仲裁机构的指定担任任何争议的仲裁。其次,争议当事人愿意从仲裁中名册中选定仲裁员,或者接受仲裁机构选定仲裁员担任争议事项的裁决。这两个条件的成立,意味着当事人与仲裁员之间达成了一项契约,即双方就仲裁事宜达成了一致。有学者认为这是一种准契约[②]。但与民法上的准契约概念不一样,准契约是指债的发生,当事人虽未缔结契约,因其行为发生与缔结契约相同的效果,故准用契约的规定。准契约的产生原因和契约不同:契约是双方意思表示一致所达成的协议,而准契约的一方当事人的行为并未得到他方的同意,准契约的产生是基于某种法律事实,而这种法律事实不具有违法性。仲裁员与当事人之间就仲裁事项在正式进行仲裁之前已经达成了合约,不存在事后认定的问题。因此,笔者认为仲裁员与当事人之间的法律关系界定为契约关系更为恰当。

#### (二) 特定身份关系说

特定身份关系说,是英国学者的主张。他们认为,仲裁员一旦接受选任,其身份具有"准司法官"性质,他的仲裁裁决对双方当事人会产生很大的影响。因此,将仲裁员与当事人之间的关系定位于特定身份关系较为恰当。这一特定身份关系,当事人在选定仲裁员后,即负有依仲裁员指示进行仲裁程序与遵守仲裁员仲裁之义务,且不得以当事人身份,指挥、影响仲裁员执行职务,仲裁员接受委任之后,即享有此特定身份,有权独立进行仲裁程序,作出判断不受当事人指挥、影响,无须像契约关系中受任人有遵循委任人指示之义务,此特定身份说弥补了契约关系说理论的缺陷[③]。

**思考题**

1. 简述仲裁的概念与特征。
2. 简述仲裁的分类。
3. 简述仲裁员的概念与任职资格。
4. 简述仲裁员的法律地位。

---

① 许身健:《法律职业伦理》,中国政法大学出版社 2019 年版,第 453—454 页。
② 许身健:《法律职业伦理》,中国政法大学出版社 2019 年版,第 453 页。
③ 许身健:《法律职业伦理》,中国政法大学出版社 2019 年版,第 454 页。

# 第二十八章 仲裁员职业伦理

## 第一节 仲裁员职业伦理概述

### 一、仲裁员职业伦理的概念

仲裁员职业伦理,是指仲裁员进行仲裁时应当遵循的职业道德规范。我国目前关于仲裁员的职业伦理规范可以分为两类:一类是全国性仲裁机构制定的仲裁员职业伦理规范,如中国国际经济贸易仲裁委员会、中国海事仲裁员委员会仲裁员守则。一类是各个地方仲裁委员会制定的仲裁员守则,如北京仲裁委员会仲裁员守则、上海仲裁委员会仲裁员守则等。由于《仲裁法》规定了仲裁的独立性原则,仲裁机构与行政机构没有任何行政隶属关系,不便于由行政机构来制定全国统一的仲裁员职业伦理规范。我国《律师法》规定律师业由司法行政机关与律师协会共同监管,因此司法行政机关可以制定律师职业伦理规范。《仲裁法》第十五条规定:"中国仲裁协会是社会团体法人。仲裁委员会是中国仲裁协会的会员。中国仲裁协会的章程由全国会员大会制定。中国仲裁协会是仲裁委员会的自律性组织,根据章程对仲裁委员会及其组成人员、仲裁员的违纪行为进行监督。中国仲裁协会依照本法和民事诉讼法的有关规定制定仲裁规则。"比较《律师法》所规定的中华全国律师协会的定位,与《仲裁法》所规定的中国仲裁协会差不多,但迄今为止,中国仲裁协会没有成立,制定全国性的仲裁员职业伦理规范便无从谈起。本章所述仲裁员职业伦理规范,参照国际国内的相关规定进行论述。无论国内国外,仲裁的性质没有发生根本性的变化,仲裁员职业伦理有许多共性,这也体现了仲裁的国际性特色。

### 二、仲裁员职业伦理的争议

仲裁员是否存在独立的职业伦理规范?有学者认为,仲裁员不是一个专门的职业,不像律师那样以提供法律服务为职业,并以此职业收入作为生活来源。仲裁员的仲裁行为是一种兼职行为,仲裁员来自不同行业,他们与自己所从事的专门职业机构存在契约关系,与仲裁机构之间不存在固定的契约关系。职业伦理与职业关系密切,仲裁既然不是一个职业,便无须建立职业伦理规范[①]。这一说法并不符合我国实际,虽然目前还没有全国性的关于仲裁员的职业伦理规范——其中一个重要原因是中国仲裁协会迄今还没有成立,没有一个全国性的机构制定行业伦理规范,但每家仲裁机构都制定有仲裁员规则,包括仲裁机构的章程里也有相关的仲裁员职业伦理规则。这些自然构成我国的仲裁员职业伦理规范。《国家统一法律职业资格考试实施办法》第二条规定:"初任法官、初任检察官,申请律师执业、公证员执业和初次担任法律类仲裁员,以及行政机关中初次从事行政处罚决定审核、行政复议、行政裁决、法律顾问的公务员,应当通过国家统一法律职业资格考试,取得法律职业资格。"从此条规定的内容来看,实际担任法律类仲裁员也需要通过国家法律职业资格考试,意味着仲裁员也是国家认可的法律职业之一,同时,仲裁员与法官、检察官、律师、公证员等都属于国家法律职业共同体。毫无疑问,仲裁员应该与其他法律职业一样,受职业伦理规范的指引。

## 第二节 中国仲裁员职业伦理

### 一、公正

公正几乎是国内外仲裁伦理规则要求的普遍义务。在民国时期,中国近代法律人将英文 arbitration 译为"公断",意即公正裁断之意。近代中国商事群体开始出现,商事纠纷必然产生,如何解决商事纠纷,在清末变法改制的大背景下,引进西方的商事纠纷解决机制是自然选择的结果。在他们看来,公断一词代表了中国近代意义上的公正的含义。1904 年,清政府颁行《商会简明章程》,鼓励筹设商会,章程规定:"凡华商遇有纠葛,可赴商会告知总理,定期邀集各董秉公理论,从众公断。如两造尚不折服,任其具禀地方官核办。"此条规定表明商人们对自己组织的商会能否真正秉公裁断,缺乏自信,如双方当事人对商会的公断不服,还可以由地方官员裁决,行政系统的公信力与强势,依然十分明显。但商会设立,商人自治团体开始崛起,已表明传统社会结构开始解体,民间力量开始生长。

《仲裁法》第一条之立法目的彰明"为保证公正、及时地仲裁经济纠纷",公正成为仲裁立法的最重要价值追求。此后,各个仲裁机构在制定仲裁员职业伦理规范时,都强调公正对于仲裁员的行为规范的首要价值。中国国际经济贸易仲裁委员会《仲裁员行为考察规定》第一条就要求仲裁员独立公正、勤勉审慎地履行职责。第二条要求仲裁员应当遵纪守法,公道正派,廉洁自律,严格遵守仲裁员守则。第五条要求仲裁员应当公正地处理案件,不代表任何一方当事人利益,平等地对待双方当事人。

---

[①] 参见黄进、宋连斌、徐前权:《仲裁法学》,中国政法大学出版社 2008 年版,第 51 页。

《北京仲裁员守则》第二条规定了公正义务。为了具体落实仲裁员的公正义务,规定仲裁员不得做出以下行为:(1)仲裁员为谋求选定而与当事人接触的,属于不符合仲裁员道德规范的行为。(2)仲裁员不得以任何直接或间接方式接受当事人或其代理人的请客、馈赠或提供的其他利益。(3)仲裁员在仲裁期间不得私自会见一方当事人、代理人,接受其提供的证据材料;不得以任何直接或间接方式(包括但不限于谈话、电话、信件、传真、电传、电子邮件等方式)单独同一方当事人、代理人谈论有关仲裁案件的情况。在调解过程中,仲裁庭应慎重决定由一名仲裁员单独会见一方当事人或代理人;如果仲裁庭决定委派一名仲裁员单独会见一方当事人或其代理人,应当有秘书在场,并告知对方当事人。(4)仲裁员不得在本会的仲裁案件(包括申请撤销或不予执行本会仲裁裁决的案件)中担任代理人,亦不得代人打听案件情况或代人向仲裁庭成员、秘书实施请客送礼或提供其他好处和利益。

《上海仲裁委员会仲裁员守则》第四条规定,仲裁员应当根据案件事实,符合法律规定,遵循公平合理原则,凭借仲裁员的良知和社会责任心公正、及时地仲裁案件,不偏袒任何一方当事人。

## 二、公平

公平要求仲裁员进行仲裁时要平等对待双方当事人,不得偏袒任何一方。平等是公平的前提,《仲裁法》第二条规定,能够提请仲裁的是"平等主体的公民、法人和其他组织之间发生的合同纠纷和其他财产权益纠纷",处于不平等地位的双方当事人的纠纷,有时也能够进行仲裁,如劳动合同纠纷,但劳动争议仲裁有一套特殊的仲裁规则,与民商事仲裁相异。

《北京仲裁员守则》第二条规定了仲裁员的公平义务。第六条要求仲裁员在仲裁过程中应平等、公允地对待双方当事人,避免使人产生不公或偏袒印象的言行。仲裁员对当事人、代理人、证人、鉴定人等其他仲裁参与人应当耐心有礼,言行得体。

如前,《上海仲裁委员会仲裁员守则》第四条的规定中也提出了公平的要求。

## 三、勤勉

勤勉是指一个人的敬业精神,意思是努力不懈、勤劳不懈。勤勉还常与其他词语合用,如勤勉尽责、勤勉敬业等,表明的都是职业精神。勤勉可以保证仲裁能够及时地进行,实现仲裁追求的高效解决纠纷的目的。

中国国际经济贸易仲裁委员会《仲裁员行为考察规定》第一条要求仲裁员勤勉审慎地履行职责。《北京仲裁员守则》第二条规定了仲裁员的勤勉义务。

## 四、高效

与诉讼相比,仲裁的一个突出特点就是解决纠纷的效率高。《仲裁法》第一条要求仲裁及时地解决民商事纠纷,"及时"即表征高效。

《北京仲裁员守则》第二条规定了仲裁员的高效义务。第十条要求仲裁员应认真勤勉地履行自己的全部职责,在规定的期限内尽可能迅速审结案件。

《上海仲裁委员会仲裁员守则》第四条的规定中也提出了及时(高效)的要求。

## 五、独立

仲裁的独立性,可以从两个方面理解:一是仲裁机构的独立性,《仲裁法》第八条规定,仲裁依法独立进行,不受行政机关、社会团体和个人的干涉。二是仲裁员的独立性,仲裁员在仲裁过程中,不受其他机构与个人的干预,自己依据事实,按照法律独立地作出仲裁裁决。

《中国国际经济贸易仲裁委员会仲裁规则》第二十四条规定,仲裁员不代表任何一方当事人,应独立于各方当事人,平等地对待各方当事人。

中国国际经济贸易仲裁委员会《仲裁员行为考察规定》第五条规定,仲裁员应当独立、公正、勤勉、审慎地处理案件,不代表任何一方当事人利益,平等地对待双方当事人。

《北京仲裁员守则》第十一条规定,仲裁员应当独立地审理案件,不因任何私利、外界压力而影响裁决的公正性。

## 六、披露义务

披露义务是指仲裁员要披露与当事人或者代理人之间存在的关系。这种关系可以是一种利益关系,也可以是没有任何利益关系,但为了表明仲裁员与他们之间存在的这种关系,以求仲裁员若进行争议的仲裁时能够保证公正与公平,不会偏袒任何一方当事人或者代理人。

《中国国际经济贸易仲裁委员会仲裁规则》第三十一条要求披露的信息为:(1)被选定或被指定的仲裁员应签署声明书,披露可能引起对其公正性和独立性产生合理怀疑的任何事实或情况。(2)在仲裁程序中出现应披露情形的,仲裁员应立即书面披露。(3)仲裁员的声明书及/或披露的信息应提交仲裁委员会仲裁院并转交各方当事人。

《北京仲裁员守则》第五条要求,仲裁员接受选定或指定时,有义务书面披露可能引起当事人对其公正性或独立性产生合理怀疑的任何事由,包括但不限于:(1)是本案的当事人、代理人或当事人、代理人的近亲属的;(2)与本案结果有利害关系的;(3)对于本案事先提供过咨询的;(4)私自与当事人、代理人讨论案件情况,或者接受当事人、代理人请客、馈赠或提供的其他利益的;(5)在本案为当事人推荐、介绍代理人的;(6)担任过本案或与本案有关联的案件的证人、鉴定人、勘验人、辩护人、代理人的;(7)与当事人或代理人有同事、代理、雇佣、顾问关系的;(8)与当事人或代理人为共同权利人、共同义务人或有其他共同利益的;(9)与当事人或代理人在同时期审理的其他仲裁案件中同为仲裁庭的组成人员,或者,首席仲裁员两年内曾在其他仲裁案件中被一方当事人指定为仲裁员的;(10)与当事人或代理人有较为密切的交谊或嫌怨关系的;(11)其他可能影响公正仲裁的情形。在仲裁过程中,如果发生可能引起此类怀疑的新情况,仲裁员应继续履行披露义务;未履行披露义务,将视为该仲裁员违反本守则,即使未予披露的事由本身并不构成不宜担任仲裁员的情形。

中国国际经济贸易仲裁委员会《仲裁员行为考察规定》第七条要求仲裁员在正式接受选定或指定时,应当如实填写接受指定的声明书,有下列情形的,仲裁员应自行向仲裁委员会书面披露:(1)仲裁员个人或所在工作单位与案件有关联或与当事人有过业务往来的;(2)与同案仲裁员同在一个单位工作的;(3)仲裁员与当事人、当事人的主要管理人员或代理人在同一社会组织担任专职工作,有经常性的工作接触的;(4)近亲属在当事人单位工作或者在当事人的代理人单位工作的;(5)仲裁员在与案件有关联的机构担任职务的;(6)仲裁员或其近亲属对胜诉或败诉一方存在可能的追索权的;(7)与当事人或代理人有较为密切的私人关系的;(8)与当事人或代理人为共同权利人、共同义务人或有其他生意或财产关系的;(9)其他可能致使当事人对仲裁员的公正性和独立性产生合理怀疑的情形。仲裁员在正式接受选定或指定后知悉应予披露情形的,应立即披露。

## 七、回避义务

回避义务是指仲裁员发现仲裁争议与自己或者与自己有直接利害关系的其他人有利益关系,仲裁员应该提出回避。当事人发现这一情况后,也可以提出回避申请。

《仲裁法》第三十四条规定,仲裁员有下列情形之一的,必须回避,当事人也有权提出回避申请:(1)是本案当事人或者当事人、代理人的近亲属;(2)与本案有利害关系;(3)与本案当事人、代理人有其他关系,可能影响公正仲裁的;(4)私自会见当事人、代理人,或者接受当事人、代理人的请客送礼的。第三十五条规定了当事人提出回避申请的情形,当事人应当说明理由,并应在首次开庭前提出。回避事由在首次开庭后知道的,当事人可以在最后一次开庭终结前提出。第三十八条规定了仲裁员存在应该回避的情形而没有提出回避的,应该承担法律责任。仲裁员有本法第三十四条第四项规定的情形,情节严重的,或者有本法第五十八条第六项(仲裁员在仲裁该案时有索贿受贿,徇私舞弊,枉法裁决行为的)规定的情形的,应当依法承担法律责任,仲裁委员会应当将其除名。

《中国国际经济贸易仲裁委员会仲裁规则》第三十二条规定了仲裁员回避的情形:(1)当事人收到仲裁员的声明书及/或书面披露后,如果以披露的事实或情况为理由要求该仲裁员回避,则应于收到仲裁员的书面披露后十天内书面提出。逾期没有申请回避的,不得以仲裁员曾经披露的事项为由申请该仲裁员回避。(2)当事人对被选定或被指定的仲裁员的公正性和独立性产生具有正当理由的怀疑时,可以书面提出要求该仲裁员回避的请求,但应说明提出回避请求所依据的具体事实和理由,并举证。

(3) 对仲裁员的回避请求应在收到组庭通知后十五天内以书面形式提出；在此之后得知要求回避事由的，可以在得知回避事由后十五天内提出，但应不晚于最后一次开庭终结。(4) 当事人的回避请求应当立即转交另一方当事人、被请求回避的仲裁员及仲裁庭其他成员。(5) 如果一方当事人请求仲裁员回避，另一方当事人同意回避请求，或被请求回避的仲裁员主动提出不再担任该仲裁案件的仲裁员，则该仲裁员不再担任仲裁员审理本案。上述情形并不表示当事人提出回避的理由成立。(6) 除上述第(5)款规定的情形外，仲裁员是否回避，由仲裁委员会主任作出终局决定并可以不说明理由。(7) 在仲裁委员会主任就仲裁员是否回避作出决定前，被请求回避的仲裁员应继续履行职责。

中国国际经济贸易仲裁委员会《仲裁员行为考察规定》第八条规定，有下列情形之一的，仲裁员应当向仲裁委员会主动请求回避，当事人和仲裁庭其他成员也可以向仲裁委员会主任提出回避的书面请求，但应说明具体理由。是否回避，由仲裁委员会主任决定。仲裁委员会主任也可以主动决定其回避。(1) 是本案当事人或者当事人、代理人的近亲属；(2) 与本案有利害关系；(3) 与本案当事人、代理人有其他关系，可能影响公正仲裁的；(4) 私自会见当事人、代理人，或者接受当事人代理人的请客送礼的。为本规定之目的，前款第(3)项"其他关系"指：对于承办的案件事先提供过咨询意见的；与当事人、代理人现在或两年内曾在同一单位工作的；现任当事人法律顾问或代理人的，或者曾任当事人的法律顾问且离任不满两年的；为本案当事人推荐、介绍代理人的；担任过本案或与本案有关联的案件的证人、鉴定人、勘验人、辩护人、诉讼或仲裁代理人的；其他可能影响公正仲裁的事项。

《上海仲裁委员会仲裁员守则》第五条规定，有下列情况之一的，仲裁员应当向仲裁委员会说明，并主动请求回避：(1) 是本案当事人、代理人的近亲属；(2) 与本案有利害关系；(3) 与本案当事人、代理人有其他关系，可能影响公正仲裁的；(4) 私自会见当事人、代理人，或者接受当事人、代理人请客送礼的。

## 八、诚信义务

仲裁员的诚信义务要求仲裁员要根据自己的能力与专业知识接受仲裁员的选定，不得对仲裁机构与当事人作出虚假的承诺。

中国国际经济贸易仲裁委员会《仲裁员行为考察规定》第六条规定，有下列情形之一的，仲裁员应当不接受选定或指定：(1) 存在依法应当回避的情形的；(2) 在接受选定或指定后两个月内不能参加开庭审理的；(3) 因自身工作任务较重，不能保证有充足时间和精力处理案件，难以悉心完成案件审理工作的；(4) 因健康原因难以参加案件审理工作的；(5) 对案件涉及的专业不熟悉，无法胜任审理工作的；(6) 时任仲裁委员会主任、副主任，仲裁委员会、分会秘书局(处)及仲裁委员会办事处工作人员被当事人选定的；(7) 其他原因致使不宜接受选定或指定的。

《北京仲裁员守则》第三条规定，仲裁员应诚实信用，只有确信自己具备下列条件，方可接受当事人的选定或北京仲裁委员会主任的指定：(1)能够毫不偏袒地履行职责；(2)具有解决案件所需的知识、经验和能力；(3)能够付出相应的时间、精力，并按照《仲裁规则》与《北京仲裁委员会关于提高仲裁效率的若干规定》要求的期限审理案件；(4)参与审理且尚未审结的案件不满十件。

### 九、保密义务

仲裁员负有保守当事人一切秘密的义务。仲裁员在进行仲裁过程中，必然知悉当事人的商业秘密甚至个人隐私，仲裁员不得向他人泄露当事人的任何信息。

《北京仲裁员守则》第十二条规定，仲裁员应忠实履行保密义务，不得向当事人或外界透露本人的看法和仲裁庭合议的情况，对涉及仲裁程序、仲裁裁决、当事人的商业秘密等所有相关问题均应保守秘密。

《上海仲裁委员会仲裁员守则》第九条规定，仲裁员应当严格保守仲裁秘密。在案件审理期间和结案后，均不得对外界透露案件的仲裁情况，包括案情、审理过程、仲裁庭评议意见以及案件涉及的商业秘密等内容。

## 第三节　国外仲裁员职业伦理

### 一、国际仲裁员职业伦理

1987年，国际律师协会制定了《国际仲裁员伦理规则》(Rules of Ethics for International Arbitrators)。

根据国际律师协会的规则，国际仲裁员应当遵守的仲裁基本伦理规范是：公正、独立、称职、勤勉、谨慎。这些规则是通过仲裁员的实践，从各种抽象的仲裁员品质中筛选出来的，基本上能够得到国际律师界的共同认可。

这些规则不能直接对仲裁员具有约束力，也不能直接对当事人本身具有约束力，除非通过协议加以采用。虽然国际律师协会希望在对仲裁员提出挑战时考虑到这些准则，但它同时强调，这些准则无意为各国法院撤销裁决创造理由。

当事人希望采用国际仲裁员伦理规则的，可以在仲裁条款或者仲裁协议中增加下列条款：双方同意国际律师协会(International Bar Association)制定的《国际仲裁员职业伦理规则》应适用于仲裁机构指定的仲裁员。该规则自本条款项下的任何仲裁开始之日起生效。

国际律师协会的立场是，不论国内仲裁法则的情况如何，国际仲裁员原则上应被豁免根据国家法律提起的诉讼，只有在仲裁员故意或不顾其法律义务的极端情况下作出的仲裁除外。因此，国际律师协会希望明确表示，这些规则的目的不是为受害方在国家法院起诉国际仲裁员创造机会。仲裁员违反道德义务的正常处罚是被免职,并因此失去获得报酬的权利。

(一) 基本原则

仲裁员应勤奋和有效地为双方提供公正和有效地解决其争端的办法,并应在过去和今后都不存在偏见。

(二) 接受仲裁前的义务

接受仲裁委托之前仲裁员应承担的义务包括:(1) 仲裁员完全确信自己能够无偏见地履行职责。(2) 仲裁员充分确信自己有能力确定争议的问题并充分熟悉仲裁语言。(3) 仲裁员能够给予双方当事人合理有权期望的时间和注意事项。(4) 仲裁员不能为了招揽业务而联系当事人。

(三) 为保持公正应注意事项

为了保持仲裁的公正,仲裁员应当注意的事项包括:(1) 公正与独立地评估与偏见有关的问题的标准。当仲裁员偏袒一方当事人,或对争议标的有偏见时,就会产生偏袒。产生偏袒的依赖关系产生于仲裁员与当事人之一之间的关系,或与当事人之一关系密切的人之间的关系。(2) 不了解仲裁员真实心理状态,可能导致通情达理者认为其依赖一方当事人的事实,造成偏见的表象。如果仲裁员对争端的结果有重大利益,或者他已经就争端采取了立场,情况也是如此。避免产生偏见的最好办法就是按照本规则进行相关信息的充分的披露。(3) 仲裁员与当事人之间的任何直接或间接业务关系,或与已知可能是重要证人的人之间的任何现有业务关系,通常会使未来仲裁员的公正性或独立性遭遇合理的怀疑。在这种情况下,除非双方书面同意,否则仲裁员应拒绝接受委任。间接关系的例子是,仲裁员的家庭成员、其公司或任何业务伙伴与一方当事人有业务关系。(4) 过去的业务关系不会成为接受委任的绝对障碍,除非它们的规模或性质可能会影响仲裁员的判断。(5) 准仲裁员与当事人之间或与在仲裁中被认为可能是重要证人的人之间持续的、实质性的社会或职业关系,通常会使准仲裁员的公正性或独立性遭遇合理的怀疑。

(四) 披露义务

仲裁员的披露义务包括:(1)仲裁员应披露所有可能引起对其公正性或独立性的合理怀疑的事实或情况。不披露会造成偏见的表象,并可能成为取消仲裁员资格的理由,即使未披露的事实或情况本身并不构成取消仲裁员资格的理由。仲裁员应披露的信息包括:一是任何过去或现在的业务关系,无论是直接的还是间接的,包括与争议任何一方、一方当事人的任何代表、在仲裁中被认为可能是重要证人的任何人员之间的业务关系。就目前的关系而言,披露义务适用于所有业务关系,但就过去的关系而言,只有在这些关系与仲裁员的专业或业务事务有重大关系时,才适用披露义务规则。除非可以通过合理的询问确定,仲裁员对自己不知道的间接关系的不予披露将不构成取消资格的理由。二是与可能成为仲裁重要证人的任何一方或任何人士之间的任何实质社会关系的性质和持续时间。三是与其他仲裁员的任何先前关系的性质(包括先前作为仲裁员的联合服务)。四是他对争议可能拥有的任何事先知识的程度。五是在合理预期的情况下,可能影响其履行仲裁员职责的任何承诺的范围。(2)在整个仲裁程序中,对于新的事实或情况,继续负有披露义务。(3)披露应采用书面形式,并告知所有当事人和仲裁员。仲裁员被指定后,先前向当事人披露的任何情况均应告知其他仲裁员。

(五) 与当事人交往应注意事项

仲裁员与当事人交往应注意的事项包括:(1)在就委任事宜接洽时,准仲裁员应作出充分的查询,以告知自己对其公正性或独立性是否有任何合理的怀疑,他是否有能力决定争议的事项,以及他是否能够给予仲裁所需的时间和注意力。他亦可回复向他查询的人士的查询,但这些查询的目的是确定他是否适合及是否有时间获委任,而有关个案的是非曲直则无须讨论。如果未来的独任仲裁员或首席仲裁员仅一方接洽,或由一名仲裁员选择单方面由一方("党提名"仲裁员),他应该确定其他政党或政党,或其他仲裁员,同意他的方式。在这种情况下,他应以书面或口头方式将最初对话的内容通知另一方或另一方当事人或另一名仲裁员。(2)如果一方指定的仲裁员被要求参与第三名仲裁员或首席仲裁员的选择,则该仲裁员(虽然他不是被要求这样做的)可以获得提名他的一方关于被考虑的候选人的可接受性的意见。(3)在整个仲裁程序中,仲裁员应避免与任何一方或其代表就案件进行任何单方面的沟通。如果发生此类通信,仲裁员应将其实质内容告知另一方或各方和仲裁员。(4)如果仲裁员发现其他仲裁员与当事人有不正当的联系,可以通知其他仲裁员,由其他仲裁员共同决定采取何种行动。通常,适当的初步行动是要求违规仲裁员不再与当事方进行任何不适当的沟通。有过错的仲裁员不履行或者拒绝履行不正当通信义务的,其他的仲裁员可以通知对方,由对方考虑采取何种行动。仲裁员只有在极端情况下,并在将其意图书面告知其他仲裁员后,方可单方面将另一仲裁员的行为告知当事人,以便该当事人考虑违规仲裁员的质疑。(5)仲裁员不得直接或间接接受任何一方的任何礼物或实质性的款待。独任仲裁员和首席仲裁员应当特别谨慎,避免与除其他当事人在场外的任何当事人进行重大的社会或业务往来。

(六) 勤勉义务

所有仲裁员均应投入双方可能合理要求的时间和精力,考虑案件的所有情况,并应尽其所能使仲裁费用不增加到不合理的利害关系比例。

(七) 介入和解建议

如果各方当事人同意和解,或者仲裁庭提出和解建议后获得了各方当事人的同意,那么各方当事人可以和解。仲裁庭提出和解建议时,一般由仲裁庭提出,有时也可由首席仲裁员提出。仲裁庭或者首席仲裁员提出和解建议时,必须是所有当事人在场。如果仲裁庭或者首席仲裁员提出和解建议时,有一方当事人不在场,则这样的建议对不在场的当事人无效,而且仲裁员的资格也可能因此被撤销。

### (八) 保密义务

仲裁庭的审议情况以及裁决书本身的内容将永远保密，除非双方免除仲裁员的这一义务。除非仲裁员认为有义务在特殊情况下披露其他仲裁员的重大不当行为或欺诈行为，否则仲裁员不得参与或提供任何信息，以协助审理裁决的任何程序。

## 二、英国仲裁员职业伦理

英国于1996年颁布《仲裁法》，其规定的基本原则为：(1) 仲裁的目的是使公正的法庭公平地解决争端，而不造成不必要的拖延或费用；(2) 当事各方应自由商定如何解决它们的争端，但必须遵守为公共利益所必需的保障措施；(3) 除本法规定外，法院不得干预本法管辖的事项。该法所涉及的仲裁员职业伦理规范方面的内容有：

### (一) 职权职责

在各方当事人之间公平公正地担任仲裁员，给予各方充分的机会陈述自己的案件，应对对方的案件；并采取适合的程序提供解决待决事项的公平方式，避免不必要的迟延或费用。仲裁员及他们的雇员和代理人对履行他们职责或意为履行职责时的行为和疏忽有豁免的权利，除非证明他们的行为存在恶意。

### (二) 行为规范

该法认为，关于仲裁员的行为规范应该适用英国有关律师职业伦理行为规范。根据2011年《律师条例管理手册》(包括2011SRA行为准则)约束英格兰及威尔士的律师、已注册的外国律师以及已注册的欧洲律师。英格兰及威尔士的出庭律师(Barristers)需要遵守英格兰及威尔士的《律师行为准则》，这些准则不适用于参与英国仲裁程序的外国律师。但是，某些对费用安排的规定可能适用于正从事英国仲裁的外国律师。

### (三) 保密义务

仲裁法案中没有关于保密性的明确规定。双方可在仲裁协议中明确规定保密义务，或可依赖于英国普通法下的默示性保密义务[①]。仲裁的当事人和仲裁庭有默示责任，对庭审、证据文件、仲裁程序和裁决披露的内容进行保密。该默示性责任有例外规定的除外。

仲裁程序中生成的信息或为仲裁程序准备的信息可以在后续的程序中披露，但是只能在有限的特定情况下披露，这些情况包括：同意披露；仲裁中的争议事由提交到了法院(如临时救济、强制执行或异议)；披露对创设或保护一方当事人的法律权利或合法利益有合理的必要性；披露对司法公正存在必要性。这些例外由英国普通法规定。

### (四) 免职情形

根据《仲裁法》第24条规定，仲裁一方当事人可基于如下理由向法院申请对仲裁员

---

[①] 参见 Ali Shipping Corporation v Shipyard Trogir〔(1997) EWCA Civ 3054〕及 Emmott v Michael Wilson & Partners Ltd〔(2008) 1 Lloyd's Rep 616 (CA)〕。

进行免职：存在对仲裁员公正性发生"合理怀疑"的情形；仲裁员不具有仲裁协议约定的资质；仲裁员在实体上和精神上不具有进行仲裁的能力或存在有关其能力的合理怀疑；仲裁员未能适当地或有效地进行仲裁程序。在所有这些情况下，该方必须能够证明存在或将会导致"实质性的不公正"。仲裁员有权在法院听证，并可在法院审理该申请时继续进行仲裁。如之后法院决定行使其免职权，其可对仲裁员应承担的费用作出决定，或要求仲裁员偿还已收取的费用。如当事人根据机构规则进行仲裁，而该仲裁规则授予了机构免除仲裁员职务的权力，那么法院不应行使其免职权，除非其认为向机构进行的救济权首先已被用尽。

### 三、美国仲裁员职业伦理

1977年，美国仲裁协会和美国律师协会联合制定了《商事争议中仲裁员的行为道德规范》(The Code of Ethics for Arbitrators in Commerical Disputes)，是世界上第一个仲裁员规范。在该规范的序言中认为，现代社会使用仲裁来解决各种各样的争端已经广泛地发展起来，成为我们社会公平确定法律权利所依赖的司法制度的一个重要部分。因此，作为仲裁员对公众以及当事人承担着非常重要的责任。这些责任包括重要的道德义务。该伦理规范确立了十条规则：(1) 仲裁员应当维护诚信以及仲裁程序的公正性。(2) 仲裁员应披露可能影响公正或可能造成偏袒现象的任何利益或关系。(3) 仲裁员在与当事人的交往中，应当避免不当行为或者可能发生不当行为的交往。(4) 仲裁员应当公正、勤勉。(5) 仲裁员应当公正、独立、慎重地作出裁决。(6) 仲裁员应当忠实于当事人信任，保守当事人的保密。(7) 仲裁员在作出赔偿或者报销费用的安排时，应当遵守诚实、公正的标准。(8) 仲裁员可以宣传或者推广真实、准确的仲裁服务。(9) 由一方当事人指定的仲裁员有义务确定和披露其身份并遵守本准则，除非符合下一条的豁免义务。(10) 一方当事人指定的不受中立规则约束的仲裁员可以获得披露的豁免。第(1)至(8)条规则适用于所有的仲裁员。为了准确理解与适用该道德规范，美国仲裁协会和律师协会还联合制定了注解，详细解释相关规定的具体含义，以及引证了相关的法院判例与学术观点。

### 四、新加坡仲裁员职业伦理

新加坡国际仲裁中心(Singapore International Arbitration Centre)于2015年制定了《仲裁员伦理守则》(Code of Ethics for an Arbitrator)。

（一）接受指定的义务

仲裁员接受仲裁任务时，他要完全确信他能够不带任何偏见地履行职责，了解仲裁使用的语言，并且能够在仲裁各方合理期待的时间内完成仲裁。仲裁员接受仲裁指定时，应意识到仲裁机构确定的仲裁时间，他应该在确定的仲裁时间内完成仲裁。国际仲裁中心如果认为仲裁员在确定的时间限制内无法履行其职责，则有权拒绝任命该仲裁员。

（二）披露义务

仲裁员应披露所有可能对其公正性或独立性产生合理怀疑的事实或情况，并在整个仲裁程序中就新的事实和情况继续履行其披露职责。

仲裁员应向仲裁机构和与他接洽寻求可能任命的任何一方披露：过去或现在与争议任何一方、一方的任何代表、在仲裁中已知可能是重要证人的任何人士有直接或间接的密切私人关系或业务关系；他对争议可能拥有的任何先验知识的范围。

（三）避免偏见

评价是否存在偏见问题的标准是公正和独立。当仲裁员偏袒一方当事人或对争议标的有偏见时，就会产生偏袒。任何密切的私人关系，仲裁员和当事人之间直接或间接业务的关系，或任何一方当事人的代表，或任何一个被认为是潜在的重要的证人，通常会使仲裁员的公正性和独立性遭遇合理的怀疑。过去的业务关系只有在其规模或性质足以影响仲裁员的判断时，才会引起合理的怀疑。在这种情况下，除非双方书面同意，否则仲裁员应拒绝接受委任。

（四）审慎沟通

仲裁员在接受聘任前，只能就争议的一般性质、当事人的姓名或者名称以及预计的仲裁期限提出询问。除适用的仲裁规则所允许的情况外，在仲裁机构将仲裁庭的组成通知各方之前，仲裁员不得与任何一方或其律师进行协商。在整个仲裁程序中，仲裁员应避免与任何一方或其代表就该案件进行任何单方面的沟通。

（五）勤勉义务

仲裁程序开始后，仲裁员应当熟悉与仲裁程序有关的全部事实、论据和讨论，以便正确理解争议。

（六）保密义务

仲裁程序应保密。仲裁员与当事人之间有信任关系，在任何时候，不得利用在仲裁过程中获得的保密信息为他人谋取利益，或者损害他人利益。

**思考题**

1. 简述我国仲裁员的职业伦理规范。
2. 简述英国、美国、新加坡仲裁员职业伦理规范。

# 第二十九章 仲裁员职业责任与惩戒制度

## 第一节 仲裁员职业责任

### 一、仲裁员职业责任的概念

仲裁员的职业责任,是指仲裁员违反了法律法规与仲裁员职业伦理规范应该受到相应的处罚。基于仲裁制度的民间性与社会性特点,相关法律对仲裁员违反职业伦理规范的处罚措施不多。

### 二、仲裁员职业责任的类型

(一) 刑事责任

《仲裁法》没有规定对仲裁员的具体法律责任。关于仲裁员的严重违法行为,《刑法》第三百九十九条规定:"依法承担仲裁职责的人员,在仲裁活动中故意违背事实和法律作枉法裁决,情节严重的,处三年以下有期徒刑或者拘役;情节特别严重的,处三年以上七年以下有期徒刑。"此罪为 2006 年 7 月 26 日公布《中华人民共和国刑法修正案(六)》规定的罪名,但定罪量刑的标准目前没有相关的法律规定,不少专家认为,可以适用同是该条规定的民事、行政枉法裁判罪:"在民事、行政审判活动中故意违背事实和法律作枉法裁判,情节严重的,处五年以下有期徒刑或者拘役;情节特别严重的,处五年以上十年以下有期徒刑。"

仲裁员有可能触犯的另一个罪名是非国家工作人员受贿罪。《刑法》第一百六十三条规定:"公司、企业或者其他单位的工作人员利用职务上的便利,索取他人财物或者非法收受他人财物,为他人谋取利益,数额较大的,处五年以下有期徒刑或者拘役;数额巨大的,处五年以上有期徒刑,可以并处没收财产。"

(二) 《仲裁法》规定的法律责任

《仲裁法》第三十八条规定了仲裁员存在应该回避的情形而没有提出回避的,应该承担法律责任。仲裁员有《仲裁法》第三十四条第四项规定"私自会见当事人、代理人,或者接受当事人、代理人的请客送礼的"情形,情节严重的,或者有本法第五十八条第六项"仲裁员在仲裁该案时有索贿受贿,徇私舞弊,枉法裁决行为的"情形,应当依法承担法律责任,仲裁委员会应当将其除名。

《仲裁法》规定的法律责任不明确,即是什么性质的法律责任,需要有关机关进一步明确。

## 第二节 仲裁员惩戒制度

### 一、仲裁机构规定仲裁员应当承担责任的形式

仲裁机构根据《章程》《仲裁规则》《仲裁员守则》《仲裁行为考察规定》等规范,规定了仲裁员违反守则与仲裁员职业伦理规范的处罚措施。大致可以分为以下几种。

(一)更换仲裁员

《仲裁员行为考察规定》第九条规定,仲裁员在办理案件过程中有下列情形之一,将严重影响案件质量和公正性及结案时限的,该仲裁员、仲裁庭其他成员、当事人可以依据《仲裁法》第三十七条之规定向仲裁委员会主任提出更换的书面请求,但应说明具体理由。是否更换,由仲裁委员会主任决定。仲裁委员会主任也可依职权决定更换该仲裁员。(1)对于审理的案件缺乏必要的知识和能力;(2)未尽到勤勉义务;(3)未按照仲裁规则的规定行事;(4)其他不称职或不适当履行仲裁员职责的情形。

(二)不予续聘

仲裁机构对仲裁员的聘期都有相应的规定,有的是三年,有的是五年,那么一般情况下,在仲裁机构的聘任年龄内都会续聘,除非仲裁员本人表示不再接受续聘。如果仲裁员违反了仲裁机构的仲裁员守则的规定,仲裁机构将不会续聘。如《北京仲裁员守则》第十三条规定,仲裁员违反本守则,本会将根据情节不予续聘直至解聘。

(三)警告

《仲裁员行为考察规定》第十条规定,仲裁员违反仲裁员守则和仲裁员办案规范中的其他任何情形,综合各种因素,仲裁委员会认为对其行为存在合理怀疑,影响当事人对仲裁委员会的信任或损害仲裁委员会形象,但不宜回避、撤换、解聘的,均应予以警告。仲裁员应予警告的情形包括但不限于:(1)借故拖延办案时间的;(2)在庭审中存在接打电话、收发短信、随意离庭情形或着装不得体的;(3)在开庭审理及仲裁程序中,表现出偏袒倾向,包括代替或变相代替一方向另一方质证、辩论、提出请求或明显具有诱导性问题的;(4)无正当理由不参加合议、调查或者开庭迟到的;(5)确定开庭时间后又要求变更开庭时间的;未预留足够开庭时间,导致案件不得不再次开庭的;(6)未经仲裁委员会同意,擅自对外发表关于仲裁案件的不当言论的。

(四)不称职

《关于聘任仲裁员的规定》有下列情形之一的,构成不称职:(1)受到刑事处罚或严

重行政处罚的;(2)隐瞒应当回避的事实,导致严重后果的;(3)无正当理由不参加合议、调查满三次的;(4)无正当理由不到庭参加开庭审理的;(5)在案件审理中,有违仲裁员的公正立场,多次受到仲裁委员会警告的;(6)审理案件严重迟延的;(7)向当事人透露本人看法或者仲裁庭合议情况的;(8)违反仲裁员勤勉审慎义务,不认真阅卷,不熟悉案情,拒绝撰写裁决书,严重不负责任的;(9)徇私舞弊,枉法裁决的;(10)私自会见当事人,接受当事人请客、馈赠或提供的其他利益的;(11)代人打听案件情况、请客送礼、提供好处和利益的;(12)私下联络同案仲裁员,不顾事实和法律,人为制造多数意见,为当事人谋求不正当利益的;(13)故意曲解事实和法律并执意支持一方当事人的请求和主张或坚决反对一方当事人的请求和主张的;(14)因仲裁员在履行仲裁员职责中的故意行为或者重大过失行为,导致裁决被撤销或者不予执行的;(15)其他违反《仲裁法》《仲裁规则》《仲裁员守则》,情节严重的。对不称职的仲裁员,仲裁委员会有权解聘。

(五)解聘

《仲裁员行为考察规定》第十一条规定,仲裁员聘任期限内有下列情形之一的,仲裁委员会有权将其解聘:(1)被法院定罪或因违反法律受到严重行政处罚的;(2)故意隐瞒应当回避的事实;(3)无正当理由不到庭审理案件的;(4)不参加合议、调查两次或者一年内开庭迟到两次的;(5)一年内变更开庭时间两次的;或者一年内两次未预留足够开庭时间,导致案件不得不再次开庭的;(6)在案件审理中,有违仲裁员的公正立场的;(7)对案件审理严重迟延负有主要责任的;(8)向当事人透露本人看法或仲裁庭合议情况的;(9)违反仲裁员勤勉审慎义务,不认真阅卷,不熟悉案情,严重不负责任的;(10)徇私舞弊,枉法裁决的;(11)私自会见当事人,接受当事人请客、馈赠或提供的其他利益的;(12)仲裁员代人打听案件情况、请客送礼、提供好处和利益的;(13)执意支持一方当事人的请求和主张并/或坚决反对一方当事人的请求和主张,不能说明理由的;(14)私下联络同案仲裁员,不顾事实和法律,人为制造多数意见,为当事人谋求不正当利益的;(15)未按照仲裁员培训规定参加仲裁员培训的;(16)在一个聘期内被警告两次的;(17)其他违反仲裁员守则,不宜继续担任仲裁员的情形。

《北京仲裁委员会章程》第二十一条规定,仲裁员有下列情形之一,应当解聘:(1)隐瞒应当回避的情形,对案件审理产生不良影响的;(2)无正当理由不到庭审理案件的;(3)因身体原因不宜继续担任仲裁员的;(4)有不宜担任仲裁员的其他情形的。

《上海仲裁委员会章程》第二十五条规定,仲裁员在聘任期内有下列情况之一的,委员会应当予以解聘:(1)隐瞒必须回避的情形,对仲裁案件产生不良影响的;(2)无正当理由不到庭仲裁案件的;(3)有不宜继续担任仲裁员的其他情形的。

(六)除名

《上海仲裁委员会章程》第二十六条规定,仲裁员在聘任期内有下列情形之一的,委员会应当将其除名,仲裁员本人应当依法承担法律责任:(1)仲裁员私自会见当事人、代理人,或者接受当事人、代理人请客送礼,情节严重的;(2)仲裁员在仲裁案件时有索贿受贿、徇私舞弊、枉法裁决行为的。

## 二、惩罚机构与程序

中国国际经济贸易仲裁委员会内设仲裁员资格审查考核委员会。根据《中国国际经济贸易仲裁委员会章程》规定，该会下设有专门委员会，其中一个是仲裁员资格审查考核委员会，其职能是负责就仲裁员资格审查、聘任、考核及业务培训等提出意见和建议。

中国国际经济贸易仲裁委员会《仲裁员行为考察规定》第十三条规定，对仲裁员的考察监督由仲裁员资格审查考核委员会负责，日常事务由仲裁委员会秘书局负责。

仲裁员资格审查考核委员会根据考察结果决定向仲裁员发出警告；或将考察结果报仲裁委员会决定是否立即解聘，或在聘任下一届仲裁员时作为依据之一。具体事宜，由仲裁委员会按照中国国际经济贸易仲裁委员会《关于聘任仲裁员的规定》处理。

得知有关情况或投诉、评价信息后，仲裁委员会秘书局应将事实要点记录在案、汇总，并及时向有关仲裁员通报。仲裁员可随时向秘书局查阅汇总的记录，有权对记录中的事项作出说明，并要求对记录中的错误予以更正。

北京市仲裁委员会内设纪检监察机构。《北京仲裁委员章程》第二十二条规定，仲裁员有私自会见当事人、代理人，或者接受当事人、代理人的请客送礼，或者在仲裁案件时有索贿受贿、徇私舞弊、枉法裁决以及其他严重违反仲裁暂行规则或者仲裁员守则情形的，由本会纪律监察机构提出处理意见，报仲裁委员会会议决定。

还有一类是由仲裁委员会直接惩罚。《上海仲裁委员会仲裁员守则》第十条规定，仲裁员违反本守则规定的，仲裁委员会有权根据其情节轻重予以告诫、不予续聘直至解聘。

**思考题**

1. 简述我国仲裁员的职业责任。
2. 简述我国仲裁员的惩戒制度。